滨海城市海港总体规划方案案例研究

刘国珍 黄春华 卢陈 佟晓蕾 等◎著

河海大学出版社
·南京·

图书在版编目(CIP)数据

滨海城市海港总体规划方案案例研究 / 刘国珍等著
. -- 南京：河海大学出版社，2023.12
 ISBN 978-7-5630-8775-4

Ⅰ.①滨… Ⅱ.①刘… Ⅲ.①沿海－城市－海港－港口工程－案例－研究 Ⅳ.①U652

中国国家版本馆 CIP 数据核字(2023)第 241900 号

书　　名	滨海城市海港总体规划方案案例研究
书　　号	ISBN 978-7-5630-8775-4
责任编辑	金　怡
特约校对	张美勤
封面设计	徐娟娟
出版发行	河海大学出版社
地　　址	南京市西康路 1 号(邮编：210098)
电　　话	(025)83737852(总编室)
	(025)83722833(营销部)
经　　销	江苏省新华发行集团有限公司
排　　版	南京布克文化发展有限公司
印　　刷	广东虎彩云印刷有限公司
开　　本	710 毫米×1000 毫米　1/16
印　　张	20.5
字　　数	356 千字
版　　次	2023 年 12 月第 1 版
印　　次	2023 年 12 月第 1 次印刷
定　　价	138.00 元

序言

　　海湾是一片三面环陆的海洋,即海岸线的凹进部分或海洋的凸出部分,是近岸海域最具代表性的地理单元。海湾既是各类海洋生物繁衍生息的重要生态空间,也是各类人为开发活动的主要承载体,保护与开发的矛盾最为集中。

　　广东省位于我国南部沿海,具有得天独厚的海洋优势和海洋资源。广东省于 2013 年在全国率先启动美丽海湾建设。"十二五"期间,广东为落实党的十八届五中全会提出的"蓝色海湾整治行动",编制了美丽海湾总体规划,开展了 3 个省级试点建设;2019 年广东省自然资源厅印发《广东省美丽海湾规划(2019—2035 年)》,规划 2030 年全省建成 31 个美丽海湾。2022 年广东省生态环境厅印发《广东省海洋生态环境保护"十四五"规划》,要求针对不同海湾的生态环境特点和湾区发展定位,一湾一策,统筹推进陆海污染治理、生态保护修复、亲海品质提升,系统实施重点任务和重大工程,推动美丽海湾保护与建设,打造广东美丽海湾样板;提出到 2025 年要重点推进 15 个美丽海湾建设;展望 2035 年,全省 80% 以上重点海湾基本建成美丽海湾;利用珠海市情侣路等临近城区的海港,为市民打造亲海空间,重点加强陆海污染治理,优化生态景观廊道和建设亲海观景平台,打造都市型美丽海湾。

　　本书运用一、二维联解整体数学模型,二维潮流水体交换数学模型,泥沙数学模型,潮流泥沙物理模型及遥感分析等技术手段,调查了珠海市香炉湾及周边区域的水文、水环境、河床演变等特征,开展了香洲港及周边地区总体规划方案对泄洪纳潮、水体交换、泥沙淤积等方面的影响研究,拟定了改善香洲港及周边区域水动力的比选方案,并开展比选方案影响计算和试验,综合考虑泄洪纳潮与水体交换能力、主要污染物扩散和泥沙淤积状况,提出改善区域水环境的香洲港总体规划方案和建议。

  本书共分为九章。第一章绪论由黄春华、佟晓蕾、杨留柱撰写,第二章香洲港总体规划概况由卢陈、刘国珍、佟晓蕾、杨裕桂撰写,第三章遥感及河床演变分析由杨留柱、袁菲、吴尧撰写,第四章香洲港水动力和水质观测由杨裕桂、佟晓蕾、杨留柱、袁菲撰写,第五章模型建立和验证由佟晓蕾、吴尧、杨裕桂撰写,第六章规划方案影响分析由佟晓蕾、袁菲、杨留柱、杨裕桂撰写,第七章水动力提升措施研究由吴尧、杨裕桂、袁菲撰写,第八章香洲港规划推荐方案影响分析由袁菲、吴尧、杨留柱撰写,第九章结论和建议由卢陈、黄春华、刘国珍、吴尧、佟晓蕾撰写。全书由佟晓蕾统稿,刘国珍定稿。

  本书在撰写过程中,得到珠江水利科学研究院领导和同事的大力支持,其中高时友教授和吴天胜教授给予了全面的技术支撑和悉心指导,在此表示衷心感谢。本书中还参阅和借鉴了许多学者的著作和科技文献资料,吸纳了其中一些成果,有些未能一一注明出处,在此一并表示感谢。限于客观条件及作者水平,书中难免存在疏漏和不足之处,敬请批评指正。

目录

第1章 绪论 ······ 001
- 1.1 海湾的概念及特征 ······ 003
- 1.2 珠江三角洲河口基本情况 ······ 014
- 1.3 研究内容和技术路线 ······ 057
- 1.4 坐标系统和高程基准 ······ 060

第2章 香洲港总体规划概况 ······ 061
- 2.1 珠海市香洲区香洲港项目总体规划方案 ······ 063
- 2.2 香洲港区域概况 ······ 068
- 2.3 水环境质量现状 ······ 078
- 2.4 水文分析 ······ 090
- 2.5 现有水利工程及其他设施 ······ 116
- 2.6 水利规划及实施安排 ······ 118

第3章 遥感及河床演变分析 ······ 129
- 3.1 伶仃洋流势分析 ······ 131
- 3.2 悬沙分布特征遥感分析 ······ 140
- 3.3 项目附近滩槽演变分析 ······ 145
- 3.4 项目附近河床演变分析 ······ 160
- 3.5 伶仃洋演变趋势 ······ 164

第 4 章　香洲港水动力和水质观测 ··· 167
4.1　观测内容 ··· 169
4.2　观测方法及时段 ·· 172
4.3　观测成果 ··· 173

第 5 章　模型建立和验证 ·· 187
5.1　数学模型建立和验证 ··· 189
5.2　物理模型建立和验证 ··· 199

第 6 章　规划方案影响分析 ··· 209
6.1　计算方案 ··· 211
6.2　泄洪纳潮影响计算及分析 ··· 212
6.3　水体交换影响计算及分析 ··· 217
6.4　规划方案影响综合分析 ··· 220

第 7 章　水动力提升措施研究 ··· 223
7.1　提升措施的拟定 ·· 225
7.2　开口方案比选计算及分析 ··· 233
7.3　疏浚方案比选计算及分析 ··· 252
7.4　泥沙淤积试验成果及分析 ··· 265
7.5　推荐方案 ··· 275

第 8 章　香洲港规划推荐方案影响分析 ····································· 281
8.1　推荐方案影响计算及分析 ··· 283
8.2　推荐方案综合影响分析 ··· 307

第 9 章　结论和建议 ·· 315
9.1　结论 ·· 317
9.2　建议 ·· 319

参考文献 ··· 320

第1章

绪论

1.1 海湾的概念及特征

海湾是一片三面环陆的海洋,即海岸线的凹入部分或海洋的凸出部分,是深入陆地形成明显水曲的海域,也是海岸带的重要组成部分。地处海陆交界处,海湾常年受到海陆的双重影响。中国海岸线绵长曲折,孕育了大量形态各异、功能复杂的海湾,近半个世纪以来,海湾的开发利用为沿海地区带来了巨大的经济效益,但同时也带来了一些严峻问题。多个海湾由于围垦、筑堤等工程活动而显著改变了原有自然属性,出现了不同程度的淤积现象;同时,高度密集的人类活动加大了海湾的生态环境压力,伴随海湾淤积加剧问题出现的还有水质恶化、海洋生物减少、生态价值降低、生态系统退化甚至崩溃等问题。

众多的海湾,分布在不同的位置,有不同的平面形态和地貌特征,也各有各自的成因,主要成因有以下几点。

(1) 由于伸向海洋的海岸带岩性软硬程度不同,软弱岩层不断遭到侵蚀而向陆地凹进,逐渐形成了海湾;坚硬部分向海突出形成岬角。

(2) 当沿岸泥沙纵向运动的沉积物形成沙嘴时,海岸带一侧被遮挡而呈凹形海域。

(3) 当海面上升时,海水进入陆地,岸线变曲折,凹入的部分即成海湾。

海湾由于两侧岸线的遮挡,在湾内形成波影区,使波浪、潮汐的能量降低。沉积物在湾顶沉积形成海滩。当运移沉积物的能量不足时,可在湾口、湾中形成拦湾坝,分别称为湾口坝、湾中坝。

1.1.1 海湾的种类

按照成因不同,可将海湾分为原生型、次生型和混合型三大类。

(1) 原生型海湾:是指地质构造和地壳运动形成的未经地球外营力大规模改造的海湾。原生型海湾一旦形成,其形态变化极为缓慢,按不同的成因还可分为构造湾和火山口湾。

① 构造湾:如我国杭州湾以南、辽东半岛和山东半岛的许多海湾,又如陆地沉降形成的墨西哥湾、沉积坳陷形成的北部湾、地层断裂形成的波斯湾等。

② 火山口湾:比较典型的有我国北部湾中的涠洲岛、斜阳岛边的火山口湾。

（2）次生型海湾：是指与地质构造和地壳运动无直接关系，由陆地河流、海水动力等地球外营力作用形成的海湾，如潟湖湾、连岛坝湾、三角洲湾等。次生型海湾的演化速度比原生型海湾要快得多。

① 潟湖湾：在我国山东、广东、海南等省均有分布。比较典型的有里海东岸的卡拉博加兹戈尔湾，波罗的海南岸的维斯瓦湾，墨西哥湾沿岸的许多小海湾。

② 连岛坝湾：我国山东的芝罘湾和葫芦岛北侧的锦州湾是最典型的连岛坝湾。

③ 三角洲湾：我国渤海西部滦河三角洲和现代黄河三角洲之间的渤海湾，现代黄河三角洲以东的莱州湾，缅甸伊洛瓦底江三角洲以东的莫塔马湾等。

（3）混合型海湾：是指在地质构造和地壳运动形成的地貌基础上，由水动力、冰川磨蚀和生物作用等地球外营力影响形成的海湾。主要有基岩侵蚀湾、环礁湾、峡湾和河口湾四种。混合型海湾形成后的演化速度介于原生海湾和次生海湾之间。

① 基岩侵蚀湾：一般规模比较小，在我国杭州湾以南有分布。

② 环礁湾：以太平洋中部和西部、澳大利亚东北部、印度洋西部和大西洋西部等海区最多。太平洋夸贾林环礁中的礁湖面积 2 850 km²，为世界上最大的环礁湾。

③ 峡湾：常见于高纬度地区。最著名的是挪威沿岸的峡湾。此外还分布在斯瓦尔巴群岛、格陵兰岛、新地岛、阿拉斯加、加拿大北极群岛和拉布拉多半岛、智利海岸南段和新西兰南岛等。

④ 河口湾：指河流在入海口形成的海湾，有大量淡水径流补给的、能自由地与开阔外海相联系的、半封闭的海岸水域。如我国的杭州湾、胶州湾、三都澳等，以及美国帕姆利科湾。

1.1.2　海湾的水文特征

不同海湾的水文特征差别很大，这是因为海湾的平面形态、大小、深度、海底地貌，尤其是与外海的隔离程度和气候条件各不相同，河口湾水文状况主要受河流注水、潮汐、风和冰等的影响。

湾口小，或湾口有槛与外海隔离程度大的海湾，会阻碍湾内海水与海洋水的交换，导致湾水运动滞缓，氧气不足。但是，口外海流、湾内河水注入和风的影响,可以形成独立的海水循环。湾口狭窄、与海洋隔离程度大,但轮廓简单的海湾,在气压变化或地震一类的构造运动影响下,会有驻波发生。

深度向湾顶逐渐减小的喇叭形海湾,容易形成涌潮,使湾顶的潮差比外海大数倍。如杭州湾的钱塘潮,最大可达 8.87 m。加拿大大西洋沿岸的芬迪湾的潮差为世界之最,可达 18～21 m。长而浅的海湾内,当有风从外海吹入时,容易形成暴风涌浪,使水位剧增,引起水灾。长海湾或者有槛的海湾,湾底淤泥易于堆积。

在潮湿气候区,湾水易被河水淡化,如在波罗的海边缘的一些海湾内,盐度仅 10‰ 左右。干旱地区的海湾,海水蒸发量大,又很少有河流注入,盐度常常很高,如波斯湾的盐度高达 60‰。

比较隔离的海湾内,外海的波浪有的完全不能进入,有的进入后也大大减弱。这种海湾是人类进行海洋活动的理想场所。

1.1.3　海湾的生物特征

湾口较开阔、能与外海进行通畅的海水自由交换的海湾,生物特征大体上与相邻的海洋相一致,生物的种类随海湾所在的位置而有区别。

海湾一般潮差较大,海岸植物必需能够适应高潮时浸在水中几个小时,低潮时长时间露出,热带海湾最常见的植物是红树林。

各类海湾中最有自己生物特性的是河口湾。河流带入湾中的泥沙,是大多数掘穴动物的栖息地。河口湾中的浮游生物通常种类不多,但分布广泛,数量很大。

1.1.4　世界十大海湾

(1) 孟加拉湾(图 1.1-1):印度洋北部一海湾,西临印度半岛,东临中南半岛,北临缅甸和孟加拉国,南在斯里兰卡至苏门腊岛一线与印度洋相交,经马六甲海峡与暹罗湾和南海相连,是太平洋与印度洋之间的重要通道。面积 217 万 km², 深度在 2 000～4 000 m 之间,南半部较深。

沿岸国家包括印度、孟加拉国、缅甸、泰国、斯里兰卡、马来西亚和印度尼西亚。印度和缅甸的一些主要河流均流入孟加拉湾,主要河流有:恒河、布拉马普特拉河、伊洛瓦底江、萨尔温江、克里希纳河,等等。

孟加拉湾中著名的岛屿包括斯里兰卡岛、安达曼群岛、尼科巴群岛、普吉岛等。

孟加拉湾沿岸贸易发达,主要港口有:印度的加尔各答、金奈、本地治里港,孟加拉国的吉大港,缅甸的仰光、毛淡棉港,泰国的普吉港,马来西亚的槟榔屿,印度尼西亚的班达亚齐港,斯里兰卡的贾夫纳港等。

图 1.1-1　孟加拉湾地理位置图 　　　图 1.1-2　墨西哥湾地理位置图

(2) 墨西哥湾(图 1.1-2):北美洲大陆东南沿海水域,部分为陆地环绕。通过佛罗里达半岛和古巴岛之间的佛罗里达海峡与大西洋相连,并经由尤卡坦半岛和古巴之间的尤卡坦海峡与加勒比海相通。这两个海峡均宽约 160 km。墨西哥湾东西向和南北向的最远距离分别为大约 1 800 km 和 1 300 km,总面积约 155 万 km^2。其西北、北和东北面为美国南部海岸,西、南和东南面为墨西哥东部海岸。

(3) 几内亚湾(图 1.1-3):位于非洲西岸,是大西洋的一部分,面积 153.3 万 km^2。赤道与本初子午线在这里交汇。

几内亚湾有尼日尔河、刚果河、沃尔特河注入,为海湾带来大量有机沉积物,经过数百万年形成了石油,令沿岸国家备受国际社会重视。沿岸有加纳、多哥、贝宁、尼日利亚、喀麦隆、赤道几内亚等国,沿岸主要港口有洛美、拉各斯、哈科特、杜阿拉和马拉博港等。

图 1.1-3　几内亚湾地理位置图 　　　图 1.1-4　阿拉斯加湾地理位置图

(4) 阿拉斯加湾(图 1.1-4):位于美国阿拉斯加州南缘,西邻阿拉斯加半岛和科迪亚克岛,东接斯潘塞角,面积 153.3 万 km²,平均水深 2 431 m,最大水深 5 659 m,是太平洋东北部一个宽阔海湾。沿岸多峡湾和小海湾。陆地上的河流不断地把断裂下来的冰山和河谷中的泥沙、碎石带入海湾中。沿岸主要港口有奇尔库特港等。大陆沿岸地区多火山,渔业资源较丰富。

(5) 哈德逊湾(图 1.1-5):位于加拿大东北部巴芬岛与拉布拉多半岛西侧的大型海湾,面积约 120 万 km²,平均水深 257 m。北部时常有北极熊出现。主要港口有彻奇尔港等。

图 1.1-5　哈德逊湾地理位置图　　　　图 1.1-6　巴芬湾地理位置图

(6) 巴芬湾(图 1.1-6):是一个位于大西洋与北冰洋之间的海湾,巴芬湾其实是大西洋西北部在格陵兰岛与巴芬岛之间的延伸部分。巴芬湾是英国航海家威廉·巴芬航行此地后,依照其名字命名的。以戴维斯海峡(Davis Strait)到内尔斯海峡(Nares Strait)计算,巴芬湾南北长 1 450 km,面积约为 69 万 km²。

(7) 大澳大利亚湾(图 1.1-7):西起澳大利亚的帕斯科角,东至南澳大利亚州的卡诺特角。东西长 1 159 km,南北宽 350 km,面积 48.4 万 km²。海湾北岸近海区水浅,向远海深度逐渐加深,平均水深 950 m,最大水深 5 600 m。海岸平直,有连绵不断的悬崖。冬季在强劲西北风控制下风浪甚大,素以风大浪高闻名,船舶难以停泊,只有东岸的斯特里基湾风浪较小能安全停泊。海湾内有勒谢什群岛、纽茨群岛和调查者号群岛。林肯港为大澳大利亚湾中的主要港口。

(8) 卡奔塔利亚湾(图 1.1-7):位于澳大利亚东北部。是澳大利亚北部的一个海湾,三面环陆,北面是阿拉弗拉海(一个在澳大利亚与新几内亚之间的水体)。从地质学角度来说,卡奔塔利亚湾相当年轻,在上一次冰河时期,它还是干涸的。包围卡奔塔利亚湾的陆地较平坦，地势较低。其西面是安恒地区，东面是约克角半岛，南面则是昆士兰州的一部分。其面积约 31 万 km^2。

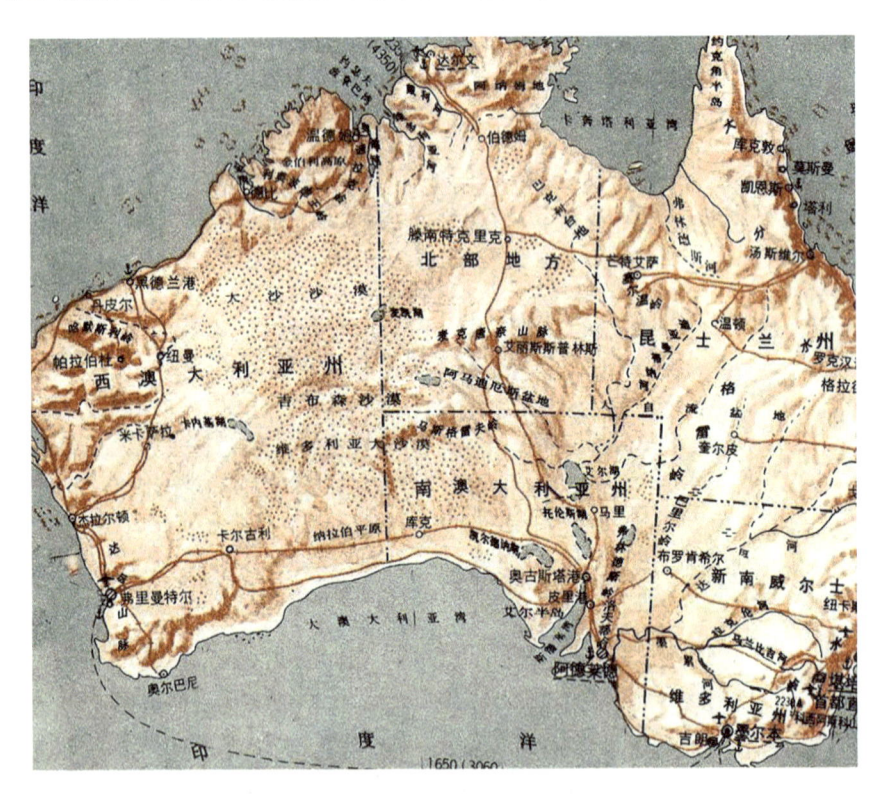

图 1.1-7　大澳大利亚湾及卡奔塔利亚湾地理位置图

图 1.1-8　波斯湾地理位置图　　　　图 1.1-9　暹罗湾地理位置图

(9) 波斯湾(图 1.1-8):位于阿拉伯半岛与伊朗之间,通过霍尔木兹海峡与阿曼湾相连,总面积约 23.3 万 km²,长 990 km,宽 58~338 km。水域不深,平均深度约 50 m,最深约 90 m。它是底格里斯河与幼发拉底河出海的地方。北至东北至东方与伊朗相邻,西北为伊拉克和科威特,西到西南方为沙特阿拉伯、巴林、卡塔尔、阿拉伯联合酋长国、阿曼。

(10) 暹罗湾(图 1.1-9):又称泰国湾,是泰国的南海湾,其东南部通中国南海,泰国、柬埔寨、越南濒临其北部和东部,泰国、马来西亚在其西部。水域面积大约 32 万 km²,平均水深仅 45 m,平均盐度为 3.5%。

1.1.5 广东省海湾建设背景

广东省拥有大小海湾 500 多个,大陆海岸线全长 4 114.3 km,约占全国海岸线总长的 1/5,居我国沿海各省(区、市)之首。美丽海湾建设是贯彻落实习近平生态文明思想和美丽中国建设的重要举措,广东于 2013 年在全国率先启动美丽海湾建设。"十二五"期间,广东为落实党的十八届五中全会提出的"蓝色海湾整治行动",编制了美丽海湾总体规划,投入 9 200 万元开展了 3 个省级试点建设。2019 年广东省自然资源厅印发《广东省美丽海湾规划(2019—2035年)》,规划 2030 年全省建成 31 个美丽海湾。2022 年 1 月,生态环境部等 6 部门联合印发的《"十四五"海洋生态环境保护规划》指出:"十四五"期间,推进海湾生态环境综合治理和美丽海湾建设,展望 2035 年,80%以上的大中型海湾基本建成"水清滩净、鱼鸥翔集、人海和谐"的美丽海湾。美丽海湾建设逐渐成为海洋生态环境保护的重要内容和目标。2022 年广东省生态环境厅印发《广东省海洋生态环境保护"十四五"规划》,提出到 2025 年要重点推进 15 个美丽海湾建设;展望 2035 年,全省 80%以上重点海湾基本建成美丽海湾。

"十三五"以来,广东省坚持以习近平新时代中国特色社会主义思想为指导,深入贯彻习近平生态文明思想,坚持生态优先、绿色发展,坚决打赢打好污染防治攻坚战,推动海洋资源高效利用、开发保护空间合理布局、海洋生态环境改善,有力促进海洋经济高质量发展,广东海洋生态环境保护工作成效显著。

一是打赢打好污染防治攻坚战,海洋环境质量稳中向好。高位推动污染防治攻坚,陆源污染防治取得突破性重大成效,近岸海域环境质量稳中向好。二是高标准落实"双督"整改,有力解决一批突出海洋资源环境问题。三是强化规划引领，积极构筑海洋生态文明制度体系。四是践行新发展理念，助推海洋生态环境保护与海洋经济发展共赢。五是把握机构改革机遇，构建海洋生态环境保护新格局。六是加强沟通融合，推进粤港澳大湾区美丽海湾建设。

"十三五"期间广东海洋生态环境保护工作取得阶段性成效，但对标美丽广东、美丽湾区的建设要求，对标人民群众对优美海洋生态环境的热切期盼，海洋生态环境保护仍存在一些突出问题，需要高度重视并认真加以解决。

一是海洋环境质量持续改善任务艰巨，二是典型海洋生态系统功能亟待恢复，三是海洋生态环境治理体系和治理能力有待提升。

"十四五"时期是深入践行习近平生态文明思想，把握新发展阶段、贯彻新发展理念、构建新发展格局的关键时期，海洋强国战略的全面实施，打好污染防治攻坚战的决策部署，以及生态环境治理体系的不断完善，为广东省进一步加强海洋生态环境保护工作提供了重大机遇。

展望2035年，广东沿海经济带绿色生产生活方式广泛形成，海洋生态环境根本好转，美丽海湾建设目标基本实现。海洋环境质量短板全面补齐；海洋生态系统稳定性显著增强，生态系统功能全面提升，海洋生物多样性得到有效保护；80%以上重点海湾基本建成"水清滩净、鱼鸥翔集、人海和谐"的美丽海湾，人民对优美海洋生态环境的需求基本满足；海洋生态环境治理体系和治理能力基本实现现代化。

锚定2035年远景目标，2025年广东省海洋生态环境保护的主要目标如下。

（1）海洋生态环境质量持续改善。近岸海域水质优良（Ⅰ、Ⅱ类水质）面积比例达到86%以上；陆源主要污染物入海量持续降低，国控河流入海断面稳定消除劣Ⅴ类水质。

（2）海洋生态保护修复取得实效。重要海洋生态系统和生物多样性得到保护，海洋生态系统质量和稳定性显著提升，大陆自然岸线保有率和大陆岸线生态修复长度达到国家要求，营造修复红树林8 000公顷。

（3）美丽海湾建设稳步推进。重点推进15个美丽海湾建设，亲海环境质量明显改善，公众临海亲海获得感和幸福感显著增强。

（4）海洋生态环境治理能力不断提升。海洋生态环境监测监管能力大幅增强，海洋环境污染事故应急响应能力显著提升，陆海统筹的海洋生态环境治理体系不断健全。

广东省海洋生态环境保护"十四五"规划从海洋环境质量改善、海洋生态保护修复、公众临海亲海空间3个方面共提出5项量化指标，详见表1.1-1。

表 1.1-1 海洋生态环境保护"十四五"规划目标指标体系

类别	序号	指标	2020年	2025年
海洋环境质量改善	1	近岸海域优良（Ⅰ、Ⅱ类）水质面积比例	81.8%（"十三五"平均）	86%
	2	国控河流入海断面水质劣Ⅴ类比例	0（27个入海河流国考断面）	0（36个国控河流入海断面）
海洋生态保护修复	3	大陆自然岸线保有率	35.7%	按国家要求确定
	4	红树林营造修复面积	12 092公顷（2019年累计值）	8 000公顷（"十四五"新增值）
公众临海亲海空间	5	推进美丽海湾建设数量	—	15个

在此基础上，针对不同海湾的生态环境特点和湾区发展定位，一湾一策，统筹推进陆海污染治理、生态保护修复、亲海品质提升，系统实施重点任务和重大工程，推动美丽海湾保护与建设，打造广东美丽海湾样板。美丽海湾以海湾资源禀赋和自然特色为基础，分类施策，有序推进美丽海湾保护与建设，打造一批生态型、都市型和旅游型美丽海湾。

分类打造"各美其美"美丽海湾。对惠州市考洲洋、江门市镇海湾等分布有典型海洋生态系统或特别保护生物资源的海湾，重点开展生态系统保护与修复，加强重点生态空间管控，打造生态型美丽海湾。对汕头市内海湾、东莞市交椅湾、珠海市情侣路、湛江市金沙湾等临近城区且可为城区民众提供亲海空间的海湾，重点加强陆海污染治理，优化生态景观廊道和建设亲海观景平台，打造都市型美丽海湾。对潮州市大埕湾、汕头市青澳湾、揭阳市资深港、汕尾市遮浪港、深圳市大鹏湾、珠海市东澳湾、阳江市珍珠湾和大角湾及北洛湾、湛江市博茂港湾等自然禀赋优良、风光优美的海湾，加大对滨海生态旅游资源与景观资源的保护和利用力度，完善滨海旅游和环保设施，打造旅游型美丽海湾。

梯次推进美丽海湾建设。将深圳市大鹏湾打造成美丽海湾典范，积累美丽海湾保护与建设的实践经验，梯次推进汕头市青澳湾、珠海市情侣路等美丽海湾建设，打造具有全国示范价值的美丽海湾。根据国家要求，研究制定美丽海湾保护与建设指导文件，明确适合广东美丽海湾保护与建设的指标体系和评价方法，建立长效激励机制。2025年底前，重点推进15个美丽海湾建设，沿海各地级以上市因地制宜推进美丽海湾建设。

1.1.6　珠海市海湾建设背景

广东省人民政府、国家海洋局于2017年印发《广东省海岸带综合保护与利用总体规划》，规划中要求"将珠海、汕头、湛江建设成为区域性海洋中心城市，打造一批海洋特色小镇和特色渔村，初步建成蓝色优质生活圈。以建设海岸带观光廊道、'陆-海-岛'立体旅游网为抓手，初步形成环境优美、风景秀丽的蓝色海岸风情带"。

珠海市生态环境局于2022年印发《珠海市海洋生态环境保护"十四五"规划》。珠海在充分对接省规划目标要求的同时，增加了城镇污水处理能力、岸线生态修复长度、滨海碧道建设长度和整治修复海岛亲海岸滩长度等5个特色指标。"十四五"期间，珠海拟推进情侣路岸段、东澳湾、锦塘湾、海豚湾、三角岛5个海湾建设成为美丽海湾，其中珠海市情侣路将打造成为具有全国示范价值的美丽海湾。

珠海市情侣路作为临近城区且可为城区民众提供亲海空间的海湾，具有成为美丽海湾的天然优势，打造美丽海湾过程中应重点加强陆海污染治理、生态景观廊道优化和亲海观景平台建设。

珠海市香洲港位于情侣中路，东接陆地，西临香炉湾，地理位置见图1.1-10。香洲港初建于1957年，是经农业部公布的全国重点群众渔港。20世纪90年代初，由于城市规划建设需要，对该港进行了改建，目前水域面积85.87万 m^2，防波堤长500 m。随着珠海城市社会经济快速发展，在国务院2003年批复的《珠海市城市总体规划（2001—2020年）》中，已将珠海市香洲情侣路（包括香洲港）规划为旅游区域。为与相关规划相适应，作为情侣路美丽海湾的组成部分，珠海市政府拟对香洲港进行改建，内容包括堤岸、桥梁等工程，将其打造成集娱乐区、酒店区、文化区、码头公园等于一体的多功能地带，以便给市民提供丰富多元的滨水体验。结合周边城区改造，以提升城市品质为目标，提出了如图1.1-11、图1.1-12所示的香洲港开发利用方案。打造完成后的香洲港项目将成为集中展示艺术、海洋、香埠多元文化的湾区舞台，集合旅游、商业、休闲、娱乐多功能于一体，提升公共空间特色，成为国际一流的滨海艺术岸线和城市美丽海湾形象门户。

本书以珠海市情侣路中路香洲港改造工程为例，研究建设项目对珠江河口泄洪纳潮、河势稳定、水环境等可能产生的影响及拟采取的补救措施,提出切实可行的水动力提升方案。

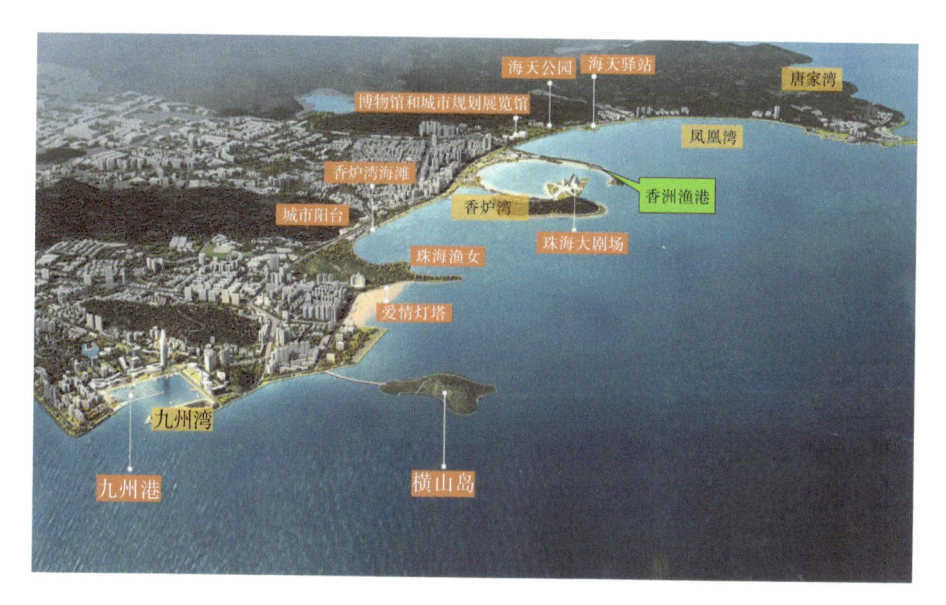

图 1.1-10　香洲港位置图

图 1.1-11　香洲港及周边区域开发功能

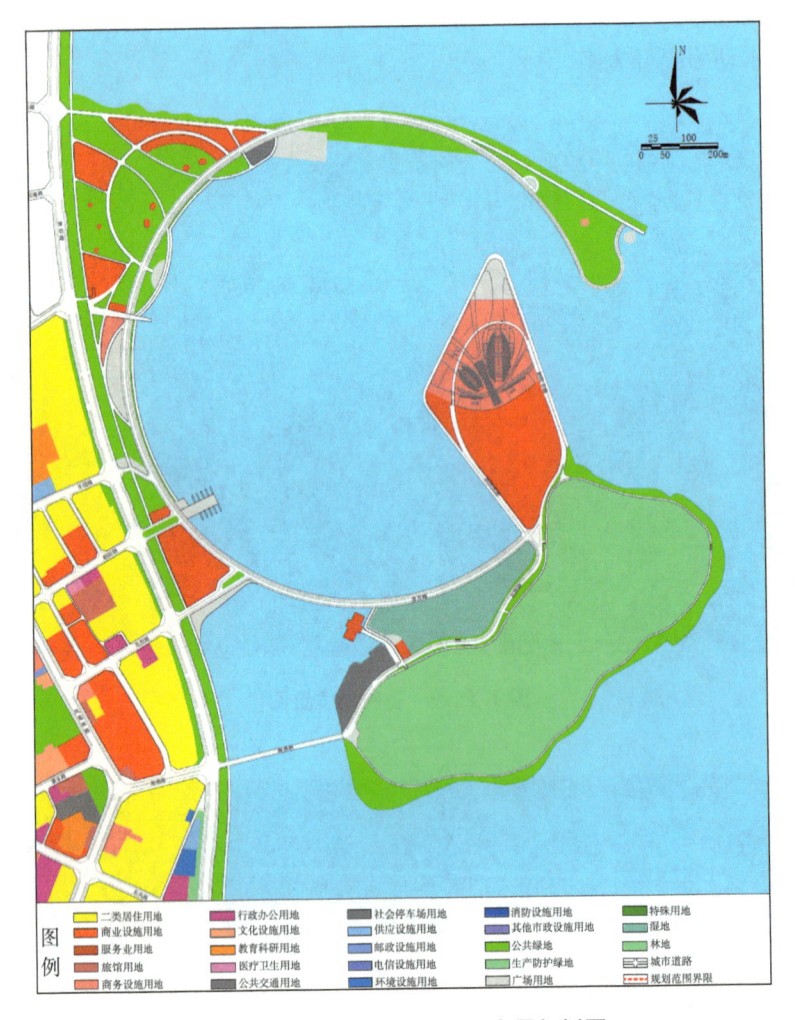

图 1.1-12　香洲港总体平面布置规划图

1.2　珠江三角洲河口基本情况

1.2.1　河口分布

　　河口的定义还没有统一的认识,《泥沙手册》将河口区分为近口段、河口段及口外海滨段三个河段,在多年平均径流量和海口断面多年平均潮差的组合情况下,潮流界以上至潮区界为近口段,潮流界以下至海口断面为河口段,在海口断面以下为口外海滨段。这个定义与苏联 N. B. 萨菲依洛夫的定义基本一致,与黄胜的观点"根据径流与潮流两种力量的强弱对比,将河口区分为以径流作用为主的河口河流段,以潮流作用为主的河口潮流段,在以上两河段之间的径流与潮流两种力量相互消长的河段称为过渡段"相比,也基本一致。黄胜还提出了潮汐河口的定义有广义和狭义两种解释,前者包括入海河道下游受潮汐影响的河段,后者则仅指入海河道下游受潮流影响的河段。由此,我们认为狭义的定义即为《泥沙手册》所指的河口段及口外滨海段,或黄胜所指的过渡段和潮流段。

珠江由西江、北江、东江及入注三角洲诸河如深圳河、茅洲河、西福河、沙河、增江、南岗河、流溪河、高明河、沙坪河、潭江等组成(见表 1.2-1),分别经虎门、蕉门、洪奇门、横门、磨刀门、鸡啼门、虎跳门和崖门等八个口门流入南海,受南海潮汐的影响,各河流的潮区界和潮流界长短不同,如表 1.2-2 所示。

表 1.2-1 珠江水系

河流	源地	河口	全长 (km)	其中源地—下游					其中下游—河口 (三角洲段)		
				下游界	长度 (km)	集水面积 (km^2)	平均坡降 (‰)	落差 (m)	长度 (km)	集水面积 (km^2)	平均坡降 (‰)
西江	云南曲靖市马雄山	广东珠海市磨刀门	2 214	三水区思贤滘西口	2 075	353 120	0.58		139		−0.048
北江	江西信丰县小茅山	广东广州市番禺区沙公堡	573	三水区思贤滘东口	468	46 710	0.26	305	105	8 370	0.053 4
东江	江西寻乌县桠髻钵山	广东广州市黄埔新港	562	东莞市石龙镇	520	27 040	0.39	440	42	1 380	0.000 47
直注珠江三角洲诸河	(深圳河、茅洲河、西福河、沙河、增江、南岗河、流溪河、高明河、沙坪河、潭江)									17 070*	

注:* 含属于深圳河集水面积的九龙半岛 421.26 km^2,澳门半岛 18 km^2,不含岸外岛屿面积。

表 1.2-2 珠江河口潮区界和潮流界

河流	潮区上界 (距口门 km)	潮区下界 (距口门 km)	潮流上界 (距口门 km)	潮流下界 (距口门 km)
西江	梧州—德庆(300)	外海(55)	三榕峡(160)	口门(0)

续表

河流	潮区上界 (距口门 km)	潮区下界 (距口门 km)	潮流上界 (距口门 km)	潮流下界 (距口门 km)
北江	芦苞—马房(130)	三善滘(43)	三水—马房(90)	口门(0)
东江	铁岗(90)	大盛—新家浦(40)	石龙—下南(60)	泗盛、大盛、东莞围(2~10)
流溪河	江村—蚌湖(90)	老鸦岗(70)	老鸦岗—江村(80)	黄埔—石围塘(39~60)

珠江河口为扇形三角洲河口,在三角洲上汊道纷繁,河网纵横交错,相互沟通,大小汊道数以千计,在我国大江大河的河口中是绝无仅有的。

正如对河口的定义认识还不一致,对珠江三角洲的范围也存在着认识不一致问题。主要有以下几种看法。

(1) 古三角洲和现代三角洲

曾昭璇认为,从地貌学观点看,珠江三角的范围,西到肇庆三榕峡、北到清远浈阳峡、东到博罗田螺峡为古三角洲。因为北江出飞来峡后分出六条汊道,西江出三榕峡后放射状分汊为四条古洪泛水道,而东江出田螺峡后也分汊为放射状河道,由此构成古三角洲。东江在石龙以下,西、北江在三水以下都形成泥沙堆积、河道分汊,构成现代三角洲。

(2) 广义的三角洲和狭义的三角洲

廖远祺、范锦春认为,在地理区划上广义的珠江三角洲的范围为西江自三榕峡以下,北江自飞来峡以下,东江自观音阁以下。狭义的珠江三角洲范围是西、北江自佛山市三水区思贤滘以下,东江自东莞市石龙以下,称为网河区,总面积约 11 300 km²。

(3) 大三角洲和小三角洲

由于农业区划、水利规划、经济开发区规划等的需要,珠江三角洲有大三角洲和小三角洲之分。如《广东省综合农业区划》中的珠江三角洲不仅包括平原,还延伸到西、北、东江下游的沿江平原及其外缘的丘陵地区,其范围包括佛山地区全部、广州市南部四县一郊、惠阳地区南部五县市、肇庆地区东部三县市、韶关地区清远市、深圳市及珠海市,共 23 个县(区)、7 个市(按当时行政区划)。有的提法不包括清远市,有的提法则不包括从化区和惠东县。在《珠江三角洲经济区规划研究》中,珠江三角洲按大三角洲计算,包括广州、深圳、珠海、东莞、中山、江门、佛山和惠州市的惠城区、惠阳区、惠东、博罗,肇庆的端州区、鼎湖区、高要区、四会,面积为 41 569 km²。小三角洲则为珠江三角洲的平原区或堤围区。

由上可见,所谓古三角洲、广义的三角洲和大三角洲,各家看法差别较大;而所谓现代三角洲、狭义的三角洲和小三角洲,差别则较小。广州地理研究所张仲英等人认为三角洲是一个地貌学的名词,现代三角洲的概念应包括河口的陆上和水下沉积体系,其范围应综合考虑下列五个标志:①河口区潮流界以下,即河口段和口外海滨段;②动力条件为河流和海水的相互作用;③地貌类型为河积-海积平原;④水道特点为放射形网河系统;⑤沉积物为海陆交互的三角洲相。据此论证并认为珠江三角洲的范围应为东江为石龙以下,北江为三水以下,西江则为羚羊峡以下。与此认识相近的有徐俊鸣的观点,他认为西江三角洲开始于高要羚羊峡东口;北江三角洲开始于三水的芦苞,面积共1万多 km^2。中山大学地理系河口研究组亦认为西江羚羊峡以下,北江芦苞以下,东江石龙以下,流溪河江村以下和潭江开平以下的珠江平原,为珠江三角洲的范围,总面积1万多 km^2。中国科学院《中国自然地理》编辑委员会认为,自西江羚羊峡,北江的芦苞和东江的石龙以下,河道开始分汊,进入珠江三角洲的范围,总面积约1万多 km^2。赵焕庭也认为:根据水文和地貌特征,珠江三角洲的内界为西江的羚羊峡、绥江的黄岗圩、北江的芦苞。凡此种种,都与廖远祺、范锦春提出的狭义的三角洲的范围大致接近。

狭义的三角洲包括西、北江思贤滘以下的西北江三角洲和东江石龙以下的东江三角洲,以及入注珠江三角洲诸河的中小河流流域,总面积为 26 820 km^2,其中西、北江三角洲面积为 8 370 km^2,东江三角洲面积为 1 380 km^2,入注珠江三角洲诸河中小河流流域面积为 17 070 km^2,其中含九龙半岛 421.26 km^2,澳门半岛 18 km^2。总面积仅次于长江三角洲(面积约 4 万 km^2)居第二位。行政区域包括广东省7个市所管辖的范围,即广州市、深圳市、珠海市、东莞市、中山市、江门市和佛山市,此外,还有香港和澳门两个特别行政区,这与过往研究所指的7个市和18个县不同的是少了阳江、清远和龙门三个县(市)。

1.2.2 网河分布

珠江三角洲的网河分布如图 1.2-1 所示。西江与北江流至广东省佛山市三水区的河口镇附近,通过长约 1.5 km 的思贤滘水道相互沟通后,进入珠江三角洲网河区。西江主流自思贤滘折向南流,经过马口、甘竹,右岸有高明河、沙坪河汇入,左岸分支甘竹溪与北江下游顺德水道相通;西江流至南华,分为东、西两大水道,东支为东海水道,西支为主流,又称西海水道,经北街、外海、神湾走磨刀门入海,百顷头以下又称磨刀门水道。西海水道的左侧先后在逢源、潮莲分汊为古镇水道、荷塘水道、北街水道,至外海又合而为一,南流至百顷头,再次分汊为磨刀门水道、荷麻溪、石板沙水道等,分别流经鸡啼门、虎跳门出海。西海水道在江门以下称江门水道,左侧分汊出睦洲水道和虎坑水道,分别汇入磨刀门水道和虎跳门水道、泥湾水道;右侧有潭江汇入,与江门水道汇合后称为崖门水道,经崖门流出黄茅海。

东海水道自南华向东经容奇至板沙尾与北江下游顺德水道汇合,分别由蕉门、洪奇门、横门流入伶仃洋。沿程主要分汊河流由凫洲水道汇入磨刀门水道,顺德支流、桂洲水道、鸡鸭水道、小榄水道等汇入横门水道、洪奇门水道和蕉门水道。

北江自思贤滘以下至三水区的西南镇,右岸分流为罗行冲,左岸分流为西南涌,与芦苞涌会于官窑,流入白坭水,至鸦岗汇入流溪河,南流至广州市区后分流为东河道(又称前航道)和南河道(又称后航道),至黄埔附近汇合,进入狮子洋出虎门流入伶仃洋。自广州以下习惯称为珠江(又称珠江正干)。

北江干流经过西南镇、小塘至紫洞分为两股:左股为佛山水道,右股为顺德水道,在三多附近分流出潭洲水道。顺德水道主流经沙湾水道汇入狮子洋,走虎门出海。佛山水道主流汇入南河道经沥滘水道和三枝香水道汇入狮子洋,也走虎门出海。潭洲水道至登洲头左侧分出平洲水道,流经平洲镇,后与槽尾滘、三尾冲、二尾冲、陈村水道、三枝香水道等相交,至大尾角,部分水流往北走南河道流入广州市,部分水流则流入沥滘水道进入珠江正干。自思贤滘开始,北江干流经潭洲、平洲水道至广州,统称之为东平水道。

东江三角洲网河区自石龙开始,东江分为南北两大支,北支为东江主流,南支为东莞水道。两支水道之间又有中堂水道互相连接,并一再分流,形成网河,自成体系。东江主流右侧分出十字滘水道和菠萝滘水道,左侧分出倒运海水道和麻冲水道。东莞水道右侧分出中堂水道和洪屋涡水道,前者经倒运海水道与东江主流沟通,后者流回东莞水道,也与倒运海水道沟通;左侧分出厚街水道,仍流回东莞水道。诸水道均汇入狮子洋经虎门流入伶仃洋。

1.2.3 地理地貌

(1) 地理

珠江河口位于我国大陆的南部,地处北纬 21°53′～23°10′、东经 112°30′～

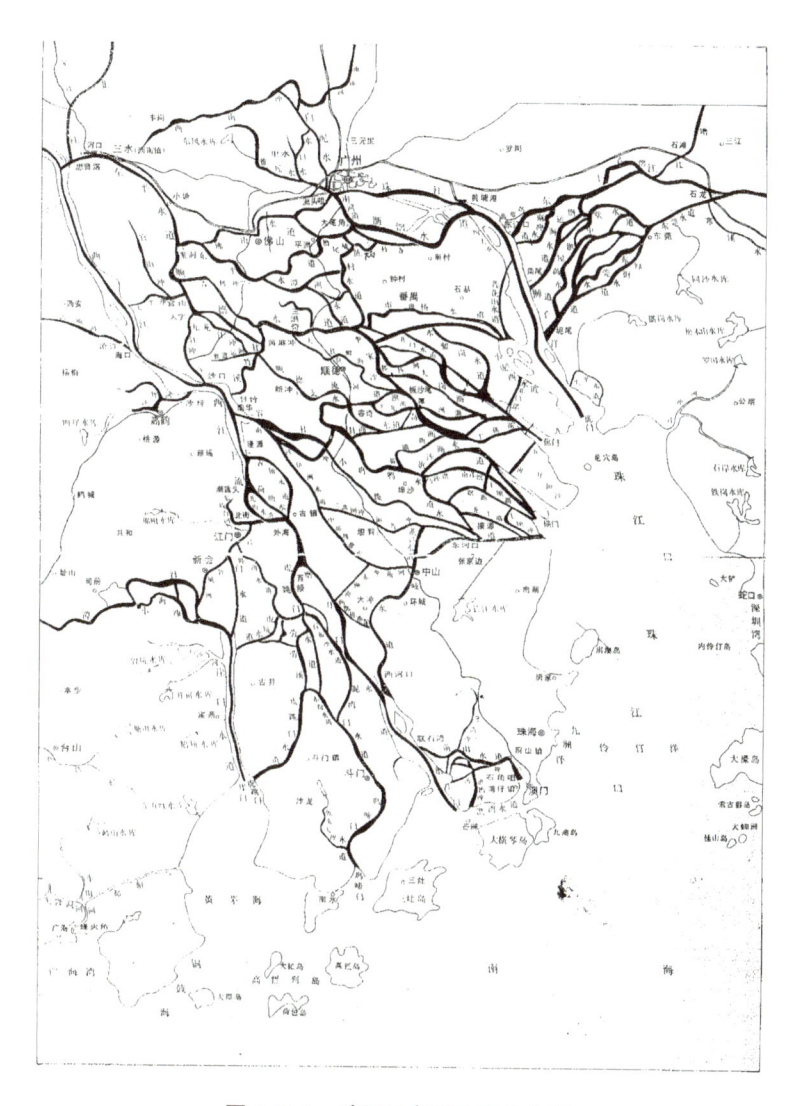

图 1.2-1 珠江三角洲网河分布图

114°10′,面临浩瀚的南海。这里气候温和,阳光充足,物产丰富,花果飘香,素有"鱼米之乡"的美誉,具有一派海洋性亚热带特色的景观。尤其是我国改革开放以后,这里呈现出一派生机。

在河口区内,交通四通八达,十分便利。区内河网纵横,相互沟通,水运十分发达,沿河两岸及滨海区港口众多。改革开放后新建港口如雨后春笋,尤其是广州水道至伶仃洋一线除扩建原有的广州港和黄埔港外,先后新建的港口有蛇口、赤湾、妈湾、新沙、沙角、南沙、九洲、中山、莲花山等,包括了大中型深水泊位 30 多个,其中南沙港区一期工程兴建 4 个 5 万 t 级码头泊位,二期工程兴建 2 个 10 万 t 级集装箱专用泊位,并正在浚深拓宽广州至伶仃洋的出海航道,以利远洋海轮的通航,并提高其通航吨位,以便加强与世界各港埠的联系。公路犹如蜘网,沟通着三角洲内各城镇,各河汊都建有桥梁,陆运非常畅通,尤其是改革开放以来,大规模兴建高速公路,短短十年间,相继崛起的广佛、广深、广三、佛开、深汕、广清、广珠等高速公路已将广州、佛山、深圳、江门、中山、珠海等珠江三角洲城市紧密地联成一体,大大地拉近了广州与各城市之间的距离。关于铁路方面,已通行的有广州—东莞—深圳—香港线和广州—佛山—三水线,正在兴建的有广州—番禺—中山—珠海—澳门线。关于空运方面,广州、深圳、珠海、香港和澳门等城市都建有国际机场,与国内外大城市互有通航。正是由于这些发达的交通网,投资环境得到了改善,经济得以发展和兴旺。

珠江三角洲经济的迅猛发展,在全国也占有领先地位,这与其优越的地理位置是分不开的。它不仅是我国沿海地区之一,而且与港、澳相连,犹如唇齿息息相关。其通过港、澳联系世界和引进投资,极大地促进了经济的发展,这种优越的地理条件是我国其他沿海地区所不能比拟的。

(2) 地貌

珠江河口区的地貌特征较为复杂,独具特色。它不同于我国长江、黄河等大江大河的河口区,其地貌类型大致可划分为山地丘陵、阶地残丘和平原网河等三种,分述如下。

① 山地丘陵地貌

河口区三角洲边缘的东、西、北三面均为山地丘陵所环绕,南面向南海,外海又为众多大小岛屿所环抱,整个珠江河口构成一个深入内陆的港湾。

河口区山地丘陵主要由古生界变质岩及燕山期花岗岩构成,西樵山则由新生代早期火山岩构成。这些山体的高程大多数在海拔 600 m 以下,相对高度为 100～300 m,少数在 600 m 以上。较高的山地丘陵一般有 900～1 000 m、700～800 m、500～550 m、400～450 m、300～350 m、200～250 m 和 100～120 m 等夷平面。L. Berry 认为香港地区存在 1 000 m、460～470 m、230 m、130 m 等夷平面。张虎男对东江下游夷平面进行研究,认为 900～1 000 m 和 700～800 m 两级夷平面形成于白垩纪晚期;500～550 m、400～450 m 和 300～350 m 三级夷平面形成于早第三纪;200～220 m 和 100～120 m 两级夷平面则形成于晚第三纪。这些夷平面在多年流水的侵蚀下，大都已被切割得支离破碎，但在一些较大的山体，如五桂山、西樵山和广州附近的白云山等地区，还比较明显地保存下来两级夷平面。至于高程在 250 m 以下的低丘陵，一般依附于山地和高丘陵，多呈孤丘，周围有古海蚀崖，为昔日河口湾中的小岛。珠江口的岛屿多为低丘陵，由花岗岩、中生代和新生代沉积岩，以及古生代变质岩构成。

在珠江河口三角洲上存在着众多山地丘陵，据统计约有 160 多处，其面积约占珠江三角洲总面积的 13.27%，这是珠江河口区地貌的一大特色。这些山丘原来存在于古海湾中，在三角洲形成之前是古海湾中的孤岛，它们的存在使水流产生了绕流而有利于湾内细颗粒泥沙的沉积，因而加速了海滩的形成。当三角洲形成之后，这些孤岛便成为存在于三角洲中的山丘。现在存在于珠江口外海中众多大大小小的岛屿，随着珠江三角洲的向外海延伸和扩展，也将成为三角洲中的山丘。

② 阶地残丘地貌

在珠江河口三角洲上广泛分布着几级阶地和残丘，其面积约占珠江三角洲总面积的 6.13%。对三角洲地区阶地的级数和成因，学者们的意见纷纭，至今尚未形成一致的认识。

曾昭璇的早期研究认为存在两级阶地，其高程分别为 35~45 m 和 10~15 m，靠近海岸的属海成，深入内陆的可能是陆成。周业华则提出有 35~45 m、15~25 m、7~12 m 及 3~5 m 四级阶地。赵焕庭亦提到有 40~50 m、20~25 m、12 m 和局部有 5 m 四级台地或阶地。黄玉昆提出就整个华南沿海地区有 60~80 m、35~45 m、20~25 m、8~12 m 及 3~5 m 共五级阶地存在，而且都是海成的。可见，不仅各位学者对阶地划分的级数不同，而且划分的高程也不尽相同，对于阶地成因的认识也不一致。珠江三角洲地区阶地的级数及其成因是一个复杂的问题，还有待于进一步深入分析研究。

赵焕庭指出各级阶地切削了前第四纪不同地质时代的地层岩石及不同类型的构造，其中年代较久远的 80 m 级阶地被拗谷系切割得支离破碎，外貌像圆馒头状低丘群，唯有其顶面等高，沿三角洲西部的鹤山、江门、新会等地均可见到此情形。40~50 m 和 20~25 m 两级阶地分布最广，且最先被研究，A. Heim 早就指出广州黄埔地区存在两级阶地，吴尚时也研究了珠江北侧石牌 40~50 m 阶地、珠江南侧康乐 20~25 m 阶地、番禺区市桥 20~25 m 及约

40 m级阶地,这两级阶地遍布于河口区周围、陆域和岛屿。5~10 m级阶地零星分布于各地,如东莞厚街、珠海唐家湾、前山等地。河口区阶地前缘往往有海蚀遗迹,如古海蚀崖、古海蚀穴、古海蚀平台等。

以上为剥蚀-侵蚀阶地,在河口区内丘陵阶地向平原过渡地带,河流所经之处,第四纪时期发育有第一级河流堆积阶地和第二级基座阶地。第二级基座阶地分布于北江下游的大旺区将军岗、三水河口镇的黄竹坑、西江下游的白坭,以及流溪河下游钟落潭等地,海拔25~35 m,具有二元结构的冲积相砂砾层和红色砂土层,其上部砂土层多已受后期侵蚀破坏,下部砂砾层为褐黄、土黄色或黄灰色砂质卵砾、砾质粗砂、砂砾夹中粗砂层、砂层夹黏土透镜体等,并且层理交错,总厚为6~18 m。第一级堆积阶地广泛分布于河口区的北部,如流溪河下游广花平原的一级堆积阶地,由花斑状粉砂黏土和砂砾层组成,其海拔较低,比河漫滩和三角洲平原仅高1~5 m,前缘略有陡坎。广州市东北郊车陂河沿岸一级堆积阶地组成与上述相同,厚3~18 m,^{14}C年龄为距今1.6万~3.4万年,属晚更新世中期的河流堆积。北江下游和西江下游的一级阶地的^{14}C年龄为距今1.6万~1.8万年,其与河漫滩一起构成带状冲积平原,进入三角洲网河区后,连续渐变转化为埋藏阶地,以花斑状黏土层为代表。

③ 平原网河地貌

在珠江河口三角洲上,具有平原网河地貌特征的面积约占珠江三角洲总面积的80.60%,占据主体地位。其中高平原(指高程为0.5~0.9 m的高围田和高沙田)约占51.4%,低平原(指高程为-0.3~0.3 m的低围田和中沙田)约占25.2%,低洼积水地(指高程为-0.7~-0.4 m的低沙田和垦田)约占6.2%,基水地(即桑基鱼塘或蔗基鱼塘、果基鱼塘)约占17.2%。在三角洲上分布了数以千计的网河,网河纵横交错,互相连通,且分散着众多的水基地,这是珠江河口区地貌的又一大特色,在我国大江大河的河口区中是独一无二的。

珠江河口三角洲早在新石器时代就有人类活动,人类在长期与自然界做斗争的过程中,不断地改造着大自然的面貌,在三角洲平原上出现了不少人工地貌类型。诸如在河流两岸建造了防洪大堤,并且在一片片沙洲上筑有堤围。1949年以后,为了提高堤围的抗洪能力,人们大规模联围筑闸,将无数小围合并成大围,提高堤围的防洪标准,并控制支流,简化河系,整理堤系,缩短堤线,以利防守。现在,自思贤滘以下的珠江三角洲上保护面积10万亩以上的大堤围有16处,分别为榕塞大围、潭湖围、樵桑联围、中顺大围、白蕉联围、中珠联围、江新联围、南顺第二联围、顺德第一联围、南顺桑园围、齐杏联围、番顺联围、万顷沙围、民三联围、增博大围等。

在三角洲的中部,大致在顺德地区一带,人们改造低洼地与沼泽地而造成水基地,将当地低洼地或沼泽地的地势挖深 1 m 左右,面积在 100～600 m² 不等,形状大致呈方形或长方形,构成能蓄水养殖淡水鱼的鱼塘,而后将挖出来的淤泥堆放在塘边四周,筑成一条高出地面 1 m 左右,宽约 3～5 m 不等,能种桑树或甘蔗或果树的塘基。这种人工改造成的养鱼种桑(或种甘蔗、荔枝、龙眼、香蕉等)的地形组合,当地称为"桑基鱼塘"或"蔗基鱼塘"、"果基鱼塘",对发展当地经济起到良好的作用。这种水基地是珠江三角洲的一种特殊的土地类型,也是特有的一种人工地貌。

在三角洲的近海区,堆积性地貌发育,主要是呈带状分布的沙滩(或泥滩)和沙堤。沙滩或泥滩的面积随潮水位的涨落而变化,高潮时淹没于水下,低潮时又露出水面,称为潮间带或潮坪,其组成物质主要为粉砂质淤泥和淤泥质粉砂两类,潮流较强的环境则为粉砂和细砂,部分区域生长红树林群丛,大部分为不长植物的光滩。潮坪不断淤高和向海扩展,高潮位以上的滩地,由于长期受风的作用,往往形成次一级地形——沙堤或沙丘。这种沙滩地带是径流与潮流消能的地方,亦是泥沙大量淤积的地区。此外,在一些临海或近海的低山丘陵区或残丘地点,往往发育着侵蚀地貌,主要分布有代表过去海岸线位置的死海崖、海侵平台以及现代海浪形成的海崖、海蚀穴、海蚀平台和排石等地形。

在珠江河口的口门外,普遍存在拦门沙,这是珠江河口口外海滨的一个重要地貌类型。如伶仃洋口门的拦门沙在大濠岛附近,长约 60 km,呈内坡缓、外坡陡的形态,前者坡度约为 2‰,后者约为 1.5‰。磨刀门口外的拦门沙位于大井角喷射口外 9 220 m,长约 15 km,呈内坡缓、外坡陡的形态,前者坡度约为 0.43‰～2.75‰,后者约为 1.20‰～1.67‰。平面上拦门沙体的体积不对称,右侧较左侧规模大,这是因为受河槽地形的影响,底流总是偏向右侧。黄茅海的拦门沙位于海湾中间,上接主深槽,下接湾口与海峡深槽,水深 2.4～5.0 m,南北纵向长约 22 km,东西宽约 6～8 km,面积约 155 km²,占海湾面积的 28.9%,呈内坡陡、外坡缓的形态,坡度分别为 0.69‰～0.81‰和 0.57‰～1.0‰。

珠江河口口外海滨另一个重要地貌特征是岛屿林立。其中较大的岛屿有:黄茅海区高栏岛、高栏列岛、荷包岛、三角山岛、大杧岛、大襟岛、上川岛、下川岛等;磨刀门口外大林岛、小林岛、三灶岛、南水岛、大/小横琴岛、九澳岛、路环岛、氹仔岛等；伶仃洋外海三门列岛、担杆列岛、佳蓬列岛、外伶仃岛、万山群岛等。这些岛屿多成北东向排列，从香港经万山群岛至上、下川岛形成一列弧形的列岛，如口外屏障，亦是口外海滨下界的大致界线。

1.2.4 地质土壤

（一）地质

1. 地质构造

珠江三角洲在地质发展史上受多次构造运动的影响，主要形成了华夏构造体系和纬向构造体系，此外，NW向的构造形迹亦相当显著。河口区位于南岭纬向构造带的南缘，属于新华夏系第二隆起带的一部分，其构造面貌是以古老的华夏系和纬向构造为基础演变而成的，受加里东至喜马拉雅各期地壳运动的影响，形成一系列的褶皱、向斜、背斜、断层构造及断陷盆地。区域性断裂系统主要有纬向、NE向和NW向三组，NE向和NW向两组交叉，将地壳切割成大小不等的断块，构成区内构造格架的基础。

（1）纬向断裂

河口区内有广州—罗浮山纬向断裂构造带，它位于肇庆—惠来纬向构造带的中段。肇庆—惠来构造带从广西进入广东，经肇庆、三水、增城，至惠来入海，是横亘广东省中部、河口三角洲北部的规模最大的东西向断裂构造带，在广东境内延伸达500 km。广州—罗浮山断裂构造带西起肇庆的西部，向东穿三水盆地，经过广州盆地北缘及东莞盆地北缘，至博罗县长宁附近，全长约160 km。该断裂构造带形成于加里东运动，后来在燕山运动时发生强烈断裂、褶皱和岩浆活动，沿断裂带南侧自西向东形成了三水盆地和东莞盆地。在该断裂构造带广州以东的东段，基本上是燕山期花岗岩体与中新生代盆地的分界线，北边为罗岗岩体和罗浮山岩体，南边为三水盆地东部和东莞盆地红层堆积及第四系三角洲堆积。西段被广州—从化NE向断裂左旋切错之后，可能沿近EW向的官窑水道（西南涌）通过，成为三水盆地的基底断裂。再往西，循河口镇—广利断裂通过思贤滘水道。

此外，新令县潭江至中山市北部、珠江口横琴岛至桂山岛一带，均存在E—W向布格重力异常带，可能有纬向基底断裂。

（2）NE向断裂

河口区内存在NE向和NNE向断裂系，呈"多"字形构造，其出现晚于华夏系,约在中侏罗世,到中生代末的白垩纪至新生代的第三纪初期发展到高峰,部分至今仍在活动。NE 向断裂自北至南主要有:四会—肇庆—吴川断裂、北江断裂、新丰—从化—广州—恩平—阳江断裂、新会断裂、东莞断裂、河源—博罗—太平—五桂山北麓断裂、紫金—樟木头—五桂山南麓—广海断裂、永定—大埔—深圳—白角断裂和政和—海丰—蒲台断裂等,大致以 70 km 的间距斜贯本区,没入南海。NE 向断裂从中生代的左行压扭性逆断层,转变为新生代右行张扭性正断层,控制了大地形、区域性侵蚀和堆积的分布范围,其中四会—吴川断裂控制了珠江河口区的西北边界,从化—恩平断裂控制了广州市北部的龙归盆地和三水盆地的东南边界,博罗—太平断裂控制了东莞盆地的东南边界,樟木头—广海断裂控制了珠江三角洲南部低山丘陵的南边界,永定—深圳断裂控制深圳湾、横琴岛和三灶丘陵的走向。

NNE 向断裂主要有两条,即南彭—担杆列岛断裂(闽粤海滨断裂)和珠江口盆地北缘断裂带,这两条断裂带构成华南滨海断裂带,成为海陆构造分界线,是沿岸岛链带与陆架盆地的界线。该断裂的早期为压性或压扭性,新构造运动期间转为张性正断层,现代又以挤压为主,断裂深度大,超过 30 km,切穿地壳。断裂以北为新生代陆相断陷盆地,断裂以南为新生代渐新世晚期的海相沉积盆地,沿断裂带分布了一连串的中强地震带,是比新华夏系更新更深的比较活跃的构造。

(3) NW 向断裂

河口区内 NW 向断裂规模较小,延伸不长,切割很浅,形成时代也晚,常切错 NE 向断裂,以左行平移正断层为主。该断裂可能是在早期新华夏系配套构造基础上生成的,主要活动期为白垩纪至第三纪,延至近代,为继承性断裂构造,引起差异性断块升降,控制着珠江三角洲水系和堆积的发展。

NW 向断裂自西向东主要有:新会—崖门断裂、西江—磨刀门断裂、白坭—沙湾断裂、黄埔—黄阁—伶仃洋断裂、罗岗—南岗—太平—伶仃洋断裂、惠阳—通湖断裂等。其中崖门断裂自新会沿崖门水道入海,走向为 N5°W,长约 50 km。西江断裂与西江下游干道一致,从高要区的牛岷山向东南,经马口岗、龙池、潭滘山、了哥山、星槎、均安,至磨刀门,隐伏于南海之下,总体走向为 N310°~330°W,倾向 NE,倾角大于 70°,全长约 120 km。该断裂西侧为山地,东侧为三角洲平原,沿线断裂迹象明显。白坭—沙湾—万顷沙断裂自北江向下游延伸,从蕉门出海,长约 100 km,走向大致为 N320°W,倾向 N5°W,其下游万顷沙受断裂影响,自全新世以来成为沉积中心之一,沉积厚度 40~60 m,沉积速率达 4.8 mm/a，比三角洲平原的其他地区要大。黄埔—化龙—黄阁—伶仃洋断裂和罗岗—南岗—太平—蛇口断裂走向为 N335°W，长达 100 km 以上，控制着黄埔港通海水道狮子洋和伶仃洋。

　　上述三组不同方向断裂交叉，将地壳切割成菱形断块，沿断裂两侧发生差异性振荡运动，块状隆起为山地，块状断陷为盆地，构成棋盘状的地形格局，对三角洲的边界、基底地形起伏、古河道的发育和第四系沉积厚度的变化均起着控制作用。珠江河口区纵向跨越三个较大的断块，即珠江三角洲盆地、万山隆起山地和珠江口盆地。

　　珠江三角洲盆地主要由以下几条断裂构造所控制：西北边为四会—肇庆断裂，西边为西江断裂，北边为广州—罗浮山断裂，东南边为博罗—太平—五桂山断裂。其周围的断块隆起：西北面为鼎湖山断隆，西面为皂幕山、古兜山断隆，北面为白云山、罗浮山断隆，东南面为大岭山、五桂山断隆。其构造发展史为自晚侏罗世燕山运动第三幕发生，周围断块隆起升为高地，白垩纪中部凹陷形成盆地，至早第三纪盆地继续沉降，幅度较大，盆地基本定型，河湖相物质堆积其中，尚有火山活动和短暂的海侵。

　　在珠江三角洲盆地内外，次级断裂将其及相邻断块切割成次级的断块，产生次级的断隆和断陷，因而珠江三角洲盆地实际上由几个次级的小盆地及其间的小隆起组合而成。它包含几个各自独立的小盆地，如三水盆地、龙归盆地、东莞盆地、新会盆地等，其间的断块隆起主要为番禺—顺德隆起。

　　三水盆地介于清远、四会、九江和佛山之间，被菱形块体的基底构造控制，其表层呈一近似 SN 向的向斜构造，长约 90 km，宽 10～30 km，面积约 1 800 km^2，基底是侏罗系和石炭系。龙归盆地位于广州市北郊，处在 NE 向的从化—广州断裂带的西北侧，盆地轴向为 NE 向，面积约 250 km^2，红色岩系厚度 1 100 m，露头分布不连续，多被第四系覆盖。东莞盆地是一个 NEE 向的向斜构造，其基础由东江断块和狮子洋断块并合而成，面积约 1 800 km^2，其白垩系和老第三系红色岩系厚 3 000 m，第四系厚约 40 m。新会盆地是一个 NE 向的红色盆地，分布在潭江下游、新会东部，江门市、广州番禺区南部，中山市的大涌、石岐、张家边等的北部，其北界为 NE 向的新会断裂，南界为 NE 向的五桂山北麓断裂。盆地外围为古生代变质岩、中生代花岗岩，盆内堆积白垩系和老第三系红色岩系，其露头不多，沿潭江下游南北两岸、顺德—中山平原的南北两边有断续出露。第四系覆盖层厚为 20～60 m。新会盆地成为珠江三角洲中部平原和伶仃洋河口湾西部的发育基础,而三水盆地、广州盆地、龙归盆地和东莞盆地则为珠江三角洲北部的发育提供了广阔的空间。

番禺—顺德隆起主要分布在番禺的市桥、顺德的大良及龙江一带,由下古生界变质岩构成,横亘于三角洲中部,它被西江断裂、白坭—沙湾断裂、化龙—黄阁断裂和罗岗—太平断裂等几条NW向断裂分别切割,比较破碎,除市桥台地成片分布外,其余的均为低矮的孤丘,其隆起程度较差。该隆起区为珠江水系所穿过,同时遭受珠江河流的长期侵蚀和夷平,故基岩出露不高,也不连续。

万山隆起分布在新会县南部,中山市南部,珠海市和澳门地区全部,深圳市西部,香港地区西部和南部,珠江口全部岛屿(万山群岛等)和部分水域,其北面是珠江三角洲盆地,南面是珠江口盆地。它是由古生界变质岩和沉积岩、中生代花岗岩和火山岩构成的。从岩性和地质时代来看,它同东西两端邻区一致,说明它同东面深圳市、香港地区和西面新会与台山县交界的隆起区,原本是一体的,只是后来被NW向崖门断裂、西江断裂及NE向樟木头—五桂山南麓断裂、深圳—白角断裂、海丰—蒲台断裂切割成为几个小的隆起和凹陷。

珠江口盆地位于珠江口外南海北部大陆架的中部,北界为南海盆地北缘断裂带,东南边界大体沿200 m等深线走向,盆地呈NEE向,同广东大陆岸线平行,面积约14.7万 km^2,是一个新生代为主的沉积盆地,其沉积层主要由下第三系和上第三系的砂岩和泥岩组成,基底为古生代、中生代变质岩及中生代花岗岩,与广东大陆同属一大地构造单元。

珠江河口区最新构造运动较为剧烈,主要表现为补偿式块断运动,近期补偿性升降较明显。三角洲边缘和三角洲内五桂山区为拱状块断隆起,其余地区下沉;罗浮山断裂南盘下降,北盘上升。1954—1965年11年内广州附近水准测量表明两盘相对升降幅度每年平均达到3.6 mm,顺德、南海年平均下沉2.2 mm,最大为4.2 mm。

珠江河口区最新构造运动虽然较为强烈,但地震活动并不频繁,强度不高。本区位于华南地震区东南沿海地震亚区,地震活动水平属中强震,频率较低,在西北江三角洲及其西北缘邻区,即清远—广州—伶仃洋—磨刀门—江门—新会区间基本地震烈度为Ⅶ度,其余地区为Ⅵ度。

2. 地层岩性

在珠江三角洲及其边缘地区出露的地层中,各时代地层及岩浆岩自老至新呈如下有序的分布。

(1) 震旦系

主要为片岩、片麻岩、混合片麻岩及石英岩,分布颇广,出露于三角洲东缘和三角洲内番禺、顺德、中山市的小榄一带,厚度大于720 m。

(2) 寒武系

主要为海相砂岩、粉砂岩和页岩,分布于三角洲西缘、新会和江门一带丘陵,以及五桂山南麓神湾和中山市的三乡一带。

(3) 泥盆系

主要为石英砂岩、粉砂岩、砾岩、砂砾岩、页岩、砂页岩和薄层灰岩,分布于三角洲北缘清远、四会和高要一带丘陵,以及南部斗门、珠海三灶、南水岛、荷包岛、中山平岚和深圳一带丘陵,浅海相富含钙质碎屑岩夹碳酸盐岩沉积则见于南水岛。

(4) 石炭系

下部以炭质页岩、石英砂岩为主,上部为灰岩,主要分布于三角洲北缘、西北缘和广州西北郊,在深圳市的北部和东部亦有出露。

(5) 二叠系

为炭质页岩、粉砂岩、薄层灰岩和煤层,仅见于三角洲北缘的广州以北。

(6) 三叠系

为砾岩、含砾砂岩、砂岩、页岩和煤层,分布于广州西北部的官窑、江村一带,以及伶仃洋的东北岸丘陵和深圳沿岸。

(7) 侏罗系

下部为砂岩、砾岩、页岩,中上部为酸性喷出岩、陆相砾岩和砂页岩夹层凝灰岩,分布颇广,常见于东莞、中山南部铁炉山、深圳的布吉和东部莲塘至梧桐山一带,以及香港的石湖围、大埔一带。

(8) 白垩系

为陆相砂砾岩、细砂岩、泥岩,局部有夹多层石膏,分布于三水—广州盆地、东莞盆地、斗门的竹银、大亚湾至珠江口沿岸,以及深圳、香港等地。

(9) 第三系

为陆相凝灰质砾岩、砂岩、夹页岩和泥灰岩,广泛分布于珠江三角洲,尤其是在三水—广州、东莞诸盆地普遍有出露,三角洲中部的新会、顺德、番禺的大岗,中山的黄圃和象角,以及伶仃洋北边的沙角、西南部亦有零星分布。

(10) 第四系

珠江河口区第四系堆积物类型有残积、坡积、洪积、冲积、海积以及混合类型等,在珠江三角洲分布较广泛。^{11}C 测定表明,第四系最早沉积于晚更新世中期,距今约 4 万年。沉积厚度平均为 25.1 m,其中西、北江三角洲为 25.6 m,东江三角洲为 18.8 m,厚度最大处是磨刀门右侧灯笼沙,为 63.6 m。其沉积类型以河海交互相为主,广布于大部分地区,其余冲积洪积层分布于三角洲顶部和边缘,海相沉积层分布于海岸地带。第四系表层水平方向岩性变化规律大致为:三角洲的顶部、边缘地带以及三角洲内丘陵地段以粗颗粒的砂层和砂性土为主;三角洲下部和近海地带以细粒的黏性土和淤泥为主。垂直方向基本上存在由粗变细的三个沉积旋回,反映了第四系经历过三次海退到海侵的变化。其层序自下而上可分为六层。

① 上更新统中段石排组($Q_3^{2\sim1}$):属河流冲积相,分布较广,下部为灰白色黏土质粉细砂,上部为黄色砂砾和中粗沙,一般厚度为 5～10 m,最大厚度 17 m。

② 上更新统中段西南组($Q_3^{2\sim2}$):以海相深灰色粉砂质黏土为主,夹河流冲积相砂砾,层厚 5～10 m。

③ 上更新统上段—下全新统三角组(Q_3^3—Q_4^1):为河流冲积相或风化期的花斑黏土和砂砾,一般层厚约 5 m,层位稳定,分布广泛。

④ 中全新统下段横栏组($Q_4^{2\sim1}$):为以海相为主的深灰色淤泥和淤泥质粉细砂,夹河流冲积相中细砂,一般厚度为 5～10 m,以灯笼沙处最厚,为 16.1 m。

⑤ 中全新统上段万顷沙组($Q_4^{2\sim2}$):为河流冲积相中细砂、沙砾、含砾淤泥和陆地风化形成的黏土,一般厚 3～5 m,灯笼沙处最厚,为 26.7 m。

⑥ 上全新统灯笼沙组(Q_4^3):属河海混合相,下部为深灰色粉砂质淤泥,上部为灰黄色粉砂质黏土,三角洲中部和南部厚 7～8 m,北部厚 3～4 m。

在岩浆岩方面,珠江河口区岩浆活动从加里东期开始至喜马拉雅期结束,曾多次侵入和喷出,第三纪又有玄武岩喷发。

(1) 侵入岩

各时期的侵入岩如下。古生代加里东期侵入岩,为片麻状细粒花岗岩,受区域变质作用,主要分布于三角洲东北部山地。印支期侵入岩,为细粒黑云母花岗岩,略有变质现象。燕山一期早、中侏罗世侵入岩,为石英二长岩和花岗闪长岩,分布于九龙半岛、大濠岛。燕山二期中侏罗世侵入岩,为石英闪长岩、二长花岗岩和花岗闪长岩,分布于三角洲南部低山丘陵、平岚、翠微、前山、南屏、辘牛顶、三灶,以及古兜山灯心坑等地。燕山三期晚侏罗世侵入岩,主要为灰白色中粗粒斑状黑云母花岗岩,分布最广,如三角洲西部古兜山岩体(出露面积约 242 km^2),三角洲南部五桂山岩体(出露面积约 270 km^2),伶仃洋东岸东莞水濂山岩体和深圳南头花岗岩体,珠江口的许多岛屿岩体,包括淇澳岛、东澳岛、万山岛、外伶仃岛、担杆岛、横琴岛、高栏岛、荷包岛以及香港岛等的岩体。燕山四期早白垩世侵入岩以肉红色黑云母花岗岩为主,分布较广,范围包括三角洲西部和南部,如古兜山鸡公髻岩体、新会古井岩体、台山赤溪铜鼓顶岩体、斗门黄杨山岩体、珠海北水岩体、凤凰山岩体、桂山岛垃圾尾岩体、深圳南头岩体等。燕山五期晚白垩世侵入岩为花岗斑岩和石英斑岩,常侵入于先期花岗岩中,构成复合岩体,如五桂山北部的长命水岩体、大肚岭岩体、南朗岩体、横门岩体等。

(2) 喷出岩

珠江河口区内出露的喷出岩,多呈夹层产于中、新生代地层。印支期晚三迭世喷出岩为灰白色或紫红色层凝灰岩,分布于深圳松岗等地。燕山期晚侏罗世喷出岩主要为流纹质凝灰熔岩、酸性晶屑凝灰岩、流纹斑岩、凝灰岩等,分布于九龙半岛东北部。燕山期早白垩世喷出岩以火山碎屑岩为主,由凝灰质或层凝灰质含砾砂岩、砾岩组成,偶受熔岩喷发影响,形成流纹斑岩,分布于三水—广州盆地、深圳布吉和香港落马洲等地。喜马拉雅期早第三纪喷出岩以熔岩为主,在三水—广州盆地中为玄武岩,在虎门口两边为凝灰质砂岩,在三角洲中北部的南海西樵山为凝灰岩。

(3) 混合岩及混合花岗岩

广东省地质局的研究认为广州—博罗区域的变质岩是不同程度混合岩化的结果,可划分为混合岩和混合花岗岩,时代属早古生代。分布在珠江河口区内的广州增城、东江三角洲南部的虎门厚街、五桂山北部的石岐和东部的北栅、内伶仃岛、伶仃洋东岸的宝安西乡等地的岩带,统属广州—博罗混合岩区的一部分,其中以西乡乌石岩混合花岗岩带最大,出露面积约 43 km^2。

(二) 土壤

1. 河口区三角洲自然土壤和耕作土壤

自然土壤方面,在河口区三角洲内多为低山丘陵,其母岩主要是花岗岩、砂岩和页岩,呈红色至棕红色,其自然土壤多为砖红壤性红壤,土层深厚,剖面层次明显,富铝化作用也明显,土质黏重,透水性差,土温高,酸度大,肥力较低。

在沿海地带分布有滨海盐土和滨海砂土,前者含盐度一般为0.3%~0.4%,重者为0.4%~0.7%,以氯化物为主,一般呈中性;后者多为固定或半固定砂土,一般不具盐渍化特征,呈酸性,多为灰白色或黄色。

耕作土壤方面,河口区三角洲内旱地土壤有基水地、黄泥土等类型。前者包括桑基、蔗基、草基和果基等,主要分布在顺德、南海、东莞、中山及广州等地;后者主要分布在丘陵坡麓及台地的低洼部位,一般土层深厚,养分含量较高,有一定的保水性,多呈酸性或中性。

由旱地土壤经长期种植水稻而形成的水稻土,广泛分布于三角洲内。水稻土以潮泥田、泥肉田和低塱田为主,潮泥田主要分布于河溪两岸的阶地上,肥力较高,是高产水稻土类型之一;泥肉田是经长期人为水耕熟化的高肥型水稻土,而低塱田则属低产田类型,分布于河溪两岸低洼处。此外,还有一种沙田区的水稻土,具有酸性和盐渍化特性,又称咸酸田,是在红树林沼泽土的基础上发育而成的,土壤中的红树林残体在不透气条件下分解产生大量硫化物,含硫量较高。

2. 三角洲滨海区海涂土壤

本区海涂土壤是珠江径流挟带的泥沙和少量外海来沙(如伶仃洋输沙量仅占河流输沙量的1%)在河口湾水体作用下沉积发育而成的。当陆源物质被河流挟运到河口湾后,在海洋动力作用下,泥沙颗粒产生分选、滚圆和沉积,形成不同的水下沉积地形。这些沉积物是滨海水体中有机和无机物质长期聚积的产物,而潮流和海流带来的盐分在海涂土壤的形成中起着特殊的作用。

海涂土壤通过不断淤积加高和海水浸渍作用而形成,逐渐由滨海相沉积母质向滨海盐土方向发育。最初构成滩地的物质在半咸水的沼泽中形成潮滩土,随着运移物质的不断输入,淤高至高潮滩后,部分滩地生长红树林和草本物,绿色植物参与成土作用,并形成酸性潮滩土和腐质潮滩土,不生长植物的白滩仍属潮滩土。人类通常采用人为抛石筑基和人工输入泥浆的方式加高地面,使之适合耕种,再利用潮灌继续淤高,由低沙变中沙至高沙,土壤盐渍化程度也逐渐变低,并向水稻土方向发育。可见,海涂土壤的演变与滩地的发育和人类的参与是紧密相关的。

海涂土壤的分类见表1.2-3,其基层单元分类条件如下。

① 质地,上部土层(20 cm)的物理性黏粒(<0.01 mm颗粒)含量>75%的

为黏质土,45%～75%的为泥质土,15%～45%的为沙泥质土,<15%的为沙质土;② 含盐量,<0.4%为轻咸土,0.4%～1.0%为中咸土,>1.0%为重咸土;③ 土壤反应,pH 在 5.5～6.5 之间为弱酸性土,4.5～5.5 为酸性土,<4.5 为强酸性土;④ 有机质含量,在 2.55%～3.0%为少腐质土,3.0%～3.5%为中腐质土,>3.5%为多腐质土;⑤ 含沙量,粒径为 0.05～0.25 mm 的沙粒含量>50%的称细沙土,粒径为 0.25～1.0 mm 的沙粒含量>50%的称粗沙土。

表 1.2-3　珠江三角洲海涂土壤分类

土类	亚类	土属	土种
海涂土壤	潮滩土	沙泥潮滩土	沙泥轻咸潮滩土　1 沙泥中咸潮滩土　2 沙泥重咸潮滩土　3
		泥质潮滩土	泥质轻咸潮滩土　4 泥质中咸潮滩土　5 泥质重咸潮滩土　6
		黏质潮滩土	黏质中咸潮滩土　7 黏质重咸潮滩土　8
	腐质潮滩土	少腐质潮滩土	泥质少腐质潮滩土　9 黏质少腐质潮滩土　11
		中腐质潮滩土	泥质中腐质潮滩土　10
	酸性潮滩土	弱酸潮滩土	黏质弱酸潮滩土　12
	潮滩沙土	潮滩沙土	细沙潮滩沙土　13 粗沙潮滩沙土　14

海涂土壤的分布如图 1.2-2 所示,潮滩沙土主要分布于输沙量较大的口门附近,其次是丘陵岸边,高程多在－2 m 以上。腐质潮滩土和酸性潮滩土一般为零星分布,前者主要见于潮间带上部紧靠沙田的一侧;后者仅分布于深圳湾茅洲河口的北侧。其余的潮滩土以蕉门、洪奇门、横门和磨刀门口外最为集中,这种地域分布特征与伶仃洋的西行余流和各口门泄流量及输沙量的大小有关。上述四个口门的泄流量占珠江八个口门总量的 63.3%,输沙量占 71.5%,这是海涂伸展快和面积大的主要原因。

珠江河口区海涂土壤有如下基本特性。

(1) 质地较黏重

海涂土壤质地与陆源物质有关。珠江河口的陆源物质主要来自西、北江,在其流域范围内有大面积的石灰岩和页岩风化物,致使悬移质中黏粒和粉砂的含量较高,如其在磨刀门河口区悬移质中的含量达80%~90%,进入河口湾后在河海交互作用下沉积下来,故海涂土壤质地较黏重。表1.2-4为珠江河口海涂土壤的机械组成,由表可见,除少数地方出现潮滩沙土的物理性黏粒(<0.01 mm)在12%以下外,其余大部地区为20%~82%,属于中壤土至黏土。其分布规律一般是离河口和主干道越远,黏粒含量越多,质地黏性愈重。但各口门受海岸地形、河流径流和海流影响不同,其黏粒含量的增加程度也有所差异,如崖门和磨刀门的西侧增加量较大,故质地较黏重。伶仃洋西北部海涂土壤质地黏性较轻,主要为粉质中壤土至粉质重壤土,而西南部则质地较黏重,一般为沙粉质轻黏土至黏粉质中黏土。另外,从质地剖面看,除泄洪道附近的上、下层质地有较大差异外,其余变化均小,如小于0.001 mm黏粒含量的差异在30%以内。

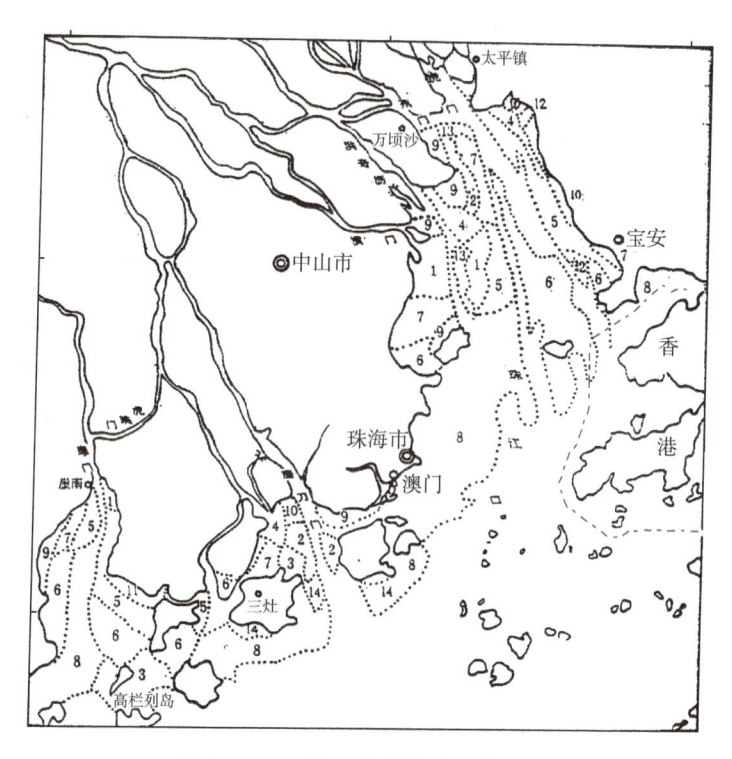

图1.2-2 珠江三角洲海涂土壤分布

(2) 盐渍化明显

海涂土壤经常受海水浸渍,故盐分含量较高,如表1.2-5所示,全盐含量变化在

0.1%～2.05%之间,盐分组成以 Na^+ 和 Cl^- 为主。土壤盐分的含量与河口口门的径流量和潮流量的大小有关,一般是径流量较大的河口,其土壤盐分含量较低;而潮流量较大的河口则其含盐分含量较高。较低盐分土壤常见于磨刀门、洪奇门、横门和蕉门附近;较高盐分土壤则常见于深圳湾、唐家湾和崖门一带。在伶仃洋海区,南部海涂土壤的盐分高于中部,中部又高于北部,即盐分自南而北递减规律明显。另外,就剖面上的分布而言,其上下层的盐渍化程度有一定的差异,一般是底层高于表层,且质地越黏,差异越大。这表明盐分剖面与沉积物岩性和浸渍时间有关。

(3) 养分较丰富

海涂土壤的养分主要来自陆地的运积物,其次为海洋带来的和就地生物的残体。由于珠江流域植被较好,基性火成岩或沉积岩分布较广,故海涂土壤含有较高的有机质和其他养分(见表1.2-6、表1.2-7)。由表可见:海涂土壤的有机质含量除潮滩沙土不足 0.4% 外,其余多在 1.2%～3.0% 之间,最高可达 4.0%,一般表层略高于底层,其中腐质潮滩土的表层明显高于底层,而腐质潮滩土和酸性潮滩土的有机质含量明显高于其他类型土壤,这表明生长绿色植物(草类或红树林)的海涂土壤有显著的有机质积累作用。其次,全氮含量和碱解氮含量多属中上水平,且一般与有机质含量呈正相关,这表明肥力状况是良好的。在磷、钾含量方面尚属丰富,其中速效钾含量相当高,大多在 500 mg/L 以上,高者可超过 1 000 mg/L,东江三角洲海涂土壤的钾素含量较高一些,伶仃洋东滩海涂土壤的钾素含量,尤其是速效钾含量明显高于西滩,这与东江和茅洲河等流域有较大面积的花岗岩风化物分布有关。另外,微量元素含量也较高,除 Mn 外,其余微量元素均高于全国土壤平均含量,有效微量元素也较丰富(见表1.2-8、表1.2-9)。

(4) 土壤多呈微碱性至碱性反应

由表1.2-6、表1.2-7可见,除轻度红树林潮滩盐土(轻酸性潮滩土)的 pH(H_2O)值为 5.6,呈酸性反应外,海涂土壤一般呈微碱性至碱性反应,pH(H_2O)值在 7.3～8.7 之间,且上下层之间差异不大,这是海涂土壤长期受海水浸渍的结果。由于各口门的来水来沙和河口水体的化学性质不同,造成各出海口门附近海涂土壤的 pH 值有所差异,如横门和洪奇沥口门外海涂土壤的 pH 值较高,一般在 7.4～8.1 之间,而蕉门和宝安茅洲河口外海涂土壤的 pH 值则较低,一般为 6.0～7.2。其次,远离河流出海口门的海涂土壤 pH 值一般较高,普遍在 8.1～8.6 之间,且上下层差异很小,一般仅为 0.1～0.2,这表明

表 1.2-4 海涂土壤的机械组成

| 剖面号 | 土壤名称 | 地点 | 深度(cm) | 各级颗粒(粒径:mm)含量(%) |||||||
				1~3	0.05~1.00	0.01~0.05	0.005~0.01	0.001~0.005	<0.001	<0.01
岸84	沙泥轻咸潮滩土	番禺新垦 17 涌外	0~12		51.0	16.0	11.0	7.0	15.0	33.0
			20~40		54.0	15.0	6.0	14.0	11.0	31.0
岸186	沙泥中咸潮滩土	珠海鹤洲西南 3 km	0~20		42.0	16.0	9.0	18.0	15.0	42.0
岸148	沙泥重咸潮滩土	珠海大杧岛北 1.5 km	0~20	2.0	53.0	25.0	7.0	8.0	5.0	20.0
岸31	泥质轻咸潮滩土	中山马安北 5 km	0~20		3.0	33.0	19.0	24.0	21.0	64.0
岸21	泥质中咸潮滩土	宝安石固西南 4 km	0~30		8.0	26.0	15.0	27.0	24.0	66.0
			30~60		4.0	21.0	14.0	31.0	30.0	75.0
岸75	泥质重咸潮滩土	内伶仃岛东湾北 2 km	0~15		4.8	24.0	22.0	32.0	17.2	71.2
岸246	黏质中咸潮滩土	新会崖门渔业村东 3 km	0~20		2.0	20.0	16.0	30.0	32.0	78.0
			20~40		9.7	17.0	9.3	33.0	31.0	73.3
岸25	黏质重咸潮滩土	深圳粤海门渔业门东南 1 km	0~30		3.0	15.0	16.0	32.0	34.0	82.0
岸138		珠海香洲东南 2.5 km	0~15		1.2	20.0	22.0	35.0	21.8	78.8
岸62	泥质少腐质咸潮滩土	番禺新垦东南 4 km	0~15		10.8	40.0	16.0	20.0	13.2	49.2
			15~30		2.8	38.0	20.0	24.0	15.2	59.2
岸32	泥质中腐质咸潮滩土	宝安石固西南 1 km	0~20		6.0	26.0	17.0	32.0	19.0	68.0
			20~50		3.0	30.0	20.0	30.0	17.0	67.0
岸185	黏质少腐质咸潮滩土	斗门新东村东北 0.5 km	0~20		15.0	7.0	15.0	32.0	31.0	78.0
			20~40		2.0	16.0	16.0	33.0	33.0	82.0

续表

剖面号	土壤名称	地点	深度(cm)	各级颗粒(粒径:mm)含量(%)						
				1~3	0.05~1.00	0.01~0.05	0.005~0.01	0.001~0.005	<0.001	<0.01
岸33	黏质弱酸潮滩土	宝安石凹东北1.5 km	0~11		1.0	20.0	18.0	31.0	30.0	79.0
			43~80		10.0	23.0	13.0	32.0	22.0	67.0
岸63	细沙潮滩沙土	番禺新垦东4 km	0~15		86.0	2.0	2.0	4.0	6.0	12.0
岸189	粗沙潮滩沙土	珠海三灶表东1.5 km	0~20		93.0	3.0	1.0	0	3.0	4.0

表1.2-5 珠江河口海涂土壤(m mol/100 g)和海水(m mol/L)的盐分组成

剖面号	土壤名称	地点	深度(cm)	全盐量(%)	离子组成					
					HCO_3^-	Cl^-	SO_4^{2-}	Ca^{2+}	Mg^{2+}	Na^+	K^+
岸83	轻咸潮滩土	中山马鞍村东北5 km	0~20	0.17	0.51	2.14	0.04	0.23	0.25	2.33	0.13
岸69		中山大茅岛东北3 km	20~40	0.21	0.38	2.25	0.07	0.61	0.37	2.27	0.13
岸62		番禺新垦东南4 km	0~15	0.09	0.54	0.66	0.16	0.34		0.17	
岸72		中山崖口东3.8 km	0~15	0.30	0.45	3.03	1.29	0.76		3.20	
岸21	中咸潮滩土	宝安石岗西南4 km	0~30	0.35	0.61	3.60	1.02	0.47		4.51	
岸22		宝安企岗西3 km	0~30	0.51	0.14	5.9		0.49	0.99	7.44	0.37
岸59		中山灯笼山东南5 km	0~8	0.52	0.18	6.62		0.48		8.70	0.35
				0.59	0.36	7.44	1.79	0.73		7.30	

续表

剖面号	土壤名称	地点	深度(cm)	全盐量(%)	离子组成 HCO$_3^-$	Cl$^-$	SO$_4^{2-}$	Ca^{2+}	Mg^{2+}	Na$^+$	K$^+$
岸74	重咸潮滩土	珠海横洲岛西南0.5 km	0~15	2.05	0.93	22.36	2.87	1.58	7.97	26.41	0.87
岸25		深圳粤海门东南4 km	0~30	1.23	0.13	26.54		1.12		32.86	0.74
岸23		深圳仔洲岛西南5 km	0~30	1.59	0.12	25.74		1.41	3.04	31.99	
岸66	少腐质潮滩土	中山马鞍村东3 km	0~20	0.08	0.67	0.13	0.08	0.43		0.25	
			20~24	0.09	0.55	0.28	0.39	0.42		0.38	
			24~70	0.10	0.46	0.60	0.45	0.40		0.78	
岸32		宝安石阁西南1.2 km	0~20	0.14	0.05	1.78	1.63	0.15	0.40	2.67	0.09
岸65		番禺万顷沙东3 km	0~15	0.23	0.84	1.27		1.32		1.57	
岸63	轻咸潮滩沙土	番禺新垦东南4.2 km	0~15	0.18							
岸水10	海水	虎门	0~20	0.01	0.77	7.50	2.00	0.77	0.16	0.30	0.80
岸水12		洪奇沥	0~20	0.03		2.12	0.35	1.95		2.02	
岸水15		唐家湾	0~20	1.48	2.30	207.9	10.37	8.35		182.7	
岸水9		深圳沙井	0~20	0.01	1.55	0.50		1.34		0.43	0.05
岸179	滨海沙土	珠海横洲岛东南2 km	0~20	0.29	0.05	3.57		0.16	0.44	4.55	0.13
			20~40	0.28							
岸185	轻咸潮滩土	珠海三板东南1.3 km	0~20	0.25	0.25	4.99		0.49	0.69	5.61	0.18
			40~60	0.58							
岸259		台山都斛独崖山东北2 km	0~20	0.25	0.26	3.34	0.07	0.32	0.43	2.76	0.12

续表

| 剖面号 | 土壤名称 | 地点 | 深度(cm) | 全盐量(%) | 离子组成 ||||||
					HCO$_3^-$	Cl$^-$	SO$_4^{2-}$	Ca^{2+}	Mg^{2+}	Na$^+$	K$^+$
岸180	中咸潮滩土	珠海大芒洲岛西南13 km	0～20	0.66	0.38	9.87	0.05	1.34	0.39	9.42	0.38
			40～60	0.39	0.44	6.44			0.37	6.40	0.20
岸190		斗门马山西南3 km	0～20	0.46	0.46	7.40	0.27	0.45	0.55	6.00	0.23
岸147	重咸潮滩土	珠海大杧岛西北4 km	0～20	1.90							
岸192		平沙前锋分场南1 km	0～20	1.00	0.20	18.83		0.91	2.02	22.25	0.56
岸177	少咸质潮滩土	中山灯笼南3.5 km	0～20	0.18	0.22	2.22		0.34	0.43	2.87	0.11
			20～40	0.23							
			40～60	0.11							
岸260	中咸质潮滩土	台山都斛独崖山西南1.5 km	0～20	0.95	0.25	12.99				9.67	0.34
岸021		磨刀门	0～20	0.14	2.05	18.71	3.47	7.44	4.00	14.40	0.40
岸022	海水	鸡啼门	0～20	2.00	2.00	297.00	17.54	2.00	57.40	230.80	5.60
岸024		崖门	0～20	0.60	1.96	87.91	4.90	5.60	18.20	73.90	1.86

表 1.2-6 伶仃洋海涂土壤主要养分含量状况

剖面号	土壤名称	地点	深度(cm)	有机质(%)	全氮(%)	全磷(%)	全钾(%)	速效性(ppm) 碱解氮	速效性(ppm) 磷	速效性(ppm) 钾	pH(H₂O)
岸62	轻咸潮滩土	番禺新垦东南 4 km	0~15	2.58	0.130	0.166	2.44		26	441	7.8
			15~50	2.38	0.130	0.183	2.44		27	668	8.0
			50~75	2.29	0.122	0.171	2.55		27	719	8.1
			75~100	2.23	0.120	0.162	2.38		22	546	7.9
岸83		中山马鞍村东北 5 km	0~20	1.94	0.096	0.147	1.76	63	15	360	8.7
			20~40	1.20	0.055	0.115	1.29	35	11	191	8.3
			40~60	1.24	0.044	0.123	1.41	33	12	183	8.3
岸69		中山大茅岛东北 3 km	0~15	1.32	0.082	0.135	1.77		22	196	8.6
岸72		中山崖口东 3.8 km	0~15	2.21	0.120	0.163	2.35		34	535	8.4
岸21	中咸潮滩土	宝安石周西南 4 km	0~30	2.27	0.125	0.138	2.85	69	20	890	8.3
			30~60	1.95	0.100	0.149	2.80	46	26	1 039	8.1
			60~110	1.94	0.106	0.141	1.83	47	24	1 015	8.2
岸22		宝安企岗西 3 km	0~30	2.11	0.111	0.143	2.76	56	31	910	8.7
岸28		宝安乐西南 4 km	0~20	1.88	0.119	0.140	2.72	68	22	752	7.9
岸59		中山灯笼山东南 5 km	0~8	2.17	0.008	0.151	2.13		22	576	7.8
岸74	重咸潮滩土	珠海横洲岛 0.5 km	0~15	2.26	0.133	0.162	1.86	77	41	1 228	8.1
岸25		深圳粤海门东南 5 km	0~30	2.05	0.124	0.150	2.83	56	56	686	8.2
岸23		深圳仔洲岛西南 5 km	0~30	2.33	0.106	0.142	2.78		27	1 002	8.1
岸139		珠海洪北东南 2 km	0~15	2.09	0.106	0.160	2.19		44	1 149	8.1

续表

剖面号	土壤名称	地点	深度(cm)	有机质(%)	全氮(%)	全磷(%)	全钾(%)	速效性(ppm) 碱解氮	速效性(ppm) 磷	速效性(ppm) 钾	pH(H$_2$O)
岸66	少腐质潮滩土	中山马鞍村东3 km	0~20	2.92	0.128	0.154	2.25		22	198	8.3
			20~24	2.28	0.096	0.146	2.21		13	196	8.0
			24~70	1.20	0.039	0.088	2.02		10	132	8.6
岸32	少腐质潮滩土	宝安石阁西南1.2 km	0~20	3.14	0.187	0.123	2.80	121	16	529	6.7
			20~50	2.87	0.128	0.132	2.68	73	19	947	7.3
岸65		番禺万顷沙东3 km	0~15	2.98	0.148	0.204	2.49		18	790	7.6
			15~60	2.22	0.132	0.148	2.30		15	303	7.4
			60~90	1.45	0.069	0.118	1.59		15	167	8.1
岸33	轻酸性潮滩土	宝安石阁1.6 km	0~11	3.60	0.214	0.135	2.67	148	30	424	5.6
			43~80	4.02	0.186	0.126	2.75		15	903	5.6
岸29	轻咸潮滩土	宝安坪洲岛东1 km	0~20	2.49	0.161	0.148	2.72	105	23	837	7.6
岸63		番禺新垦东南4.2 km	0~15	0.33	0.022	0.097	1.19		7	161	8.5

第1章 绪论

表1.2-7 珠江三角洲西南部海涂土壤主要养分含量状况

剖面号	土壤名称	地点	深度(cm)	有机质(%)	全氮(%)	全磷(%)	全钾(%)	速效性(ppm) 碱解氮	速效性(ppm) 磷	速效性(ppm) 钾	pH (H$_2$O)
岸179	滨海沙土	珠海横洲岛东南2 km	0~20	微量	0.004	0.087	1.23	14	3	141	8.2
			20~40	微量	0.010	0.081	1.17	7	2	133	8.2
			40~60	微量	0.009	0.117	1.25	7	4	141	8.3
岸185	轻咸潮滩土	珠海三板南1.3 km	0~20	2.82	0.171	0.211	2.63	60	26	622	7.9
			20~40	2.45	0.149	0.186	2.63	50	22	705	8.0
			40~60	2.30	0.141	0.105	2.78	54	24	631	8.0
岸259		台山都斛独崖山东北2 km	0~20	2.45	0.180	0.192	2.56	89	9	787	8.1
岸184		斗门白藤衣场东1.3 km	0~20	2.25	0.123	0.189	2.48	55	25	458	8.2
岸180		珠海大芒洲岛西南3 km	0~20	2.02	0.085	0.141	2.09	31	15	465	8.1
			20~40	1.82	0.084	0.148	2.07	32	19	434	8.4
			40~60	1.62	0.076	0.135	2.13	44	20	413	8.4
岸247	中咸潮滩土	新会崖南古井角东南3.5 km	0~20	2.72	0.123	0.153	2.55	96	31	567	8.0
			20~40	2.47	0.113	0.179	2.61	96	42	453	8.0
			40~60	2.38	0.112	0.181	2.61	109	25	478	8.2
岸140		珠海小横琴白沙栏北2 km	0~15	2.77	0.113	0.167	1.86	62	37	512	8.2
岸190		斗门马山西南3 km	0~20	1.96	0.080	0.139	2.57	81	24	679	8.5
岸186		斗门鹤洲西南3.5 km	0~20	1.28	0.122	0.101	1.96	63	25	401	8.1
岸194		平沙三虎南2.3 km	0~20	2.23	0.158	0.139	2.27	85	26	889	8.5
岸261		台山都斛独崖山东南1 km	0~20	2.30		0.169	2.61		12	804	8.2

续表

剖面号	土壤名称	地点	深度(cm)	有机质(%)	全氮(%)	全磷(%)	全钾(%)	速效性(ppm) 碱解氮	速效性(ppm) 磷	速效性(ppm) 钾	pH(H_2O)
岸263	重咸潮滩土	台山黄茅岛东3 km	0~13	2.80	0.166	0.163	2.47	89	11	1 035	8.1
			13~30	2.49	0.143	0.161	3.22	80	11	1 026	8.1
			30~60	2.49	0.130	0.157	2.58	80	19	1 060	8.1
岸143		澳门氹仔岛东0.5 km	0~15	2.60	0.134	0.162	2.36		5	1 047	8.0
岸145		珠海南水榕树湾东北4 km	0~20	2.04	0.152	0.127	2.24	49	32	919	8.2
岸147		珠海大杧岛西北4 km	0~20	2.22	0.114	0.189	2.36	67	32	1 095	8.2
岸192		平沙前锋分场南1 km	0~20	3.05	0.192	0.166	2.30	95		521	8.3
岸188		珠海大木乃北500 m	0~20	2.34	0.141	0.181	2.33	74	31	497	8.1
岸187		珠海三灶梁家村西800 m	0~20	2.19	0.126	0.172	2.64	46	41	970	8.2
岸177	少腐质潮滩土	中山灯笼沙南3.5 km	0~2	3.21	0.190	0.194	2.44	89	24	445	8.3
			2~22	2.99	9.170	0.190	2.42	81	25	282	8.0
			22~42	2.74	0.140	0.169	2.31	75	23	202	8.1
			42~62	0.71	0.035	0.102	1.44	31	11	81	8.8
岸260	腐质潮滩土	台山都斛独崖山西南1.5 km	0~22	3.61	0.239	0.199	2.63	111	19	670	7.9
			22~50	3.07	0.194	0.175	2.29	88	81	657	7.7
岸142		珠海大镬琴东南500 m	0~20	3.15	0.166	0.179	2.28		36	596	7.8

表 1.2-8 伶仃洋海涂土壤微营养元素含量状况（ppm）

剖面号	土壤名称	地点	深度(cm)	Mg 全量	B 全量	B 有效量	Cu 全量	Cu 有效量	Mn 全量	Mn 有效量	Zn 全量	Zn 有效量	Mo 全量
岸83	轻咸潮滩土	中山马鞍村东北5 km	0～20	8 800	<0.3	*	37.0	*	892.5	*	225.0	*	<0.25
岸28	中咸潮滩土	宝安西乐西南4 km	0～20	8 500	<0.3	*	17.8	*	630.0	*	745.0	*	<0.25
岸74		珠海横洲岛西南0.5 km	0～15	28 000	88.0	*	20.0	*	800.0	*	200.0	*	0.30
岸25	重咸潮滩土	深圳粤海门东南4 km	0～30	*	327.5	67.5	38.8	8.7	268.8	262.5	294.0	*	<1.00
			70～140	7 200	<0.3	*	15.6	*	380.0	*	300.0	*	<0.25
岸23		深圳仔洲岛西南5 km	0～30	7 158	115.0	*	28.8	*	549.2	*	625.0	*	<0.25
岸139		珠海拱北东北2 km	0～15	30 000	100.0	*	48.0	*	660.0	*	190.0	*	0.50
岸65	少腐殖潮滩土	番禺万顷沙东3 km	0～15	33 000	112.0	48.0	150.0	18.6	890.0	457.5	210.0	*	0.70
岸33	轻酸性潮滩土	宝安石围东北1.6 km	0～11	*	500.0	155.0	76.3	19.8	525.0	325.0	142.5	36.5	<1.00
			11～24	*	815.0	245.0	76.5	20.0	380.0	285.5	135.0	32.8	1.00
			24～43	*	337.0	140.0	40.0	17.3	285.0	575.0	85.0	30.5	1.00
			43～80				67.5		687.5		116.5	22.5	1.00

注：表中 * 为没有测定。

表 1.2-9 珠江三角洲西南部海涂土壤微营养元素含量状况（ppm）

剖面号	土壤名称	地点	深度 (cm)	B 全量	B 有效量	Cu 全量	Cu 有效量	Mn 全量	Mn 有效量	Zn 全量	Zn 有效量	Mo 全量
岸179	滨海沙土	珠海横洲岛东南 2 km	0~20	65.0	33.5	42.0	5.5	360.0	205.0	61.5	6.9	<2
岸185	轻咸潮滩土	珠海三板东南 1.3 km	0~20	200.0	55.0	125.0	5.0	525.0	525.0	115.0	20.0	<2
			20~40	215.0	40.0	110.0	5.0	820.0	575.9	92.5	17.5	5.0
			40~60	320.0	42.5	90.0	5.0	550.0	490.0	120.0	19.0	2.5
岸180	中咸潮滩土	珠海杧洲西南 3 km	0~20	590.0	75.5	75.0	5.7	340.0	28.0	120.0	1.5	<2
岸237		珠海杧洲西 2.5 km	0~11	10.0	*	40.0	*	396.0	*	60.0	*	<0.25
岸145	重咸潮滩土	珠海南水榕树湾东北 3 km	0~20	270.0	87.5	116.0	5.1	425.0	295.0	120.0	6.5	<2
岸147		珠海大杧岛西北 4 km	0~20	210.0	77.5	90.0	5.5	650.0	395.0	157.5	28.5	<2
岸192		平沙前锋分场南 1 km	0~20	170.0	65.0	75.0	5.2	515.0	500.0	103.5	22.5	2.5
岸177	少腐质潮滩土	中山灯笼沙南 3.5 km	0~2	50.0	40.0	52.5	4.3	515.0	500.0	70.0	38.0	<2
			2~20	44.5	32.0	48.5	7.5	370.0	220.0	102.0	21.0	<2
			20~40	70.0	30.0	51.6	5.1	725.0	410.0	146.5	22.5	<2

在化学性质较稳定的海水的长期浸渍下土壤呈碱性反应且上下层趋向一致。

(5) 复盐基作用明显

珠江流域属潮湿亚热带气候区,高温多雨,而岩石成土以脱硅富铝化作用占优势,其风化产物经淋溶和运移,最后沉积于口门外河口湾区,致使珠江河口的海涂土壤主要由 SiO_2、Al_2O_3、Fe_2O_3、CaO、MgO 等陆源物质组成(见表 1.2-10)。由于河口湾水体为富含硅质的碱性环境,这使海涂土壤有明显的复硅作用,故土壤的硅铝铁含量(SiO_2/R_2O_3)较高,一般为 6%～19%,通常自表层往下递增,这表明浸渍时间越长,复盐基作用越明显。另外,黏土矿物鉴定表明,伶仃洋海涂土壤的黏土矿物以高岭石类(高岭石和多水高岭石)、三水铝石为主,其次为伊利石和少量针铁矿等(见表 1.2-11);磨刀门口外灯笼沙附近的沙泥中咸潮滩土的黏土矿物为以高岭石、伊利石为主,其次为三水铝石、埃洛石,还有少量的蛭石—绿泥石过渡矿物和石英伴存。以上表明珠江河口的海涂土壤中多为陆相矿物,缺少像海绿石和自生黄铁矿等海相矿物,海涂土壤具有不同风化程度的黏土矿物并存的特征,反映了其地带性色彩。

表 1.2-10　海涂土壤矿物含量分析结果

剖面号	土壤名称	地点	深度(cm)	SiO_2	$R_2O_3$①	CaO	MgO	MnO_2	SiO_2/R_2O_3
					(%)				
岸59	泥质中咸潮滩土	珠海淇澳岛大沙澳	0～8	59.83	25.74	3.35	1.63	0.04	10.12
			8～35	61.87	23.52	3.18	1.62	0.03	11.46
			35～70	69.12	19.10	3.27	1.40	0.03	13.89
岸65	沙泥少腐质潮滩土	番禺万顷沙东3 km	0～15	51.39	35.16	2.34	0.72	0.14	6.37
			15～60	54.50	34.43	4.64	0.73	0.23	6.89
			60～90	61.04	23.32	2.96	0.74	0.26	6.89
岸66	沙泥少腐质潮滩土	中山马安村东3 km	0～20	63.14	26.44	3.75	1.64	0.02	10.40
			20～24	66.92	23.72	4.38	1.41	0.02	12.29
			24～70	75.70	16.73	3.75	1.63	0.02	19.70
岸62	轻咸潮滩土	番禺新垦东南	0～15	53.41	33.09	3.75	1.80	0.04	7.03
			15～50	53.89	32.00	3.28	0.81	0.12	7.33
			50～75	56.49	30.57	3.88	0.79	0.13	8.05
			75～100	59.20	28.90	3.84	0.77	0.14	11.59

注:表中①为 $R_2O_3=Fe_2O_3+Al_2O_3$

表 1.2-11　伶仃洋浅层沉积物黏土矿物含量

区段	区段平均含量(%)					
	高岭石类		三水铝矿	伊利石	针铁矿*	伊利石/高岭石类
	高岭石	多水高岭石				
东滩	65.56		25.83	8.61		0.131
	40.56	25.00				
中滩	65.55		26.67	7.78		0.119
	44.44	21.11				
西滩(南段)	65.00		26.00	9.00		0.138
	35.50	29.50				

注：引自广州地理所，*表示在个别样品中偶见少量。

1.2.5　自然灾害

珠江河口由于地处亚热带地区，面临南海，地势低洼，常遭受各种自然灾害影响，主要有水灾、旱灾、风灾、涝灾、渍害、咸潮灾等，其中水灾是头等灾害，其发生频率高，影响范围广，损失严重。此外地震亦是一种自然灾害，但对珠江三角洲地区来说，地震活动水平属中强震，频率较低，地震烈度在Ⅵ至Ⅶ度之间，与其他灾害相比，严重性较低。现将除地震灾害外的其他各种灾害分述如下。

(1) 水灾

水灾一般指洪水灾害和涝灾，这里先叙述洪灾，然后叙述涝灾。

珠江河口三角洲的洪水灾害十分严重，发生频率高，损失惨重。洪水主要由西江、北江、东江三大水系的暴雨形成。一般天气降雨有两类：一类为锋面或静止锋、西南低压槽类型的天气降雨，其特点是降雨覆盖面积广、强度大、历时长，常形成流域性洪水；另一类为热带天气系统的热带低压、台风等形成的暴雨，其特点是雨区范围较小，强度大、历时短，一般形成区域性洪水。西江干流的红水河中游及支流柳江、桂江等处于静止锋活动地带，常发生暴雨，柳州地区北部和桂林地区中部是这种暴雨较集中的地区。北江流域的暴雨主要由静止锋、西南低压槽及西南低空急流等天气造成，由于地势特点的缘故，自北方下来的冷空气越过南岭后常在北江流域静止摆动，另一方面，来自南海的水汽经过三角洲平原地区向北江流域传送，两股气流相遇，使北江中下游成为暴雨高值区。东江流域的暴雨则以热带低压、台风雨为主,主要波及西江的郁江、东江及珠江三角洲,其中新丰江、西枝江和增江是东江流域的暴雨区。

由于各水系的地理位置、气候条件和地形地貌不同,洪水出现时间的先后亦有差异。西江水系的洪水出现时间较早,基本从4月下旬起发生,柳江则在6月至7月,红水河在6月至8月中旬,郁江为6月下旬至9月中旬。北江水系一般从4月起发生,东江水系则从6月起发生,台风暴雨发生于7月至9月。如果西、北江洪水遭遇,加上汛期同时发生台风暴潮,潮水顶托使洪水难以下泄,则洪水灾害更加严重。

西江与北江在思贤滘相互沟通,其洪水经思贤滘重新组合后进入三角洲网河区,由于两江每年发洪水次数较多,常造成西、北两江洪峰相碰。据统计分析,西、北两江同一天发生年最大洪峰流量并在思贤滘遭遇的有11年,占1915—1979年总年数的17%,可见西、北两江洪水有较多的遭遇机会。根据分析,其遭遇情况有四种:①两江特大洪水遭遇,如1959年洪水;②西江大洪水与北江一般洪水相遭遇,如1949年洪水;③北江大洪水与西江一般洪水相遭遇,如1931年洪水;④西、北两江较大洪水相遭遇,如1968年、1947年洪水。其中1915年洪水为20世纪最大洪水,酿成了空前的灾难。

东江洪水经下游东江三角洲汇入狮子洋由虎门入海,基本上自成系统,对西、北江三角洲的洪水影响不大。

珠江流域自汉代以来已有水灾记载,珠江三角洲的水灾记载始见于唐代,据不完全统计,在唐代近300年间(公元618—907年),水灾记录仅一次;在宋代320年间(公元960—1279年)水灾记录5次,平均每隔60多年发生1次;在元代90年间(公元1279—1368年),水灾记录14次,平均每隔6年多发生1次;在明代277年间(公元1368—1644年)水灾记录125次,平均每隔2年多发生1次;在清代269年间(公元1644—1912年),水灾记录181次,平均每隔1年多发生1次;在民国38年间(公元1912—1949年),水灾记录47次,平均不到1年就发生1次。这个统计资料虽然未区分大、小水灾,但足以说明珠江三角洲的水灾有愈来愈频繁的趋势。另外,据文献记述,珠江三角洲曾发生的受灾面积超过50万亩以上的洪灾次数,15世纪为14次,16世纪为23次,17世纪为29次,18世纪为26次,19世纪为36次。20世纪1915年至1949年的35年间,受灾农田超过100万亩以上有22次。同样说明洪灾具有愈来愈频繁和愈来愈严重的趋势。

历史上发生全流域大洪水灾害并殃及珠江河口三角洲的以清道光十三年（1833年）及民国4年（1915年）的洪水灾害最为严重，较大的洪水灾害还有明嘉靖十四年（1535年）、民国36年（1947年）和1949年的水灾。中华人民共和国成立后流域内发生较大洪灾的年份有1957年、1958年、1959年、1962年、1966年、1968年、1970年、1973年、1974年、1976年、1982年、1988年、1994年、1996年、1997年、1998年、2005年，其中对珠江河口三角洲造成重大损失的有1982年、1994年和1998年洪水。

1833年5月和7月，西江流域两次发大水，北江和东江也同时发大水，泛滥成流域性水灾，河口三角洲受灾的有广州、中山、珠海、东莞及佛山顺德、南海等地，广州城西地面水深约2 m，城中低洼处水深3 m以上，高处地水深近1.5 m，南海县（现南海区）堤围几乎全部溃决。据记载顺德、广州洪水"十旬始退"，"为数十年未有之灾异"，灾后"禾稼无收"，"民大饥"，"待哺灾民就省城来广而计，已数十万户……"足见洪水历时之长，损失之大。

1915年洪水为二十世纪最大的流域性水灾。是年自6月中旬起，在东经$102°10'\sim118°10'$、北纬$21°30'\sim28°00'$之间，珠江流域各地连下暴雨，并波及流域以外的桂南、粤西沿海、韩江上游、湘江、赣江、闽江的一些支流，主要雨洪面积50多万km^2，珠江流域各江洪水位猛涨。西江梧州站7月10日洪水位27.07 m，洪峰流量54 500 m^3/s，北江横石站7月10日洪水位24.96 m，洪峰流量21 000 m^3/s，均达到200年一遇流量。东江流域也发生较大洪水。与此同时，又恰遇农历六月初一至初三（7月12日至14日）的朔望大潮相互顶托，造成了空前的流域性大水灾，史称"乙卯年大水"。

这场西、北江特大洪水遭遇，并与东江大洪水同时进入三角洲，又与朔望大潮顶托，造成珠江三角洲近70%的面积受淹。广州自7月11日起连续受淹7天，长堤水深1.5 m以上，天字码头水深1.9 m，灯笼街、十三行、打铜街、桨栏街、十七甫、十八甫及西关一带，最深处3 m，一般2 m，最浅处也有近1 m，7月18日洪水才开始退落。广州被淹后，泮塘一带五六成房屋倒塌，数百人死亡，尤其不幸的是，在水患严重之时，十三行忽遭大火，受灾街道25条，2 000多间商店被焚毁，千余人在火灾中丧生。

在河口三角洲内，堤围决口无数，大量房屋倒塌，人员死亡甚众。从7月9日起，有新会天河围内神仙坑大岭美围崩决近百米，南海县棠下涌乡南功围决口约300 m，附近文教乡小北围亦决口近300 m，三水县乐塘围决口约千米，顺德县紫溪围、同福围、和乐围、闲步围、马营围,东莞县东湖围、大湖围,三水县榕塞大围等均先后溃决。洪水灾害遍及珠江下游及三角洲27个县市(按当时行政区划),受灾面积648万亩,灾民382万人,死伤10多万人,其中珠江三角洲受淹土地450万亩。此外,水灾期间广三铁路和粤汉铁路中断1个多月。

1947年洪水又是一次西、北江和东江同时发大水导致的洪水,是一场历时长并且又受大潮顶托影响的洪水。西江梧州站6月14日洪水位22.82 m,洪峰流量39 700 m³/s,东江博罗站7月最高洪水位14.15 m,洪峰流量9 370 m³/s,广州航道浮标厂6月20日出现最高水位1.98 m,仅次于1915年高潮位,灾情严重。6月10日午时南海县全围崩决,附近各乡顿成泽国。东莞石龙一带30 km范围以内基围全被冲崩,大片田地房屋被淹。三水、西南、芦苞一带一片汪洋,临江城镇被浸于水中,乡村仅见屋顶树梢。据当时广东省水灾紧急救济委员会统计,全省受灾耕地面积1 206万余亩,受灾人口422万多人,房屋损毁15万多间,堤围崩决1 071处、长144.4万 m,死亡2.24万人。

1949年中华人民共和国成立前夕发生了一场洪水,主要是由西江中、上游暴雨形成。西江梧州站7月5日洪水位25.52 m,洪峰流量48 900 m³/s,相当于50年一遇流量,从6月29日至7月9日,流量均在40 000 m³/s以上。北江横石站7月1日虽出现洪峰流量11 230 m³/s,但历时短,7月6日洪峰已过,未构成威胁。此场洪水造成广西损失惨重,并且广东灾情也很严重。珠江三角洲的三水县所有河网一片汪洋,南海、顺德、新会各县所有堤围亦相继被淹没,南海罗格围、鼎安围、顺德阜康围均损失惨重。自6月26日至28日晨,汾江水位突涨2.5 m,28日至29日晨又涨0.7 m,涨势之速为百年所罕见,南海县城内禅升平、汾宁等马路水深及膝,低处商店及街巷住户均遭水淹,石湾澜石、上沙、文沙一带尤为严重,水深没顶。顺德县阜康围7月1日下午决口约百米,围内尽成泽国,屋宇悉被水淹,灾民无家可归,灾情之惨重为数百年所未有。据当年珠江水利工程总局统计,珠江三角洲地区受灾田地253万亩,受灾人口143万,损失稻谷3.55亿 kg。

中华人民共和国成立后的1968年洪水是由于6月底西江中游地区锋面、西南低涡等天气的系统暴雨,使柳江、红水河先后发洪水,西江洪水在黔江汇合后又与郁江洪水遭遇,形成西江较大洪水。梧州站6月29日洪峰流量38 900 m³/s,6月30日最高洪水位23.93 m,相当10年一遇洪水。北江流域也发生较大洪水,横石站6月24日实测洪峰流量15 000 m³/s,6月26日最高水位

23.02 m,石角站 6 月 27 日最高洪水位 13.79 m,实测洪峰流量 14 900 m³/s,相当 20 年一遇洪水。石角站水位为中华人民共和国成立以来的最高值,且高于 1915 年洪水位。这场洪水造成浔江两岸近 50 万亩农田受淹,北江流域有 18 万亩农田受灾,但珠江三角洲由于广东省委指挥百万抗洪大军奋战 1 个月,北江大堤和其他大部分堤围化险为夷,大大减轻了洪水灾害。

1994 年 6 月 12 日至 19 日,西、北江同时发生特大洪水,西江的梧州站 6 月 19 日 7 时洪峰水位 25.91 m,超过警戒水位 10.91 m,为 1915 年以来最大洪水。北江的清远站 6 月 19 日 22 时洪峰水位 16.37 m,超过警戒水位 4.37 m,比实测历史最高洪水位 15.88 m(1982 年 5 月)还高 0.49 m。三水站 6 月 20 日 4 时洪峰水位 10.39 m,高出警戒水位 3.39 m,为 1949 年以来实测最高水位。西、北江大洪水遭遇后进入珠江三角洲网河区,又遇大潮顶托,致使三角洲内中山、江门、佛山等市均出现历史最高洪潮水位,且下降缓慢,高水位持续时间在 10 天以上。根据洪水频率分析,这场洪水在中下游沿江各站均为接近或超过 50 年一遇,其中西江梧州站最大洪峰流量为 49 200 m³/s,北江横石站最大洪峰流量为 17 500 m³/s。由于这场洪水暴雨面广、强度大、洪峰高、历时长、洪水来势猛、涨率大,又遇大潮顶托,水退缓慢,加之内涝严重,外洪与内涝并发,造成了严重的损失。根据统计,广西受灾人口 894 万人,死亡 226 人,直接经济损失 138 亿元;广东受灾人口 1 254 万人,死亡 220 人,直接经济损失 146 亿元,珠江三角洲经济损失则达 231 亿元。同年 7 月 17 日至 26 日,西江中下游及珠江三角洲又接踵出现 30 年一遇的大洪水,洪灾损失也相当严重。

1998 年 6 月 13 日至 28 日,西江发生了二十世纪第二大洪水,28 日梧州站最高水位达 26.51 m,超警戒水位 11.51 m,比 1915 年最高水位仅低 0.56 m,27 日实测最大流量 52 900 m³/s,洪峰流量频率为超 100 年一遇,是 1949 年以来最大洪水。由于这场洪水峰高量大、历时长,虽未与北江洪水遭遇,但适逢农历初一至初三(6 月 24 日至 26 日)的天文大潮,洪潮相遇相互顶托,使三角洲各站最高水位达到 100～200 年一遇,给三角洲带来严重损失。据统计,这场洪水使广东(含珠江三角洲)52 个县市受淹,受灾人口 323.632 万人,农作物受灾面积 235 万多亩,倒塌房屋 1.8 万间,冲毁桥涵 508 座,损坏水库 42 座,垮坝 2 座,损坏堤防 43 处,决口 2 km,死亡 94 人,直接经济损失 51.595 亿元。

（2）涝灾和渍害

珠江河口三角洲地势低洼，全靠堤围防御洪水，当汛期受外江洪水或潮水包围时，适遇较大的降雨过程，将造成低洼地方积水而不能迅速向围外排泄，甚至产生闭流，造成堤围内大片地区发生涝灾。河口三角洲易涝农田分为三种类型：一是三角洲边界受洪水影响为主的低塱田，田面高程2~5m；二是三角洲中部受洪潮混合影响的低围田，田面高程0.7~2.5m；三是滨海潮区的低沙田，田面高程-0.8~-0.1m。

涝灾经常是伴随暴雨洪水、台风暴潮而产生，几乎年年都有发生，对农业生产和工矿企业等影响较大。1949年后最大的涝灾年是1964年，当年的几次台风暴潮造成河口三角洲发生空前的涝灾。5月28日，6402号台风在珠海、台山登陆，又适逢农历四月十七中午高潮时风力最大，潮位普遍抬高。8月9日6411号台风由珠海登陆又恰逢农历七月初二大潮，各口门全部出现月最高潮位，其中崖门、虎跳门、泥湾门及虎门附近出现年最高潮位。9月5日6415号台风在珠海登陆后向西北方向移动，越过肇庆进入广西，使珠江口以西，珠江三角洲内发生暴雨。由于三次台风暴潮带来的暴雨和外江的高潮位，造成了严重的涝灾，受灾面积315万亩。表1.2-12为珠江流域1949年后发生较大涝灾年份的统计，由表可见，在全流域涝灾中以河口三角洲损失最严重，受灾面积最大。在11年的统计中，连续发生涝灾的年份有8年，其中1970—1975年为连续6年发生涝灾，可见，河口三角洲涝灾发生甚为频繁，且常具有年年发生的连续性。

表1.2-12　1949年后较大涝灾年份统计　　　　　　　　　　　单位：万亩

年份	全流域	西江	北江	东江	三角洲
1957	177.37	17.34	10.83	60.30	88.90
1959	151.60	29.89	24.93	51.23	45.55
1961	234.57	24.42	39.89	39.96	130.30
1964	432.28	25.34	0.31	7.63	399.00
1965	298.49	20.39	13.00	3.36	261.74
1970	158.31	6.64	7.67	—	144.00
1971	226.38	12.58	8.60		205.20

续表

年份	全流域	西江	北江	东江	三角洲
1972	199.13	17.30	10.21	—	171.62
1973	187.43	14.95	15.66	5.45	151.37
1974	150.71	9.18	8.65	7.68	125.20
1975	318.80	7.37	5.69	12.44	293.30

珠江河口三角洲的渍害也比较普遍，是中国主要的渍害区，渍害低产田主要分布在三角洲沿江、滨海低洼地区。沿江渍害比较严重的有三水区河口镇莘庄村等处；滨海渍害严重的典型地方有新会的睦州、大敖、礼乐等地，以及东莞市的南涂畲塱、台山市的海宴、番禺区的横沥、中山市的大冲等地区。这些地区由于地势低洼，当汛期出现日雨量大于100 mm的暴雨时，围外洪（潮）水位高，围内积水难以向外排泄，因而地下水位难以下降，使土壤过湿，影响农作物根系的正常发育或威胁农作物的存活，从而形成渍害。每年4月底至6月中旬前后的"龙舟水"流量大，退水缓慢，是早造水稻渍害的重要原因；8月底至10月初的"白露水"则常造成晚造水稻的渍害。珠江河口三角洲滨海地区的沙田成陆年代较近，河网纵横，地势低洼，田面高程在−0.8~0.5 m之间，尤其是低沙田常处于低潮位之下，一年中潮排机会极少，围内常形成闭流区，又常受围外水的倒灌、渗漏影响，围内水量增多，地下水位升高，是造成渍害的又一重要因素。

渍害造成每亩减产100~150 kg，有的甚至更多。目前珠江流域下游的渍害低产田已有29%左右进行了初步治理，主要措施是实施联围筑闸，洪涝分道，围内大搞排灌系统整治，蓄、截、泄结合，并以电排为主，辅以田间渠系整治等，大力降低地下水位。

（3）旱灾

历史上珠江河口三角洲的旱灾是严重的，但自1949年以来，特别是1958年以来，由于兴修了许多山塘水库，建立了电动排灌站网，充分利用网河区丰富的水源，这使大部分地区的旱情得到了缓解。

河口三角洲位于广东省的中部滨海地区，春季及夏初的降水主要来源于冷暖气团交绥的锋面雨，夏、秋季则主要是台风雨。如果此期间长时间无雨或少雨，特别是在农事活动或农作物生长需水较多的关键时期缺少雨水，将形成干旱,若无法采取措施获得水源进行补给,则将造成旱灾。对三角洲而言有春旱和秋旱,表 1.2-13 为广东省 1951—1976 年春、秋旱年景统计表,由表可见,中部地区(即珠江三角洲地区)春、秋旱年景的出现次数基本相同,说明两者的严重程度是相同的。

表 1.2-13　广东省 1951—1976 年春、秋旱年景统计表

地区		北部				中部(含三角洲)				东部沿海				西部沿海			
程度		无	轻	中	重	无	轻	中	重	无	轻	中	重	无	轻	中	重
春旱	年数	11	10	4	1	5	7	9	5	5	5	8	8	2	9	9	6
	占比(%)	42	38	15	4	19	27	35	19	19	19	31	31	8	35	35	23
秋旱	年数	1	9	2	14	6	6	9	5	4	7	6	9	10	9	5	2
	占比(%)	4	35	8	54	23	23	35	19	15	27	23	35	38	35	19	8

注:由于四舍五入的关系,部分比例加和可能不恰好等于 100%。

根据历史文献记载,广东省自明代以来有旱灾 254 次,其中大旱 17 次,小旱 237 次,约 34 年发生一次大旱,2~3 年发生一次小旱。发生较大旱灾的年份为明代的 1530 年、1595 年、1596 年、1628 年,清代的 1680 年、1681 年、1742年、1786 年、1787 年、1830 年、1886 年、1902 年,民国时期的 1943 年和 1946 年,以及中华人民共和国成立后的 1955 年、1956 年、1960 年、1963 年、1977 年。1943 年大旱,5 月以前广州一带雨水稀少,到 5 月才有较多雨水,但已失农时,早稻秧苗枯死殆尽。

1963 年旱灾的连续干旱期较长,从上年 10 月至当年 5 月无降雨,1 月至 5 月的总雨量是 1949 年后同期最小,佛山、汕头普遍不足 100 mm,同期蒸发量为 700 mm 以上,西、北、东三江枯水严重,旱情为 60 年一遇,为空前未有的干旱年份,全省受灾面积 1017 万亩,其中三角洲受灾面积 411.17 万亩。

珠江河口三角洲 1949 年后旱灾较严重的年份及受灾面积见表 1.2-14。

表 1.2-14　三角洲 1949 年后旱灾较严重年份及受灾面积

年份	1954	1955	1956	1957	1960	1963	1977
受灾面积(万亩)	65.67	168.37	390.74	120.81	530.30	411.17	533.65

(4) 风灾和台风暴潮灾害

风灾主要指热带风暴(台风)造成的灾害。台风登陆后除带来暴雨造成水灾外,其巨大的风力还对国计民生造成很大的破坏。通常距台风中心 500~

600 km 处的风力可达 6 级,距台风中心 200～300 km 处的风力可达 8 级,距台风中心 100～200 km 处的风力可达 10 级以上,常见 8 级以上大风区域大致为离海岸 50 km 以内的沿海区域。由于台风的风力大,故每年台风破坏所造成的损失是相当严重的。

珠江河口三角洲的台风主要产生于西太平洋和南海,每年 6 月至 10 月为台风盛行期,尤以 8 月、9 月最多。根据不完全的统计记载,从公元 798 年(唐贞元十四年)至公元 1948 年的 1151 年中,三角洲遭受台风灾害有 323 次(见表 1.2-15),是全省发生台风灾害最多的地区。从 1949 年至 1980 年的 32 年中,从珠江口登陆的台风有 40 次,台风从珠江口附近登陆平均每年有 1.25 次,最多的一年是 1964 年,登陆 6 次。

表 1.2-15　广东省及珠江三角洲历年发生台风灾害统计表

岸段	一	二	三	四	五	六	七	八	九	十	十一	十二	合计(次数)	五至九月 次数	%	六至八月 次数	%
粤西沿海 (徐闻—阳江)	1	2		12	16	35	29	58	31	3	1	2	190	169	88.9	122	64.2
珠江三角洲 (台山—惠东)		5	3	14	40	76	55	89	35	6			323	295	91.3	220	68.1
粤东沿海 (海丰—饶平)		1		9	23	64	39	68	27	6	2		239	221	92.5	171	71.5
全省	1	8	3	35	79	175	123	215	93	15	3	2	752	685	91.1	513	68.2

注：1. 表列为公元 798—1948 年记载总次数,只统计记载有明确月份的台风,同次台风灾害有多县记载只作一次;
　　2. 因一次台风灾害可波及几个岸段,故各岸段总和大于全省;
　　3. 该表引自《广东省自然灾害地图集》,广东省地图出版社,1995 年 5 月。

根据广东省地方志的风灾记载,宋开宝八年(公元 975 年),"十月,广州飓风大雨水起,一昼夜雨水二丈余,海为之涨。"宋淳祐五年(公元 1245 年),"五月,广州大雨水,飓风大作,夜潮不得退,濒海室庐水深四五尺,溺二千余家。"明永乐二十年(公元 1422 年),"五月,飓风暴雨,广州府等地潮溢,漂庐舍,坏仓粮,溺死 360 余人。"明洪熙元年(公元 1425 年),"广州夏大水飓风,无年(即失收);南海五月飓风水涨。"清乾隆十二年(公元 1747 年)风灾,仅顺德的潭村乡和博罗的横河镇就"吹倒房屋 2 300 余间,压毙男妇 38 名口。"清道光二十八年(公元 1848 年),广州遭台风灾害。清同治元年(公元 1862 年)农历七月初一台风自澳门登陆,中山、东莞、广州等多处受灾,其中广州"河面覆舟溺死者以数万计,省河捞尸八万余",东莞"台风迅潮,漂民居无算,疍户沉溺尤多"。清同治十三年(公元1874年)农历八月十二日台风,珠海、广州、中山、台山、东莞及香港、澳门等地皆受灾,其中广州"台风并海潮大作,坏房屋船筏无算",澳门"舟尽覆,漂溺万余人",香港死者数千。清光绪三十三年(公元1907年)农历七月初一台风,受灾地区有南海、顺德、广州、东莞等地,南海"屋宇倒塌无算,大木尽拔",广州"省河吹沉民船八百余艘,扒船三艘,火船三十艘,缉私轮船四艘,缉私勇船十一艘,溺死水勇三十名,……倒塌房屋祠宇无算,死伤百余人"。

1949年后灾情最严重的台风灾害是1983年9月9日的8309号台风,也是近百年来发生在珠江口罕见的一次台风。该次台风于9月9日上午8时在珠海市登陆,登陆时风力12级,佛山、惠州两地区最大风力9～11级,阵风10～12级。由于强台风正面袭击珠江三角洲,又适逢大潮期,致使中山、东莞等地出现超历史暴潮水位,受灾波及7个地(市)22个县(按当时行政区划),受灾人口120万人,死伤195人,受淹农作物253万亩,倒塌房屋1.34万间,堤围决口3 633处,总长111 km,冲坏涵闸316座、桥梁32座,沉船119艘,各行业直接经济损失约5亿元。

1979年7908号强台风造成的损失也很惨重。8月2日13时30分,强台风在深圳市登陆,登陆风力12级以上,深圳、广州等地受灾,共计死亡121人,伤1 489人,失踪7人,倒塌房屋67 000间,冲坏水库16座,其中中型3座,冲毁堤围799处,其他水利工程475宗,打沉船只329艘,打坏1 743艘,受淹农田160万亩,吹倒(断)输电线杆66 000多根。

除热带风暴(台风)灾害外,珠江河口三角洲有时还发生龙卷风灾害。如1994年6月9日由于受9403号强台风外围的影响,在佛山南海、广州部分地区出现了龙卷风。当日6时45分左右,龙卷风首先在南海区盐步镇河西管理区出现,以后向北移动,约在7时05分到达里水镇的沙涌管理区,接着继续北移经过广州市白云区的江高镇和神山镇,最后在白云区新市镇的九潭村消失。这次龙卷风活动时间大约为30～35分钟,其移动路径基本上是从南向北的一条直线,总长度约30 km,其中在南海区境内为18 km,广州市境内约12 km;其直径窄的约50～60 m,宽的约80～100 m;其活动特点为具有逆时针方向的气旋或旋转、来去突然、跳跃式前进,风力在12级以上,有很大的破坏力。根据统计,这次龙卷风共致6个镇的28个村受灾,房屋倒塌365间,损坏531间,14

人死亡,291人受伤,农作物受灾面积3 000亩,成灾面积900亩,绝收面积600亩,一批输电线路和通信线路损坏,直接经济损失3 300多万元。

强台风强大风力及中心低气压会引起海水水位异常升高,加上强烈的向岸风使海水大量在海岸积聚,以及近海海底摩擦作用的抬高和海湾特殊地形的能量蓄积等,形成一种来势迅猛、破坏力巨大、潮水位大大抬高、海水上溯倒灌的严重灾害,称为台风暴潮。这种台风暴潮将引起巨大海浪冲垮海堤;其引发的增水使潮水位抬升而漫溢海堤,甚至造成海堤溃决;其海水上溯倒灌也会造成内陆堤围漫顶或决口,因而给工农业生产和人民生命财产造成巨大损失。

根据不完全的统计,历史上广东省有台风暴潮灾害记载的年份约120年,其中珠江三角洲有38年,较突出的年数为17年,仅次于粤东沿海地区(见表1.2-16),可见珠江三角洲发生台风暴潮灾害是较多的。据有关史料记载,珠江三角洲发生严重台风暴潮灾害的年份有975年(宋开宝八年)、1245年(宋淳祐五年)、1862年(清同治元年)、1867年(清同治六年)、1874年(清同治十三年)。

表1.2-16　广东省及珠江三角洲台风暴潮灾害统计表

世纪	粤东沿海 年数	粤东沿海 其中突出年数	珠江三角洲 年数	珠江三角洲 其中突出年数	粤西沿海 年数	粤西沿海 其中突出年数	全省三岸段合计 年数	全省三岸段合计 其中突出年数
17世纪以前	10	5	10	4	10	4	30	13
17世纪	11	3	8	0	7	1	26	4
18世纪	10	3	7	2	5	3	22	8
19世纪	10	5	9	8	11	5	30	18
20世纪前半叶	5	4	4	3	3	3	12	10
合计(年数)	46	20	38	17	36	16	120	53

注:该表引自《广东省自然灾害地图集》,广东省地图出版社,1995年5月。

1949年后发生的台风暴潮灾害,以新会县(现新会区)为例,有1972年的7220号台风,其中心风力8级,阵风10级,银洲湖的三江口潮位站水位超过2.0 m,银洲湖两岸决堤380多处,漫顶90多处,淹没农田36万亩,损失总值625万元。以西、北江三角洲为例,台风暴潮灾害有1964年的6402号台风,其中心风力10级,阵风12级,是1949年后珠江三角洲出现的较大风暴潮之一,洪奇沥的万顷沙西潮位站和蕉门的南沙潮位站水位分别为2.25 m和2.28 m,是1949年后的最高潮位,造成海堤溃决53条,农田淹没254万亩,房屋倒塌4 254间。同年的6415号台风,中心风力

10级,阵风12级,造成海堤溃决69条,农田淹没202万亩,房屋倒塌72 494间。

当强台风适逢大潮,其破坏力更大,造成的损失更加惨重。1983年8309号强台风即是这种情况。当时台风袭击珠江口时正是农历八月初三大潮期的涨潮时段,天文大潮加强台风暴潮,使珠江口很多潮位站的实测潮位突破了有实测记录以来的历史最高潮位,位于蕉门口的南沙潮位站9月9日11时20分出现最高潮位2.63 m,是这次台风造成的珠江口高潮位,比历史上实测最高潮位2.30 m(1964年5月28日)高出0.33 m。横门口的横门潮位站9日11时28分实测水位2.58 m,比历史上实测最高潮位2.26 m(1974年7月22日)高出0.32 m。东江口的泗盛潮位站9日12时50分出现最高实测水位2.29 m,比历史上实测最高潮位2.09 m(1974年7月22日)高出0.20 m。这些高水位使首当其冲的珠海、中山、东莞等市所属的海堤普遍漫顶、溃决,造成了巨大的损失。

(5) 咸潮灾害

当海水涨潮时,咸潮向内河上溯并进入农田,使农作物受咸成灾,轻者减产,重者秧苗死亡,从而造成损失,并影响沿江城镇的供水。

咸潮灾害的范围一般包括珠江三角洲网河区,该处河涌交错,地势低洼而平坦,常是潮水影响地带。珠江河口一般是9月前后开始来咸,次年4月前后退咸,最咸月一般为11月至次年1月。咸灾轻重程度,与春耕关键月份3月至5月上游枯水流量、最低水位变化过程、咸潮上溯距离、最大咸度和最长受咸历时等因素有关。上游来水量小、水位低且适逢大潮涨潮时,潮水咸度最大、上溯距离最远,咸灾就严重。咸潮灾害的历史记载不多,据统计,珠江河口三角洲的咸潮灾害,以1955年最严重,早造受咸总面积为126.6万亩。

根据观测,珠江河口枯水季节各主要河道咸潮上溯终点如下:崖门为潭江新会河口附近;磨刀门为竹银与天河之间;横门为马鞍附近;洪奇门为板沙尾至大陇滘之间;蕉门为灵山附近;虎门为黄埔以上,但未到达广州。

1.3 研究内容和技术路线

1.3.1 研究内容

(1) 调查分析香洲港及周边区域的水文、水环境、河床演变等特征。

收集香洲港附近的水文、地形、水质和遥感等资料,现场调查香洲港建设现状,为方案论证提供基础资料,分析研究区域的水动力条件和泥沙淤积环境。

（2）开展香洲港及周边地区控制性详细规划对泄洪纳潮、水体交换等方面的影响研究。

采用最新的水文组合研究香洲港及周边地区控制性详细规划对泄洪纳潮、水体交换等方面的影响。

（3）拟定改善香洲港及周边区域水动力的比选方案。

收集相关规划成果，结合水文地形分析结论，分析已建工程对区域水动力条件的影响，拟定水动力提升的比选方案。

（4）开展比选方案影响计算和试验，综合考虑泄洪纳潮、水体交换能力、主要污染物扩散和泥沙淤积状况，提出改善区域水环境的香洲港总体规划方案和建议。

结合不同规划方案的数学模型计算和物理模型试验结果，综合对比不同方案对区域泄洪纳潮、水体交换、污染物扩散和泥沙淤积的影响，提出改善区域水环境的推荐方案。根据模型计算结果，分析推荐方案对珠江河口泄洪纳潮、河势稳定等方面的影响。

1.3.2 技术路线

本研究采用水文泥沙水质观测、资料分析、数学模型计算和物理模型试验等综合研究手段，对不同规划方案对珠江河口泄洪纳潮、河势稳定、水质等可能产生的影响进行分析，提出切实可行的水动力提升方案，技术路线如图1.3-1所示。

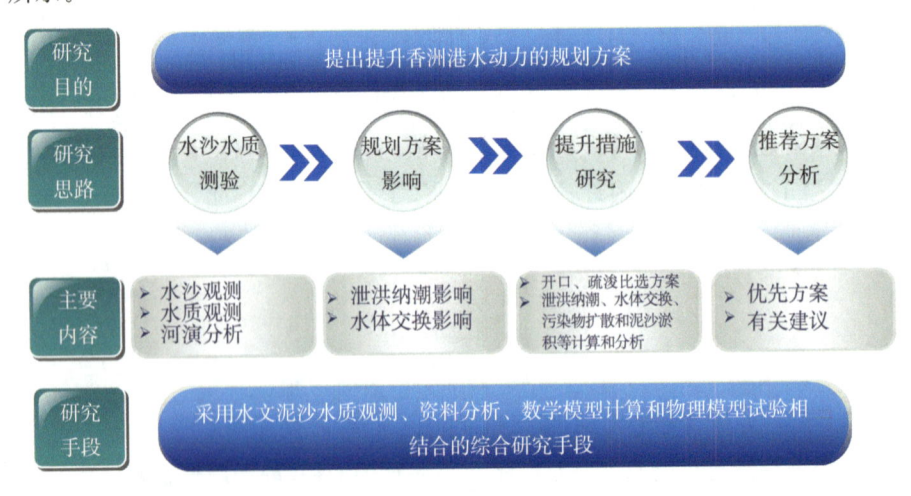

图 1.3-1 技术路线

(1) 水文泥沙、水质观测

研究区域位于伶仃洋西侧、珠海市中心城区。近年来随着珠海市城市建设,研究区域内岸线和滩涂出现了变化,水动力和泥沙环境相应作出调整。为了掌握新的边界条件下的水动力和泥沙状况,研究人员开展了水文泥沙、水质观测。

(2) 珠海香洲港总体规划水体交换数学模型研究

研究区域北侧为香洲港防波堤,南侧为海燕桥等桥梁,这些构筑物对潮流具有阻碍作用,弱化了区域内的水动力,为此开展水体交换数学模型研究,分析不同规划方案对区域水体交换能力的影响。研究内容如下。

① 对本水域自然状态下典型大、小潮(洪季、枯季)流场动力特征进行平面二维数值模拟,研究不同水文组合条件下流场、流速、潮位等水动力特征,为总体方案的设计提供依据,为物理模型提供边界条件。

② 分别对典型大潮、小潮(洪季、枯季)期间,不同规划方案建设前、后局部潮流开展平面二维数值模拟计算,初步分析香洲港周边总体动力环境,研究总体方案建设对香洲港周边水动力的影响,包括影响程度和范围。

③ 在不同水文组合条件下,对比分析不同规划方案对香洲港内、北侧防波堤南北两侧水体交换的影响,论证总体方案布置的合理性。

(3) 珠海香洲港总体规划潮流泥沙物理模型试验研究

研究区域位于伶仃洋西侧输沙通道上,周边区域水深总体较浅,波浪掀沙作用突出,泥沙含量相对较大。周边防波堤、桥梁等工程建设进一步弱化了水动力环境,泥沙淤积具有较好的条件。为此开展潮流泥沙物理模型试验研究,分析不同规划方案对香洲港附近泥沙淤积的影响。

① 工程水域水动力试验研究。开展清水定床潮流模型试验,研究香洲港总体改造各规划方案实施对工程水域流速、流态的影响,分析规划方案实施后工程水域水动力的情况。

② 水体交换能力研究。对比分析不同规划方案对香洲港内、北侧防波堤南北两侧水体交换的影响,论证香洲港总体规划方案的合理性。

③ 工程水域泥沙冲淤特性试验研究。开展潮流浑水定床泥沙淤积试验,研究推荐方案实施后泥沙冲淤的变化情况,分析推荐方案实施后疏浚区域泥沙冲淤状况对水动力、港口运行和河势稳定等方面的影响。

1.4 坐标系统和高程基准

本书除特别说明外,平面坐标系统采用1954年北京坐标系,高程均采用珠江基面高程。

珠江基面与其他基面换算关系如图1.4-1所示。

1985 国家高程基准－0.744 m＝珠江基面高程；

1956 年黄海高程基准－0.586 m＝珠江基面高程。

图 1.4-1 高程基面换算示意图

第2章

香洲港总体规划概况

2.1 珠海市香洲区香洲港项目总体规划方案

2.1.1 香洲港项目总体规划范围

香洲港项目位于香洲区情侣路东侧，海天驿站、旧香洲渔港及野狸岛周边，规划研究范围约317.44公顷（图2.1-1）。项目范围包括情侣路发展轴上的多个重要节点，包括海天驿站、珠海博物馆和城市规划展览馆、香洲港等。香洲港项目总体规划依托于城市发展需要进行区域改造开发，充分整合各项优势资源，打造结合旅游目的地与城市商业休闲生活聚集区的美丽海湾（图2.1-2）。

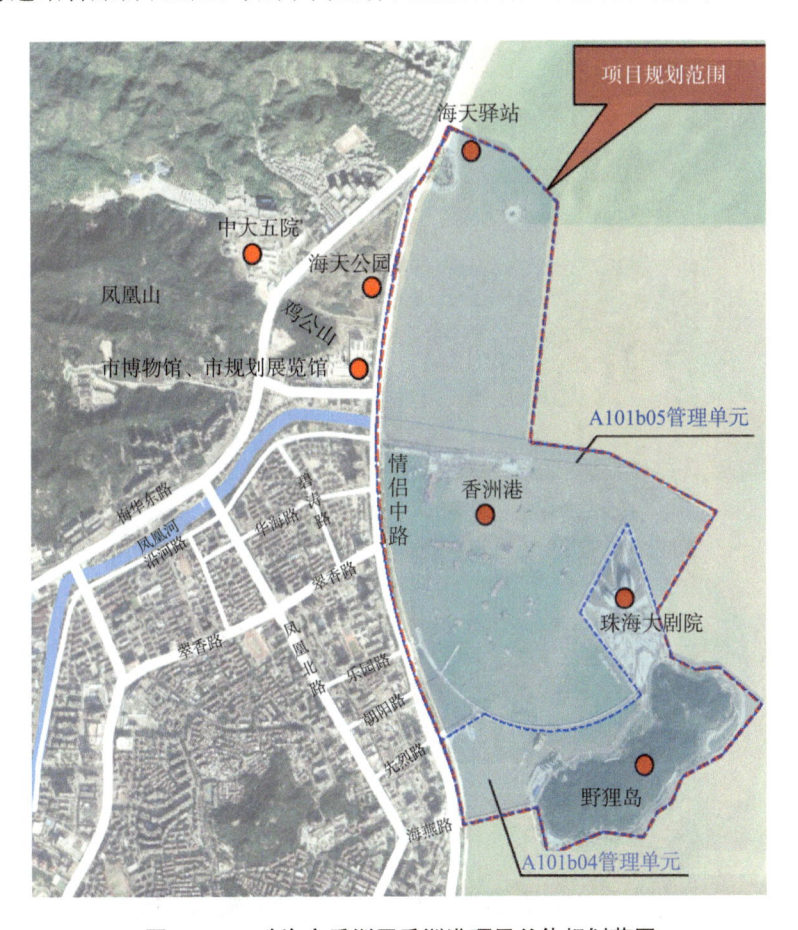

图2.1-1 珠海市香洲区香洲港项目总体规划范围

滨海城市海港总体规划方案案例研究

图 2.1-2　规划周边重要地点

2.1.2 香洲港项目总体规划方案

香洲港项目总体规划方案在现有陆域(现状码头和防波堤)基础上,以桩基结构形式的透水平台为主,将香洲港北堤规划建设为集智能船务、旅游、商业服务为一体的港务综合体。规划建设的栈道设计防洪标准为 100 年一遇,码头工程设计防洪标准为 50 年一遇。情侣中路按 100 年一遇防洪标准设计。总平面方案布置图见图 2.1-3,重点工程见图 2.1-4。

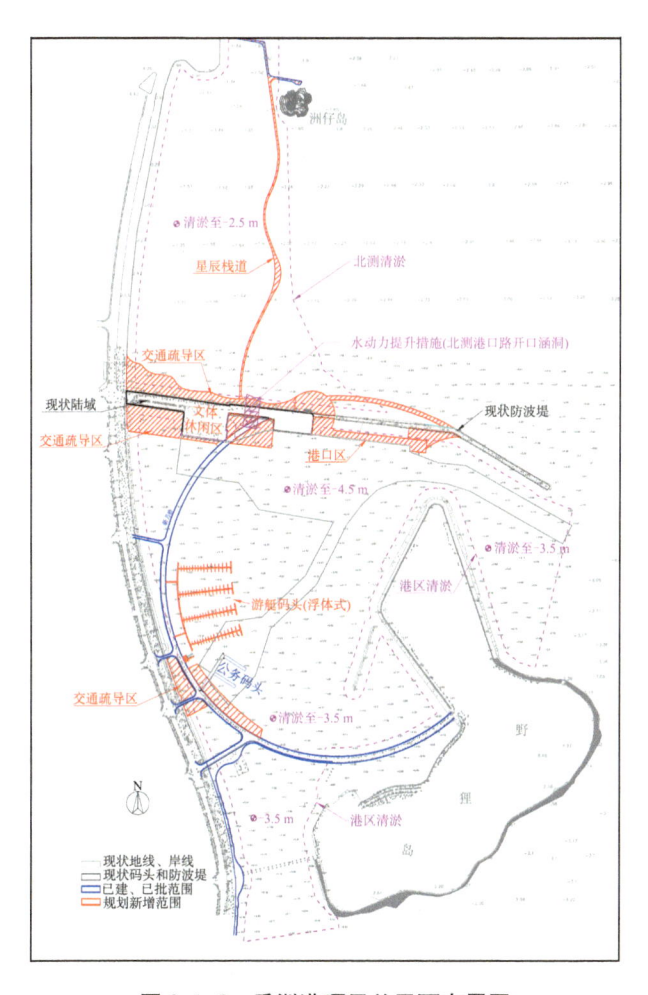

图 2.1-3 香洲港项目总平面布置图

滨海城市海港总体规划方案案例研究

图 2.1-4　香洲港项目重点工程

（海天驿站　海天公园　香洲港　珠海大剧院　香炉湾沙滩　城市阳台　帆船驿站　爱情邮局　城市客厅沙滩　珠海渔女）

其中香洲港用地及透水平台见图 2.1-5，说明如下。

① 用地是对原香洲渔港码头现有建筑进行改造提升。

② 用地是用于香洲港客运码头改造提升后配建交通疏导设施。

③ 用地是用于香洲港景观提升，是打造香洲港整体项目"一堤、一湾"设计理念的组成部分。

④ 用地是游艇码头和公务码头配套的临时驻扎点，包含了简易集装箱式临时驻扎点、交通疏导需求用地。

图 2.1-5　香洲港用地及透水平台分区

2.1.3 项目周边其他规划

(1) 雨水及防洪工程规划

排涝工程：项目西侧情侣路现状均已敷设雨水管渠，现状雨水经雨水管渠收集后就近排海，见图 2.1-6。

图 2.1-6　情侣路附近现状雨水管渠

防洪工程：凤凰河为板樟山脉至香炉湾沿线区域的主要行洪通道，凤凰河现状河宽为 50~60 m，满足 50 年一遇防洪标准。歌剧院段防洪海堤和野狸岛环岛海堤，设防标准为 100 年一遇，设计潮位为 2.9 m，现状均已建成。情侣路现状海堤按 100 年一遇标准设防，但由于近年来设计潮位抬高，现有堤面高程已不满足设防要求。香洲港位于横门与三灶潮位站之间，据此计算香洲港 50 年一遇及 100 年一遇设计潮位分别为 2.99 m、3.28 m。

(2) 污水工程规划

项目西侧情侣路现状已敷设污水支管，项目范围内产生的污水可由情侣北路(D800~D900)收集后转输至香洲水质净化厂进行处理见图 2.1-7。地块周边市政路均已敷设污水管，污水系统较为完善。

项目地块属于香洲水质净化厂的服务范围。香洲水质净化厂三期工程于2021年底进行商业运营,使香洲水质净化厂处理规模从8万 m³/d 扩至13万 m³/d。

图 2.1-7　情侣路附近现状污水管渠

2.2　香洲港区域概况

2.2.1　水域概况

(1) 伶仃洋水域概况

伶仃洋水域是珠江最大的、主要的入海河口湾,平面上呈倒置的漏斗状,湾头北起虎门口,宽约 4 km,南边界东起香港九龙半岛,西至澳门,宽约 65 km,纵深长约 60 km,水域面积约 2 110 km²。伶仃洋承泄珠江虎门、蕉门、洪奇门和横门4个口门的径流,上接北江三角洲、西江三角洲东海水道部分、东江三角洲及流溪河流域的广州水道,左纳深圳河等中小流域。

伶仃洋湾顶由沙角和大角山对峙形成峡口,湾口面对万山群岛天然屏障;东部沿岸多湾,由北往南有交椅湾、大铲湾、深圳湾;右岸由北往南多滩,蕉门、洪奇门和横门出口附近堆积着许多浅滩;中部有淇澳岛和内伶仃岛扼守湾腰,东南有暗士顿水道经香港汲水门水道连接维多利亚港湾,湾口西侧有洪湾水道与磨刀门河口相通。习惯上,把赤湾、内伶仃岛、淇澳岛、唐家湾一线以北的伶仃洋水域称为内伶仃洋,以南伶仃洋水域称外伶仃洋。

伶仃洋水下地形存在"两槽三滩"格局,即东槽和西槽,东滩、中滩和西滩(伶仃洋水下地形见图 2.2-1)。东槽又称矾石水道,位于东滩和中滩之间,由川鼻水道经丫仔山、大铲岛、赤湾西侧、铜鼓岛东侧,向东流入香港暗士顿水道;西槽又称伶仃水道,位于中滩和西滩之间,由川鼻水道经舢舨洲、内伶仃岛、桂山岛流入南海,目前是黄埔港和广州港的出海航道。东滩沿左岸呈条带状分布,紧靠东槽的东侧;中滩常称矾石浅滩,夹于东槽和西槽之间,形状呈南宽北

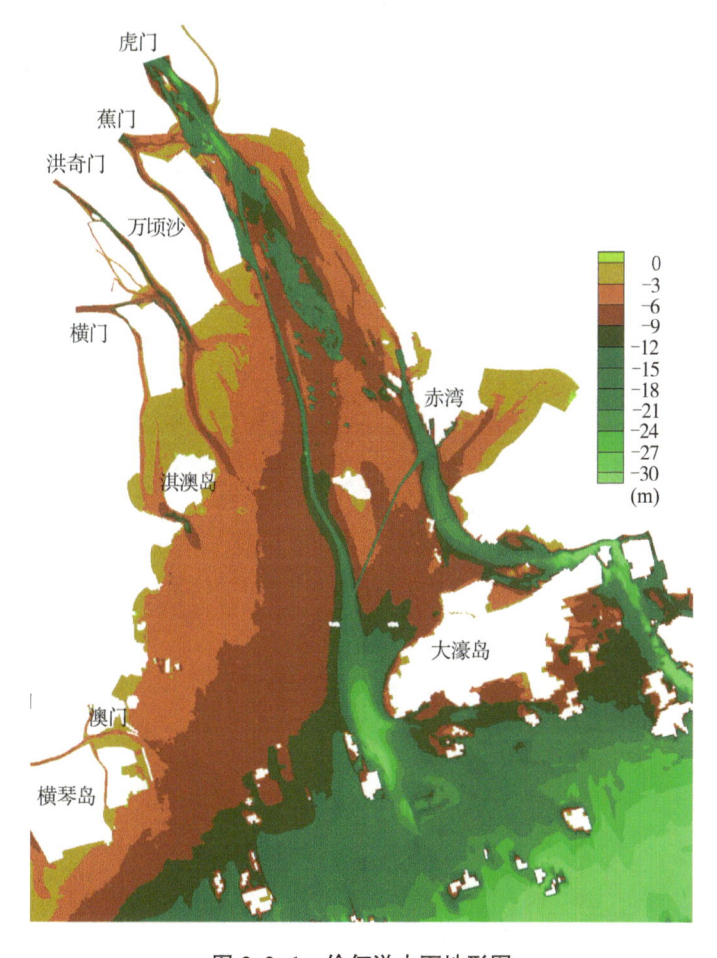

图 2.2-1　伶仃洋水下地形图

窄而狭长;西滩位于西槽以西,面积广阔,由于被蕉门南北汊道、洪奇门和横门延伸汊道分割而形成几条平行排列的水下沙脊。其中东西两槽也是广州市及三角洲地区对外的主要航道。内伶仃洋水下地形的两槽(东槽和西槽)和三滩(西滩、中滩、东滩)格局近百年以来,虽然无大的变化,但滩槽的平面形态仍在不断变化中,总的趋势是西滩向东南方向扩展,东滩向西略有扩展,深槽向东渐淤,并有下移趋势。

(2)项目区附近水域概况

项目区位于伶仃洋西滩南部的香炉湾内,香炉湾内水下地形起伏变化不大,水深较浅,一般在4 m内(见图2.2-2项目附近水域地形图),离岸越远,相应水深也就越大。渔港附近水域等高线走向基本与岸线平行,—3 m等高线在防波堤堤头处向南北延伸,距离岸线约1.5 km,—4 m等高线与岸距离发展到约3 km,在渔港口门处呈喇叭状嵌入发展至港池内,一直贯穿到渔港码头处。港池内野狸岛和北部围垦区交角水域水深较浅,—1 m等高线所围水域面积约0.12 km^2,渔港防波堤与情侣路交角水域水深也较浅。防波堤两侧河床存在2~3 m高程差,见图2.2-3。

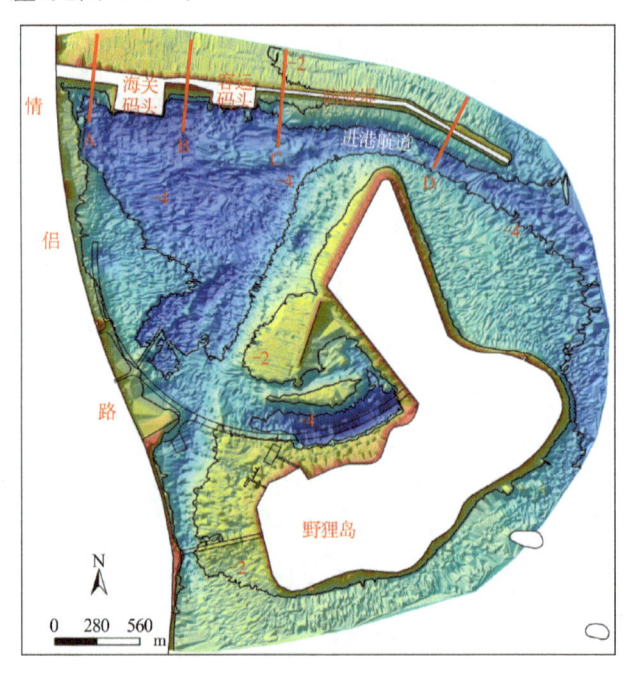

图2.2-2 项目附近水域地形图

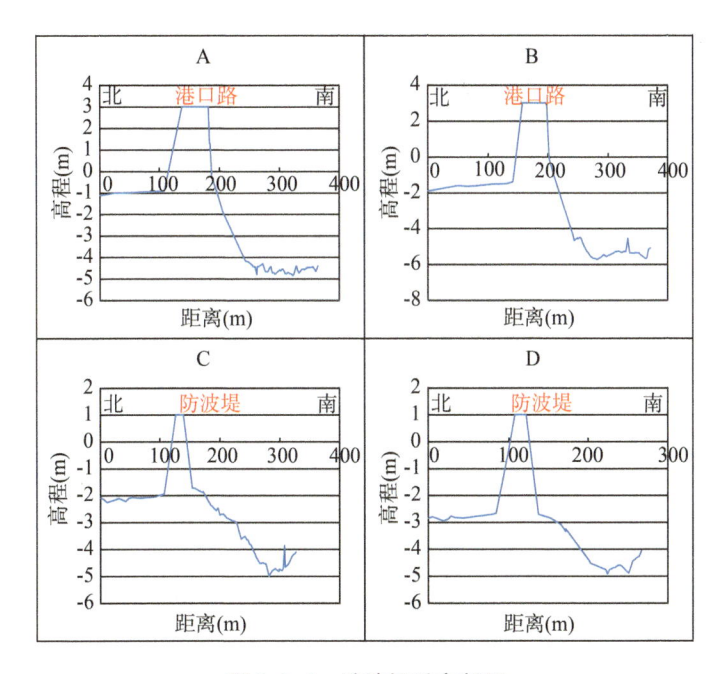

图 2.2-3　防波堤垂直断面

(3) 项目北端凤凰河概况

凤凰河为人工渠道，又名沿河路排洪渠，兴建于 1983—1984 年，贯穿于香洲主城区，是珠海城市防洪主要的排洪渠道之一（见图 2.2-4）。

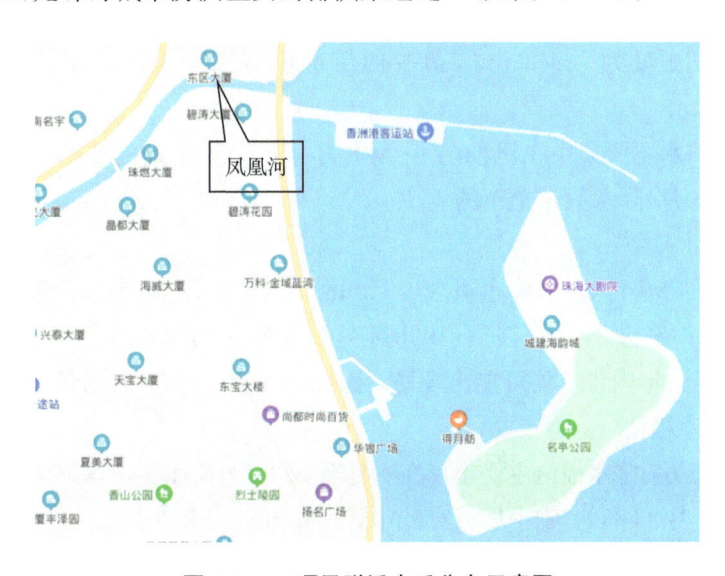

图 2.2-4　项目附近水系分布示意图

凤凰河源于板樟山脚,经柠溪路、建设桥,在紫金桥上游与大镜山水库排洪支渠(北支渠)汇集后,经过农桥、凤凰桥,在香洲湾北端情侣路汇入香炉湾海域。主干渠长 6.08 km,北支渠长 1.4 km,控制流域面积 19.64 km²(其中上游大镜山水库流域面积 5.95 km²),坡度 1.7‰。凤凰河 10 年、20 年、50 年一遇洪峰流量分别为 174.8 m³/s、223.4 m³/s、287.0 m³/s。渠道岸墙为浆砌石墙,渠宽 6~60 m。

2.2.2 气象特征

珠海市属亚热带海洋性气候,冬季多偏北风,空气干燥;夏季多东南风,光照充足、气温高、湿度大;夏秋季常受台风影响,风力强、雨量大;春季冷暖气流交替,阴雨多雾。

本项目区地处珠海,近邻澳门。根据珠海站(1962—2007 年)和澳门站(1952—2000 年)资料分析,项目区气象条件概况如下。

(1) 气温

年平均气温约 22.5℃,最热月 7 月平均气温约为 28.5℃,最冷月 1 月平均气温为 14.8℃。极端最高气温 38.9℃;极端最低气温 −1.8℃。

(2) 降水

受海洋暖湿气流影响,珠海、澳门雨水充沛,干湿季明显。

① 降水量

年平均雨量为 1 948 mm,最少的年份仅有 981.4 mm,最多的年份达 3 041.4 mm。

年内雨水主要集中在汛期(4 月至 9 月),占全年雨量的 85%;冬半年(10 月至翌年 3 月)降水只占全年的 15%。

② 降水日数

年平均降水日数(日降水量≥0.1 mm)140.7 天,占全年总日数的 38% 左右,最多的年份达 212 天(澳门:1998 年),最少年份的降水日数只有 93 天(澳门:1904 年);年内各月均可能出现暴雨天气,尤以 6 月至 8 月份最多。

③ 降水极值

两地短历时降水极值主要出现在 4 月至 10 月,日降水极值珠海为 620.3 mm(2000 年 4 月 14 日),澳门为 612.6 mm(1982 年 5 月 29 日)。

1 小时降水极值珠海 133.0 mm(1994 年 7 月 22 日),澳门是 125.1 mm

(1964 年 9 月 6 日)。

(3) 风况

项目区域位于亚热带季风区,其盛行风向的季节变化明显。根据珠海气象站历史测风资料统计,该区域年盛行风向以东南偏东和东向为主。珠海站秋冬季主导风向为东北,春季为东和东南偏东,夏季主导风向扇面较宽,在西南到东之间变化,以西南为主。

珠海气象站 1978—2007 年 30 年平均风速为 2.9 m/s,记录的历史极大风速为 44.6 m/s(1993 年 9 月 17 日 9316 号台风登陆影响)。全年风力≥6 级的天数为 87 天,风力≥7 级风的天数为 39 天,风力≥8 级风的天数为 13 天。

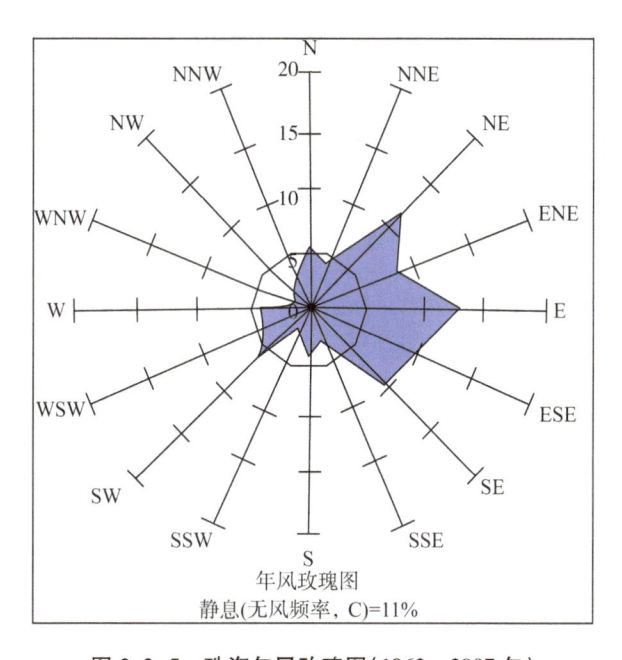

图 2.2-5 珠海年风玫瑰图(1962—2007 年)

(4) 雾

两地气象站记录中,澳门记录的雾日最多,其年平均雾日为 18.8 天,珠海年平均雾日为 9.9 天。多雾天气主要在每年的 1 月至 4 月,其中以 3 月雾日最多,平均 7.3 天,4 月次之。

(5) 相对湿度

两地气象站记录的年平均相对湿度为 79%～80%,但湿度的季节变化明显,在春夏季高湿季节,相对湿度时常可达100%,但在冬季干燥季节,极端最小相对湿度只有10%(澳门,出现在1968年1月15日)。

(6) 雷暴

年平均雷暴日以珠海观测站记录最多,年平均为61.5天,澳门为50.3天。雷暴天气主要集中出现在4月至9月,约占全年的89%～93%,11月至翌年1月较少出现雷暴天气。

2.2.3 水文特征

(1) 潮汐特征

根据多年资料统计计算,伶仃洋河口湾潮汐类型判别数 F 值在 0.96～1.77 之间,其值大于 0.5 而小于 2.0,故伶仃洋的潮汐类型属于不规则半日混合潮型,即在一个太阴日内出现两次高潮和两次低潮,潮高、潮差和潮历时存在明显的不等现象。项目附近主要潮位站潮位特征值详见表 2.2-1。

表 2.2-1 项目附近主要潮位站潮位特征值统计表

站名	高潮位(m) 多年平均	高潮位(m) 历年最高 出现年月	低潮位(m) 多年平均	低潮位(m) 历年最低 出现年月	涨潮差(m) 多年平均	涨潮差(m) 历年最大 出现年月	落潮差(m) 多年平均	落潮差(m) 历年最大 出现年月	资料年份
横门	0.61	3.03 2017.8.23	-0.47	-1.25 1955.2.20	1.12	2.97 1993.9.17	1.12	2.75 1983.9.9	1953—2017
南沙	0.63	3.13 2017.8.23	-0.69	-1.6 1971.3.2	1.32	3.27 1993.9.17	1.32	3.15 1983.9.9	1953—2017
万顷沙西	0.64	2.58 1993.9.17	-0.56	-1.39 1962.12.30	1.2	2.94 1993.9.17	1.2	2.84 1983.9.9	1953—2008
大虎	0.64	2.55 1993.9.17	-0.93	-1.88 1991.1.2	1.57	3.64 1993.9.17	1.57	3.36 1989.7.18	1984—2008
舢舨洲	0.62	2.65 1983.9.9	-0.98	-1.99 1966.1.7	1.60	3.17 1983.9.9	1.60	3.58 1970.12.2	1954—2008
赤湾	0.42	2.49 2017.8.23	-0.95	-2.13 1968.12.22	1.38	3.27 1993.9.17	1.38	3.47 1989.7.18	1964—2017

伶仃洋最高潮位一般出现在洪季,最低潮位出现在枯季或汛后。汛期高潮位东部高于西部,低潮位则相反;涨潮时海平面向西南倾斜,落潮时向东南倾

斜;枯水期无论高低潮位,东部均略低于西部,海平面向东南倾斜。

伶仃洋为弱潮河口,潮差较小,平均潮差为 1.12~1.38 m,最大潮差为 2.75~3.47 m。潮差具有由湾口向湾顶逐渐递增的特点。东四口门潮汐作用的强弱有所不同,其强弱依次为虎门、蕉门、洪奇门、横门,其多年平均山潮比(多年平均净泄量与多年平均涨潮量之比)分别为 0.253、1.664、2.071、2.644,可见,虎门为潮汐作用为主的口门,其他三个口门为径流作用为主。

(2) 潮流特征

潮流的运动形式一般分为往复流和旋转流两种。由 2013 年 9 月伶仃洋水域大范围大潮和中潮同步水文观测成果可知,大潮和中潮的潮流变化特征:四大口门至大濠岛之间,总体上以往复流为主,大濠岛以外海域,水面开阔,在洋流影响下涨、落潮水流呈单侧旋转流特征。

在伶仃洋西侧口门附近水域,上溯潮流与下泄径流交汇,流态复杂。从珠海、澳门东侧水域上溯的潮流,经大九洲一带进入淇澳岛附近时,形成两股分别从金星门和淇澳岛东侧的帆船水道进入伶仃洋西部口门槽道的潮流,当伶仃洋西槽涨潮流趋于强势时段,西部口门附近水域的水流,受各口门边界及口门滩、槽地形的影响,出现上溯潮流与下泄径流交汇现象,并形成滞流和回流流态。其中,从金星门上溯的潮流与横门南支的下泄水流交汇,使横门南支中段和其东侧浅滩区形成大面积的缓流区;在淇澳岛东侧上溯的潮流与横门北支和洪奇门汇合后的下泄水流相互作用下,亦形成大范围的缓流区,流态甚为复杂。

(3) 径流特征

按照《珠江河口综合治理规划》统计成果,1985—2000 年注入伶仃洋的东四口门的分流有所加大,占珠江河口年径流量的 61.0%,其中虎门占 24.5%,增加最多;蕉门占 16.8%,有所减小;洪奇门占 7.2%,有所增加;横门占 12.5%,有所增加。

(4) 波浪特征

伶仃洋湾口岛屿棋布,湾内浅滩连片,外海涌浪多衰减变弱,据赤湾站、大万山海洋站、桂山岛的实测波浪记录统计,出现涌浪频率为 99%,最多涌浪向为 ESE;桂山岛出现的涌浪频率为 44%,涌浪向多为 SSE、SE 向;赤湾站 1982 年 1 月至 1983 年 12 月资料统计出现的涌浪频率为 45%,全年平均波高仅为 0.20 m,台风时最大波高可达 1.92 m(1983 年 9 月 9 日,当时瞬时风速为 30 m/s,风向为 NNW)。经赤湾站多年观测,该站常风向是 E 和 SE 方向,强风向是 E 和 SW 向,瞬时最大风速超过 40 m/s,可见本海区的波浪是以风浪为主的风涌混合浪。珠江口附近沿海的大浪一般发生于夏季(4月至9月),由台风引起,大浪持续时间一般为1天至数天不等。根据国家海洋局统计,1974年6月13日、9月6日、10月12日与10月19日在珠江口外共出现4次波高为6 m 的大浪,均出现于台风期间,这些台风都在澳门西部或南海西部登陆,当时大万山风速 25 m/s,风向偏东居多。根据位于珠江口外的大万山海洋站1986年波浪资料统计,强浪向为 SE~SSW 向,出现大于5.0 m 的大浪共计3次,波向分别为 SSW 向至 SE 向。其中实测最大波高出现于1986年7月12日,最大 $H_{1/10}=9.1$ m,$H_{max}=11.9$ m,$T=12.6$ s,波向为 SSW 向。该站常浪向为 ESE 向和 SE 向,出现频率分别为38.14%和25.86%。根据香港外海横澜岛测波站1971—1977年测波资料统计,横澜岛实测最大有效波高为7.1 m,最大波高为10.7 m,发生于1976年9月19日7619号台风期间,当时香港实测风速约为8级,大万山风速为30 m/s。

由上述资料可见,珠江口外海大浪主要是台风浪,台风大浪的波向主要为 SE~SSW 向,这些方向的波浪通过折射、绕射传播到伶仃洋水域,对本项目有直接的影响。

2.2.4 泥沙特征

(1) 含沙量

伶仃洋的含沙量分布,主要受径流、潮流、盐水入侵及风浪、水下地形等因素所制约。总体来说,其分布特征一般是洪季大于枯季,落潮大于涨潮,西北部大于东南部,西滩大于东滩,西槽大于东槽,底层大于表层,浅滩大于深槽。

洪季,由于大量悬沙来自西北部口门,因此洪季含沙量的分布是西北高、东南低,大致以伶仃浅滩—铜鼓浅滩为界,西部高达 0.30 kg/m³,具有自西向东和自北向南逐渐递减的趋势。西槽对西滩泥沙的阻隔作用非常显著,在横向分布上,西滩含沙量在 0.2~0.3 kg/m³,至西槽下降为 0.1~0.2 kg/m³。项目所在的西滩南部区域平均含沙量为 0.06~0.08 kg/m³。

枯季,总体上含沙量较低,不及洪季含沙量的1/2。平面上的分布仍然是西北高、东南低;浅滩大于深槽,从槽向滩逐渐增加;西槽大于东槽;上游大于下游,从上游向下游逐渐递减。滩地含沙量在 0.10 至 0.20 kg/m³ 之间,深槽含沙量在 0.01 至 0.03 kg/m³ 之间。较高含沙量区主要分布在西滩和以内伶仃岛为核心的中部浅滩区，其量值在 0.01 至 0.02 kg/m³ 之间。浅滩水体含沙量较高主要是由于冬季盛行东北风对其底质掀扬，加上潮流涨、落的扰动造成的。项目所在的西滩南部水域平均含沙量为 0.04～0.06 kg/m³。

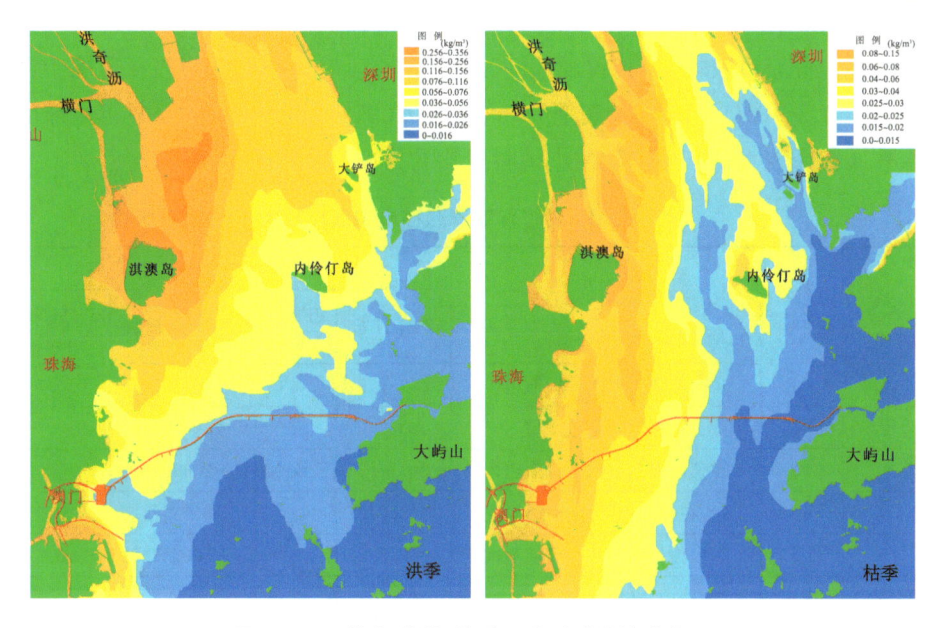

图 2.2-6　伶仃洋洪、枯季平均遥感悬沙分布图

（2）悬移质粒径

伶仃洋东四口门输沙以悬移输沙为主，为分析口门来沙粒径组成情况，分别统计了自 1999 年以来洪、枯季实测口门悬沙中值粒径情况（见表 2.2-2）。

表 2.2-2　近年来各口门悬移质泥沙颗粒级配中值粒径对照表

垂线测点	中值粒径(mm)					
	1999 年洪水期	2001 年枯水期	2004 年枯水期	2005 年洪水期	2019 年枯水期	2020 年洪水期
大虎 V2	0.031	0.004	0.006	0.006	0.020	0.073
大虎 V5	0.054	0.013	0.005	0.022	0.008	0.012
冯马庙(二)V3	0.019	0.021	0.006	0.015	0.012	0.029
横门 V4	0.053	0.014	0.008	0.012	0.030	0.010
南沙 V2	0.051	0.012	0.005	0.014	0.011	0.009

从表 2.2-2 可以看出，口门悬沙中值粒径介于 0.004～0.06 mm 之间，整

体上洪季来沙粗于枯季,而且 2004 年枯季和 2005 年洪季相对于 2001 年枯季和 1999 年洪季泥沙中值粒径有所细化。

伶仃洋悬移质粒径实测资料极少,根据 2003 年 7 月实测的 10 个样本进行颗粒分析,结果见表 2.2-3。由表 2.2-3 可见,伶仃洋的悬移质粒径较小,在整个范围内分布也较均匀,其粒径范围为 0.002～0.010 mm,中值粒径范围中潮期为 0.003～0.009 mm,大潮期为 0.002～0.009 mm,变化不大。靠近西滩的悬移质粒径较大,中、大潮期的中值粒径均约为 0.009 mm。

表 2.2-3　伶仃洋实测悬移质中值粒径表

编号	垂线测点	测点位置	中潮期 取样日期	中潮期 中值粒径（mm）	大潮期 取样日期	大潮期 中值粒径（mm）
1	V1	在南沙港区附近伶仃航道内	2003.7.27	0.005	2003.7.29	0.003
2	V2	在桂山岛附近水域	2003.7.27	0.006	2003.7.29	0.007
3	V3	在蕉门南支出口伶仃航道内	2003.7.27	0.003	2003.7.29	0.003
4	V4	在桂山岛外侧东侧水域	2003.7.27	0.003	2003.7.29	0.009
5	V5	在内伶仃岛西侧伶仃航道内	2003.7.27	0.006	2003.7.29	0.005
6	V6	在桂山岛以北伶仃航道内	2003.7.27	0.003	2003.7.29	0.006
7	V7	金星门上游东南侧水域	2003.7.27	0.003	2003.7.29	0.004
8	V8	在大万山岛上游左侧水域	2003.7.27	0.003	2003.7.29	0.005
9	V9	大铲岛附近东槽	2003.7.27	0.005	2003.7.29	0.004
10	V10	金星门上游东北侧水域	2003.7.27	0.003	2003.7.29	0.002

2.3　水环境质量现状

按照海域的不同使用功能和保护目标,海水水质分为四类:第一类适用于海洋渔业水域、海上自然保护区和珍稀濒危海洋生物保护区;第二类适用于水产养殖区、海水浴场、人体直接接触的海水的海上运动或娱乐区,以及与人类食用直接相关的工业用水区;第三类适用于一般工业用水区、滨海风景旅游区;第四类适用于海洋港口水域、海洋开发作业区。各类海水部分成分含量标准见表 2.3-1。

表 2.3-1　海水水质分类标准　　　　　　　　　　　　　单位：mg/L

项目	第一类	第二类	第三类	第四类
无机氮≤(以N计)	0.2	0.3	0.4	0.5
活性磷酸盐≤(以P计)	0.015	0.03		0.045
石油类≤	0.05		0.3	0.5
生化需氧量≤(BOD$_5$)	1	3	4	5
化学需氧量≤(COD)	2	3	4	5

2.3.1　香炉湾水环境质量现状

引用《珠海市海域海洋环境与资源现状调查报告》(2017年秋季第1期、2018年春季第2期)与广东海洋大学海洋资源与环境监测中心2018年4月20日(春季第3期)的水质调查数据作为香炉湾海域的海水水质现状。

三次监测的具体站位见图2.3-1，各站位的监测频次见表2.3-2。

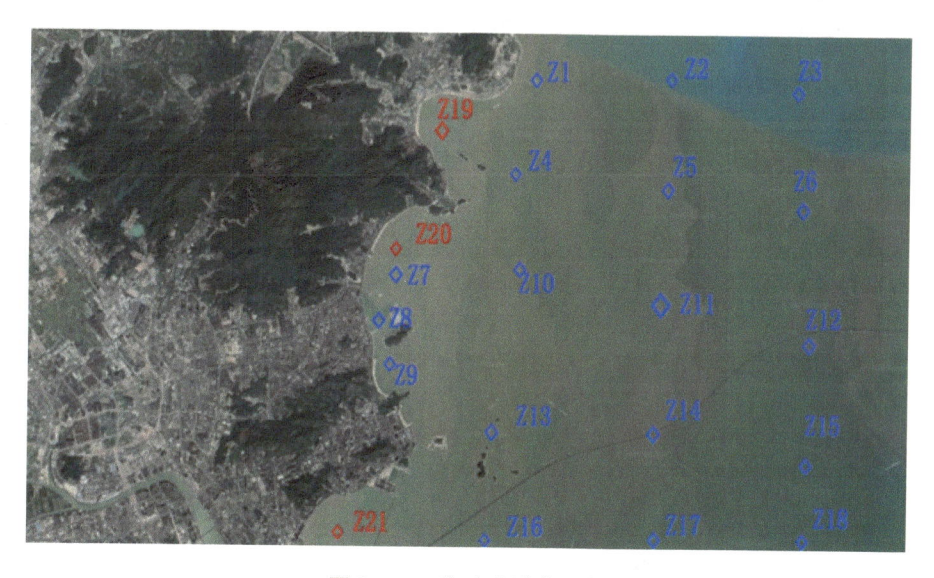

图 2.3-1　海水水质监测点

表 2.3-2　监测点位及监测频次表

站位	调查项目	监测时期
Z1(77)	水质、沉积物、生态	1、2、3

续表

站位	调查项目	监测时期
Z2(78)	水质	1、2、3
Z3(79)	水质	1、2、3
Z4(74)	水质、沉积物、生态	1、2、3
Z5(75)	水质	1、2、3
Z6(76)	水质、沉积物、生态	1、2、3
Z7	水质、沉积物、生态	3
Z8	水质、沉积物、生态	3
Z9	水质、沉积物、生态	3
Z10(70)	水质	1、2、3
Z11(71)	水质、沉积物、生态	1、2、3
Z12(72)	水质	1、2、3
Z13(66)	水质、沉积物、生态	1、2、3
Z14(67)	水质	1、2、3
Z15	水质、沉积物、生态	3
Z16	水质	3
Z17	水质、沉积物、生态	3
Z18(68)	水质	1、2、3
Z19(73)	水质	1、2
Z20(69)	水质	1、2
Z21(62)	水质	1、2

注：监测时期1：2017年11月5日—7日；2：2018年3月29日—31日；3：2018年4月20日。

(1) 监测指标

共计5个监测断面，21个监测点位，监测因子包括：水温、盐度、pH值、SS、石油类、DO、COD、亚硝酸盐、氨、硝酸盐、活性磷酸盐、Cu、Pb、Zn、Cd、Hg、As、Cr、挥发酚。

(2) 监测方法及仪器

所用调查船只进入预定站位，使用GPS进行定位，测量水深。根据实测水深，进行透明度、水色等现场观测，并按照《海洋监测规范 第3部分：样品采集、贮存与运输》(GB 17378.3—2007)的要求采集水样，水深<10 m时，采表、底层两层水样；10 m≤水深<50 m时，采表、中、底三层水样；其中表层为距表面0.1~1 m，中层为距表层10 m，底层为离底2 m。采样时严禁船舶排污，采样

位置应远离船舶排污口,并严格按照相关规定程序和操作要求进行样品的分装、预处理、编号记录、贮存和运输。样品的分析按照《海洋监测规范》(GB 17378—2007)进行,各项目的分析方法如表2.3-3所示。

表2.3-3 环境质量监测方法及仪器

序号	监测项目	样品采集、预处理及保存方法	测定方法
1	pH	现场测定	GB 17378.4/26—2007 pH计法
2	盐度	现场测定	GB/T 12763.2/6.2.1—2007(温盐深仪)CTD
3	悬浮物	0.45 μm,ϕ60 mm 微孔滤膜现场过滤	GB 17378.4/27—2007 重量法
4	溶解氧(DO)	加1 mL $MnCl_2$和1 mL KI-NaOH溶液固定,现场测定	GB 17378.4/31—2007 碘量法
5	化学需氧量(COD_{Mn})	现场测定	GB 17378.4/32—2007 碱性高锰酸钾法
6	铵盐		GB 17378.4/36.2—2007 次溴酸钠氧化法
7	硝酸盐	现场用0.45 μm,ϕ60 mm微孔滤膜过滤、现场测定或过滤后-20℃冷冻保存	GB 17378.4/38.1—2007 镉柱还原法
8	亚硝酸盐		GB 17378.4/37—2007 萘乙二胺分光光度法
9	活性磷酸盐		GB 17378.4/39.1—2007 磷钼蓝分光光度法
10	石油类	正己烷萃取	GB 17378.4/13.2—2007 紫外分光光度法
11	挥发酚	加H_2PO_4至pH<4,每升水样加2 g硫酸铜	GB 17378.4/19—2007 4-氨基安替比林分光光度法
12	铜(Cu)	用0.45 μm,ϕ60 mm微孔滤膜过滤加HNO_3至pH<2 低温冷藏	GB 17378.4/6.1—2007 无火焰原子吸收分光光度法
13	铅(Pb)		GB 17378.4/7.1—2007 无火焰原子吸收分光光度法
14	镉(Cd)		GB 17378.4/8.1—2007 无火焰原子吸收分光光度法
15	锌(Zn)		GB 17378.4/9.1—2007 火焰原子吸收分光光度法
16	砷(As)	用0.45 μm,ϕ60 mm微孔滤膜过滤加至pH<2 低温冷藏	GB 17378.4/11.1—2007 原子荧光法
17	汞(Hg)	HCl 1%,如水样为中性,1 L水样中加浓HCl 10 mL	GB 17378.4/5.1—2007 原子荧光法
18	铬(Cr)	HNO_3,1 L水样中加浓HNO_3 10 mL	GB 17378.4/10.1—2007 无火焰原子吸收分光光度法

(3) 监测结果

各期监测结果见表2.3-4。

表 2.3-4a 2017 年 11 月大潮水质现状监测结果——第 1 期

站位	层次	水温 ℃	盐度 ‰	pH	SS	石油类	DO	COD	亚硝酸盐	氨	硝酸盐	磷酸盐	Cu	Pb	Zn	Cd	Hg	As	Cr	挥发酚
				—			mg/L									μg/L				
Z1	表层	22.79	11.75	7.84	296.0	0.046	8.30	1.23	0.136	0.276	1.314	0.030	3.4	4.19	13.8	0.08	0.033	1.2	2.2	1.2
Z1	底层	22.90	11.21	7.85	490.0	—	7.67	1.63	0.133	0.211	1.298	0.043	2.9	0.44	5.8	0.13	0.015	1.2	2.0	—
Z2	表层	23.53	16.13	7.79	136.0	0.031	7.74	0.78	0.139	0.328	1.305	0.032	2.6	3.51	10.4	0.13	0.015	1.1	5.1	1.7
Z2	底层	23.53	16.57	7.81	154.0	—	7.27	1.38	0.134	0.242	1.176	0.042	2.8	3.67	<3.1	0.08	0.015	1.2	1.7	—
Z3	表层	23.85	20.01	7.97	88.0	0.022	8.28	0.50	0.130	0.215	1.112	0.036	2.9	0.53	9.1	0.09	0.033	1.6	2.0	<1.1
Z3	底层	23.95	22.13	7.97	148.0	—	7.88	0.49	0.123	0.177	0.874	0.034	2.3	1.78	11.3	0.10	<0.001	1.3	1.4	—
Z4	表层	23.33	15.34	7.81	158.0	0.050	7.91	2.52	0.134	0.191	1.350	0.040	2.3	5.47	10.5	0.10	0.033	1.2	5.3	<1.1
Z4	底层	23.36	15.87	7.82	224.0	—	7.44	4.26	0.117	0.155	1.348	0.040	2.6	2.94	6.1	0.10	0.015	1.1	2.9	—
Z5	表层	23.86	18.65	7.98	260.0	0.030	7.76	0.45	0.135	0.251	1.020	0.036	2.2	3.16	8.8	0.09	0.015	1.2	1.1	1.2
Z5	底层	23.83	21.49	7.98	378.0	—	7.73	0.86	0.127	0.200	0.943	0.029	2.9	1.08	11.6	0.07	0.015	1.2	1.4	—
Z6	表层	24.06	27.20	8.06	96.0	0.035	7.26	0.94	0.087	0.143	0.546	0.025	1.2	0.41	15.6	0.06	0.033	1.1	3.1	1.4
Z6	底层	24.06	27.17	8.04	232.0	—	7.32	1.58	0.085	0.129	0.531	0.024	2.6	0.37	3.6	0.17	0.033	1.1	1.9	—
Z10	表层	23.29	15.97	7.87	526.0	0.027	7.38	4.27	0.102	0.164	1.298	0.040	2.0	1.85	11.6	0.09	0.033	1.1	2.5	1.4
Z11	底层	23.75	18.31	7.99	100.0	—	7.83	0.65	0.134	0.185	1.080	0.030	2.4	0.31	10.5	0.09	0.033	1.1	0.9	—
Z11	表层	23.85	23.86	7.99	186.0	0.009	7.91	0.77	0.116	0.148	0.878	0.030	2.4	1.41	9.5	0.09	0.033	1.1	1.0	<1.1
Z12	底层	24.03	29.16	8.08	268.0	—	8.06	0.23	0.086	0.128	0.413	0.020	2.3	3.38	11.6	0.09	0.015	1.1	3.0	—
Z12	表层	24.23	30.03	8.07	412.0	—	7.44	1.32	0.066	0.148	0.368	0.021	3.0	1.68	7.6	0.35	0.033	1.0	3.7	1.9
Z13	表层	22.97	17.63	7.89	188.0	0.035	7.90	1.34	0.149	0.207	1.232	0.029	1.9	1.63	9.5	0.06	0.033	1.1	2.7	—

续表

站位	层次	水温 ℃	盐度 ‰	pH	SS	石油类	DO	COD	亚硝酸盐	氨	硝酸盐	磷酸盐	Cu	Pb	Zn	Cd	Hg	As	Cr	挥发酚
							mg/L									μg/L				
Z13	底层	23.08	18.10	7.88	172.0	—	7.70	1.37	0.149	0.318	1.206	0.036	2.5	0.04	8.6	0.06	0.033	1.1	1.4	—
Z14	表层	23.56	21.19	7.93	256.0	0.036	7.77	1.09	0.123	0.135	1.007	0.032	2.3	0.21	7.5	0.08	0.015	1.2	2.1	<1.1
Z14	底层	23.57	21.18	7.95	278.0	—	7.53	1.35	0.123	0.137	0.935	0.032	2.2	3.87	10.7	0.11	0.033	1.1	4.4	—
Z18	表层	24.13	30.63	8.08	154.0	0.013	7.46	0.43	0.055	0.112	0.365	0.015	3.5	1.63	8.6	0.12	0.015	1.0	5.9	<1.1
Z18	底层	24.24	30.91	8.09	218.0	—	7.34	0.23	0.053	0.130	0.303	0.018	1.4	0.42	6.9	0.04	0.015	1.1	2.2	—
Z19	表层	22.67	15.06	7.86	164.0	0.063	7.87	1.32	0.138	1.272	1.312	0.024	3.4	3.51	14.9	0.12	0.015	1.2	2.2	<1.1
Z20	表层	23.28	16.39	7.89	102.0	0.051	8.05	0.95	0.141	0.141	1.319	0.035	2.0	4.38	14.1	0.07	0.015	1.2	<0.4	<1.1
Z21	表层	22.50	19.05	7.98	148.0	0.070	7.48	1.24	0.117	0.167	1.164	0.042	4.1	<0.03	8.2	0.08	0.015	1.4	1.7	1.2

表 2.3-4b 2018 年 3 月大潮水质现状监测结果——第 2 期

站位	层次	水温 ℃	盐度 ‰	pH	SS	石油类	DO	COD	亚硝酸盐	氨	硝酸盐	磷酸盐	Cu	Pb	Zn	Cd	Hg	As	Cr	挥发酚
							mg/L									μg/L				
Z1	表	21.76	16.04	7.78	51.3	0.021	7.69	0.40	0.0681	0.358	1.555	0.016	5.3	0.76	11.2	1.34	<0.001	1.6	0.4	1.9
Z2	表	21.85	16.29	7.90	103.0	0.023	7.74	1.09	0.0913	0.220	1.561	0.010	2.4	0.47	7.5	0.45	0.015	1.6	0.5	2.4
Z3	表	22.14	16.10	7.99	16.3	0.006	7.69	0.95	0.0783	0.231	1.564	0.019	2.3	0.98	4.1	0.28	0.015	1.5	<0.4	1.4
Z4	表	22.92	13.89	7.88	68.0	0.013	7.67	1.17	0.0791	0.286	1.583	0.016	2.5	<0.03	15.8	0.46	<0.001	1.6	<0.4	1.9
Z5	表	24.17	17.67	8.10	12.7	0.008	7.79	0.75	0.0658	0.144	1.343	0.022	2.2	1.48	16.0	0.16	<0.001	1.5	<0.4	3.4

续表

站位	层次	水温 ℃	盐度 ‰	pH	SS	石油类	DO	COD	亚硝酸盐	氨	硝酸盐	磷酸盐	Cu	Pb	Zn	Cd	Hg	As	Cr	挥发酚
							mg/L									μg/L				
Z6	表	20.98	24.76	8.06	48.7	0.005	7.39	0.58	0.0589	0.337	0.801	0.019	1.5	0.30	7.2	0.77	<0.001	1.6	0.4	3.7
Z6	底	20.94	25.28	8.05	49.7	—	6.61	0.60	0.0476	0.263	0.809	0.026	1.9	1.11	3.6	0.24	<0.001	1.5	<0.4	—
Z10	表	24.08	15.84	7.84	37.7	0.006	7.72	1.23	0.0655	0.190	1.342	0.017	4.3	0.25	14.7	0.24	0.015	1.5	<0.4	1.4
Z11	表	24.17	18.07	8.06	24.3	0.012	7.33	0.94	0.0598	0.159	1.335	0.013	2.4	0.73	5.5	0.11	0.015	1.3	0.4	2.9
Z12	表	21.61	27.50	8.12	35.0	0.009	8.03	0.51	0.0404	0.260	0.608	0.016	1.6	0.57	<3.1	0.32	0.015	1.5	<0.4	2.9
Z12	底	21.50	28.02	8.10	40.0	—	7.56	0.51	0.0401	0.278	0.572	0.017	4.3	0.34	<3.1	0.13	0.015	1.5	<0.4	—
Z13	表	22.50	18.48	7.68	53.3	0.014	7.72	1.23	0.0589	0.383	1.305	0.023	8.0	0.50	18.0	0.30	0.033	1.6	<0.4	2.2
Z14	表	21.42	23.61	8.04	111.0	0.025	8.14	0.95	0.0877	0.270	1.232	0.029	4.3	0.65	11.2	1.43	0.015	1.6	0.4	2.2
Z14	底	21.42	23.64	8.11	133.0	—	7.87	1.02	0.0841	0.157	0.944	0.028	1.8	1.36	4.6	0.20	0.015	1.5	0.4	—
Z18	表	21.19	28.58	8.20	65.7	0.022	7.65	0.41	0.0352	0.148	0.777	0.016	2.1	2.15	5.9	0.26	<0.001	1.5	<0.4	3.9
Z18	底	21.12	28.58	8.18	29.0	—	7.25	0.42	0.0398	0.152	0.537	0.011	5.4	0.23	3.2	0.32	<0.001	1.5	<0.4	—
Z19	表	22.17	15.73	7.68	39.3	0.057	7.62	1.30	0.0629	0.241	1.624	0.013	3.0	1.66	26.7	0.65	0.015	1.5	0.6	1.4
Z20	表	22.75	17.20	7.74	29.0	0.033	7.05	0.23	0.0783	0.203	1.193	0.030	4.2	0.10	12.3	0.08	<0.001	1.5	0.6	1.2
Z21	表	22.81	18.26	7.61	23.3	0.032	6.68	0.20	0.0887	0.157	1.416	0.045	5.1	3.49	26.8	0.12	<0.001	1.8	<0.4	1.9

第 2 章 香洲港总体规划概况

表 2.3-4c 2018 年 4 月 20 日评价海域大面站海水水质调查结果表——第 3 期

站位	层次	水深 m	透明度 m	温度 ℃	盐度 ‰	pH	DO mg/L	COD mg/L	悬浮物 mg/L	石油类 mg/L	活性磷酸盐 mg/L	阴离子表面活性剂 mg/L	亚硝酸盐 mg/L	硝酸盐 mg/L	氨氮 mg/L	无机氮 mg/L	铜 μg/L	锌 μg/L	镉 μg/L	铅 μg/L	砷 μg/L	汞 μg/L	粪大肠菌群数 个/L
Z1	表	6.2	0.2	23.1	14.0	7.92	6.63	1.67	117.1	ND	0.109	ND	0.113	1.68	0.197	1.993	1.35	5.52	0.11	0.32	2.55	0.013	$9.4×10^2$
Z2	表	5.2	0.3	23	20.4	8.02	6.82	1.19	139	ND	0.036	ND	0.045	0.84	0.155	1.036	1.25	6.41	0.13	0.22	1.78	0.011	$2.3×10^2$
Z3	表	7.1	0.9	23.1	22.0	8.08	7.49	1.06	29.8	0.012	0.037	ND	0.056	0.93	0.17	1.156	0.89	2.86	0.12	0.25	1.76	0.01	$2.3×10^2$
Z4	表	4.4	0.7	23.2	15.2	7.86	6.87	1.95	66.2	ND	0.042	ND	0.082	1.38	0.171	1.628	1.22	4.61	0.11	0.12	2.12	0.019	$3.3×10^2$
Z5	表	4.5	1	22.9	18.2	7.96	6.69	0.79	38.4	ND	0.041	ND	0.079	1.19	0.197	1.465	1.13	4.1	0.14	0.16	1.95	0.014	$2.2×10^2$
Z6	表	6.8	1.2	23	23.0	8.05	6.76	0.99	54.9	0.005	0.035	ND	0.046	0.82	0.156	1.022	1	4.5	0.16	0.31	1.61	0.012	$1.3×10^2$
Z7	表	3.7	0.7	23.3	15.5	7.89	8.14	1.83	40.3	0.004	0.049	ND	0.074	1.62	0.205	1.898	1.23	5.27	0.15	0.22	1.59	0.016	$2.8×10^3$
Z8	表	5.4	0.6	23.2	15.2	7.78	6.26	1.97	15	0.021	0.045	ND	0.044	0.68	0.225	0.954	1.94	9.84	0.25	0.19	1.4	0.028	$2.2×10^3$
Z9	表	4.4	0.7	23.2	15.3	7.86	6.72	1.73	23.1	0.007	0.027	ND	0.079	1.17	0.22	1.469	1.31	6.98	0.14	0.35	1.97	0.02	$1.3×10^2$
Z10	表	4.3	0.6	22.7	16.8	7.96	7.38	1.73	52.2	0.006	0.04	ND	0.06	0.91	0.156	1.124	1.21	4.21	0.14	0.28	2.74	0.036	$7.9×10^2$
Z11	表	5.7	1.2	23.5	19.9	8.1	7.35	0.97	13.8	0.01	0.041	ND	0.073	0.84	0.188	1.104	1.02	3.35	0.07	0.34	3.82	0.011	80
Z12	表	7.4	0.8	23.4	27.2	8.19	7.09	0.88	15	0.009	0.029	ND	0.025	0.3	0.099	0.427	0.95	3.7	0.12	0.17	1.77	0.023	50
Z13	表	4.9	0.2	22.3	15.2	7.94	7.32	1.85	36.8	0.014	0.04	ND	0.079	1.18	0.181	1.436	1.62	11.78	0.08	0.15	1.56	0.025	$2.4×10^3$
Z14	表	6.5	0.8	23.3	22.6	8.15	7.56	0.92	9	0.009	0.036	ND	0.05	0.56	0.153	0.759	2.09	5.22	0.08	0.18	1.38	0.056	20
Z15	表	7.3	0.9	23	28.0	8.18	7.33	0.84	33.6	0.007	0.03	ND	0.026	0.39	0.105	0.52	0.74	2.84	0.07	0.14	2.18	0.025	$1.3×10^2$
Z16	表	4.3	0.2	22.4	17.1	7.94	7.9	1.76	97.8	0.01	0.042	ND	0.076	1.12	0.195	1.393	1.18	4	0.08	0.06	3.12	0.018	$3.5×10^2$
Z17	表	6.3	1.1	22.7	26.0	8.2	8.15	0.82	11.9	0.01	0.033	ND	0.036	0.53	0.141	0.706	0.79	3.16	0.05	0.11	1.55	0.01	50
Z18	表	7.3	0.2	23	28.7	7.78	7.35	0.75	11.2	0.006	0.028	ND	0.025	0.32	0.106	0.454	0.68	3.33	0.05	0.14	1.66	0.028	$2.3×10^2$
最小值		3.7	0.2	22.3	14.0	7.78	6.26	0.75	9	0.004	0.027	ND	0.025	0.3	0.099	0.427	0.68	2.84	0.05	0.06	1.27	0.01	20
最大值		7.4	1.2	23.5	28.7	8.2	8.15	1.97	139	0.021	0.109	ND	0.113	1.68	0.225	1.993	2.09	11.78	0.25	0.35	3.82	0.056	$2.4×10^4$

续表

站位	层次	水深/m	透明度/m	温度/℃	盐度/‰	pH	DO/(mg/L)	COD/(mg/L)	悬浮物/(mg/L)	石油类/(mg/L)	活性磷酸盐/(mg/L)	阴离子表面活性剂/(mg/L)	亚硝酸盐/(mg/L)	硝酸盐/(mg/L)	氨氮/(mg/L)	无机氮/(mg/L)	铜/(μg/L)	锌/(μg/L)	镉/(μg/L)	铅/(μg/L)	砷/(μg/L)	汞/(μg/L)	粪大肠菌群数/(个/L)
平均值	—	5.6	0.8	23	20.2	8.02	7.22	1.304	41.83	0.009	0.041	ND	0.06	0.9	0.171	1.102	1.179	5.34	0.11	0.2	1.96	0.021	$2.1×10^3$
第二类标准	—	—	—	—	—	7.8~8.5	>5	≤3	—	0.05	≤0.03	0.1	—	—	—	≤0.3	≤10	≤50	≤5	≤5	≤30	≤0.2	2 000
第四类标准	—	—	—	—	—	6.8~8.8	>3	≤5	—	0.5	≤0.045	0.1	—	—	—	≤0.5	≤50	≤500	≤10	≤50	≤50	≤0.5	—

（4）监测结论

Z1、Z2、Z4、Z5、Z10、Z11、Z13、Z14监测点位于香洲保留区，Z7、Z8、Z9、Z2监测点位于九洲旅游休闲娱乐区，Z3、Z6、Z12、Z15监测点位于海洋自然保护区。

① 海洋自然保护区

珠江口海洋自然保护区执行《海水水质标准》(GB 3097—1997)第一类标准。由调查及评价结果可知，海洋自然保护区水质整体超标率为100%，主要超标因子为无机氮和活性磷酸盐，其次为铅、石油类和铜，其他因子全部符合《海水水质标准》(GB 3097—1997)第一类标准。

② 九洲旅游休闲娱乐区

九洲旅游休闲娱乐区执行《海水水质标准》(GB 3097—1997)第二类标准。由调查及评价结果可知，九洲旅游休闲娱乐区水质整体超标率为100%，主要超标因子为无机氮和活性磷酸盐，其他因子全部符合《海水水质标准》(GB 3097—1997)第二类标准。

③ 香洲保留区

香洲保留区参照《广东省海洋环境公报》，执行《海水水质标准》(GB 3097—1997)第三类标准。由调查及评价结果可知，该保留区水质整体超标率为85.3%，主要超标因子为无机氮和活性磷酸盐，其次为COD，其他因子全部符合《海水水质标准》(GB 3097—1997)第三类标准。其中无机氮超标率为85.3%，活性磷酸盐超标率为52.9%，COD超标率为5.9%。

香炉湾水域主要污染物无机氮，平均含量处于《海洋水质标准》劣四类水平；活性磷酸盐平均含量约0.045 mg/L，基本达到海水第四类水质标准，其他指标满足第四类水质标准，个别指标达到第二类海水水质标准。

对比湾内湾外水质现状数据：近岸水质明显劣于外海，而在近岸的水质数据中，香洲港内(Z8点位)的无机氮和活性磷酸盐明显低于同一离岸水域(Z7和Z9)，特别是Z7点位的无机氮和活性磷酸盐较高，可能的原因是受凤凰河排水影响。

2.3.2 凤凰河水环境质量现状

香洲港区域作为滨海风景旅游区，水质需要达到第三类海水水质标准。目前水体中主要污染物为无机氮和活性磷酸盐等，污染物主要来源于沿岸污水排放、污染淤泥等。根据相关统计数据，截至2020年，珠海市水质净化厂数量为

19座，污水处理能力为93.5万 m³/d(不含在建)，其中香洲区6座；已建成污水管网总长2 749.8 km，其中分流制污水管2 120.1 km，合流管渠629.6 km，干管骨架基本成型。从管网分布来看，香洲区污水管网规模最大，占比约40%；现状污水泵站共计67座，合计规模约为175.89万 m³/d，占地面积约13.7 hm²；全市污泥无害化处置率基本达到100%，主要污泥处理处置设施处理能力可达到350 t/d，市内水质净化厂污泥中80%需外运至市外处理设施处理处置；全市再生水利用率约为38.38%。位于香炉湾的排放口连接香洲港防波堤北侧的凤凰河排洪渠，作为香洲污水处理厂的中水排放通道。

凤凰河排洪渠起源板障山脚，经柠溪路—建设桥，于紫荆桥上游与大镜山水库排洪北支渠汇合，再经为农桥—凤凰桥—情侣路桥，入香炉湾海域。北京师范大学珠海分校研究人员于2019年12月9日和2020年1月6日进行了水质观测，分别用A、B表示，采样点见图2.3-2，观测成果见表2.3-5。可见凤凰河目前水质达不到地表水Ⅴ类，其中氨氮污染最为严重，其次是总磷。据分析，污染物来源可能包括工业区、居民生活区污水的排入以及污水溢流，使水体中还原性有机污染物、氨氮、磷的浓度增加，当河渠径流量减少时污水滞留，有机污染物堆积。

图 2.3-2　凤凰河水质采样点分布

第2章 香洲港总体规划概况

表2.3-5 凤凰河水质监测成果　　　　　　　　　　（单位：mg/L）

水样指标	采样点1A	采样点1B	采样点2A	采样点2B	采样点3A	采样点3B	入海口A	入海口B
化学需氧量	10	35	61	84	52	41	19	28
生化需氧量	3.4	7.5	20.7	19.5	17.6	9.2	6.5	6.2
氨氮	4.48	11.4	25.2	12.9	22.6	17.2	6.05	1.74
总磷	0.56	1.42	1.8	1.26	1.45	1.71	0.56	0.22
溶解氧	6.2	2.8	5.9	1.4	5.9	0.8	6	3

随着珠海市经济社会的快速发展，城市化和城乡一体化进程加快，人口不断增加，工业规模不断扩大，用水量和污水量不断增加，导致凤凰河水环境污染负荷增长迅速。凤凰河排洪渠还作为香洲水质净化厂的中水排放通道，已建的一期、二期和三期工程排水总量为13万 m^3/d，现有排放尾水情况统计见表2.3-6。

同时，凤凰河排洪渠由于出口开敞，受海潮顶托影响形成经常性淤积，且因为河床较浅，在外江低潮时河床淤积裸露，降低了河道过流能力，造成凤凰河水体时而肮脏腐臭，其水质问题突出。

可见，香洲港防波堤北侧水域作为香洲区主要污水处理厂尾水排放受纳水域，接纳一定程度的污染量。凤凰河紧贴规划的香洲港北部入海，污染物随着排水在防波堤北部近岸水域聚集，随落潮流进入香洲港，在潮汐动力挟带作用下可能给香洲港内水质造成威胁，成为香洲港主要污染源之一。

表2.3-6 香洲污水处理厂尾水排放情况统计

类别			COD_{Cr}	BOD_5	SS	氨氮	总磷	TN
一期工程	排水量 1 095万 t/a	排放浓度(mg/L)	28.86	4.83	11.28	4.65	0.56	9.95
		排放总量(t/a)	316.02	52.89	123.52	50.92	6.13	108.95
二期工程	排水量 1 825万 t/a	排放浓度(mg/L)	29.31	4.88	11.32	7.14	0.23	11.35
		排放总量(t/a)	534.91	89.06	206.59	130.31	4.2	207.14
三期工程	排水量 1 825万 t/a	排放浓度(mg/L)	40	10	10	5	0.5	15
		排放总量(t/a)	730.00	182.50	182.50	91.25	9.13	273.75
合计		排放总量(t/a)	1 580.93	324.45	512.61	272.48	19.46	589.84

2.4 水文分析

珠海香洲港位于珠江口伶仃洋西岸,同时该水域也受到来自磨刀门-澳门水道的水流影响,区域水文情势复杂,水文分析从河口整体角度入手,更具客观性、宏观性。

2.4.1 珠江三角洲水系概况

珠江三角洲是复合三角洲,由西、北江思贤滘以下河网水系,东江石龙以下河网水系和注入三角洲诸河组成,集水面积 26 820 km²,其中网河区面积 9 750 km²。注入三角洲的中小河流主要有潭江、流溪河、增江、沙河、高明河、深圳河等,详见图 2.4-1。

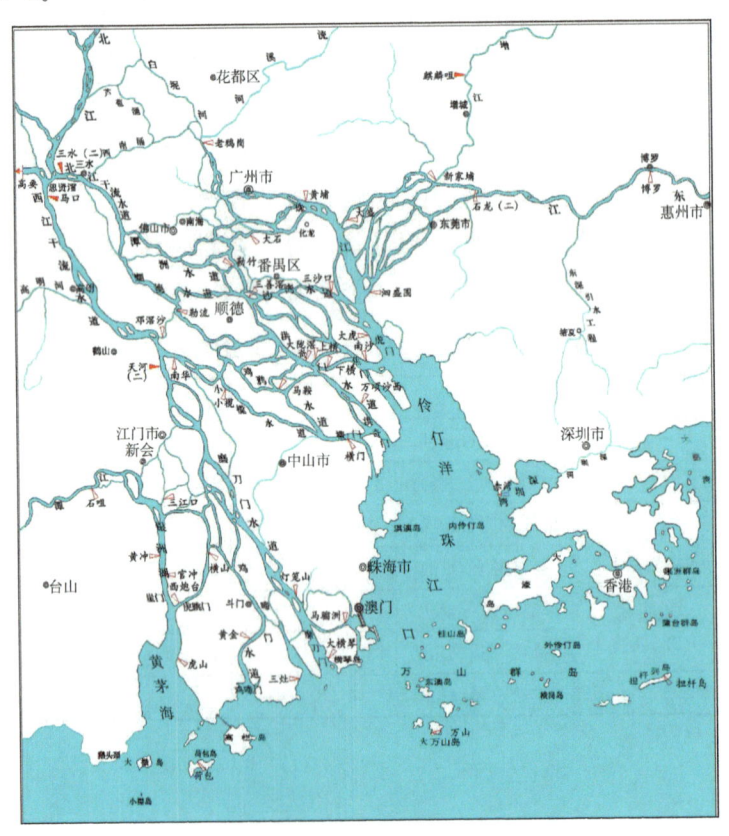

图 2.4-1 珠江三角洲及河口水系示意图

珠江三角洲网河区内河道纵横交错，其中西、北江水道互相贯通，形成西北江三角洲，集水面积 8 370 km²，占三角洲网河区面积的 85.8%，主要水道近百条，总长约 1 600 km。东江三角洲隔狮子洋与西北江三角洲相望，基本上自成一体，集水面积 1 380 km²，仅占三角洲网河区面积的 14.2%，主要水道 5 条，总长约 138 km。

2.1.2 珠江河口区概况

珠江河口区前缘东起九龙半岛九龙城，西到赤溪半岛鹅头颈，大陆岸线长约 450 km。河口由八大入海口门组成，东面四口门是虎门、蕉门、洪奇门和横门，同注入伶仃洋；西四口门自东向西为磨刀门、鸡啼门、虎跳门和崖门，其中磨刀门直接注入南海，鸡啼门注入三灶岛与高栏岛之间的水域，虎跳门和崖门注入黄茅海河口湾，详见图 2.4-1。八大口门动力特性不尽相同，泄洪纳潮情况不一，中部的磨刀门为西江的主要入海口门，泄洪输沙量最大，而东部虎门的潮汐吞吐量则占首位。两侧的虎门和崖门以潮汐作用为主，其他口门径流动力较强。

珠江河口分八大口门区及河口延伸区。八大口门区：自虎门黄埔（东江北干流大盛、东江南支流泗盛、北江干流沙湾水道三沙口站）、蕉门南沙、洪奇门万顷沙西、横门的横门站、磨刀门灯笼山、鸡啼门黄金、虎跳门西炮台、崖门黄冲站以下，至伶仃洋赤湾半岛、内伶仃岛、横琴岛、三灶岛、高栏岛、荷包岛、大襟岛、赤溪半岛的连线之间的河道、水域及岸线。

河口延伸区：自上述赤湾、赤溪半岛连线以下，深圳河口（广东省与香港特别行政区水域分界线）至南面海域段，与外伶仃岛、横岗岛、万山岛、小襟岛南面外沿与赤溪半岛鹅头颈连线之间的水域及岸线。

珠江河口海岸线全长 522.4 km，口门区面积 4 496 km²、河口延伸区面积 2 040 km²。

虎门概况：虎门位于东莞市沙角，伶仃洋河口湾的顶端，是虎门水道的出口。虎门水道由流溪河、北江的支汊及东江水系汇合而成，上段称黄埔水道，下段称狮子洋水道。虎门水道纳东江、流溪河全部来水来沙和北江部分水沙后，从虎门注入伶仃洋河口湾。伶仃洋浅滩被东、西两条深槽分隔为东滩、中滩和西滩三部分。虎门潮流动力较强，纳潮量居八大口门之首，伶仃洋—虎门—狮子洋一带是重要的纳潮、泄洪通道，也是广州主要的远洋航道。

蕉门概况：蕉门位于广州市南沙区广兴围，内伶仃洋西侧，是蕉门水道的出口，出口断面在南沙，承泄西、北江的水沙。蕉门水道由雁沙尾至南沙，全长 16 km，上游有沙湾水道分出的榄核涌、西樵涌和骝岗涌三条水道在亭角汇入，下游有洪奇门水道分出的上横沥、下横沥汇入，蕉门口外有两条水下深槽，一条沿万顷沙东向南延伸；另一条沿南沙向东延伸，称凫洲水道，是中山、江门等地至广州、东莞等地的内河通道。

洪奇门概况：洪奇门位于广州市番禺区沥口，内伶仃洋的西北角，是洪奇门水道的出口，承泄西、北江的水沙。其上游由李家沙水道和容桂水道在板沙尾汇合而成，至大陇滘以下向东分出上、下横沥汇入蕉门水道，西侧有桂洲水道和黄圃水道、黄沙沥水道等汇入。下横沥分水口向东南延伸至万顷沙垦区十七涌与横沥北汊相汇后，其汇合延伸段进一步向东南向延伸。洪奇门尾间堵塞严重，泄洪能力降低，下横沥水道取代洪奇门成为出海航道，并使蕉门水道分流激增。洪奇门外浅滩蔓延，万顷沙尾至淇澳岛之间有大片浅滩发育。

横门概况：横门位于中山市横门山，是横门水道的出口，承泄西江的水沙。横门水道上游由西江的支流小榄水道和鸡鸦水道在东河口附近汇合而成，又分出石岐水道与磨刀门水道相连。鸡鸦水道通过黄沙沥、黄圃沥与洪奇门水道相通。横门水道出横门后分南汊和北汊，北汊为主干，与洪奇门水道相汇后，经汇合延伸段入伶仃洋，南汊受芙蓉峡谷限制，向南流入伶仃洋。

磨刀门概况：磨刀门位于珠海市洪湾企人石，是西江主要的泄洪输沙出海口，径流作用较强。磨刀门上游是西江干流水道，向东分出甘竹溪、东海水道后向东南向延伸，至北街、百顷头向西又分出江门水道和石板沙水道、螺洲溪。磨刀门浅海湾的一主一支洪水通道格局已基本形成，主干为磨刀门水道，于横洲口入南海，支流洪湾水道向东延伸至马骝洲，经澳门水道入伶仃洋。口门外分布着三灶、横沥、横琴三岛，洪湾水道将横琴岛与内陆隔开，而三灶岛近年来由于围垦，已基本与内陆相连接，三岛环抱的水域称磨刀门内海区。

鸡啼门概况：鸡啼门位于斗门区大霖，是西江分支鸡啼门水道的出口。鸡啼门水道自尖峰山至大霖，长 32.9 km。鸡啼门外有两条深槽，深槽两侧均是浅滩，低潮时可见滩顶露出水面，外围有三灶、南水和高栏三岛环绕，构成鸡啼门浅海区，呈浅碟形式。明显的深槽仅局限于小木乃附近，小木乃—草鞋排的深槽高程只有 -3 m 左右，深槽宽 500~700 m，草鞋排至三牙石之间东西横卧着拦门沙，坎顶只有 -2.6 m。南水—高栏岛连岛堤建成后，阻塞了沿岸流的通道,加快了淤积速度,也减小了浅海区的潮汐动力。

虎跳门概况:虎跳门位于斗门区雷蛛仔,是虎跳门水道的出海口,它的西侧紧临崖门,均为注入黄茅海的口门。虎跳门水道上游荷麻溪是西江石板沙水道的分支水道,向东分出赤粉水道与鸡啼门水道相通,向西纳入虎坑水道与崖门相连。虎跳门水道属西江出海航道的出口段,水道内设有众多航道整治工程,如丁坝群、锁坝等。虎跳门口门附近与崖门汇流处较宽浅。虎跳门口门外的深槽偏向海区东部,经三角山岛两侧由高栏岛、荷包岛之间水道与外海相通。

崖门概况:崖门是珠江河口八大入海口门中最西部的口门,位于江门市新会区崖南、黄茅海的顶部,是崖门水道(又称银洲湖)的出海口门。崖门接纳上游潭江和西江分流经江门水道、虎坑水道汇入的水沙,与虎跳门出流汇合后注入黄茅海。崖门水道以潮流动力为主,黄茅海—崖门—银洲湖是珠江河口西侧重要的纳潮、排洪、航运通道,也是近期正在开发的5 000 t级出海航道。

2.4.3 径流特征

珠江流域地处热带、亚热带气候区,光照条件好,水资源相对丰富,按照《珠江流域水资源调查评价》统计成果,水资源总量3 385亿 m^3,仅次于长江流域,是我国天然的富水区之一,其中珠江三角洲水资源总量299亿 m^3。珠江流域多年平均径流量为3 381亿 m^3,其中西江2 301亿 m^3,东江274亿 m^3,北江510亿 m^3,珠江三角洲295亿 m^3,分别占珠江流域径流总量的68.1%、8.1%、15.1%、8.7%;珠江河口入海径流量为3 264亿 m^3。

根据水文站实测水文资料统计,西江马口站多年平均径流量为2 322亿 m^3,北江三水站为451亿 m^3,东江博罗站为235亿 m^3。详见表2.4-1。

表2.4-1 珠江三角洲主要控制站实测径流特征值表

单位:径流量为亿 m^3、流量为 m^3/s

站名	最大年径流量	发生年份	最小年径流量	发生年份	多年平均径流量	最大年平均流量	发生年份	最小年平均流量	发生年份
马口	3 154	1973	1 210	1963	2 322	10 000	1973	3 840	1963
三水	932.7	1997	94.7	1963	450.8	2 960	1997	300	1963
马+三	3 916	1994	1 305	1963	2 773	12 400	1994	4 140	1963

续表

站名	最大年径流量	发生年份	最小年径流量	发生年份	多年平均径流量	最大年平均流量	发生年份	最小年平均流量	发生年份
博罗	413	1983	89.37	1963	234.6	1 310	1983	283	1963
麒麟咀	66	1983	11.81	1963	38.14	209	1983	37.4	1963

径流年际变化：受气候变化影响，流域内降雨有丰、枯年之分。各江最大年径流量出现的时间不一，而最小年径流量同时于1963年出现，最大与最小年径流量之比约为2.6～9.8倍。1959年至今，进入西北江三角洲的径流量出现了两个枯水年组和两个丰水年组，20世纪60年代、80年代为枯水年组，20世纪70年代和90年代为丰水年组。

径流年内变化：珠江流域的降水受季风气候控制，径流年内分配不均，每年4月至9月为洪季，马口、三水、博罗站径流量分别占年总量的76.9%、84.8%和71.7%左右；1月至3月及10月至12月为枯水期，马口、三水、博罗站径流量分别占总量的23.1%、15.2%和28.3%左右。

口门分配比：珠江三角洲网河区河道纵横交错，水沙互相灌注，流域来水来沙最后由八大口门宣泄入海。近年来各口门的径流量分配比发生了较大的变化，与20世纪80年代以前相比，1985—2000年伶仃洋东四口门的分流比有所加大，占珠江河口年径流量的61.0%，其中虎门占24.5%，增加最多，蕉门占16.8%，有所减小，洪奇门占7.2%，有所增加，横门占12.5%，有所增加；西四门占珠江河口年径流量的39%，有所减小，其中磨刀门占26.6%，鸡啼门占4.0%，虎跳门占3.9%，崖门占4.5%，各口门近年来都有所减小。磨刀门分泄径流量为八口门之冠，其他口门按从大到小排列分别是虎门、蕉门、横门、洪奇门、崖门、鸡啼门及虎跳门，其中崖门、鸡啼门及虎跳门的分泄量减小较多。

2.4.4 潮汐特征

潮位：珠江河口的潮汐，主要是太平洋潮波经巴士海峡、巴林塘海峡传入，既受天文因素的制约，也受地形、气象及珠江径流等因素的影响。其潮汐属不正规半日混合潮型，一天中有两涨两落，半个月中有大潮汛和小潮汛，历时各三天。在一年中夏潮大于冬潮，最高、最低潮位分别出现在春分和秋分前后，且潮差最大，夏至、冬至潮差最小。珠江河口的潮汐特征见表2.4-2a。

八大口门中，多年平均高潮位东部4个口门较西部4个口门高，而西部4

个口门中磨刀门和鸡啼门较低;多年平均低潮位为东、西两端较低,中部横门和磨刀门较高。因受汛期洪水和风暴潮的影响,各口门最高潮位一般出现在6月至9月,最低潮位多出现在枯水期12月至2月。南沙、赤湾站历年最高水位出现于9316号台风影响下的风暴潮期间,其他各站历年最高水位均出现于0814号台风影响下的风暴潮期间。

潮差:珠江八大口门平均潮差在 0.85~1.62 m 之间,属于弱潮河口。最大潮差为虎门最高,依次为蕉门、崖门、虎跳门、磨刀门、横门、洪奇门、鸡啼门;其中虎门黄埔(三)站最大潮差 3.38 m、蕉门南沙站最大潮差 3.27 m,崖门黄冲(长乐)站最大潮差为 3.21 m,虎跳门西炮台站最大潮差 3.08 m,磨刀门灯笼山站最大潮差 2.98 m,横门横门站最大潮差 2.97 m,洪奇门万顷沙西站最大潮差 2.94 m,鸡啼门黄金站最大潮差 2.90 m。磨刀门、横门、洪奇门、蕉门等径流较强的河道型河口,潮差自口门向上游呈递减趋势,而伶仃洋、黄茅海河口湾,自湾口向内至湾顶潮差沿程增加,赤湾多年平均涨潮差为 1.38 m,到黄埔达到 1.62 m。详见表 2.4-2a。

山潮比:表2.2-2b统计了八大口门多年平均山潮比(多年平均净泄量与涨潮量之比),由表可见,除大虎和黄冲两站的山潮比小于1外,其他各站均大于1,说明虎门和崖门是强潮流弱径流的河口,为受潮流作用为主的潮汐通道。其余6个口门则以径流作用为主。

表 2.4-2a 口门站及主要站点潮位特征值统计表

站名	高潮位(m) 多年平均	高潮位(m) 历年最高 出现年月	低潮位(m) 多年平均	低潮位(m) 历年最低 出现年月	涨潮差(m) 多年平均	涨潮差(m) 历年最大 出现年月	落潮差(m) 多年平均	落潮差(m) 历年最大 出现年月	涨潮历时(h:min) 多年平均	涨潮历时(h:min) 历年最大 出现年月	落潮历时(h:min) 多年平均	落潮历时(h:min) 历年最大 出现年月	资料年份
黄冲(长乐)	0.62	2.77 2008.9.24	−0.61	−1.74 1974.10.19	1.23	3.21 1993.9.17	1.23	2.95 1968.12.21	5:20	17:30(2) 1997.2.17	7:10	14:10 1981.7.7	1959~2008
西炮台	0.63	2.86 2008.9.24	−0.57	−1.57 1991.12.28	1.2	3.08 1993.9.17	1.20	2.82 2000.8.1	5:08	17:10 1985.3.15	7:22	14:40 1993.6.27	1957~2008
黄金	0.44	2.91 2008.9.24	−0.6	−1.57 1979.2.21	1.03	2.9 1993.9.17	1.03	2.71 1976.12.22	5:48	18:20 1996.2.28	6:44	15:45 1990.7.31	1965~2008
灯笼山	0.44	2.69 2008.9.24	−0.41	−1.12 1965.3.16	0.85	2.98 1993.9.17	0.85	2.74 1993.9.17	5:22	17:40 1996.2.28	7:15	13:25 1989.2.21	1959~2008
三灶	0.36	3.14 2008.9.24	−0.74	−1.97 1968.12.22	1.1	3.26 1993.9.17	1.1	3.18 1968.12.21	6:14	18:30(2) 1986.11.26	6:24	18:30 1993.1.1	1965~2008
横门	0.61	2.75 2008.9.24	−0.47	−1.25 1955.2.20	1.08	2.97 1993.9.17	1.08	2.75 1983.9.9	5:17	16:50 1989.10.9	7:14	13:30 1987.9.17	1953~2008
南沙	0.63	2.67 1993.9.24	−0.69	−1.6 1971.3.23	1.32	3.27 1993.9.17	1.32	3.15 1983.9.9	5:18	17:40 1960.4.5	7:14	12:40 1998.1.22	1953~2008
万顷沙西	0.64	2.74 2008.9.24	−0.56	−1.39 1962.12.30	1.2	2.94 1993.9.17	1.2	2.84 1983.9.9	5:14	17:35 1960.4.5	7:17	13:15 1987.9.17	1953~2008
黄埔(三)	0.74	2.67 2008.9.24	−0.88	−1.93 1968.8.21	1.62	3.38 1968.8.22	1.62	3.19 1968.8.21	5:26	17:15 1985.3.15	7:02	12:39 1966.7.14	1957~2008

续表

站名	高潮位(m) 多年平均	高潮位(m) 历年最高 出现年月	低潮位(m) 多年平均	低潮位(m) 历年最低 出现年月	涨潮差(m) 多年平均	涨潮差(m) 历年最大 出现年月	落潮差(m) 多年平均	落潮差(m) 历年最大 出现年月	涨潮历时(h:min) 多年平均	涨潮历时(h:min) 历年最大 出现年月	落潮历时(h:min) 多年平均	落潮历时(h:min) 历年最大 出现年月	资料年份
赤湾	0.42	2.23 1993.9.17	−0.95	−2.13 1968.12.22	1.38	3.27 1993.9.17.	1.38	3.47 1989.7.18	6:21	18:30 1986.11.26	6:15	11:15 1987.9.17	1964~2008

表 2.4-2b　珠江八大口门多年平均山潮比统计表

站名	大虎（虎门）	南沙（蕉门）	冯马庙（洪奇门）	横门（横门）	灯笼山（磨刀门）	黄金（鸡啼门）	西炮台（虎跳门）	黄冲（崖门）
多年平均	0.253	1.664	2.071	2.644	5.531	2.822	3.414	0.295

2.4.5　泥沙特征

据 1954—2008 年资料，珠江三角洲上边界控制水文站泥沙特征值统计如表 2.2-3a 所示、含沙量统计（分统计年段）如表 2.3-3b 所示。

表 2.4-3a　珠江三角洲上边界控制水文站泥沙特征值统计表

站名	多年平均含沙量(kg/m^3)	最大年平均含沙量(kg/m^3)	发生年份	多年平均输沙量(万 t)	最大年输沙量(万 t)	发生年份
马口	0.276	0.48	1991	6 377	13 200	1968
三水	0.190	0.33	1988	880	1 830	1994
博罗	0.096	0.17	1957	226	580	1959
高要	0.288	0.53	1991	6 311	13 100	1983
石角	0.122	0.31	1982	518	1 400	1982

注：表中数据统计年份为 1954—2008 年。

表 2.4-3b　珠江三角洲上边界控制水文站含沙量统计成果表

测站名	统计年段	多年平均含沙量(kg/m^3)	最大年含沙量 含沙量(kg/m^3)	最大年含沙量 出现年份
马口	1959—1969	0.309	0.421	1968
马口	1970—1979	0.323	0.403	1979
马口	1980—1989	0.351	0.451	1986
马口	1990—1999	0.271	0.479	1991
马口	2000—2008	0.128	0.214	2001
三水	1959—1969	0.188	0.251	1968
三水	1970—1979	0.212	0.315	1979
三水	1980—1989	0.241	0.326	1988
三水	1990—1999	0.195	0.269	1991
三水	2000—2008	0.113	0.155	2006

续表

测站名	统计年段	多年平均含沙量(kg/m³)	最大年含沙量 含沙量(kg/m³)	最大年含沙量 出现年份
博罗	1954—1969	0.137	0.170	1957
	1970—1979	0.104	0.153	1973
	1980—1989	0.105	0.153	1980
	1990—1999	0.062	0.099	1992
	2000—2008	0.070	0.114	2005

1954—2008年资料显示,珠江三角洲河流输沙以悬移质为主,由表2.4-3a可见,含沙量较小,各主要控制站多年平均值为0.10～0.29 kg/m³,西江马口站最大约为0.28 kg/m³。河流含沙量虽然较小,但因径流量大,输沙量也较大,马口站多年平均输沙量6 377万t,三水站多年平均输沙量880万t,博罗站多年平均输沙量226万t。

由表2.4-3b可见,在20世纪90年代前,马口、三水两站多年平均含沙量逐渐增加,但在90年代年均含沙量急剧下降,2000年以后,含沙量继续下降,两站各年代出现的最大年含沙量也基本反映出这一规律。这主要是90年代初上游水库的拦蓄、上游水土保持的实施以及采砂等综合影响的结果。博罗站各年代的多年平均含沙量和最大年含沙量则以20世纪50、60年代最高,之后呈减少趋势,在20世纪70年代初到80年代末,多年平均含沙量和最大年含沙量减幅不大、基本稳定,至20世纪90年代含沙量最少,21世纪起略有回升。

20世纪90年代后,受网河区河道分流变化的影响,三水、马口两控制断面的分沙关系也发生了较大变化,三水断面年均输沙量占西、北江来沙量的比例由80年代的9.8%提高到90年代的19.6%,马口断面的输沙量比例相应减小。

输沙量的年内分配,洪、枯季比例悬殊,汛期河流含沙量较大,导致输沙量集中,如马口站汛期的输沙量占全年输沙量的94.7%,三水站占94.5%,博罗站占89.1%;枯季的输沙量很少,仅占5.3%～10.9%。

根据珠江河口1999年7月同步实测输沙量成果分析,与20世纪90年代以前相比,东四口门输沙量有所增加,西四口门输沙量则有所减少。东四口门输沙共占八大口门的54.1%,其中虎门占4.73%,蕉门占24.44%,洪奇门占

10.68%，横门占 14.20%，与 20 世纪 80 年代的成果相比增加 6.4%；西四口门输沙共占八大口门的 45.9%，其中磨刀门占 36.8%，比例有所增加，为八口之冠，鸡啼门占 4.09%，虎跳门占 3.25%，崖门占 1.77%，均有所减小。

2.4.6 风暴潮统计分析

近年来，影响珠江河口的强台风频次呈增加趋势，基于中国气象局发布的 1949—2019 年热带气旋数据，统计了西北太平洋热带气旋、影响珠江口的热带气旋的频数，分析了年代、年际、年内的频数变化，以及近十年的发展趋势。

（1）年际变化

影响珠江河口的热带气旋总频数呈现明显的年际波动，最多为 11 个，最少为 1 个。不同级别热带气旋频数的长期变化趋势存在差异，其中热带低压频数呈长期减少趋势，热带风暴频数呈长期增加趋势，而强热带风暴及强台风变化趋势不明显。值得注意的是，近 10 年来，影响珠江河口的超强台风增加趋势明显。

按年代统计了 1950—2019 年共 8 个年代的热带气旋频次，统计结果表明，20 世纪 60 年代发生的西北太平洋热带气旋频数最多，达到 411 个，占总数的 17.51%。之后至 21 世纪 00 年代逐渐减少，最小值发生在 21 世纪 00 年代，仅为 274 个，占总数的 11.61%。通过对 71 年资料分析表明，西北太平洋热带气旋频数整体呈下降趋势，近 10 年频数有所升高。

热带气旋频次年代统计分析表明，影响珠江河口的热带气旋与西北太平洋热带气旋频数变化趋势比较一致。20 世纪 50 年代至 70 年代影响珠江河口的热带气旋频数变化相对平稳，每个年代影响个数为 64～65 个，之后逐渐减少，至 21 世纪 00 年代仅为 47 个，21 世纪 10 年代略有增加，达到 48 个。

表 2.4-4　不同年代热带气旋频数及比例

年代	西北太平洋热带气旋		影响珠江河口热带气旋	
	频数（个）	比例（%）	频数（个）	比例（%）
1950 s	352	15.00	65	16.01
1960 s	411	17.51	64	15.76
1970 s	381	16.23	65	16.01

续表

年代	西北太平洋热带气旋		影响珠江河口热带气旋	
	频数(个)	比例(%)	频数(个)	比例(%)
1980 s	333	14.19	62	15.27
1990 s	309	13.17	55	13.55
2000 s	274	11.67	47	11.58
2010 s	287	12.23	48	11.82
总计	2 347	100	406	100

1949—2019 年,西北太平洋热带气旋总生成个数为 2 383 个,平均为 33.6 个/a。西北太平洋热带气旋频数(图 2.4-2)在 20 世纪 60 年代及 70 年代初期较大,其中 1967 年达 55 个为最多,之后逐渐减少,最小值发生在 2010 年,仅为 18 个。值得注意的是,近 10 年来,西北太平洋热带气旋呈增加趋势,增加趋势约为 0.86 个/a。

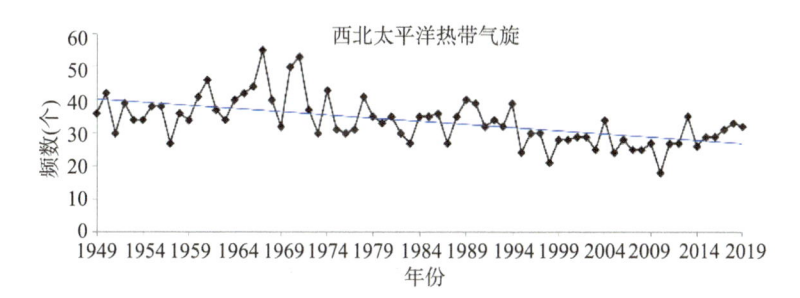

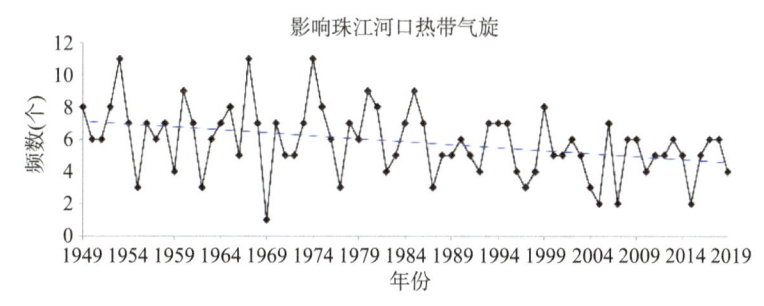

(其中蓝色实线为长期变化趋势线)

图 2.4-2　1949—2019 年热带气旋频数及长期变化

1949—2019 年,影响珠江河口热带气旋的总个数为 414 个,平均为 5.83 个/a,占西北太平洋热带气旋总数的 17.37%。整体上看,影响珠江河口的热带气旋与西北太平洋热带气旋频数年际变化趋势一致(图 2.4-2)。但是影响珠江河口的热带气旋年际变化幅度极大,最多的频数达到 11 个,年份为 1953 年、1967 年、1974 年;最少的年份为 1969 年,仅为 1 个;其次为 2005 年、2007 年及 2015 年,均为 2 个。近几年来,影响珠江河口的热带气旋较多,2017 年、2018 年连续两年有 6 场热带气旋影响该地区,其中 2018 年包括 2 场超强台风。

在 1949—2019 年统计时段内,影响珠江河口的热带气旋以强热带风暴、台风居多,分别达 101 个、87 个,年均分别为 1.42 个、1.23 个。热带低压、热带风暴、强台风及超强台风的频数相对较小,分别为 67 个、53 个、54 个及 52 个,平均每年均在 1.0 个以下。值得注意的是,影响珠江河口的热带气旋中,台风以上级别的总频数达 193 个,年均达 2.72 个,占比 46.62%(表 2.4-5)。

图 2.4-3 分别给出了影响珠江河口的不同级别热带气旋的年际频数及长期变化趋势。其中热带低压频数长期减少趋势最显著,为 0.18 个/10 a,最大值发生在 1956 年(5 个)。热带风暴频数呈长期增加趋势,为 0.09 个/10 a,最大值发生在 1953 年、2009 年和 2019 年(3 个),而强热带风暴及强台风变化趋势不明显。可以看出,不同级别热带气旋频数的长期变化趋势并不一致,影响珠江河口热带气旋频数的减少趋势主要受热带低压的减少趋势影响。从 5 年滑动平均频数变化趋势线来看,各级别热带气旋频数变化趋势呈现明显波动。值得注意的是,近 10 年来,影响珠江河口的超强台风增加趋势明显,其中 1713 号超强台风"天鸽"和 1822 号超强台风"山竹"直接在珠江河口登陆,登陆时中心附近最大风力均超过 14 级,对珠江河口造成了极大影响。

表 2.4-5 各级别热带气旋频数及比例

	热带低压	热带风暴	强热带风暴	台风	强台风	超强台风	台风以上级别	总计
频数(个)	67	53	101	87	54	52	193	414
年均(个/a)	0.94	0.75	1.42	1.23	0.76	0.73	2.72	5.83
比例(%)	16.18	12.80	24.40	21.01	13.04	12.56	46.62	—

第 2 章　香洲港总体规划概况

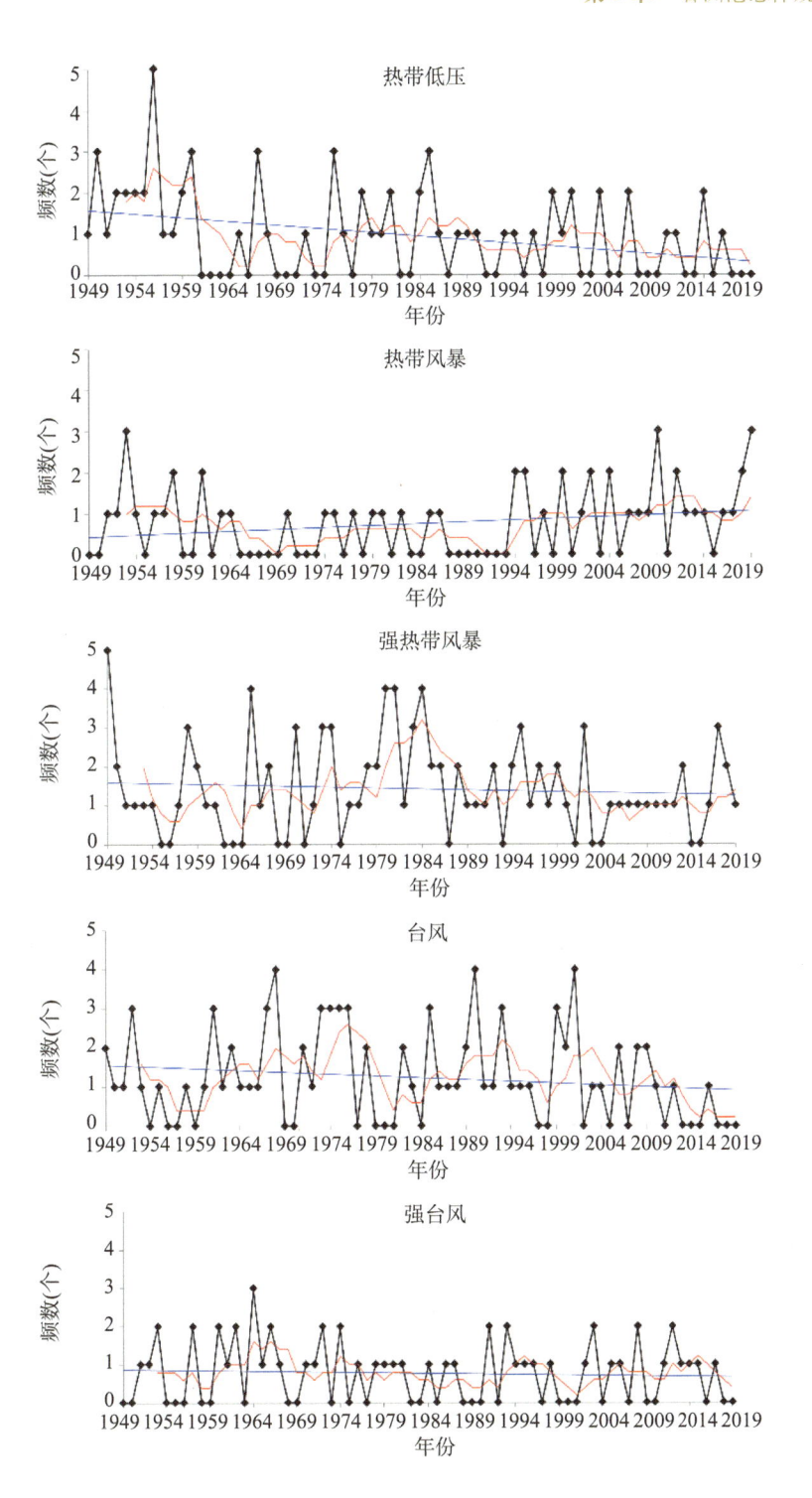

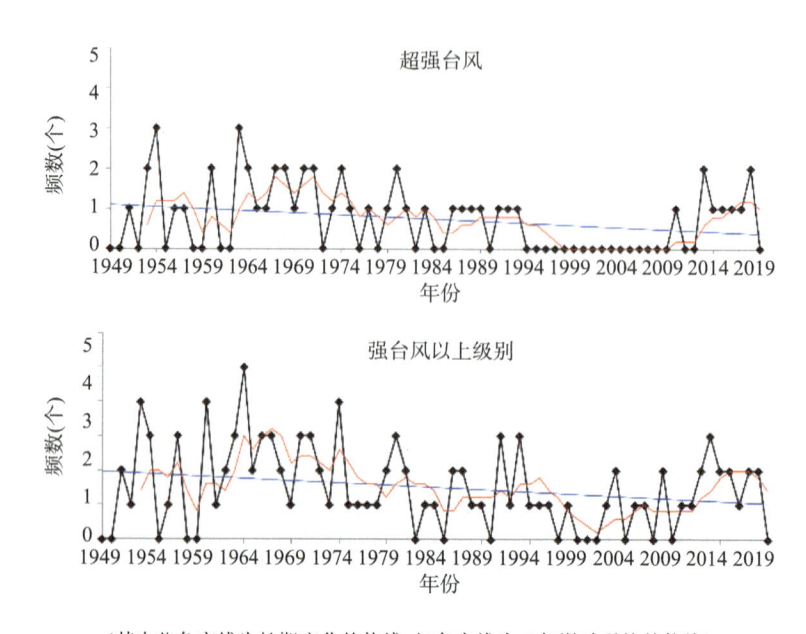

(其中蓝色实线为长期变化趋势线,红色实线为5年滑动平均趋势线)

图 2.4-3　1949—2019 年影响珠江河口不同级别热带气旋频数及长期变化

(2) 年内变化

影响珠江河口的热带气旋呈现明显的月际变化特征,最早的初台在 4 月份,最晚的终台在 12 月份,频数从 4 月至 8 月逐月递增,从 8 月至 12 月逐月递减,但主要集中在 7 月至 9 月份,占全年总频次的 69.57%。如表 2.4-6 所示。

通过对 1949—2019 年热带气旋的统计分析可知,影响珠江河口的初台多发生于 5 月底或 6 月初,已记录的最早的初台为 0801 号热带气旋"浣熊"(发生于 2008 年 4 月 14 日—20 日);终台多发生于 10 月底或 11 月初,已记录的最晚的终台为 8124 号热带气旋"Lee"(发生于 1981 年 12 月 22 日—29 日)。统计时段内,发生在 4 月份的初台以及发生在 12 月份的终台强度较大,均达到台风以上级别,值得引起注意。

从年内分布来看,除 1 月、2 月、3 月无影响珠江河口的热带气旋外,其余月份均有。热带气旋频次从 4 月份开始逐渐增加,至 8 月份达到最大值,而后从 8 月份开始至 12 月份,热带气旋频次又逐渐减少。7 月至 9 月为热带气旋多发月份,共 288 个,占全年总频次的 69.57%。表 2.4-6 列出了各级别热带气旋的年内时间分布,可以看出热带低压、强热带风暴、台风年内分布规律与热带气旋总频次分布规律基本一致,即在 8 月份达到最大频次。而热带风暴、强台风和超强台风年内分布规律与总频次分布存在差异,其中强台风与超强台风频次最大月份均为 9 月份,分别为 14 个与 13 个。台风以上级别的频次也是在 9 月份达到最大值 48 个。

值得一提的是,影响珠江河口的热带气旋有时在一段时间内集中发生。1973 年影响珠江河口的 7 个热带气旋中,有 3 个生成于 8 月份,3 个生成于 9 月份,这是统计时段内,影响珠江河口热带气旋相对最为集中的一年。2017 年珠江河口在 8 月下旬至 9 月初的半个月内,接连遭受 3 个热带气旋的影响,分别为 1713 号超强台风"天鸽"、1714 台风"帕卡"和 1716 号强热带风暴"玛娃",影响最为密集。

表 2.4-6　各级别热带气旋时间分布

月份	热带低压	热带风暴	强热带风暴	台风	强台风	超强台风	台风以上级别	总计	频率(%)
1月	0	0	0	0	0	0	0	0	0.0
2月	0	0	0	0	0	0	0	0	0.0
3月	0	0	0	0	0	0	0	0	0.0
4月	0	0	0	2	1	0	3	3	0.7
5月	4	1	3	5	2	0	7	15	3.6
6月	12	17	11	10	8	3	21	61	14.7
7月	11	14	23	19	8	12	39	87	21.0
8月	21	12	34	23	9	12	44	111	26.8
9月	14	8	20	21	14	13	48	90	21.7
10月	5	1	5	7	7	10	24	35	8.5
11月	0	0	5	0	3	2	5	10	2.4
12月	0	0	0	0	2	0	2	2	0.5

(3) 登陆热带气旋路径统计分析

① 路径类型统计

影响珠江河口的热带气旋,从移行路径上看,可分为三类典型路径,分别为西进型、西北型和北上型(图 2.4-4)。其中,西进型或西北型热带气旋频数最多,达到 228 个,占比 63.87%,北上型达到 50 个,占比 14.01%,其他路径类型为 79 个。

西进型或西北型路径的热带气旋多生成于西北太平洋,其强度大历时长,如0814号强台风"黑格比"、1713号超强台风"天鸽"、1822号超强台风"山竹"等均属于该路径类型热带气旋;北上型路径的热带气旋多生成于南海,其强度较西进型和西北型热带气旋稍弱,如0801号热带气旋"浣熊";也有北上型路径的热带气旋生成于西北太平洋,西行进入南海后转北影响珠江河口,如0601号热带气旋"珍珠"。此外,还存在异常路径型热带气旋影响珠江河口,如1329号热带气旋"罗莎",该热带气旋生成于西北太平洋,加强为台风后一直向西北方向移动,至11月3日6时在距离珠江河口约200 km的海域突然转向西南方向移动,此后强度逐渐减弱。

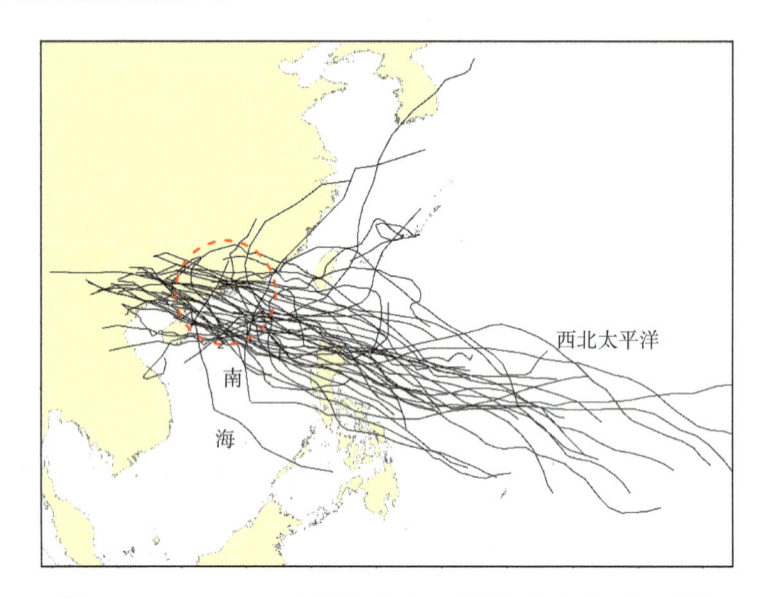

图 2.4-4　2000—2019 年影响珠江河口热带气旋移动路径示意图

② 登陆点位置及强度统计

从登陆位置来看,珠江河口及其以西区域登陆的热带气旋频次(占比72.83%)远大于珠江河口以东区域登陆频次(占比27.17%),平均每年有1.08个热带气旋直接在珠江河口登陆,登陆时强度在台风以上级别的占比27.27%。

影响珠江河口的热带气旋,按登陆点位置分在珠江河口登陆、珠江河口以东登陆和珠江河口以西登陆进行统计(表2.4-7)。其中,珠江河口以西登陆的热带气旋频数最多,达到183个,占比51.26%,其次为珠江河口以东登陆的97个,占比27.17%,直接在珠江河口登陆的共77个,占比21.57%,每年平均1.08个。

热带气旋登陆珠江河口时强度在台风以上级别为21例,其中台风级别有19例,强台风级别有2例,且均出现在近5年,分别为1713号超强台风"天鸽"和1822号超强台风"山竹"。表2.4-8列出了热带气旋登陆珠江河口时强度的年代变化,台风以上级别的频数在20世纪60年代达到最大值8个,在70年代和80年代即下降到最低值1个,随后逐步增加,在20世纪10年代达到4个。

受岸线走向影响,在珠江河口登陆的热带气旋容易造成多次登陆,所带来的大风、暴潮、暴雨通常给登陆点附近带来巨大损失,如1604号台风"妮妲",于2016年8月2日3时35分在广东省深圳市大鹏半岛登陆,登陆时中心附近最大风力达14级(42 m/s),中心最低气压为965 hPa,4时在深圳市大梅沙第二次登陆,之后横穿伶仃洋,于7时40分在广州市龙穴岛再次登陆,之后深入内陆强度逐渐减弱直至消失。

表2.4-7 登陆热带气旋登陆点位置及强度统计

登陆强度	珠江河口以西	珠江河口	珠江河口以东	总计
低于热带低压	16	6	4	26
热带低压	40	15	12	67
热带风暴	40	13	18	71
强热带风暴	43	22	28	93
台风	37	19	26	82
强台风	6	2	8	16
超强台风	1	0	1	2
台风以上级别	44	21	35	100
总计	183	77	97	357
占比	51.26%	21.57%	27.17%	—

表2.4-8 在珠江河口登陆的热带气旋强度年代变化

年代	热带低压	热带风暴	强热带风暴	台风	强台风	超强台风	台风以上级别
1950 s	6	1	3	2	0	0	2
1960 s	1	2	2	8	0	0	8
1970 s	1	2	5	1	0	0	1
1980 s	2	1	2	1	0	0	1
1990 s	2	2	5	2	0	0	2

续表

年代	热带低压	热带风暴	强热带风暴	台风	强台风	超强台风	台风以上级别
2000 s	2	4	2	3	0	0	3
2010 s	1	1	3	2	2	0	4
综合	15	13	22	19	2	0	21

③ 对风暴潮的影响

在珠江河口及其以西区域登陆的西进型或西北型热带气旋,受北半球热带气旋风场逆时针旋转及珠江河口岸线影响,在天文潮的不同阶段均可造成珠江河口严重的风暴潮灾害,值得引起注意。

影响珠江河口的热带气旋多以生成于西北太平洋的西进型或西北型移动路径热带气旋为主,该类热带气旋具有强度大、持续时间长的特点,且大多在珠江河口或珠江河口以西区域登陆。由于北半球热带气旋的风场呈逆时针旋转,加上珠江河口岸线影响,在珠江河口及其以西区域登陆的西进型和西北型移动路径热带气旋,可造成珠江河口强风暴潮灾害,如8309号"艾伦"、9316号"贝姬"、0814号"黑格比"、1604号"妮妲"、1713号"天鸽"、1822号"山竹"等均属于该类型热带气旋。一般认为,风暴潮最大增水出现时间适逢天文大潮或天文潮高潮时,则可能引发珠江河口严重的风暴潮灾害,如0814号强台风"黑格比"于2008年9月24日6时45分在珠江河口以西的茂名市登陆,灯笼山站风暴潮最大增水为1.92 m,发生时间为9月24日3时左右,此时与天文潮高潮时接近(澳门内港站高潮时为4时左右),受此影响,灯笼山站最高潮位达2.73 m(珠江基面,下同);1713号超强台风"天鸽"于2017年8月23日12时50分在珠海市登陆,澳门内港站风暴潮最大增水为2.66 m,发生时间为8月23日12时左右,此时与天文潮高潮时接近(澳门内港站高潮时为11时左右),受此影响,澳门内港站最高潮位达3.63 m。事实上,发生在天文潮小潮期的、在珠江河口及其以西区域登陆的西进型和西北型移动路径热带气旋同样可能引发巨大的风暴潮灾害,1822号超强台风"山竹"于2018年9月16日17时在珠江河口登陆,此时即为天文潮的小潮平潮期,巨大的风暴潮增水引发了珠江河口东四口门多个站点风暴潮位超历史极值。

(3) 典型台风暴潮过程分析

在对影响珠江河口热带气旋统计分析的基础上,选取对珠江河口影响严重的 3 场典型台风暴潮过程,即 0814 号"黑格比"、1713 号"天鸽"以及 1822 号"山竹"进行模拟与分析,探讨珠江河口风暴潮增水特征及规律。

① 1822 号超强台风"山竹"分析

台风"山竹"登陆时,珠江河口处于天文潮小潮期低高潮的落潮阶段,但由于"山竹"台风强度强、范围广,造成大虎、南沙、万顷沙、横门、黄金、三灶等站点潮位超历史极值。

台风"山竹"于 2018 年 9 月 16 日(农历八月初七)17 时登陆黄茅海西侧,登陆时珠江河口口门区各控制站处于天文潮小潮期低高潮的落潮阶段,最大风暴潮增水影响时刻各控制站天文潮位在-0.25～0.25 m 之间。但由于"山竹"台风强度强,登陆时中心附近最大风力 15 级,且风区影响范围广,7 级风圈半径达 400 km,10 级风圈半径达 200 km,12 级风圈半径更达到了 80 km,各级风圈半径均远远大于 1713 号台风"天鸽",造成珠江河口多站潮位超历史极值,高潮位持续时间长。大虎、南沙、万顷沙、横门、黄金、三灶最高潮位分别达到 3.15 m、3.20 m、3.23 m、3.22 m、3.13 m、3.44 m,潮位超 2 m 以上的持续时间分别达到 6 h、6 h、8 h、7 h、7 h、6 h。

受台风风场特征及河口岸线形态综合影响,"山竹"台风风暴潮位分布存在伶仃洋西岸大于东岸、伶仃洋大于黄茅海的特征。

为分析"山竹"期间风暴潮位分布特征,本次研究计算了"山竹"台风影响下的河口风暴潮增水,图 2.4-6 为典型时刻"山竹"风暴潮增水及风场分布图,9 月 16 日 15 时及之前时刻,台风中心位置位于黄茅海以东,黄茅海水域风向偏南,造成黄茅海水域减水,此时伶仃洋水域受东向风场控制,伶仃洋西岸、三灶湾、鸡啼门受向岸风影响,已开始增水。随着台风中心位置的西移,黄茅海水域处于台风中心右半区,增水逐渐明显,但受前期减水效应的影响,后期增水整体幅度不大,黄茅海水域风暴潮位相对不高。伶仃洋西岸海湾、三灶湾、鸡啼门口外海湾基本朝东南向,9 月 16 日 17 时至 18 时,台风风向为东南向,几乎正对上述海湾湾口,为风暴增水最有利的风向,受强劲而持续向岸风的作用,大量海水涌入湾内,增水幅度大。相应地,伶仃洋东岸受离岸风影响,增水幅度小于西岸,但受风暴潮增水沿伶仃洋向上游传播影响,伶仃洋东岸交椅湾附近水域最大增水幅度也在 3.0 m 以上。

滨海城市海港总体规划方案案例研究

(a) 9月16日16时　　(b) 9月16日17时

(c) 9月16日18时　　(d) 9月16日19时

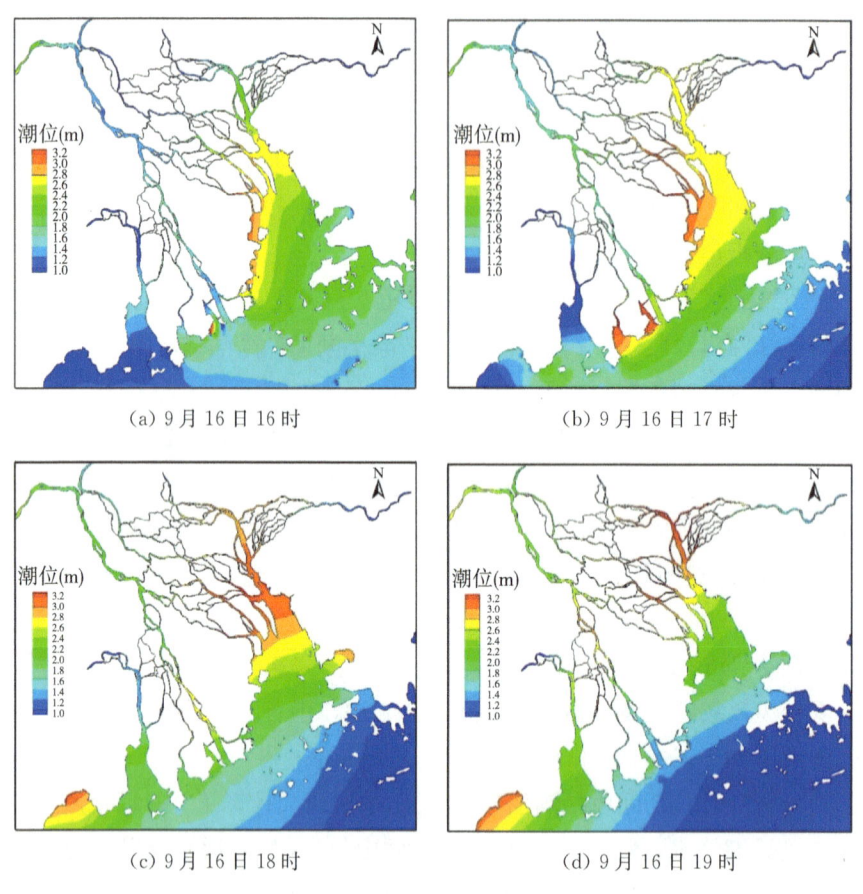

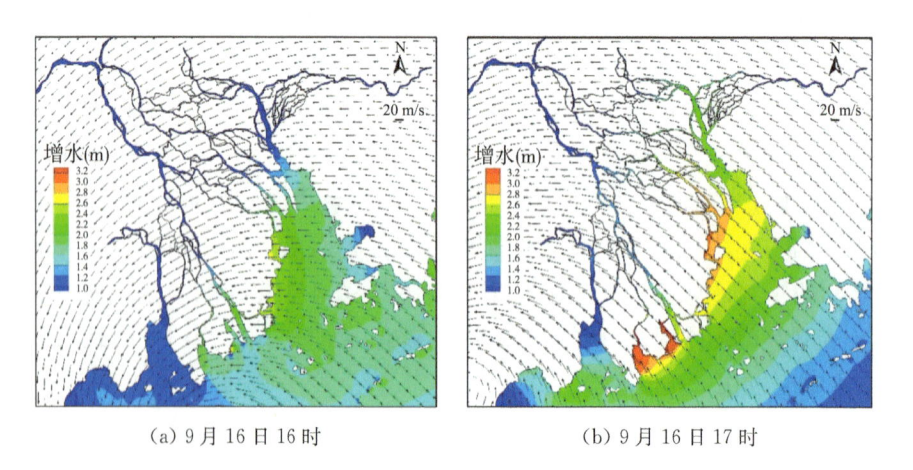

图 2.4-5　1822号超强台风"山竹"风暴潮位分布

(a) 9月16日16时　　(b) 9月16日17时

110

(c) 9月16日18时　　　　　　　　(d) 9月16日19时

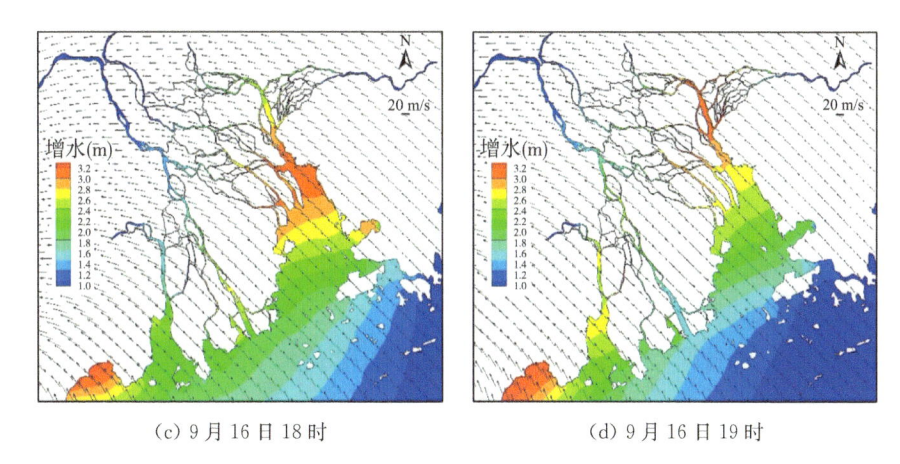

图 2.4-6　1822号超强台风"山竹"风暴潮增水及风场分布

② 1713号超强台风"天鸽"分析

台风"天鸽"短时间内风速加强快，引发的风暴潮增水急，与天文高潮位叠加造成澳门内港站潮位超历史极值。

根据澳门各气象观测站数据，2017年8月23日上午9时起风速明显加大，9时至12时3小时内风速加强非常快，由70 km/h增至120 km/h，风向呈东至东南向，近岸加速现象异于常态。由于澳门水道水面较宽（宽度为1 750～2 500 m），其出口为东至东南向，大量海水随强劲风速从伶仃洋直接涌入澳门水道，进入澳门水道的潮流，一部分继续向东沿洪湾水道上溯，一部分进入湾仔水道。由于洪湾水道全长11 km，与磨刀门水道相通，河宽平均仅为440 m，因此大部分从澳门水道涌入的风暴潮流沿湾仔水道北上，而湾仔水道为一盲肠河段，总长约4 km，河宽大部分在500～800 m之间，大量海水涌入湾仔水道造成该水域水位急剧升高，在1小时内升高1.5 m，同时"天鸽"登陆时恰逢天文高潮位，导致澳门内港站风暴潮位超历史极值，达到3.63 m。

受台风风场特征及河口岸线形态综合影响，"天鸽"风暴潮位分布存在伶仃洋西岸大于东岸、东四口门大于西四口门的特征。

为分析"天鸽"期间风暴潮位分布特征，本次研究计算了"天鸽"台风影响下的河口风暴潮增水，图2.4-8为典型时刻"天鸽"风暴潮增水及风场分布图，8月23日12时，台风中心位置位于磨刀门出口以南水域，伶仃洋水域受东向风场控制，伶仃洋西岸及澳门水道受强劲向岸风影响，猛烈增水，三灶湾、鸡啼门、黄茅海等水域处于台风中心左半区，受离岸风影响，呈风暴减水特征。随着台风中心位置的西移,三灶湾、鸡啼门、黄茅海等水域受偏南向风控制,增水明显,但由于此时珠江河口西四口门处于天文潮落潮阶段,接近天文潮低低潮位,风暴潮增水造成西炮台、官冲等站潮位剧烈拉升,但由于此时该水域处于天文潮的低潮位阶段,叠加后的风暴潮位不高,三灶、黄金、西炮台、官冲站的潮位分别为 2.55 m、2.57 m、2.13 m 与 2.07 m。此时珠江河口东四口门处于天文潮初落阶段,天文潮位仍较高,与偏南向风导致的风暴潮增水叠加,大虎、南沙、万顷沙、横门等站出现了较高的潮位,分别为 3.11 m、3.12 m、2.86 m 与 2.87 m,但相比于台风"山竹",增水退水较快,潮位过程呈"高瘦"形态,整体幅度小,高潮位持续时间不长。

(a) 8月23日12时　　(b) 8月23日13时

(c) 8月23日14时　　(d) 8月23日15时

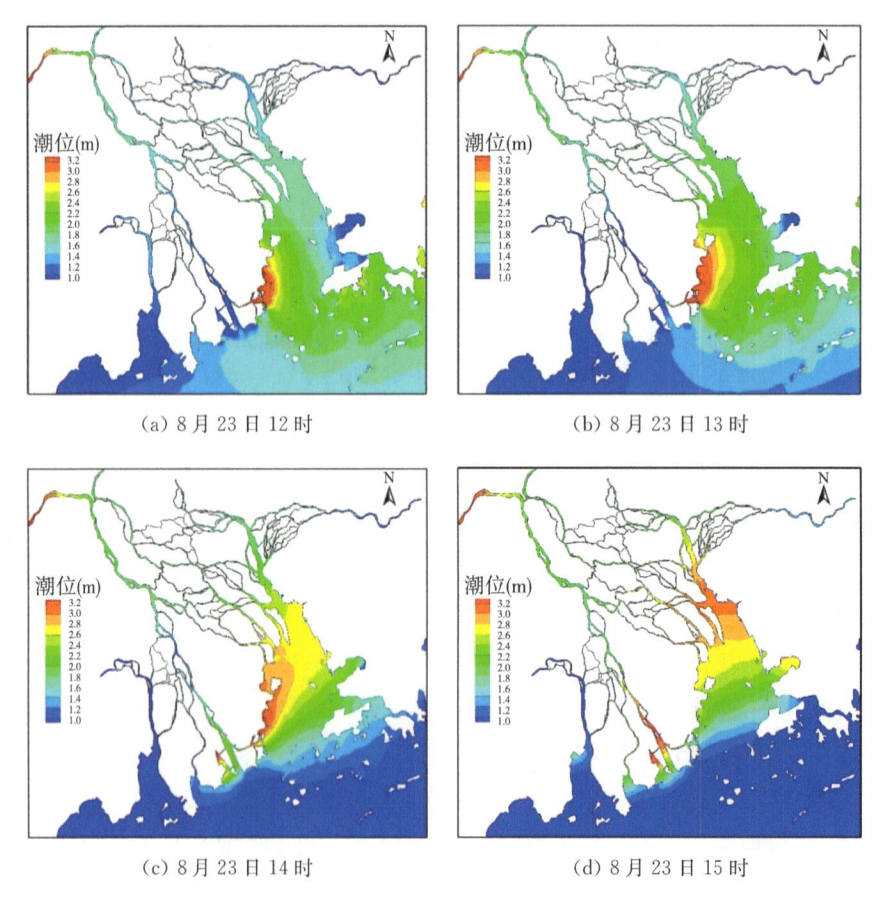

图 2.4-7　1713 号超强台风"天鸽"风暴潮位分布

(a) 8月23日12时　　　　　　　(b) 8月23日13时

(c) 8月23日14时　　　　　　　(d) 8月23日15时

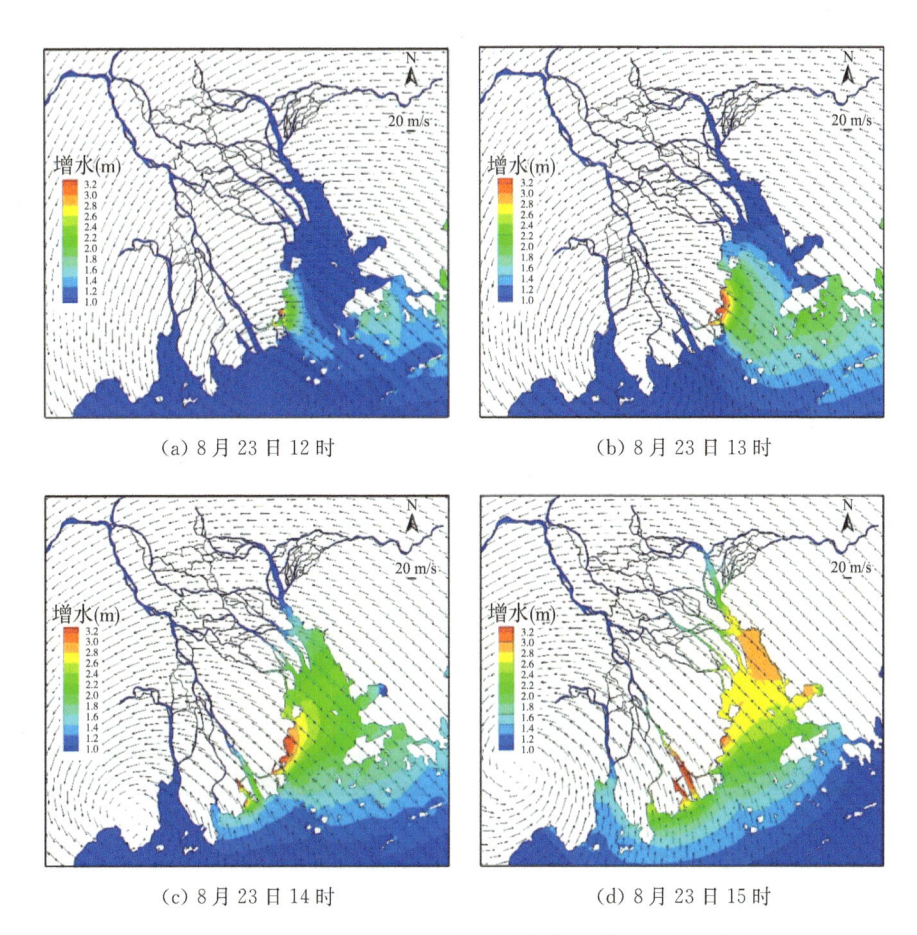

图2.4-8　1713号超强台风"天鸽"风暴潮增水及风场分布

③ 0814号强台风"黑格比"分析

珠江河口处于"黑格比"台风右半圆区,距台风中心距离较远,河口区风力不强,风场分布较一致,持续的东南风引起外海海水涌入,造成风暴潮增水过程相对缓慢。

"黑格比"台风路径为典型的西北型路径,登陆地点在广东茂名,珠江河口处于台风行进路线的右半圆区,受持续东南向风的影响,珠江河口一直处于相对缓慢增水过程中。"黑格比"台风从开始发生风暴潮增水至达到最大增水,时间普遍在7~8小时,而"山竹"台风大概是4~5小时,"天鸽"台风引发的最大风暴潮增水普遍在2小时内即达到极值。

"黑格比"风暴潮极值增水遭遇天文高潮位,造成西炮台、官冲站潮位超历

113

史极值,最高风暴潮位分布存在西四口门大于东四口门的特征。

为分析"黑格比"期间风暴潮位分布特征,本次研究计算了"黑格比"台风影响下的河口风暴潮增水,图 2.4-10 为典型时刻"黑格比"风暴潮增水及风场分布图,珠江河口西四口门离台风中心距离较东四口门近,风力相对强劲,风暴潮增水幅度大于东四口门。同时,"黑格比"风暴潮极值增水发生时恰逢天文潮高潮位,但由于该场台风引发的八大口门增水幅度介于 1.91~2.38 m,明显低于"山竹""天鸽",因此潮位仅在西四口门的西炮台、官冲站超历史极值,其潮位分别为 2.95 m、2.84 m。

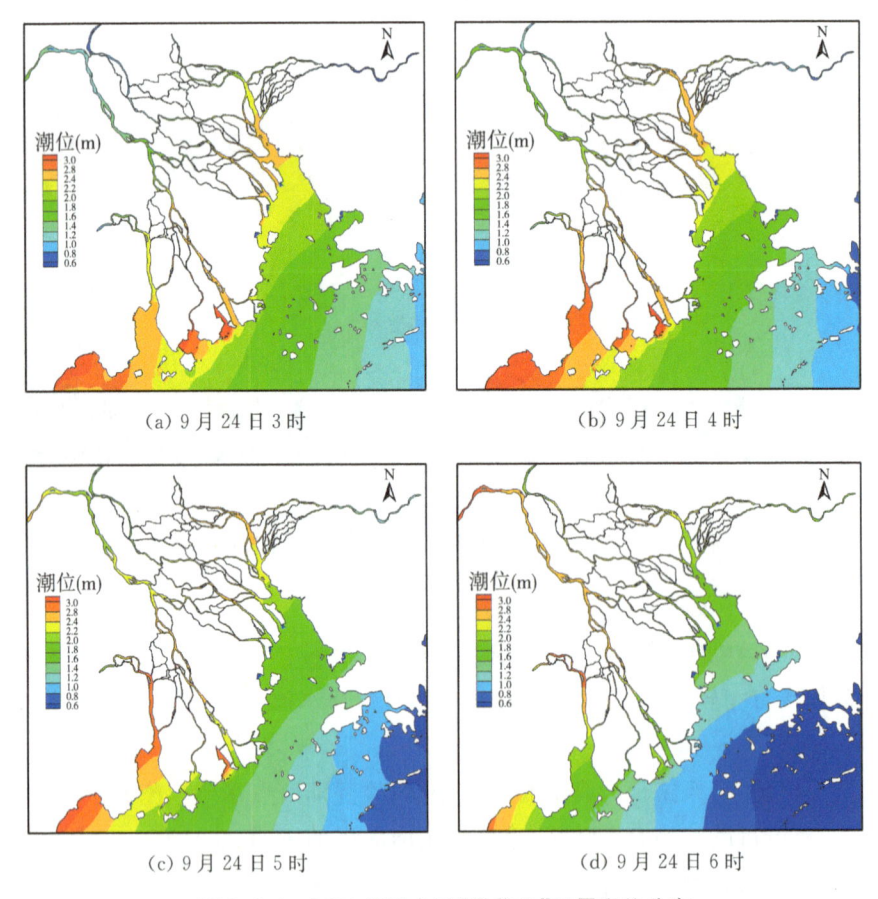

(a) 9月24日3时

(b) 9月24日4时

(c) 9月24日5时

(d) 9月24日6时

图 2.4-9 0814 号强台风"黑格比"风暴潮位分布

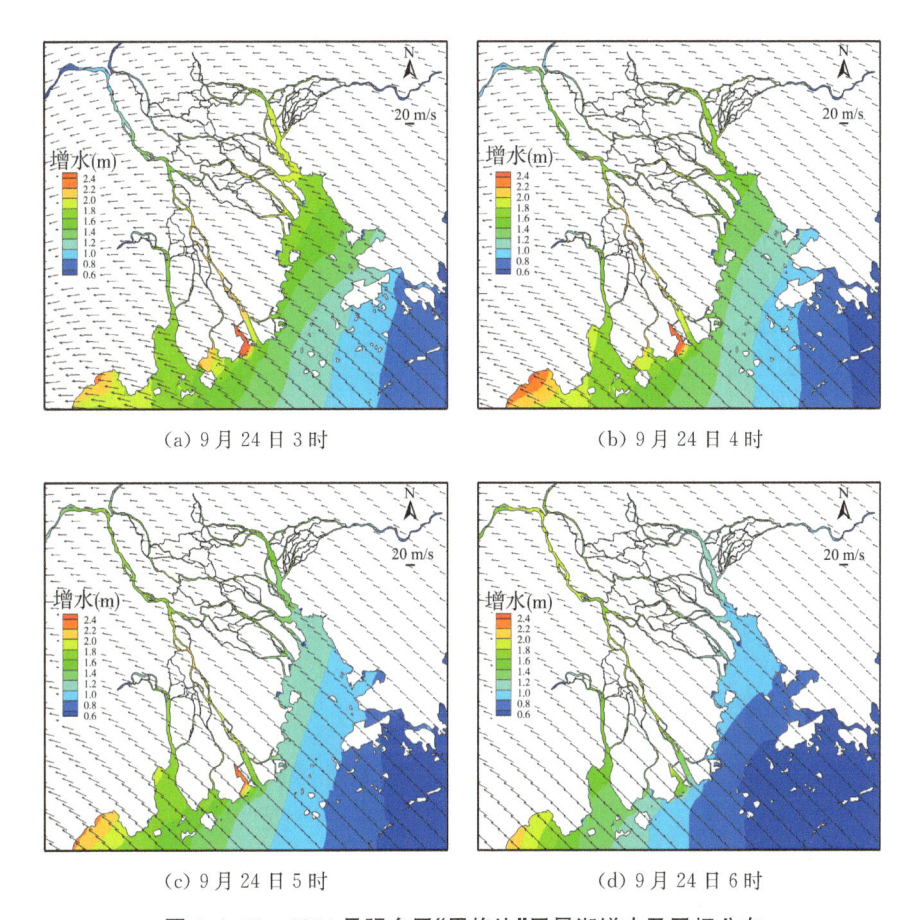

(a) 9月24日3时　　　　　　　　　　　　(b) 9月24日4时

(c) 9月24日5时　　　　　　　　　　　　(d) 9月24日6时

图 2.4-10　0814 号强台风"黑格比"风暴潮增水及风场分布

2.4.7　设计洪水

根据《珠江流域防洪规划》的有关研究成果，上游网河区三水、马口站不同频率下的设计洪峰流量见表 2.4-9。

表 2.4-9　上游控制水文站各级频率设计洪峰成果表

站名	设计洪峰流量(m^3/s)					
	0.5%	1%	2%	5%	10%	20%
三水	17 200	16 000	15 000	13 500	12 800	10 900
马口	51 800	48 900	46 600	43 300	41 800	37 000

2.4.8 设计潮位

近10年珠江三角洲防洪潮工程设计潮位主要参考《珠江河口综合治理规划修编-主要测站设计潮位复核报告》推荐的成果。根据主要测站设计潮位复核成果,三灶站、横门站的设计潮位如表2.4-10所示。香洲港位于三灶站和横门站之间,插值得到香洲港的设计潮位见表2.4-10。

表2.4-10 潮位设计值

站名	各级频率设计值(m)						
	0.1%	0.5%	1%	2%	5%	10%	20%
三灶站	4.4	3.67	3.36	3.05	2.64	2.34	2.03
横门站	4.11	3.48	3.2	2.93	2.58	2.32	2.06
香洲港	4.26	3.58	3.28	2.99	2.61	2.33	2.05

2.5 现有水利工程及其他设施

2.5.1 堤防设施

珠海市的防洪(潮)工程主要是堤防工程,香洲区的防潮主要以外海堤防为主,河堤为辅,主要是以香洲海堤、中珠联围(珠海段)、横琴海堤和淇澳海堤四大海堤为主的防潮堤防体系。香洲海堤的东南沿海段,现已形成了东北起金鼎下栅,西南至拱北海关的防潮海堤线,自东北向西南依次为:渔牧场围垦堤围4.9 km,金星门围垦堤围11.5 km,后环湾海堤4.57 km,唐家湾沿岸公路、港湾大道及市区情侣路(堤路结合)海堤24.5 km,这些堤防与中珠联围(珠海段)22.26 km共同构成了唐家新城、中心城区和南湾新城的防潮屏障。

本项目位于市区情侣路堤路结合段,现状按100年一遇高潮位设防,允许越浪设计,为直立式堤身结构,全长29.55 km,堤顶高程2.81~3.50 m,项目段现状堤围堤顶标高为2.82 m,堤顶宽约6.5 m。由于近年来设计潮位抬高,现有堤面高程已不满足设防要求。野狸岛现状建有环岛海堤,堤顶高程2.31~2.71 m,允许越浪,长度约为2.26 km,护岸采用直立堤,顶宽约1 m。珠海歌剧院场地标高较高,其东、西、北三面均建有护岸,顶高程为3.61 m,南侧与野狸岛海堤衔接,形成一个闭合的洪潮体系。

情侣路海堤和野狸岛护岸都是沿海岸布置的海堤,背水侧地面高于设计潮位。本项目附近堤岸现状见图2.5-1。

情侣中路堤防迎水侧　　　　　　　情侣中路堤防背水侧

野狸岛护岸迎水侧　　　　　　　野狸岛护岸背水侧

图 2.5-1　项目附近堤岸现状

2.5.2　其他设施

（1）凤凰河排洪渠

紧邻香洲港港口路北侧有凤凰河排洪渠,该排洪渠采用梯形断面浆砌石边墙,设计标准为100年一遇,两岸渠顶高程 2.41～3.91 m,渠宽 6～60 m;设计潮水位为 $P=1\%$ 高潮位(与香洲湾海堤设计标准一致)。现状凤凰河见图 2.5-2。

（2）排水口

情侣中路在香洲港港池范围内有7个雨水排水口,具体位置见图2.1-6。其中排水口5位于朝阳路延长段栈道下方。

图 2.5-2　凤凰河出口

2.6　水利规划及实施安排

2.6.1　防洪规划

根据《珠江流域防洪规划》《珠江流域综合规划（2012—2030 年）》，规划防洪标准为：近期，使国家重点防洪城市广州市具备防御西、北江 1915 年型洪水的能力，中心城区防洪、潮堤可防御 200 年一遇洪潮水位；珠江三角洲的重点堤防保护区达到 100～200 年一遇，其他重要堤防保护区达到 50～100 年一遇的防洪标准；珠江河口区重点海堤达到 50～100 年一遇、重要海堤达到 20～50 年一遇、一般海堤达到 10 年一遇的防潮标准；流域内一般地级城市达到 50～100 年一遇的防洪标准，县级城市达到 20～50 年一遇的防洪标准，农田达到 10～20 年一遇的防洪标准。

① 珠江中下游防洪工程体系总体布局

珠江流域防洪工程体系坚持"堤库结合，以泄为主，泄蓄兼施"防洪方针，采用堤库结合的防洪工程措施，解决中下游及三角洲地区的防洪问题。根据《珠江流域防洪规划》,西、北江及东江中下游和口门的防洪工程体系如下。

西、北江中下游防洪工程体系由北江飞来峡水利枢纽、西江龙滩水电站和大藤峡水利枢纽,以及西、北江中下游和三角洲的堤防工程组成。规划继续加高加固北江大堤和其他堤防,使北江大堤达到100年一遇、北江下游其他主要堤防达到20~50年一遇标准,与飞来峡水利枢纽及潖江蓄滞洪区、芦苞涌和西南涌分洪水道联合运用,使包括广州市在内的北江大堤保护区达到防御北江300年一遇洪水的标准,把北江下游重点防洪保护区的防洪标准由50年一遇提高到100年一遇。

东江中下游防洪工程体系由已建成的新丰江、枫树坝、白盆珠水库和中下游堤防组成。规划加高加固中下游沿岸及三角洲堤防,并通过三库联合运行,使东莞、惠州等城市的防洪标准达到100年一遇,其他防洪保护区的防洪标准达到50~100年一遇。

珠江八大出海口,是流域洪水的入海通道,也是流域防洪体系的重要组成部分,保持河道及口门的顺畅,是"以泄为主"的具体要求。在建设流域防洪工程体系的同时,必须加强对河道和出海口门的维护与整治,确保其泄洪功能的正常发挥。

② 珠江三角洲重要堤围规划

根据《珠江流域防洪规划》,广州市和深圳市城区防洪(潮)堤的标准为200年一遇,北江大堤的标准为100年一遇,列为1级堤防;景丰联围、樵桑联围、佛山大堤、江新联围、中顺大围、顺德第一联围、容桂联围等11宗堤防分别防护佛山、江门、中山等城市及重要地区,规划堤防标准50年一遇,为2级堤防;东江已建成堤库结合的防洪工程体系,规划东莞大堤等重点堤防按天然30年一遇(堤库结合可达100年一遇)的标准加高加固,列为2级堤防。

③ 珠江河口城市防洪规划

广州市为国家重点防洪城市,城市防洪堤按50~200年一遇标准建设。根据相关规划:广州市规划由飞来峡水利枢纽、潖江蓄滞洪区、北江大堤及芦苞涌和西南涌构成北江中下游防洪工程体系,其使广州市能抵御北江300年一遇洪水的侵袭;建设西江大藤峡水利枢纽,与已建的龙滩、飞来峡水库等一起构成完善西、北江中下游堤库结合的防洪工程体系,其使广州市具备防御西、北江1915年型洪水的能力。广州市中心区河道两岸的堤防规划按200年一遇的防洪潮标准进行加固。其他保护重点发展区和重要工业区的堤防按200年一遇的防洪标准加固,保护耕地面积 5 万亩以上的农业区堤防采用 100~200 年一遇防洪标准设防,保护耕地面积在 1~5 万亩的堤防按 50 年一遇防洪标准设防,保护耕地面积在 1 万亩以下的堤防按 20 年一遇防洪标准设防;其中,白云区按分区设防,属于城市用地范围内的堤防采用 50 年一遇防洪标准设防,保护耕地面积在万亩以上的镇区堤防采用 20 年一遇防洪标准设防。广州市城区防洪(潮)堤,主要包括西航道、前航道、后航道、黄埔水道左岸、东江北干流右岸和河道中环岛堤防,规划堤防总长 194 km,已达标堤防 138 km,需加固达标堤防 56 km。

深圳市属国家重要防洪城市,规划深圳市城区防洪标准为 200 年一遇,一般防洪潮保护区防洪标准为 50~100 年一遇,滨海防洪潮区按 100 年一遇标准设防。根据《深圳市防洪(潮)规划报告(修编)(2002—2020 年)》(送审稿),深圳市西海堤保护机场及 83 万人口的城市,远期防洪标准为 200 年一遇,特区内海堤保护 146 万人口的城市,远期防洪标准为 200 年一遇,盐田港海堤保护重要港区陆域,远期防洪标准为 100 年一遇,大鹏湾海堤及大亚湾海堤保护少于 20 万人口的小城镇,远期防洪标准为 50 年一遇。

东莞市为流域重要防洪城市。规划城区防洪标准为 100 年一遇,排涝标准为 10 年一遇最大 24 小时暴雨 1 天排干。根据《东莞市防洪(潮)排涝规划》,规划加高加固中下游沿岸及三角洲堤防,并通过三库联合运行,使东江三角洲在近期水平年各镇(区)城市堤围防洪(潮)标准达到 50 年一遇(长安镇沿海海堤及茅洲河河堤达到 100 年一遇),农田防护区防洪(潮)标准达到 20 年一遇。

珠海市规划防洪潮标准为 100 年一遇,排涝标准为 10 年一遇年最大 24 小时暴雨 1 天排干。根据《珠海市流域综合规划修编》,珠海市主城区(香洲区)防洪(潮)标准为 100 年一遇,并用 200 年一遇洪(潮)水位校核;金湾次中心城、斗门次中心城、三灶新城、港区新城、陆域中心镇防洪(潮)标准为 100 年一遇,淇澳岛为 50 年一遇;大门水道、南水沥、十字沥出海口等规划新建的挡潮排洪闸按防御 100 年一遇洪(潮)水位设计;金湾次中心城、斗门次中心城、三灶新城、港区新城、陆域中心镇等城镇区域堤围上水闸按 100 年一遇洪(潮)水位标准加固;其余水闸主要担负保护平沙、三灶、红旗等地乡镇和大面积农田的任务,按防御 50 年一遇洪(潮)水位标准加固。

中山市城市防洪潮标准为 200 年一遇,排涝标准为 10 年一遇年最大 24 小时暴雨 1 天排干。根据《广东省中山市江河流域综合规划修编》,规划适当调整原防洪(潮)标准,中珠联围按 100 年一遇设计洪水标准加同频率年最高潮位出现时的风浪爬高再加安全超高 1.0 m 加固,水闸设防标准 100 年一遇;保护面积 20 万亩以上联围按 50 年一遇标准加同频率年最高潮位出现时风浪爬高再加安全超高 0.8 m 加固,堤顶宽度 6~8 m;保护面积 1~20 万亩联围按 30 年一遇标准加同频率年最高潮位出现时风浪爬高再加安全超高 0.7 m 加固,堤顶宽度 4~6 m(民三联围、张家边联围属保护面积 5 万亩以上联围,丰埠湖联围属万亩联围);保护面积 1 万亩以下按 20 年一遇标准加同频率年最高潮位出现时风浪爬高再加安全超高 0.6 m 加固,堤顶宽度 3~4 m。中珠联围水闸工程按 100 年一遇设计洪水标准建设,其余万亩以上重点围水闸按 50 年一遇标准建设,万亩以下重点围水闸按 30 年一遇标准建设。

江门市城区防洪标准为 200 年一遇,排涝标准为 10 年一遇年最大 24 小时暴雨 1 天排干。根据《江门市水利发展"十二五"规划》,银洲湖海堤保护的对象属经济较发达的城镇,属中等规模的城市,结合各段堤围的集雨面积、捍卫耕地面积、捍卫人口,确定银洲湖海堤堤防工程等级为 3 级,主要建筑物等级为 3 级,次要建建筑等级为 4 级,临时建筑物等级为 5 级。台山都斛海堤规划防潮标准为 30 年一遇。

2.6.2 珠江河口综合治理规划

珠江河口综合治理规划为珠江河口的治理、保护、管理和各类资源的开发利用提供科学依据,规划对保障区域防洪(潮)安全、生态环境安全,促进地区经济可持续发展具有重要意义。

① 河口治导线规划

河口治导线规划是根据出海河道演变发展的自然规律,合理确定河口延伸方向,保持河口稳定,畅通尾闾,加大泄洪、纳潮、输沙能力的河口水系总体布局控制线。珠江河口治导线规划的总体布局是:河优型河口(磨刀门、横门、洪奇门、蕉门、鸡啼门、虎跳门)以控制口门合理延伸为重点,尽可能保持延伸河道多汊道格局;潮优型河口(虎门、崖门),口外治导线布置为喇叭状形态,以利纳潮。

② 泄洪整治规划

重点对磨刀门、横门、洪奇门、蕉门进行泄洪整治规划,规划采用清、退、拦、导、疏等综合措施,合理调整口门出流、支汊的分流比以及口门间的汇流角度,达到泄洪安全顺畅、减少内伶仃洋淤积的目的。

其主要规划措施如下。对磨刀门,规划以东、西两侧堤岸为基础,按设计泄洪断面和中水断面全面整治挂定角至石栏洲主干道。整治措施包括主槽疏浚、横洲口清障和修筑河道东岸丁坝等。对横门,规划横门北汊以南、北治导线作控导,修筑南、北导流堤,按照中水设计断面疏挖中水河槽,疏挖洪奇门与横门北汊的汇合延伸段河道。对洪奇门水道万顷沙西河段(大陇滘—十七涌),规划采用清障、开卡、退堤、导流等综合整治措施。对蕉门,规划按照中水设计断面,疏浚下横沥通往蕉门延伸段的深槽,疏浚蕉门延伸段至孖沙垦区南堤以南河段,对凫洲水道出口进行清障,拆除违章抛石堤,并清淤。

规划提出方案的实施顺序应是磨刀门整治工程、横门整治工程和洪奇门整治工程,最后是蕉门整治工程。实施各口门整治时,应首先安排清障工程、导流工程,利用整治工程的开卡、导流功能使水道增加流速、增加输沙动力,以减小疏浚工程量。

③ 采砂控制规划

根据河道现状、演变趋势及泄洪要求进行规划,主要河道采砂控制规划明确水道的可采区和禁采区。

规划禁采河道 1 147.1 km,其中,西北江三角洲北江片河道 1 002 km、珠江(广州)片河道 67.6 km、东江三角洲河道 77.5 km。规划可采河道 293 km。

在可采河道内规定了禁采区和可采区。其中在网河区规划 10 个可采区、在口门区规划 4 个可采区。

2.6.3　珠江河口整治清障实施规划

《珠江三角洲主要河道岸线控制规划报告》(2008 年)、《珠江河口整治近期防洪实施工程可行性研究报告》(2004 年)规划西海水道—古镇水道—磨刀门水道、李家沙—洪奇沥两线进行清障,《珠江三角洲主要河道岸线控制规划》对珠江三角洲自思贤滘至口门区共 40 多条河道的河障进行清除,共规划对 170 个滩地(江心洲)进行清障及治理。

对清障效果、实施难易程度、前期工作基础等因素综合考虑,珠江河口整治清障实施规划初步选定治理河障 18 处,位置及选取理由见表 2.6-1,涉及广州、佛山、江门、中山、珠海 5 市,主要集中在西江干流—西海水道—磨刀门、古镇水道、北江—顺德水道—李家沙—洪奇沥、鸡鸦水道、小榄水道。

表 2.6-1 珠江三角洲近期清障实施方案简要说明

序号	水道名称	河障名称	岸别	滩地建筑情况	行政区	备注
1	西江干流	海心沙	江心洲	仅有少量建筑	南海	左岸铜鼓滩险段,河势流态复杂,下游左岸为九江沙口镇,"05·6"洪水期间出现塌坡,13间房倒塌
2	西海水道	西障 2	左岸	滩地上工厂较多	顺德	口门整治的西侧河障,实施有难度,但效果较好
3	古镇水道	古障 2	左/右岸	滩地上建筑物较多,子围突出	新会/中山	口门整治清障方案,实施有难度,但效果较好。可分期实施,一期先拆除右岸子堤
4	磨刀门	磨障 3	右岸	滩地上无建筑	新会/中山	口门整治清障方案,和上下游相比该段河道狭窄,对岸形成深潭
5	磨刀门	磨障 5	江心洲	大排沙右侧,无建筑	中山	口门整治清障方案,有险段,实施难度小,拆除子堤
6	磨刀门	磨障 7	江心洲	无建筑物,主要农业耕作	斗门	口门整治清障方案,近几年人为加高子堤明显,导致沙洲快速发育,严重影响河道行洪
7	虎跳门	福安西	左岸	滩地无建筑	斗门	下游有险段,子堤发育,实施难度小,改善流态
8	北江	金沙	右岸	滩地建有金沙度假村	南海	左岸为大涨险段,右岸滩地宽,实施有一定难度,但可以消除险段
9	李家沙	李障 1	左岸	滩地无建筑	番禺	李家沙整治清障方案,河道狭窄,对岸有险段,实施难度小,拆除子堤,清障利于流态改善
10	李家沙	李障 2	左岸	滩地无建筑	顺德	李家沙整治清障方案,实施难度小,拆除子堤
11	李家沙	李障 3	右岸	滩地无建筑	顺德/番禺	李家沙整治清障方案,河口狭窄,该段河道狭窄,清障后流态改善
12	李家沙	李障 4	右岸	滩地无建筑	顺德	李家沙整治清障方案,河道狭窄,清障利于流态改善
13	李家沙	李障 5	左岸	滩地无建筑	顺德	李家沙整治清障方案,下游有险段,实施难度小,拆除子堤,清障利于流态改善
14	李家沙	李障 6	左岸	滩地无建筑	顺德	李家沙整治清障方案,实施难度小,拆除子堤

续表

序号	水道名称	河障名称	岸别	滩地建筑情况	行政区	备注
15	洪奇沥	洪障1	江心洲	龟沙岛上无建筑	番禺/顺德	口门整治清障方案,实施难度小,拆除子堤
16	洪奇沥	洪障5	左岸	滩地无建筑	南沙	口门整治清障方案,局部河道狭窄,影响河道行洪,实施难度较大
17	小榄水道	东升	右岸	滩地建筑物较多	中山	大量滩地被占用,影响河道行洪,实施难度较大
18	鸡鸦水道	东闸	左/右岸	滩地建筑物较多	中山	大量滩地被占用,影响河道行洪,实施难度小

注:李家沙整治清障方案指《珠江河口整治李家沙水道清障专项工程可行性研究报告》(2008 年 9 月);
口门整治清障方案指《珠江河口整治近期防洪实施工程可行性研究报告》(2004 年 4 月)。

2.6.4 规划港口岸线利用情况分析

珠江河口区规划港区主要集中在虎门、伶仃洋、磨刀门、鸡啼门、黄茅海及银洲湖沿岸。根据珠江河口区各地市最新的港口岸线利用规划统计分析可知，口门外水深条件较好的虎门、伶仃洋、银洲湖、黄茅海规划港口利用岸线较长，分别为 77.35 km、127.81 km、15.97 km、94.91 km，而口门外通航条件较差的磨刀门和鸡啼门规划港口岸线利用长度则较短，分别是 3.25 km 和 1.35 km。根据实地调查和遥感分析，规划港口利用岸线范围内已建工程（截至 2011 年底）和在建工程（包括已经获得批复，但是尚未建设的工程）占用规划港口岸线长度比值（规划岸线开发利用强度）：虎门、磨刀门、鸡啼门、伶仃洋分别是 62.99%、72.95%、50.37%、44.50%；黄茅海和银洲湖分别是 17.72% 和 25.11%，总体上东四口门开发利用程度较高，而西四口门开发利用程度相对较低。具体详见表 2.6-2。

表 2.6-2 各主要口门港口岸线开发利用强度统计表　　　　　　　　　单位:km

统计项	虎门	伶仃洋	磨刀门	鸡啼门	黄茅海	银洲湖
规划港口岸线长度	77.35	127.81	3.25	1.35	94.91	15.97
规划岸线现状利用长度	48.72	56.88	2.37	0.68	16.82	4.01
规划岸线开发利用强度	62.99%	44.50%	72.92%	50.37%	17.72%	25.11%

珠江河口区主要港区包括广州港、虎门港、深圳港、中山港、珠海港和江门港。各港区岸线规划及开发利用强度统计分析见表 2.6-3。

表 2.6-3 珠江河口区规划港口岸线及规划岸线利用率统计表

港区	位置	作业区名称	规划岸线长度(km)	现状利用岸线长度(km)	规划岸线开发利用强度
广州港	虎门	黄埔	9.00	9.00	100%
		新沙	3.50	2.10	60%
		沙仔岛	4.10	0.62	15%
		小虎	4.80	4.77	99%
		芦湾	3.40	2.23	66%
	伶仃洋	龙穴岛	60.00	11.35	19%

续表

港区	位置	作业区名称	规划岸线长度(km)	现状利用岸线长度(km)	规划岸线开发利用强度
虎门港	虎门	麻涌	16.35	10.52	64%
		沙田	29.40	12.20	41%
		沙角	3.20	1.26	39%
深圳港	伶仃洋	宝安	10.46	2.46	24%
		大铲湾	11.60	11.60	100%
		大小铲岛	12.30	1.40	11%
		南山	16.93	16.02	95%
中山港	横门	中山	2.80	0.84	30%
		横门	6.06	3.72	61%
珠海港	伶仃洋	唐家	1.60	1.60	100%
		香洲	0.40	0.40	100%
		九洲	1.26	1.26	100%
		万山	12.20	2.50	20%
	磨刀门	洪湾	2.80	1.46	52%
		斗门	1.15	0.93	81%
	黄茅海	高栏	94.91	16.82	18%
江门港	银洲湖	新会	15.97	4.01	25%

从各港口规划来看,大部分港区基本是沿现有岸线布置,但也有部分港区由于现有陆域不能满足其发展的需要,需填海造地。目前已批复的这一类港区主要有广州南沙港区、东莞长安港区、深圳大小铲岛港区、珠海高栏港区。

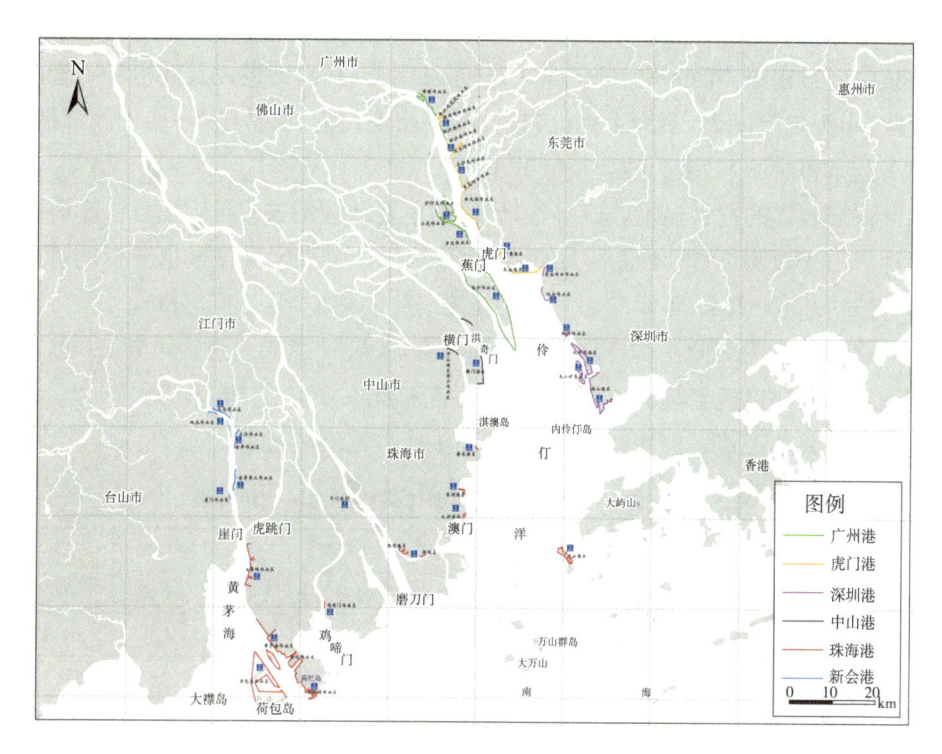

图 2.6-1　河口区各港口规划岸线位置分布图

2.6.4　码头分析

遥感及实地调查结果显示,在 2000 年珠江河口及主干河道区有码头 257 座,其中河口区 169 座,网河区主干 88 座。至 2011 年,珠江河口及主干河道区已建码头增至 499 座,含河口区 344 座,网河区主干 155 座,尚有 34 座规划码头(未建)。具体码头数量分布见表 2.6-4。

表 2.6-4　珠江河口区及网河区码头分布统计表　　　　　　　单位:座

年份	河口区				网河区	总计
	伶仃洋	磨刀门	鸡啼门	黄茅海		
2000 年	99	51	4	15	88	257
2011 年	211	64	15	54	155	499
规划	23	1	0	10	0	34

珠江河口地区码头分布不均衡。其中,河口区码头以集群式分布为主,码头集中分布在深圳西海岸、狮子洋水道-东江南支流、南沙港以及高栏岛附近等岸段,码头规模庞大,多为大型港口群,如广州虎门港、南沙港等;主干网河区,码头分布相对均匀,多为吨位较低的小码头。

根据收集的资料显示,珠江河口码头的主要结构型式有重力、高桩、浮码头三种。由于收集2000年前码头的结构型式资料困难,为保证数据分析的可靠度,仅对2000—2011年间珠江河口区新建码头的结构型式进行分析。

表2.6-5为2000—2011年河口区新建码头统计成果。由表可知,2000年至2011年,河口区新建码头175座,其中高桩码头123座,重力码头45座,另有7座为其他形式。新增码头中,高桩码头所占比例超过70%。

表2.6-5　2000—2011年河口新建码头结构形式统计表

年份	总数	码头结构	伶仃洋	磨刀门	鸡啼门	黄茅海	小计	占总比例%
2000年—2011年	175	高桩	70	18	6	29	123	70.3
		重力式	23	17	1	4	45	25.7

第 3 章

遥感及河床演变分析

3.1 伶仃洋流势分析

3.1.1 伶仃洋涨潮流势

涨潮阶段,无论洪季还是枯季,伶仃洋水域内形成三股涨潮流上溯湾内。一股是由湾口进入大濠水道,再沿西槽上溯、汇入川鼻深槽,进入虎门及以上的狮子洋。另一股来自香港暗士顿水道,接矾石水道(东槽)上溯,该股涨潮流悬沙含量极低,流势集中,形成伶仃洋东槽矾石水道的强大涨潮动力。第三股始于珠海、澳门东侧海域,以近北方向上溯,上溯过程中受到上游径流的顶托,以面流为主,流路不甚明显,前两股为涨潮流的主流。

但由于洪、枯季上游径流来量存在较大差异,伶仃洋洪、枯季涨潮流势有所差别。

(1) 洪季涨潮流势

洪季,由于上游径流水沙来量大,伶仃洋内形成径潮动力相互作用的流势特征(图 3.1-1、图 3.1-2)。

东部涨潮水流主要沿东槽上涨,流路清晰,流势强大。从大濠水道—西槽上溯的涨潮流,在槽道之中下段,因受西部下泄流的压制,流势减弱,且水流流路向东偏。

而伶仃洋西部口门在该时段仍有径流沿西滩下泄,在涨潮流动力的顶托作用下,在西侧口门附近水域及西滩南部形成径潮相互作用的滞流、回流区。

由于洪季伶仃洋水域涨潮流从东而入,径流从西而出,在整个伶仃洋水域形成了"径流偏右而出,潮流偏左而入"的径潮流平面环流结构特征(见图 3.1-2)。

(2) 枯季涨潮流势

枯季,径流来量小,伶仃洋水域潮流作用明显。初涨阶段,涨潮水流经暗士顿水道、大濠水道分别进入伶仃洋东槽(矾石水道)和伶仃洋西槽(下段),此时,伶仃洋之上部和中、西部水域仍有落潮水流下泄(见图 3.1-3)。从暗士顿水道上溯的涨潮水流主要沿东槽流动,部分水流至铜鼓附近水域向西分流,该股涨潮流势从下而上逐渐减弱。从大濠水道上溯的水流在沿东槽上溯的过程中,受口门下泄流的挤压,涨潮流斜掠过中滩上溯。该时段,来自东部和南面的上溯潮流动力与伶仃洋中、上部落潮水流相遇后,相互顶托,致伶仃洋中部和西滩南部水域呈弱缓流状态。

图 3.1-1　伶仃洋水域洪季涨潮后期流态图

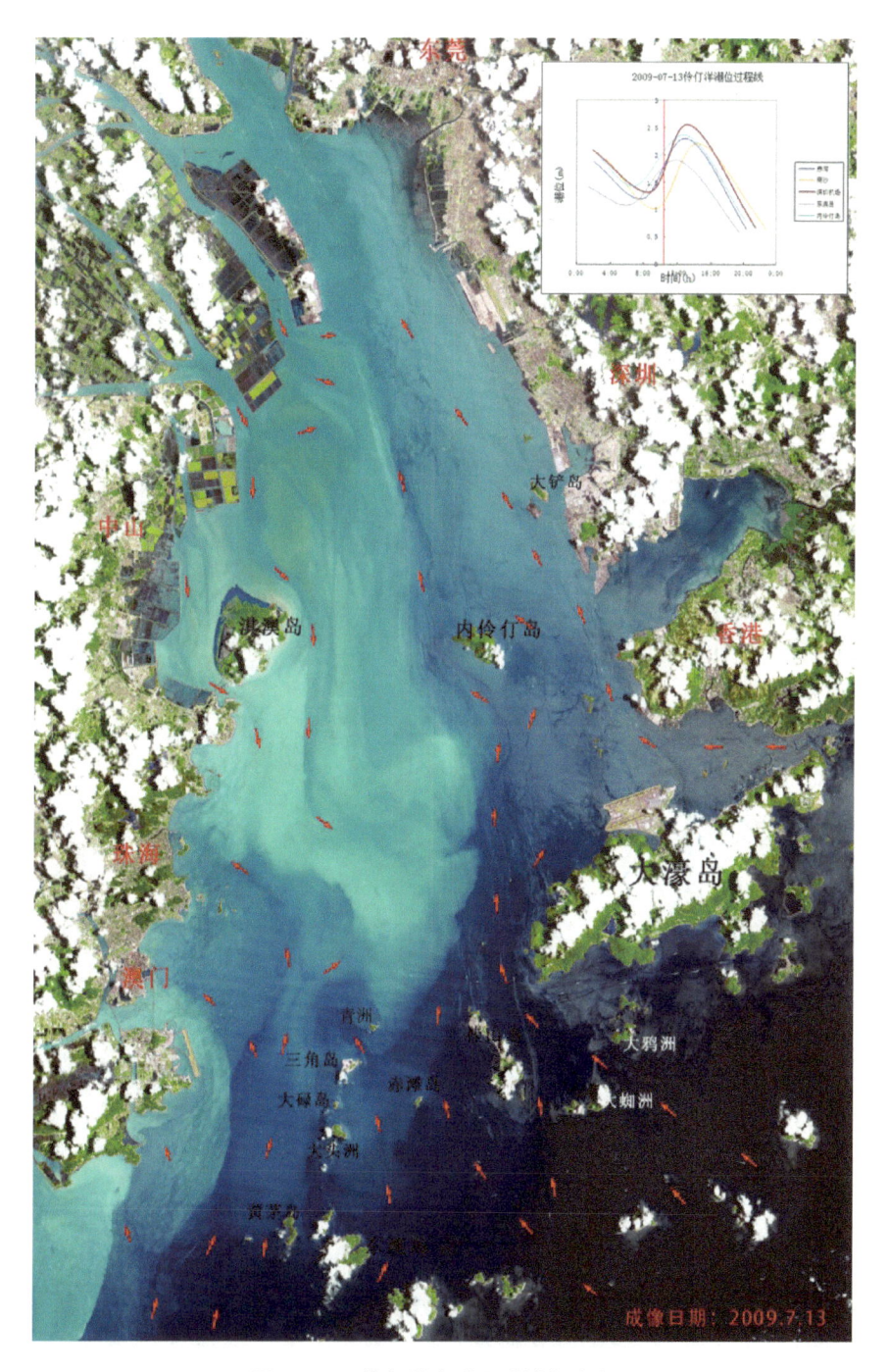

图 3.1-2 伶仃洋水域洪季涨急流态图

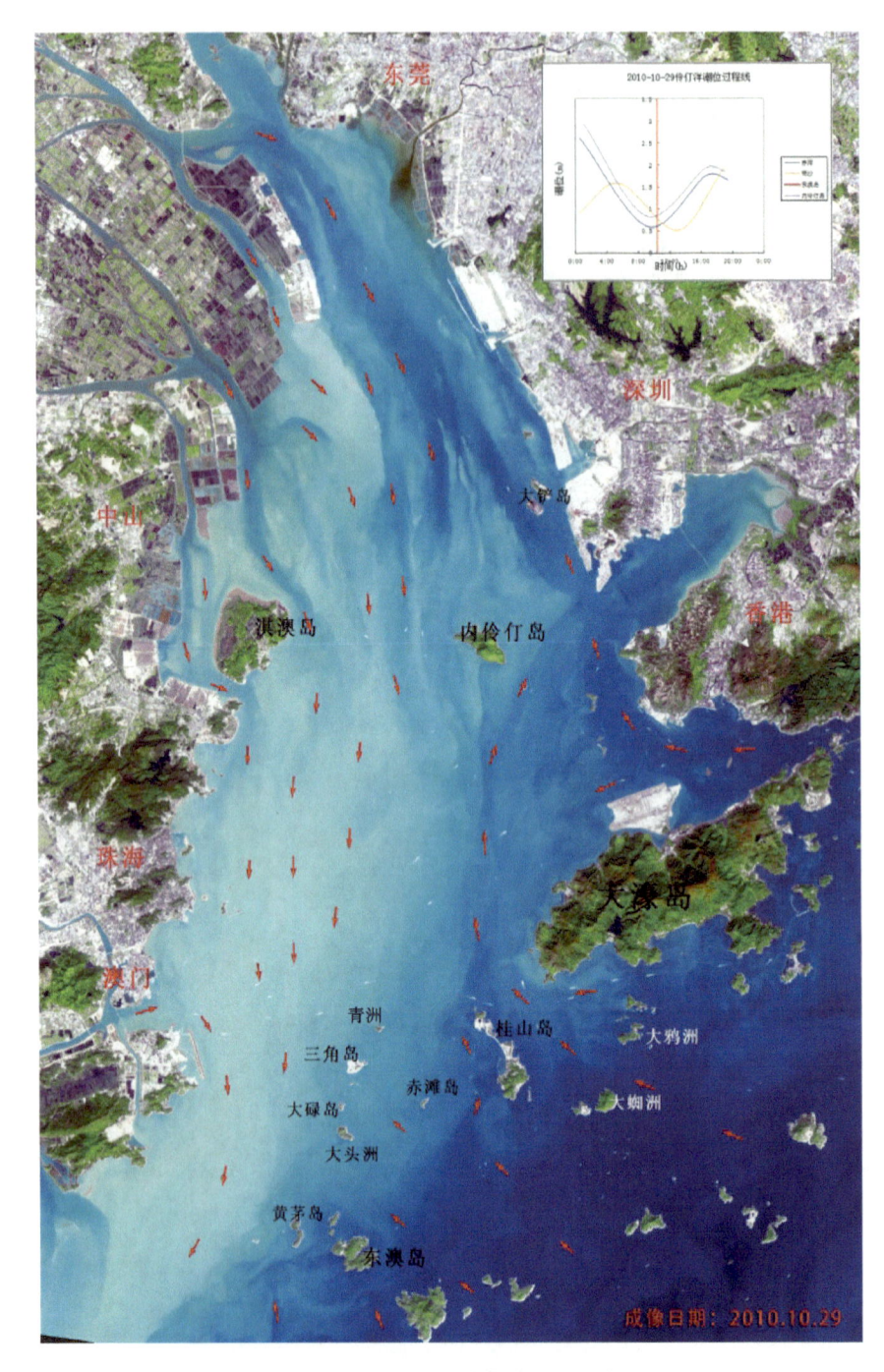

图 3.1-3　伶仃洋水域枯季初涨流态图

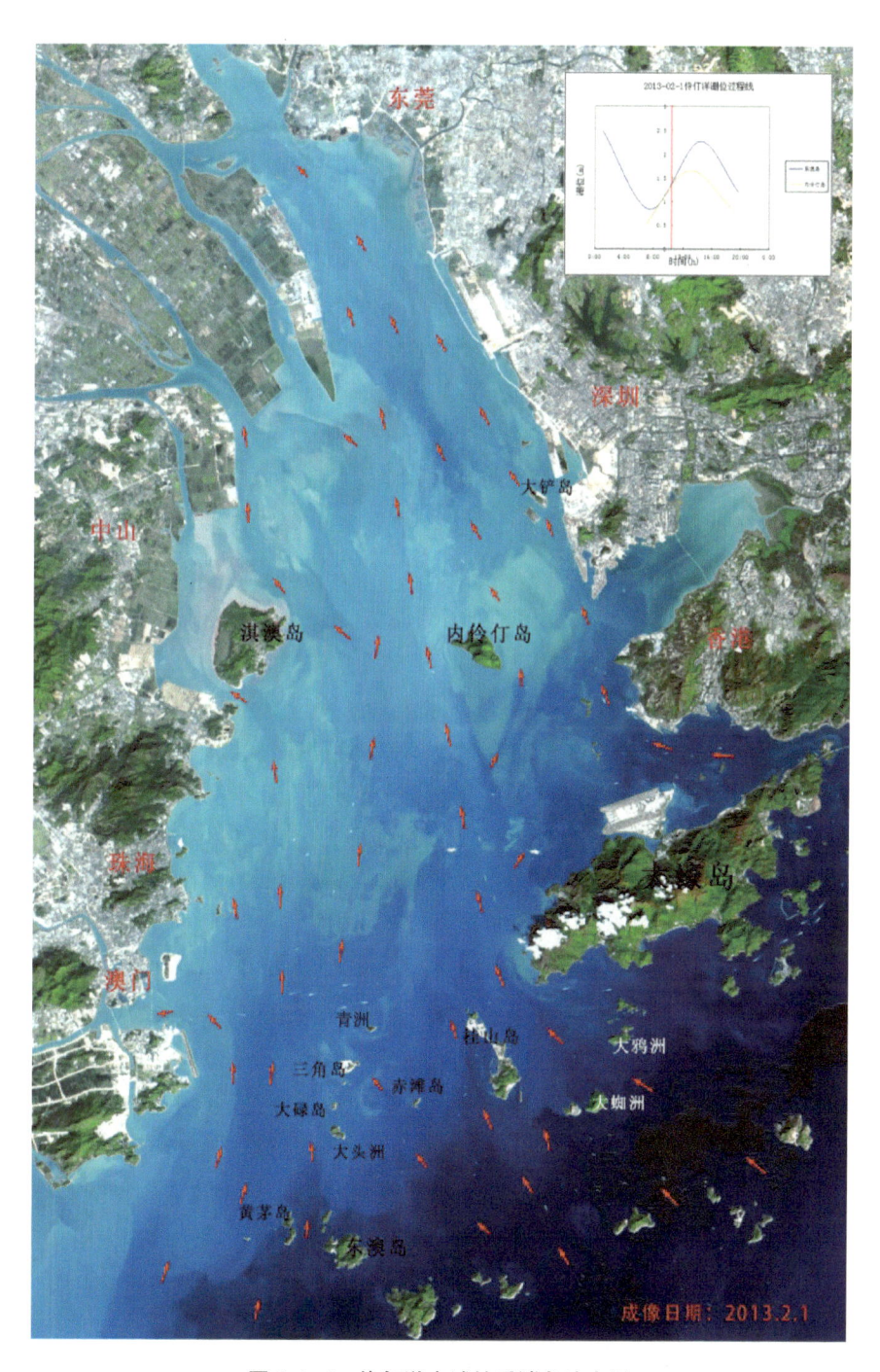

图 3.1-4　伶仃洋水域枯季涨急流态图

涨急阶段(图 3.1-4)，涨潮流作用进一步加强，伶仃洋水域内涨潮流势明显，三股涨潮主流中以伶仃洋西槽涨潮流势最强，而沿暗士顿水道上溯的涨潮流仍控制矾石水道及东岸浅滩区，但流势相对较弱。另外，枯季涨急阶段，从伶仃洋湾口西侧—澳门机场东侧上溯的涨潮流，由于西侧槽道发育较差，且常年含沙量较东部高，水流流路不明显。这股涨潮水流在淇澳岛南面，分别从金星门西侧和东侧深槽上溯，但因流势较弱，难以进入口门。

总体来看，受径流动力影响，涨潮阶段洪季伶仃洋径潮交汇特征明显，在伶仃洋中部及西部形成高含沙之弱流或滞流区；枯季，伶仃洋内涨潮流势明显，涨潮流可循各口门深槽上溯至上游河道，湾内径潮交汇仅发生在初涨时段。

3.1.2 伶仃洋落潮流势

伶仃洋的落潮流势，从系列卫星遥感影像图进行分析（见图 3.1-5 至图 3.1-7)，具有如下特征。

(1) 由虎门口至口外珠海—澳门东侧海域，形成一股从东南转南向，再偏转西南向的落潮主流。

落潮时段，虎门落潮水流接纳凫洲水道落潮流进入川鼻深槽后，分为两股分别沿伶仃洋东槽、西槽下泄。从东槽下泄水流以东南向经矾石水道向外海输移，沿途受岛屿边界影响多次分流，水流流路清晰，但流势较弱；从西槽下泄水流受科氏力和珠江河口常年偏东风作用，水流流路自东南转南向，再偏转西南向外海输移，沿途汇入蕉门延伸段、洪奇门、横门等的落潮水流，该股水流流势大，流路顺畅，为伶仃洋落潮主流(见图 3.1-5、图 3.1-6)。

(2) 中枯水期，虎门落潮主流控制伶仃洋中、东部水域，并制约西侧各口门下泄水沙的输移范围；同时伶仃洋西部因不同流向水流相互顶托形成水动力相对平衡线。

中枯水季节，由于虎门的落潮流量远大于西侧蕉门、洪奇门及横门，虎门落潮流动力制约了西侧各口门下泄水流的流路，使西侧口门下泄流和西滩滩面下泄流大致被限制在西滩前缘 5 m 等高线以内(图 3.1-7)；水流流向变化是自上而下为东南、南及南偏西向，影像特征显示即为平常所说的珠江口西南沿岸流。

此时，西部浅滩落潮流由于受各口门来水、浅滩地形及风浪的影响，水体含沙量相对较高，从蕉门延伸段出口至淇澳东一线，落潮流向基本为东南向。虎门落潮流与西部浅滩落潮流这两种水流由于流向差异相互顶托，后者受到前者

第3章 遥感及河床演变分析

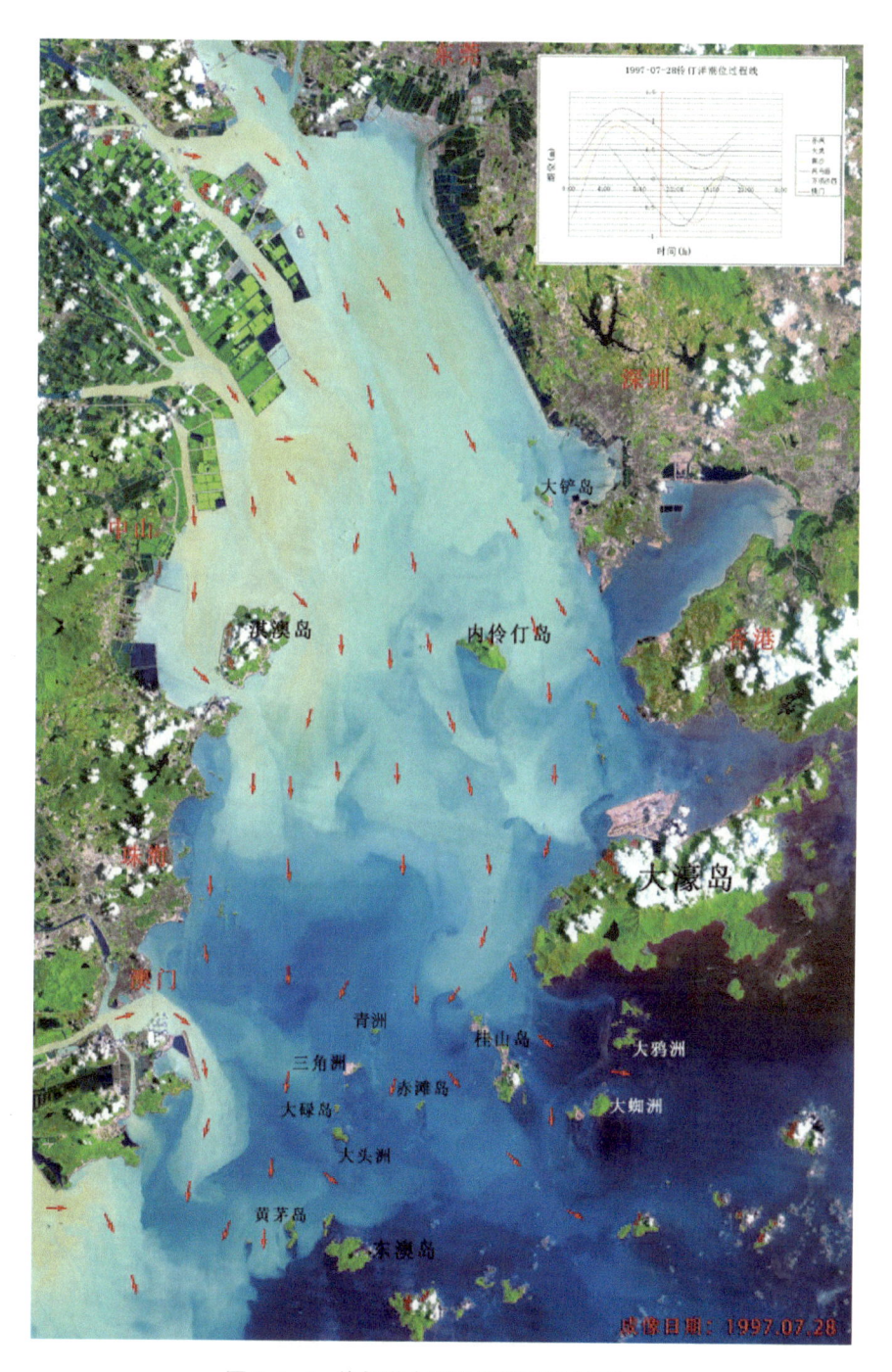

图 3.1-5 伶仃洋水域洪季落潮流态图(一)

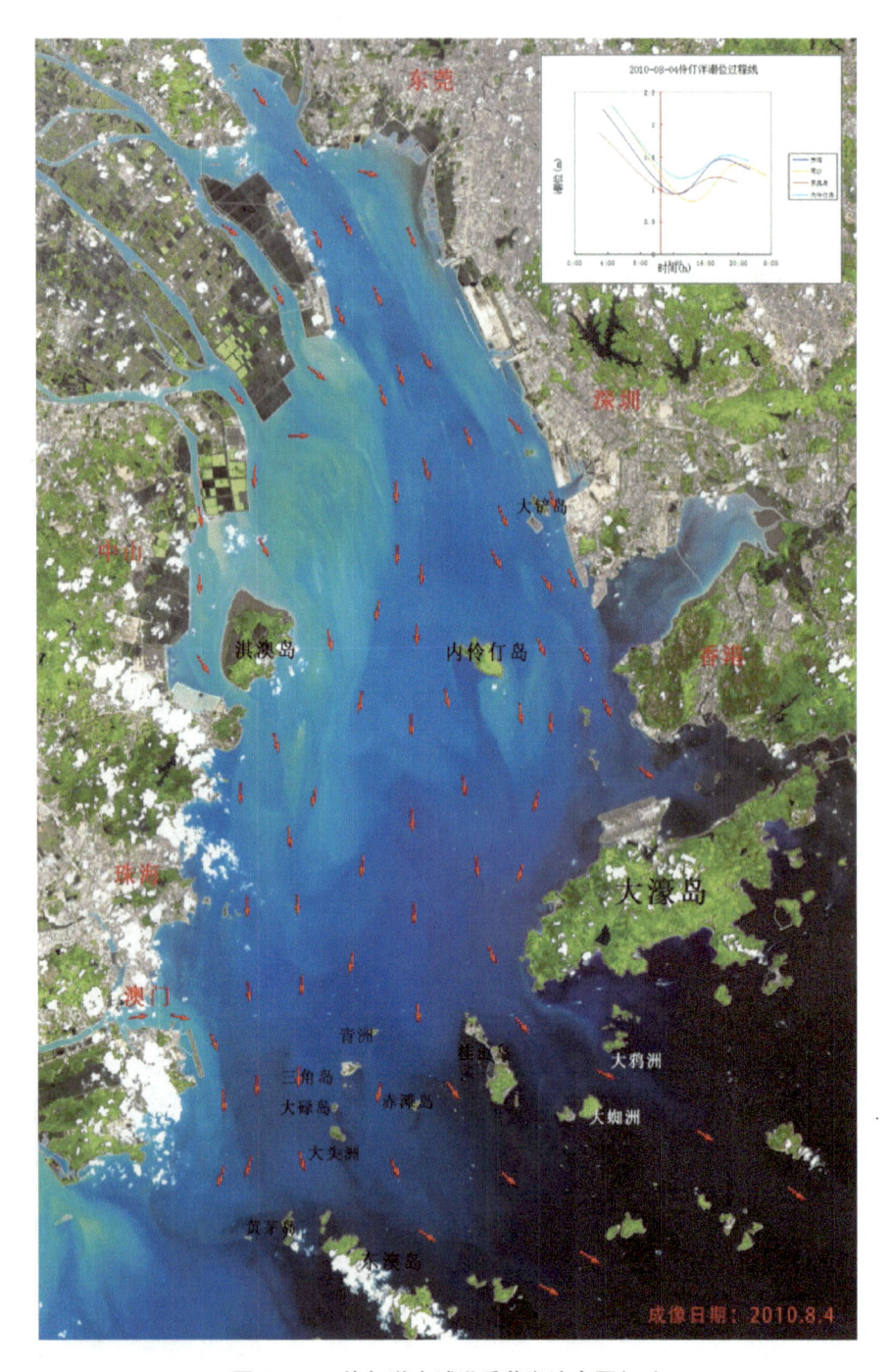

图 3.1-6 伶仃洋水域洪季落潮流态图(二)

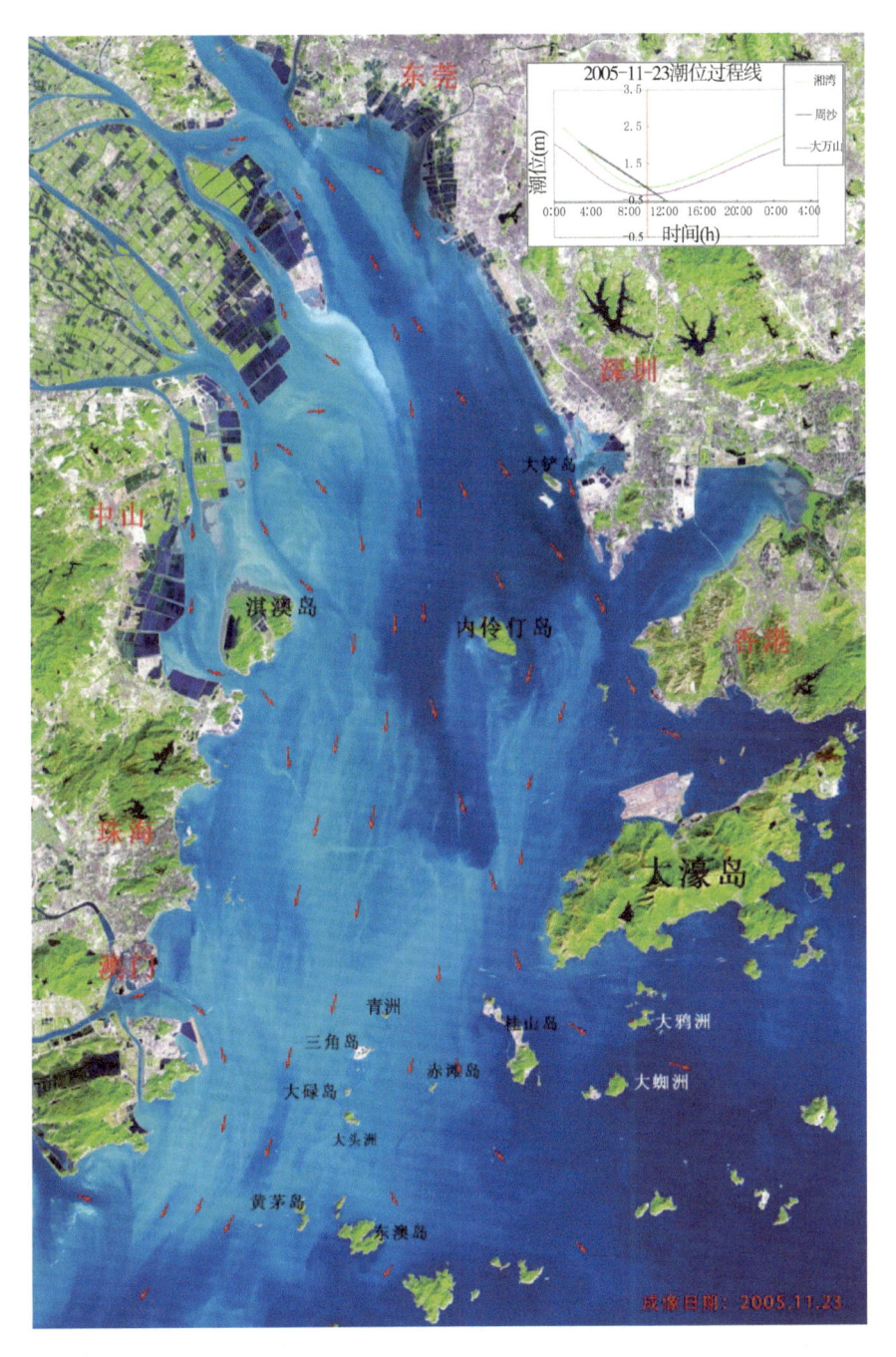

图 3.1-7 伶仃洋水域枯季落潮流态图

的制约,形成了两侧水体清浊分明的界面,我们称之为水动力相对平衡线(或称带,见图3.1-7),实为西部浅滩与深槽之间水动力与泥沙的锋面。在不同潮型和径流的组合条件下,这一分界线的位置及形态在一定范围内发生摆动。

(3) 洪水期,整个伶仃洋无论东、西部或中、上部均形成强大落潮流势,落潮淡水舌前沿可至大濠岛南侧;在径流作用下,西部口门落潮流下泄的水沙部分越过西槽进入伶仃洋东、中部水域。

洪水期,各口门落潮水流以射流泄入伶仃洋,湾内为下泄淡水沙所充斥,形成自上而下的强大落潮流势,在落潮动力驱动下,落潮淡水舌前沿可至大濠岛南侧;而湾口水流易受西南季风影响,向东分流(见图3.1-5)。

该时期,西侧口门下泄径流动力强劲,部分口门下泄水沙进入伶仃洋东、中部水域。具体表现在:蕉门凫洲水道落潮下泄的水沙直接汇入虎门川鼻深槽,在虎门落潮水流带动下部分水体向西槽分流进入伶仃西槽,另一部分则向东槽分流经矾石水道汇入南海。从蕉门延伸段落潮下泄的水沙,受围垦成陆后的鸡抱沙、孖沙垦区堤线边界的制约,水流出孖沙尾后,主流从东南向转偏南向下泄,部分水流进入沙尾浅滩区。从洪奇门水道和横门北支落潮下泄的水沙,受已成围的沙尾垦区和横门垦区堤线边界的制约,大部分落潮水沙沿横门东航道被淇澳岛挑ња以东南方向汇入伶仃洋,一部分水沙沿西滩上的决口槽道向东南输移和扩散。洪水期落潮时段,虽然西部口门大部分落潮水流沿西槽、西滩向南输排,仍有部分落潮下泄水沙越过西槽,进入内伶仃洋中滩部位。

3.2　悬沙分布特征遥感分析

悬移质含沙量是决定河口海岸冲淤变化及河口水质的一个重要参数。伶仃洋悬移质主要来源于珠江径流携沙,而悬移质含沙量的平面分布,主要受河川径流、潮流、盐水入侵及风浪、地形等因素所制约。总体来说,伶仃洋含沙量分布特点是西北高、东南低,洪季大于枯季,上段大于下段,西滩大于东滩,西槽大于东槽,含沙量不大。

根据1978年以来所能收集到的历次水文资料,本次研究对伶仃洋含沙量作了分区统计,结果如表3.2-1所示。珠江河口水文测量时间主要集中于中水期,洪水期和枯水期测次较少,而且计算时均取潮期平均,因此,本表所反映的分层泥沙含量其实质是中水期的多年平均数值。从中可以看到,内伶仃洋含沙量在 0.12～0.2 kg/m³ 之间,其中西滩含沙量大于东滩,中滩介于二者之间;西滩含沙量大于两槽;东槽含沙量小于西槽含沙量;西槽含沙量上段大于中段,中段又大于下段,东槽亦是上段大于中下段;靠近湾外的水域含沙量最小,在 0.04～0.08 kg/m³ 之间。

表 3.2-1　伶仃洋实测含沙量变化统计表　　　　　　　　单位:kg/m³

区位	表层		中层		底层		垂线	
	潮段平均	潮段最大	潮段平均	潮段最大	潮段平均	潮段最大	潮段平均	潮段最大
西部近口	0.160 7	0.580 6	0.190 6	0.661 3	0.218 4	0.741 9	0.195 3	0.745 3
西滩	0.149 5	0.586 9	0.192 4	0.578 8	0.231 6	0.650 0	0.191 2	0.578 8
中滩	0.115 9	0.197 9	0.130 8	0.217 6	0.154 3	0.261 4	0.133 7	0.217 6
东滩	0.081 0	0.168 4	0.083 9	0.170 0	0.095 6	0.175 4	0.094 0	0.171 3
川鼻水道	0.090 6	0.186 2	0.113 6	0.215 4	0.171 0	0.359 3	0.121 1	0.252 9
西槽上段	0.115 8	0.330 6	0.151 2	0.543 2	0.215 2	0.873 9	0.159 0	0.501 2
西槽中段	0.093 1	0.249 7	0.119 3	0.285 9	0.214 7	0.452 4	0.138 1	0.285 9
西槽下段	0.012 1	0.026 8	0.019 9	0.036 0	0.041 7	0.080 9	0.040 1	0.154 6
东槽上段	0.105 4	0.188 2	0.118 3	0.231 3	0.163 7	0.277 7	0.125 4	0.229 1
东槽中下段	0.057 2	0.179 1	0.070 5	0.210 7	0.109 4	0.242 3	0.072 6	0.210 7
铜鼓水域	0.025 2	0.087 3	0.035 4	0.124 1	0.065 8	0.170 3	0.046 7	0.140 2

注:西槽下段包括内伶仃岛以南的西槽及与之相连的大濠水道北段;东滩测点较少。

根据对伶仃洋水动力环境变化的分析,伶仃洋近二十多年来,由于西部三个口门的整治开发,东岸滩涂的围垦和填海,西槽的挖深、扩宽及港口码头的建设等引起内伶仃洋水域面积减少约 17.7%。水域面积和滩涂面积减少,使滩、槽水沙掺混作用减少,风浪掀沙作用的范围减小,加之西槽的挖深、扩宽,因而引起不同区域水动力条件的变化;同时由于口门延伸使蕉门、洪奇门及横门泄入伶仃洋的泥沙较以往有所变化。

上述因素的综合作用,使得伶仃洋含沙量随着径流大小、潮流的强弱的不同,不同区域和洪、枯季均有明显的差异。这种平面分布的差异通过系列遥感悬沙统计分析能够得到比较准确的反映。

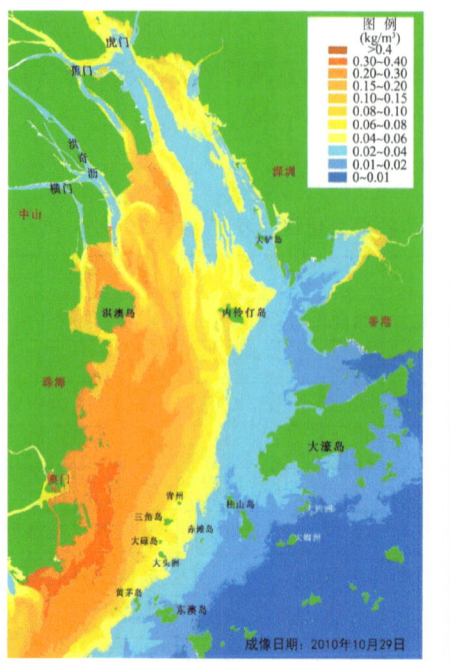

图 3.2-1　伶仃洋枯季初涨泥沙分布图 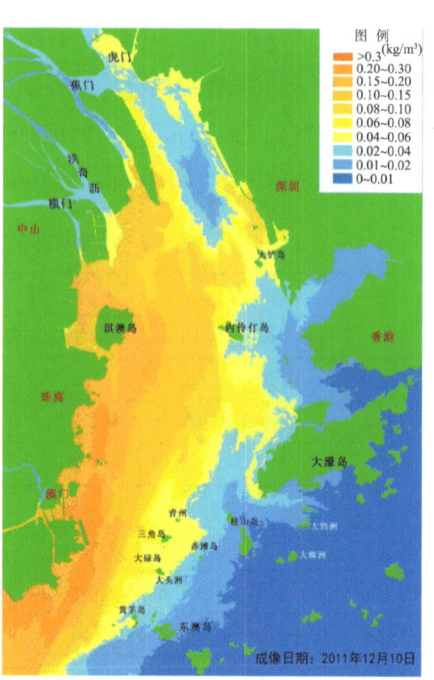　　　图 3.2-2　伶仃洋枯季落潮泥沙分布图

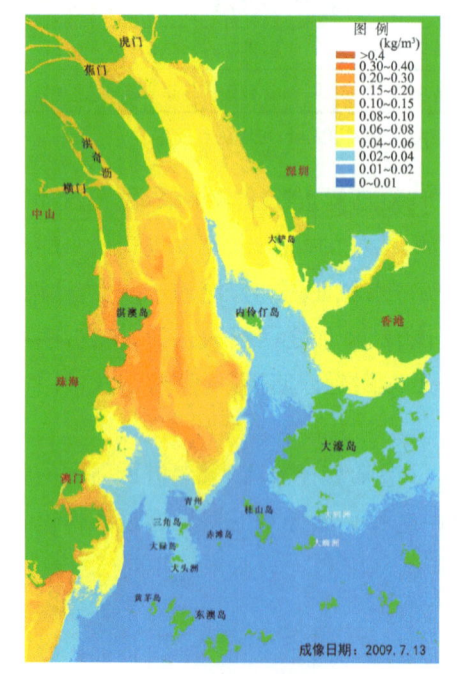

图 3.2-3　伶仃洋洪季涨潮泥沙分布图 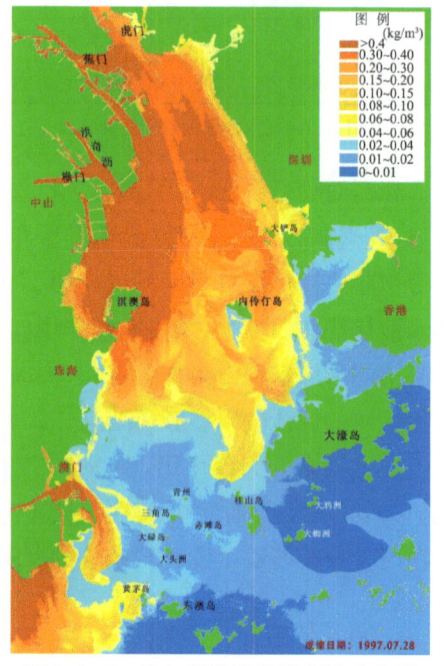　　　图 3.2-4　伶仃洋洪季落潮泥沙分布图

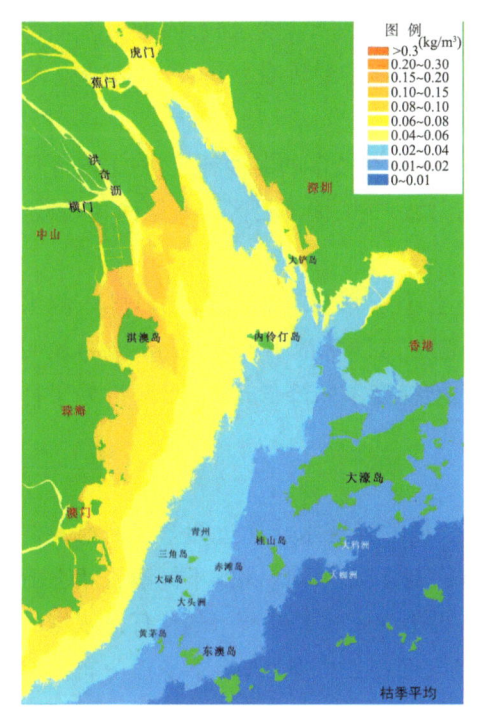

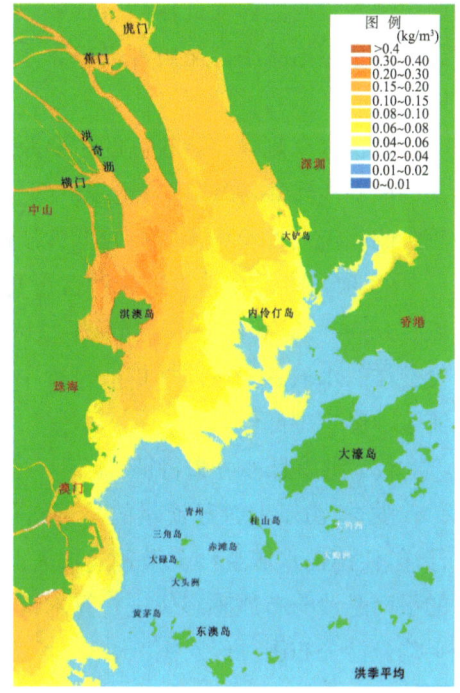

图 3.2-5　伶仃洋枯季平均泥沙分布图　　图 3.2-6　伶仃洋洪季平均泥沙分布图

(1) 枯季悬沙分布特征

枯季时，伶仃洋西部口门下泄的水沙量明显减少，但当风浪扰动时，洪季落淤的泥沙，尤其是在伶仃洋西部浅滩区的泥沙，会被掀起而发生再搬运；枯水期，伶仃洋东部潮流作用优势相对加强，促使外海高盐水体占据湾口东侧，尤其是大濠水道一带，使这一水域的含沙量极低；而当伶仃洋处于落潮中后期，形成的自上而下的落潮主流以南偏西方向通过湾口西侧，带动了西滩悬沙沿西南向向湾外输排；此时，有部分落潮水沙进入项目区水域，项目区悬沙含量为 0.06～0.08 kg/m³（见图 3.2-1、图 3.2-2）。

通过对 1986 年来 40 多景遥感影像提取量级信息，形成了枯季平均状况下平面连续的悬沙分布图，如图 3.2-5 所示，经分析，枯季遥感悬沙分布有如下特征。

① 项目区悬沙含量东侧高于西侧，自东北向西南逐级下降。

从图 3.2-5 上明显看到枯季因风浪扰动掀扬的西滩泥沙随南偏西落潮主流，向外海输移，在伶仃洋西侧水域形成一条明显的西南向输沙带，项目区恰位于该输沙带西侧。受此输沙带影响，项目区东侧水域含沙量较高，而自东向西悬沙含量逐渐减小。至野狸岛以东水域，枯季平均悬沙含量降至 0.02 kg/m^3 以下。

项目区东侧含沙量较高的主要原因是东侧有较多的泥沙补给，除了内伶仃洋的西部浅滩外，澳门水道也提供部分的海域来沙；而项目区及其以西为陆域，较少的径流入汇使该区保持较低含沙量。

② 项目附近水域平均悬沙含量总体上小于 0.025 kg/m^3；项目区东侧水域在 $0.04 \sim 0.08 \text{ kg/m}^3$ 之间；工程区西侧的悬沙含量小于 0.02 kg/m^3，表明伶仃洋的水域悬沙在向外扩散过程中，浓度梯度不断降低，而项目区恰处于径流输沙影响中部位置。

(2) 洪季悬沙分布特征

洪季，由于上游径流量的显著增加，大量的径流水沙通过四个口门泄入伶仃洋，使湾内水域悬沙含量普遍加大。本次对多景洪季时相的不同潮汐状态下的平面悬沙分布遥感影像进行算术统计，得出如图 3.2-6 所示的伶仃洋水域的平均悬沙分布图。经对图 3.2-3、图 3.2-4、图 3.2-6 分析，洪季悬沙分布呈如下特征。

① 洪季，项目附近水域悬沙主要来源于湾内泄流排沙，更多是从西部口门泄流槽道及西滩的泥沙随落潮水流向南及南偏西方向输移及扩散至项目区附近。项目所在水域，以潮流动力占优势，因此这两股水流输沙对项目区影响较小。

② 伶仃洋水域悬沙的平面分布变化是自北向南、自西北向东南，悬沙含量逐渐减小。项目附近水域，除了淇澳岛南面水域和澳门周边水域含沙量量级在 $0.04 \sim 0.2 \text{ kg/m}^3$ 内变动外，其余水域均小于 0.04 kg/m^3。自淇澳岛至桂山岛，湾口水域悬沙分布体现了明显的西部以径流动力为主和东部以潮流动力为主的水动力分布特征。

③ 从悬沙平面分布分析，洪季项目区域处于悬沙含量较低水域，悬沙含量在 0.04 kg/m^3 以下，即从多年平均上看，项目区在洪季处于伶仃洋水沙扩散外沿，受径流水沙影响相对较小。

综上所述，项目区水域位于伶仃洋湾口西侧，无论洪、枯季项目区以潮流动力占优，各口门径流输沙对其影响较小，项目区水域含沙量长期处于较低值状态；而项目区东侧为伶仃洋泄洪排沙通道，悬沙含量较高，但项目的实施对泄洪排沙通道影响不大。

3.3 项目附近滩槽演变分析

3.3.1 伶仃洋滩槽历史演变

珠江河口是一个堆积型河口,现代珠江河口的演变过程要从距今5000~6000年说起,此时海侵结束,珠江河口湾已退缩到古海湾的尽头。现代珠江三角洲就是汇西江、北江和东江三条较大的河流及流溪河和潭江两条小河流泥沙在此弱潮(平均潮差1.1 m)古海湾内淤积形成的。根据不同发展时期与区域动力环境的差异,现代珠江三角洲的形成发展有如下特点。

(1) 早期缓慢淤积,近2000年来快速淤积发展

根据诸多珠江三角洲的研究成果,在全新世海侵结束后的相当长的一段时间内(早期),现代珠江三角洲在古海湾头的淤积发展十分缓慢,在6 000~2 500 aB.P.的历史长河里基本上仅限于湾顶区域发生淤积充填(见图3.3-1)。自秦汉始岭南逐渐开发和流域输沙量加大后,现代珠江三角洲才明显向海凸伸发展,这就是现代珠江三角洲的"沙田"区的出现。唐宋以后"沙田"淤积发展加快,明清时期外伸速度每年达数十米,现今向海延伸的速度平均每年超过100 m。因此,现代珠江三角洲的发展可分为两个不同的阶段:早期长时间停滞或缓慢淤积的阶段和近2000年来的快速淤积发展阶段。

(2) 三角洲发展形式多样

由于不同时期和不同区域动力环境的不同,现代珠江三角洲在发展演变过程中主要形成了以下四种类型:潮成平原与潮汐优势型三角洲、河流优势型三角洲、河流-波浪型三角洲及潮汐通道三角洲。其中,潮成平原与潮汐优势型三角洲主要分布在现代三角洲北部地区,即早期淤积缓慢阶段在古海湾顶形成的三角洲平原,其次分布于流溪河下延段(广州至虎门)和潭江下延段(水口至崖门)的沿岸地带。河流优势型三角洲,分布于现代三角洲的中部和南部,即近2000年来迅速向东南凸伸发展的西、北江联合三角洲部分,该区多汊分流,有蕉门、洪奇门、横门、磨刀门、鸡啼门和虎跳门6个口门入海。河流-波浪型三角洲,指西江磨刀门口最新淤出的三角洲平原,那里已伸至南海陆架北部,面向开阔的外海,受到波浪动力的作用。

(3) 淤积的不平衡性

现代珠江三角洲的东江三角洲部分从东向西自成一局发展,而其主体三角洲——西江和北江联合三角洲部分却自西北向东南推进延伸。由于西、北江的

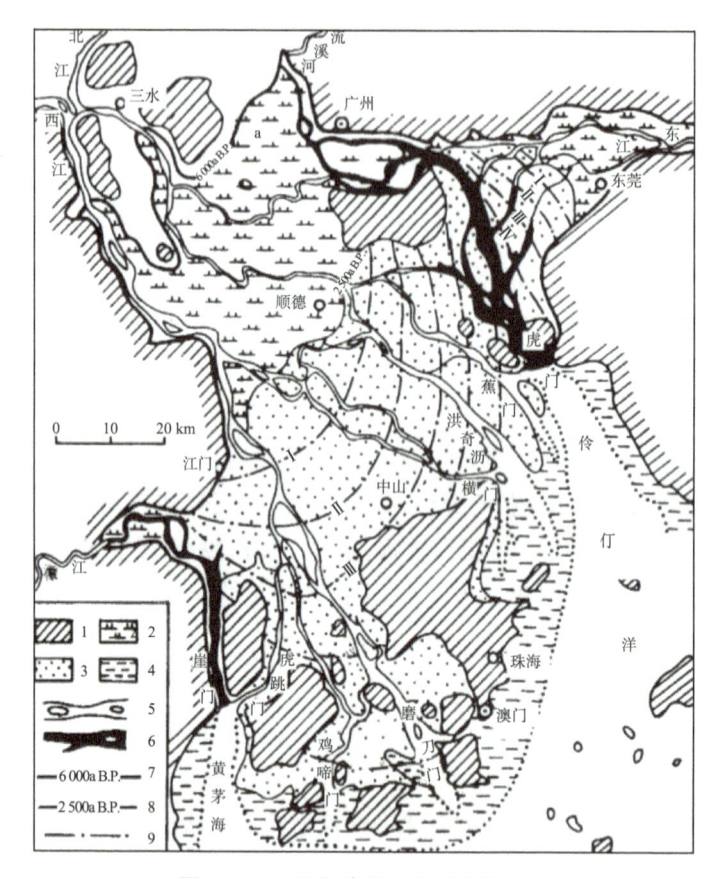

图 3.3-1 现代珠江三角洲发展过程

注：1—丘陵；2—早期三角洲；3—晚期三角洲；4—水下三角洲(浅滩)；5—河道；6—潮道；7—6 000 aB.P.海侵边界线；8—2 500 aB.P.古海岸线；9—等淤积线。

水量和输沙量分别占全流域的 89.9% 和 95.8%，而其左右两翼的流溪河和潭江输水输沙甚微，这种强烈的反差造成了三角洲淤积发展的不平衡性：西江和北江联合三角洲淤积发展快，而其两翼的流溪河和潭江下延部分淤积发展慢。前者表现为向海凸伸的扇形三角洲；后者呈现为向陆凹入的三角湾。

(4) 河口性质纵向转换

近 6000 年来，现代珠江三角洲的主体——西江和北江联合三角洲部分由里向外推进发展时，经历了由"潮成平原"到"河流优势型三角洲"再到"河流-波浪型三角洲"的发展变化，不同形式三角洲发育时期的河口性质出现明显变化。主要表现为：海侵结束时河口以潮汐动力、波浪动力控制为主；过渡转变时期湾顶缓慢淤积充填，该时期河流动力未来得及大量下移成为河口的优势动力，入海泥沙主要还是在潮流作用下搬运和沉积;迅速外伸阶段河口动力下移成为河口的优势动力,河口主要在河流动力、潮汐动力相互作用下发展。

3.3.2 伶仃洋滩槽近代演变

伶仃洋的滩槽演变是随各自动力——沉积地貌体系的发展而变化的。

伶仃洋目前三滩两槽格局是在近百年来形成的。早在1883年以前伶仃洋的三滩两槽的雏形就已显现,只是当时的滩地高程及范围均较小,特别是中滩范围更小,拦江沙和矾石浅滩不相连(见图3.3-2a)。1907年后万顷沙向南延

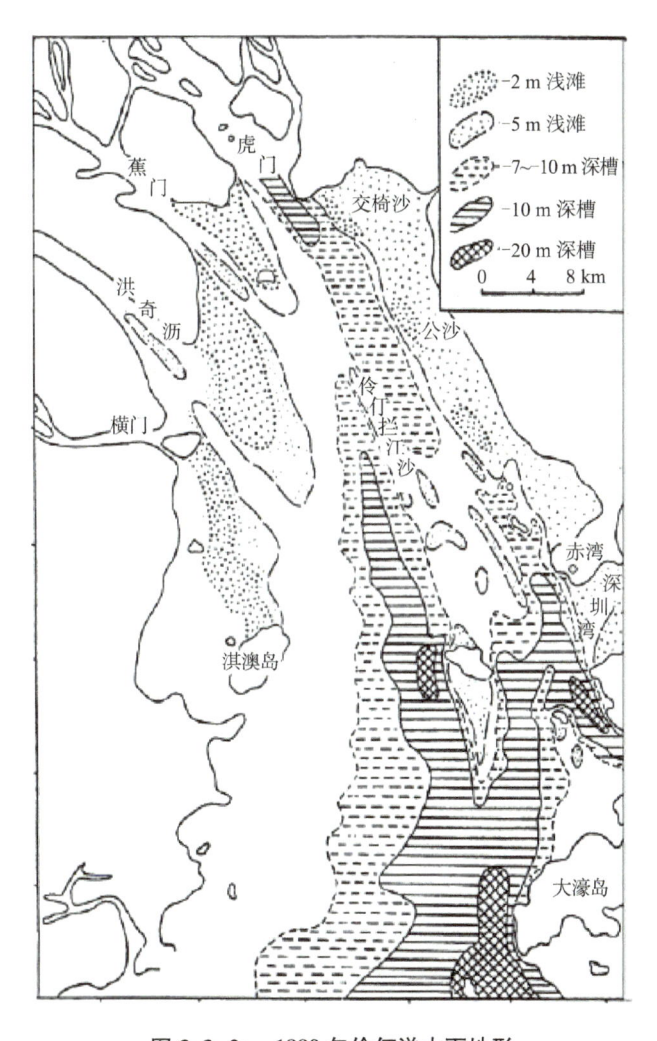

图 3.3-2a　1889年伶仃洋水下地形

伸，蕉门北汊主槽开始形成，西滩和矾石浅滩迅速扩大，矾石浅滩与内伶仃岛浅滩归并形成中滩雏形，西滩的扩大挤压主流东移，导致中滩的拦江沙和矾石浅滩间缺口扩大，出现一条所谓中槽（图3.3-2b），伶仃洋三滩二槽格局初步形成。1907年以后，矾石浅滩与拦江沙连接起来，矾石浅滩逐渐淤长，以后浅滩仍继续向东、向南扩大。这主要归因于中滩西侧的伶仃水道强大的潮流动力，限制了中滩的向西发展。至1974年，中槽淤塞，西滩和矾石浅滩继续向东、向南扩展，至1974年矾石浅滩与拦门沙连接起来，形成现在的"中滩"，至此三滩两槽已告确立（图3.3-2c）。

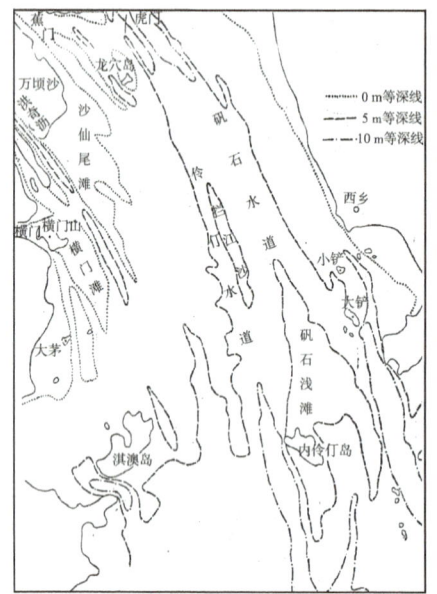

图3.3-2b　1907年伶仃洋水下地形 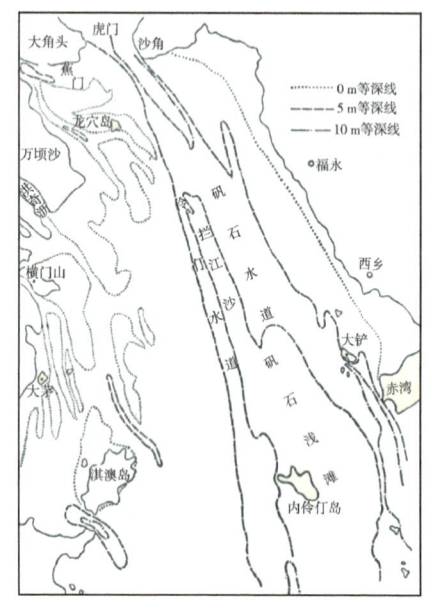　　图3.3-2c　1974年伶仃洋水下地形

3.3.3　伶仃洋滩槽近期演变特征

（1）岸线演变

岸线边界条件的变化会对周边水沙输移和水动力环境产生深刻影响，从而影响周边水域滩槽的冲淤变化。本次研究利用1978年、1988年、1992年、1995年、1999年、2005年、2011年、2013年遥感影像数据进行岸线信息提取（见图3.3-3），分析近年来珠江河口岸线边界的变化。

伶仃洋岸线演变过程具体表现如下。

① 蕉门口岸线变化

鸡抱沙和孖沙均属蕉门口拦门浅滩,这两片浅滩近年的围垦工程活动,从时间及规模可划分为五个阶段(见图 3.3-4)。

第一阶段,全面实施抛石堤促淤阶段。在二十世纪八十年代中,鸡抱沙及孖沙全面实施抛石堤工程,其目的是加速垦区滩面淤积。抛石堤线的区域范围,既包括西侧 $-1\ m$ 以上的高滩部分,也包括东侧 $-2\ m$ 以上滩面,局部为 $-3\ m$ 左右的汊槽。

第二阶段,鸡抱沙垦区围垦成陆阶段。鸡抱沙的围垦工程从 1986 年至 1992 年,在抛石堤工程的基础上,完成堤岸加高等工程,使鸡抱沙垦区的总面积约达 $15.84\ km^2$。

第三阶段,孖沙西部垦区成陆阶段。从 1992 年至 1995 年,完成了孖沙西部的围垦工程,其间龙穴岛东南侧也基本围垦成陆。孖沙西部垦区(包括龙穴岛南垦区)围垦成陆的面积约 $11.59\ km^2$。

第四阶段,孖沙东部垦区围垦成陆阶段。从 1995 年至 1999 年,孖沙东部垦区完成了堤岸加高及抛泥等工程。孖沙东部垦区的成陆泥沙主要是结合广州出海航道整治工程,从附近航道挖沙吹填入围。孖沙东部垦区成陆面积约 $7.18\ km^2$。

第五阶段,南沙港区工程围垦阶段。自 2003 年,鸡抱沙—孖沙岛实施南沙港区一期、二期以及广州出海航道疏浚土接纳区等系列港区、码头围垦工程建设,蕉门口外岸线发生明显变化,蕉门延伸段进一步向南延伸。据统计,2005 到 2013 年,该区围垦成陆面积 $15.3\ km^2$。

因此,近年内蕉门口外浅滩围垦总面积约为 $19.91\ km^2$,蕉门口外形成一主一支河道格局,且蕉门延伸段进一步南延。

② 万顷沙尾浅滩岸线变化

在 20 世纪 70 年代,万顷沙尾已发育形成宽阔的水下浅滩,由于泥沙来源及动力差异,使尾滩的滩面西高东低。从 80 年代中期开始实施连片围垦开发,至 1999 年围垦工程基本停止。其间共围垦造陆面积约 $29.03\ km^2$。总的来说,垦区的东、西两侧堤线,与整治规划治导线基本吻合;围垦后的垦区东堤线成为蕉门延伸段河道的右岸;垦区的西堤线成为洪奇门与横门北支汇合延伸河道的左堤岸。

③ 横门口外浅滩岸线变化

横门口外浅滩主要分布在横门岛之东侧及南侧和横门南槽之西侧滨岸。

大规模的围垦工程主要发生在20世纪90年代以后,比蕉门和洪奇门的围垦开发迟5~6年。从20世纪80年代至2013年,横门岛周边共围垦约35.48 km²;淇澳岛周边围垦面积约5.99 km²。上述围垦工程实施以后,口门岸线及平面边界形态发生较大的变化,其中,原洪奇门与横门北支汇流区及汇合延伸槽道因围垦转变为汇合延伸河道,河道的右岸线向东南及南延伸约11 km。而横门南支槽道也因围垦转变为横门南槽河道,该河道的左岸向近南方向延伸约7 km。

④ 伶仃洋东岸边界变化

伶仃洋东部滨岸(交椅湾至赤湾)近年来一直是开发热点岸段,岸线围垦开发建设主要集中在深圳机场、大铲湾港口、深圳湾等区域。1978—2013年,伶仃东岸共围垦开发面积为58.24 km²,东部局部岸线变化明显,表现在2005—2013年深圳机场处岸线向外伸长约1.3 km;大铲湾原凹型开发式河湾几乎被围垦填平,变为半封闭河湾,深圳西部港区岸段进一步变顺直。

总的来说,近年来,由于近岸围垦开发、建港和建码头等活动的影响,伶仃洋岸线形态变化明显,平面形态从上下宽阔水域逐渐向喇叭状转变,内伶仃洋水域面积共减少了17%。

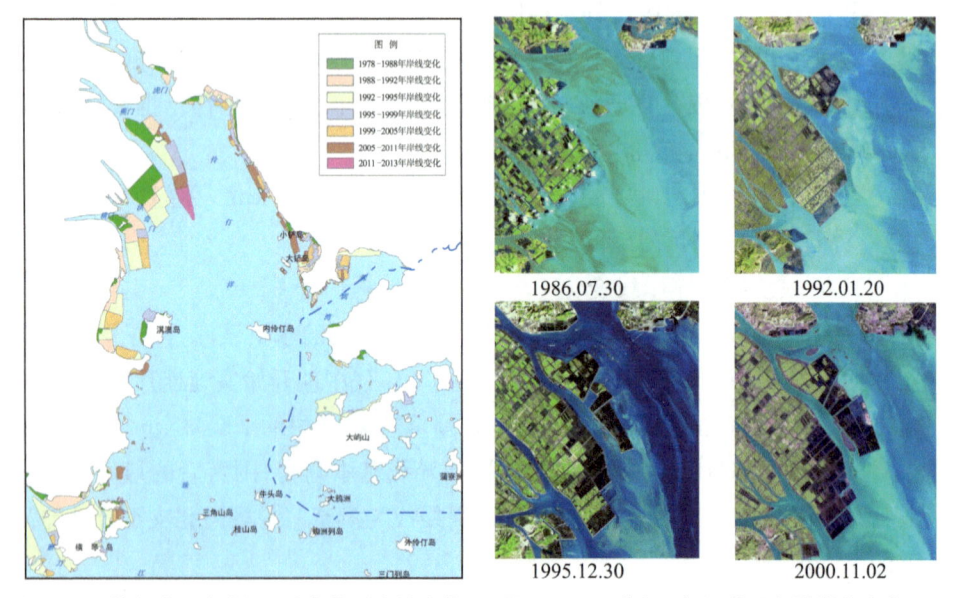

图3.3-3 伶仃洋二十世纪七十年代后岸线变化图　图3.3-4 蕉门、虎门附近水域岸线变化图

表 3.3-1　珠江河口湾岸线围垦面积统计表　　　　　　单位：km²

地区	1978—1988年	1988—1992年	1992—1995年	1995—1999年	1999—2005年	2005—2011年	2011—2013年	1978—2013年
深圳湾围垦	2.90	3.19	8.92	5.26	4.60	1.26	0.29	26.42
伶仃洋东岸围垦	4.96	11.56	7.84	11.12	8.37	14.39	0.00	58.24
鸡抱沙-孖仔岛围垦	10.63	5.21	11.59	7.18	0.00	7.32	7.98	49.91
万顷沙垦区围垦	17.77	6.21	12.54	0.00	0.00	0.00	0.00	36.51
横门岛围垦	4.95	10.43	10.69	2.34	7.06	0.00	0.00	35.48
淇澳岛围垦	2.58	0.00	0.02	3.39	0.00	0.00	0.00	5.99
横门南至金星门围垦	1.12	12.53	13.33	0.00	11.40	0.00	0.00	38.38
金星门至澳门围垦	0.00	0.00	0.86	0.12	0.94	2.43	0.00	4.35
澳门围垦	1.78	1.51	6.02	0.42	1.35	4.64	0.24	15.96

(2) 滩槽平面变化分析

表 3.3-2a 为 1970 年以来伶仃洋围垦面积变化表，表 3.3-3 为 1970 年以来伶仃洋浅滩推进速率变化表；图 3.3-5 至图 3.3-8 为伶仃洋水域 1970 年、1985 年、1999 年、2011 等年份的水下等高线变化图，由此可分析伶仃洋河床在 1970 年以来滩槽平面变化特征。

表 3.3-2a　1970 年以后伶仃洋围垦面积变化表　　　　　单位：km²

区域	1970年 浅滩面积	1970—1985年 围垦面积	1985—1999年 围垦面积	1999—2011年 围垦面积
鸡抱沙-龙穴岛	96.13	3.31	30.64	7.27
万顷沙尾间浅滩	142.44	15.40	26.54	0.00
横门-淇澳岛浅滩	204.49	17.12	44.60	19.53
西滩南	37.12	0.00	1.42	3.14
中滩	169.03	0.00	0.00	0.00
东滩	142.13	4.48	14.62	23.08

表 3.3-2b　1970 年以后伶仃洋浅滩面积变化表　　　　　单位：km²

区域	1970—1985年 浅滩新增面积	1985—1999年 浅滩新增面积	1999—2011年 浅滩新增面积
鸡抱沙-龙穴岛	10.70	2.02	−3.88

续表

区域	1970—1985 年 浅滩新增面积	1985—1999 年 浅滩新增面积	1999—2011 年 浅滩新增面积
万顷沙尾间浅滩	23.22	7.18	0.95
横门—淇澳岛浅滩	12.58	14.47	−1.2
西滩南	17.18	13.55	7.93
中滩	68.10	−3.84	−6.7
东滩	−5.64	2.13	−0.05

表 3.3-3　1970 年以后伶仃洋浅滩推进速率变化表　　　　单位：km/a

断面号	1970—1985 年	1985—1999 年	1999—2011 年
X1	0.033	−0.008	0.017
X2	0.069	0.026	−0.054
X3	0.080	−0.034	−0.011
X4	0.000	0.011	−0.012
X5	0.141	0.084	0.083
X6	0.013	0.000	0.032
X7	0.395	0.283	−0.087

注：除 X7 断面按−5 m 等高线量算外，其余断面按−3 m 等高线量算。其中"＋"表向外推进；"−"表向内退。

① 西滩向东、南扩展速度逐渐减缓；其北部滩面面积逐渐减少，南部浅滩面积逐渐增多。

a. 西滩上段−5 m 等高线向东扩展已基本停止；蕉门口外滩槽演变为一主一支的河道格局，蕉门延伸段尾间浅滩向东南延伸。

1970 年至 1985 年，蕉门口原来沙洲浮生、槽沟密布，浅滩呈爪形分布（图 3.3-5）。1985 年以后，经过围垦整治工程，原鸡抱沙、龙穴岛、孖沙等浅滩被围垦成陆，蕉门口外逐渐演变成现在横向以凫洲水道为主槽道，以北—南向的蕉门延伸段为支汊的水道格局。

在 1970—2011 年，受河口边界形态及水动力因素影响，蕉门延伸段尾间一直是泥沙易淤区，该区浅滩保持向东南延伸态势。表 3.3-3 显示，1970—1985 年间，蕉门延伸段尾间浅滩向东南推进速率为 0.141 km/a（见图 3.3-5）；1985 年后，该浅滩向东南淤积速率有所放慢，1985—1999 年断面 X5 处−3 m 等高线向东南推进速率为 0.084 km/a,而 1999—2011 年向东南推进速率为 0.083 km/a。

b. 西滩中段向东扩展速度放慢,其-3 m 等高线前沿近期出现明显蚀退,万顷沙尾间浅滩形成新的东向汊槽。

1970—1985 年,西滩中段—万顷沙尾间浅滩和横门浅滩以向东、东南发展为主;1985 年以后,随着伶仃西槽的浚深,受伶仃西槽强大涨落潮动力的影响,其横向发展逐步趋缓,尤其在近期万顷沙尾间浅滩-3 m 等高线前沿出现向后蚀退现象,如图 3.3-5 所示。据统计,断面 X2 和 X3 在 1970—1985 年间-3 m 等高线向东扩伸的平均速率为 0.075 km/a;1985—1999 年间,X2 断面-3 m 线每年向东移 0.026 km,而 X3 断面则每年向西退 0.034 km;1999—2011 年,X2 和 X3 断面处-3 m 线进一步向西后退,速率分别为 0.054 km/a 和 0.011 km/a。

此外,在 1985—2011 年,万顷沙尾间浅滩区逐渐发育新的东向汊槽,横门-洪奇门延伸段口外新的爪形浅滩形成,如图 3.3-5 所示。万顷沙尾间东向汊槽的发育,一方面与西部口门延伸后加强了口门泄洪汊槽的冲刷力有关;另一方面,是由于珠江径流和滩地地形对潮波的反射,使等潮位线在伶仃洋内向西北方向偏转,特别在退潮时使伶仃洋内产生明显的东—西向水位梯度。这种横向梯度的存在是洪水来临,径流冲开浅滩形成向东决口,最后发育成东向汊槽的主要原因。

② 伶仃洋西滩北部滩面逐渐减少,南部浅滩面积逐渐增多。

表 3.3-2b 为 1970 年以来伶仃洋浅滩面积变化情况表。由表可知,近几十年来,伶仃洋西部浅滩虽不断淤长,但受围垦造陆工程影响,浅滩面积在不断减少。1970—1985 年,整个西滩发育集中在北段,-5 m 以浅浅滩以淤积为主,滩面面积共增加了 63.68 km²;该时期浅滩形成为自然演变的结果。1985 年后,受伶仃洋西部口门附近人类围垦、造港工程影响,西滩面积出现明显减少,1985—2011 年,西滩中上段围垦达 133.14 km²,西滩浅滩淤积扩张的速度低于围垦造陆的开发速度;同时受伶仃洋西航道升级浚深拓宽的影响,西槽动力加大,形成了沿西槽的动力切割带,阻碍西滩泥沙向东输送,西滩东扩速度明显减缓。而西滩南部(即淇澳岛以南西滩)-5 m 以浅浅滩面积仍保持增加态势(图 3.3-6),1985—1999 年,南部西滩面积增加 13.55 km²,1999—2011 年浅滩则增加 7.93 km²。

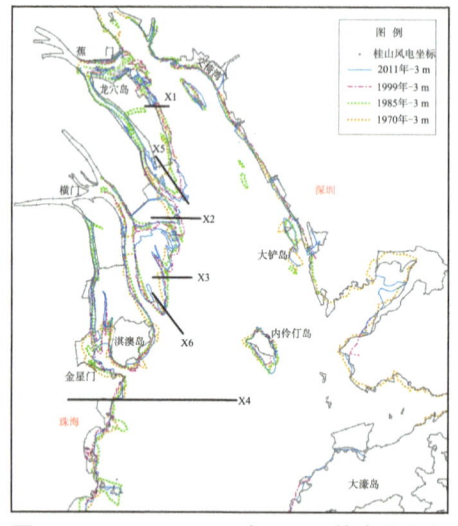

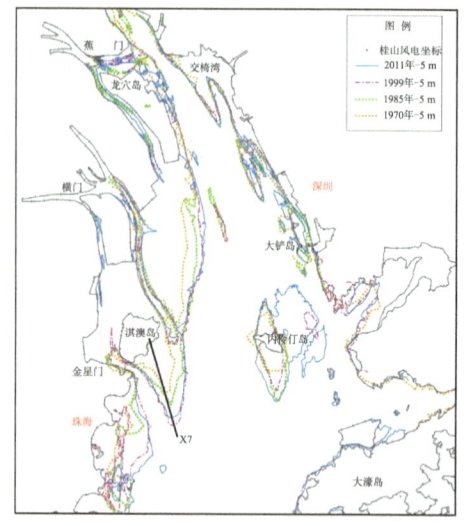

图 3.3-5　1970—2011 年 −3 m 等高线变化　　图 3.3-6　1970—2011 年 −5m 等高线变化

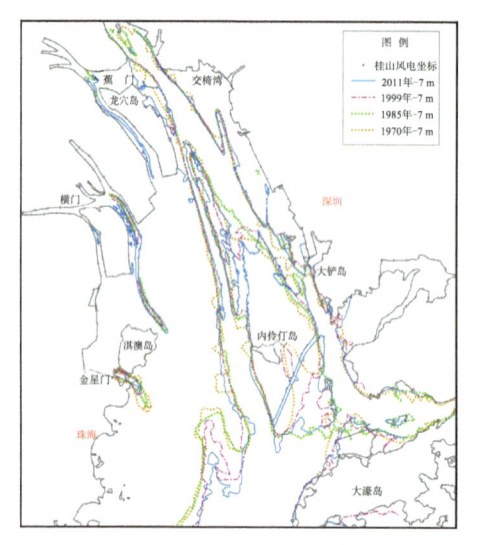

图 3.3-7　1970—2011 年 −7m 等高线变化　　图 3.3-8　1970—2011 年 −10m 等高线变化

(3) 滩槽冲淤变化分析

现以 −5 m 等高线以浅的水域作为浅滩的分界(注:中滩以 −7 m 为界),以 −10 m 等高线以深的水域作为深槽的分界,根据水下地形数据,分别计算得到伶仃洋主要浅滩的年均冲淤量、冲淤速率变化、深槽容积变化,见表 3.3-4、表 3.3-5。图 3.3-9 为统计范围图。图 3.3-10 至图 3.3-12 为伶仃洋各时段滩槽年冲淤厚度平面分布图。由上述表和图可以得到近期伶仃洋冲淤变化具有如下特征。

① 西滩在自然演变状态下,呈现"滩淤槽冲"特征;在人为活动干预频繁的近期,西滩局部浅滩面被冲刷,浅滩向东扩淤速率减缓。

1970—1985年,伶仃洋水域人类活动较少,滩槽演变以自然演变为主。在该时期,伶仃洋西滩沙洲浮生,浅滩淤积明显,-7~0 m滩槽均呈淤积状态,浅滩平均淤积速度在2~8.2 cm/a。

1985—2011年,人类在伶仃洋周边水域活动日趋频繁,河口边界条件发生变化,西滩演变呈现新的滩槽分化。具体表现在:蕉门延伸段深槽纵向下切,并向东南延伸;孖沙垦区尾闾滩面不断淤高,淤积区不断向南移;横门与洪奇门汇合段出口深槽刷深,出口延伸至淇澳岛东侧岛尖;万顷沙垦区尾闾滩面淤高,滩面涨槽沟发育,并在其上发育一条东偏南落槽支汊,出口面临西槽。横门垦区与淇澳岛之间浅滩淤高,横门南支刷深,-3 m槽道延伸至淇澳岛西侧狭口,狭口以北涨槽沟发育。具体冲淤变化速率见表3.3-4。

② 中滩东淤西冲,浅滩总体向东淤长放缓;近期出现新分化,发育出中槽。

1970—1985年,中滩整体以淤为主,但年均淤积速率小于5.4 cm/a;1985年以后,随着伶仃洋西槽的浚深,经西槽上溯潮流动力加大,中滩西侧不断受到潮流动力作用而出现冲刷,至2011年,在涨潮流动力冲刷及中滩人为挖沙致浅滩深切等因素影响下,中滩中上部出现分化,即在伶仃洋东、西两槽中间发育一条新的次级-7 m深槽,中滩重新分割为拦江沙和内伶仃岛浅滩。

③ 东滩前期保持冲淤相对平衡状态。

1970—1999年,东滩处于相对平衡状态,冲淤变化幅度在±1 cm/a之间;1999年后东滩一直保持淤积状态,1999—2011年平均淤积速率为10 cm/a。近期东滩淤积增加与西部口门整治后,凫洲水道分沙比增加,更多水沙经凫洲水道排入川鼻水道再流入伶仃洋东部水域沉积落淤有关。

④ 西槽处于下切加深状态。

西槽在1970—1985年有冲有淤,冲淤变化见图3.3-10。1985—1999年西槽平均冲刷速率为14.51 cm/a;1999—2011年,西槽进一步下切,年均加深速率在30 cm/a以上,但在西槽两侧(-10 m~-7 m处滩槽)出现明显淤积,见图3.3-12。总的来说,西槽处于下切加深状态,深槽保持稳定。

⑤ 东槽有冲有淤,变化相对频繁。

东槽在 1970—1985 年上段及下段淤积,淤积速率为 5～10 cm/a,其余区域冲刷,冲刷速率在 2.5 cm/a 以上。1985—1999 年东槽呈冲刷状态,冲刷速率 2.5～10 cm/a 之间,见图 3.3-11。1999—2011 年东槽局部因挖砂工程出现明显下切,下切深度为 4.51～7.50 m;东槽中上段除挖深区外均处于淤积状态,淤积速率在 9～19 cm/a;东槽下段(大铲岛—蛇口附近)槽道下切,下切速率在 30 cm/a 以上。由此可见,近期东槽的演变受挖砂、航道、港口建设等系列活动影响明显。

⑥ 川鼻深槽 1970—1999 年,出现明显下切,大部分加深 5 m 以上;1999—2011 年,在前期挖深槽道区出现明显回淤,回淤速率达 10～30 cm/a,局部超过 30 cm/a,而近凫洲水道出口一侧出现急剧下切,下切速率在 30 cm/a 以上。川鼻深槽出现明显下切、回淤,主要归因于深槽疏浚及川鼻深槽作为伶仃洋水沙主要过境区的动力特征。

综上所述,近期伶仃洋滩槽冲淤变化最明显的特征就是人类建设活动干扰明显,在此前提下,伶仃洋滩槽冲淤呈现"深槽下切、浅滩减少"特征,但从整体来看,伶仃洋"三滩两槽"结构基本保持不变,深槽通畅、稳定,为河口泄洪排沙提供了有利条件。

表 3.3-4　内伶仃洋浅滩年冲淤厚度统计　　　　　　　　　　　单位:m/a

孖沙尾间浅滩				横门尾间浅滩			
水深	1970—1985	1985—1999	1999—2011	水深	1970—1985	1985—1999	1999—2011
<0 m	0.051	0.043	0.023	<0 m	0.030	0.000	0.003
0～−3 m	0.028	0.022	0.024	0～−3 m	0.026	0.002	0.019
−3～−5 m	0.037	0.076	0.014	−3～−5 m	0.046	−0.008	−0.039
0～−5 m	0.034	0.044	0.019	0～−5 m	0.030	0.000	0.011

万顷沙浅滩				淇澳岛南浅滩			
水深	1970—1985	1985—1999	1999—2011	水深	1970—1985	1985—1999	1999—2011
<0 m	0.034	0.007	−0.018	<0 m	0.017	0.030	0.013
0～−3 m	0.017	0.001	−0.022	0～−3 m	0.022	0.005	0.034
−3～−5 m	0.037	0.013	−0.012	−3～−5 m	0.010	0.015	0.007
0～−5 m	0.026	0.006	−0.017	0～−5 m	0.011	0.015	0.010

续表

西滩南部					东滩			
水深	1970—1985	1985—1999	1999—2011	水深	1970—1985	1985—1999	1999—2011
<0 m	0.082	−0.014	0.038	<0 m	0.003	−0.007	0.010
0~−3 m	0.020	−0.042	0.160	0~−3 m	0.009	−0.009	0.034
−3~−5 m	0.063	−0.025	0.020	−3~−5 m	0.005	−0.007	0.024
0~−5 m	0.044	−0.029	0.042	0~−5 m	0.006	−0.008	0.028

中滩北部					中滩南部			
水深	1970—1985	1985—1999	1999—2011	水深	1970—1985	1985—1999	1999—2011
<0 m	0.021	−0.008	−0.013	<0 m	0.054	−0.030	0.068
0~−3 m	−0.020	0.016	−0.023	0~−3 m	0.030	−0.257	0.054
−3~−5 m	0.014	0.001	0.021	−3~−5 m	0.018	−0.070	0.084
−5~−7 m	0.014	−0.005	0.013	−5~−7 m	0.017	−0.004	0.118
0~−7 m	0.014	−0.005	0.014	0~−7 m	0.018	−0.022	0.099

表 3.3-5　伶仃洋各槽道容积变化表　　　　　（单位：10^6m^3）

凫洲水道		
水深	1970—1985 年	1985—1999 年	1999—2011 年
<−3 m	−6.6	−0.26	−47.65
−3~−5 m	−5.52	−0.57	−11.88
−5~−7 m	−1.08	0.31	−10.07
<−7 m	0	0	−25.68

蕉门延伸段		
水深	1970—1985 年	1985—1999 年	1999—2011 年
<−3 m	8.54	11.53	−11.44
−3~−5 m	0.11	11.94	−2.23
−5~−7 m	8.42	0.13	−4.4
<−7 m	0.01	−0.54	−4.81

横门-洪奇沥延伸段		
水深	1970—1985 年	1985—1999 年	1999—2011 年
<−3 m	−10.46	−8.87	−35.57

续表

横门-洪奇沥延伸段			
水深	1970—1985年	1985—1999年	1999—2011年
$-3\sim-5$ m	−2.49	−2.44	−11.02
$-5\sim-7$ m	−5.4	−1.9	−13.18
<-7 m	−2.56	−4.53	−11.38
横门南支			
水深	1970—1985年	1985—1999年	1999—2011年
<-3 m	−1.46	−1.2	−1.04
$-3\sim-5$ m	−1.46	−1.15	−0.82
<-5 m	0	−0.06	−0.21
内伶仃深槽区(东、西槽)			
<-10 m	−51.47	−144.02	−326.79

注：表3.3-4至表3.3-5统计范围见图3.3-9，表中负值表示冲刷。

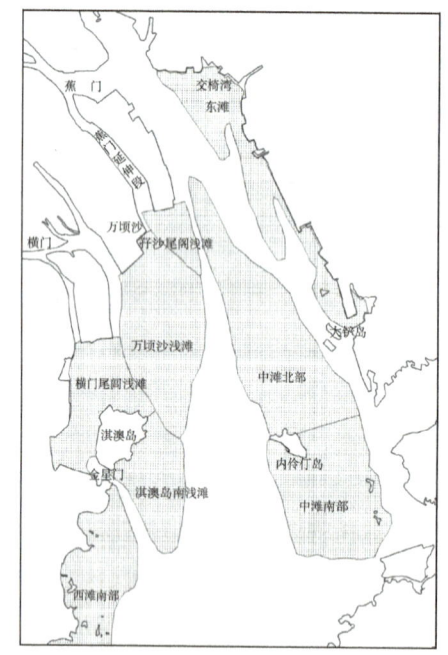

图3.3-9a 伶仃洋浅滩冲淤计算分区图 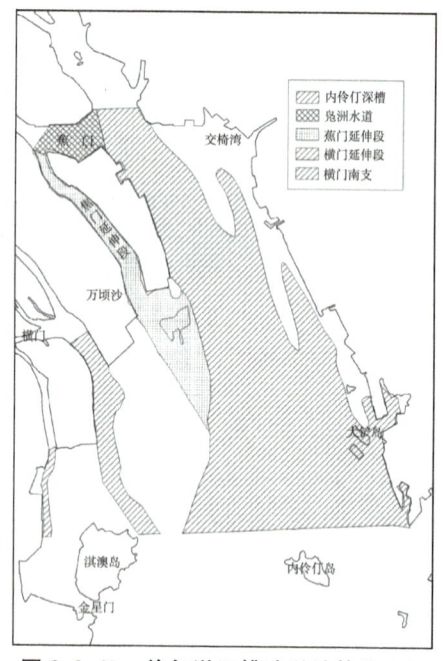　　图3.3-9b 伶仃洋深槽冲淤计算分区图

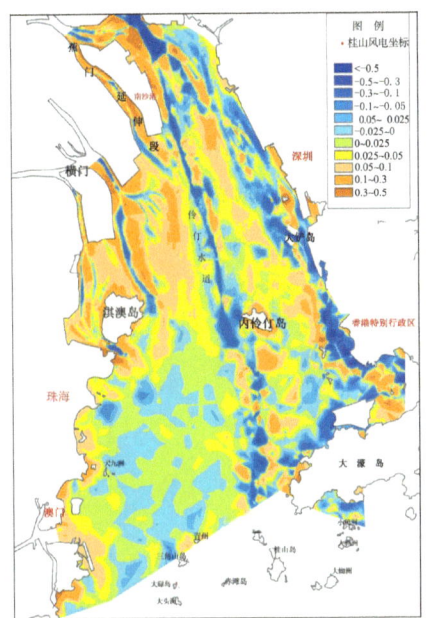

图 3.3-10　伶仃洋水域 1970—1985 年
冲淤速率变化图(m/a)

图 3.3-11　伶仃洋水域 1985—1999 年
冲淤速率变化图(m/a)

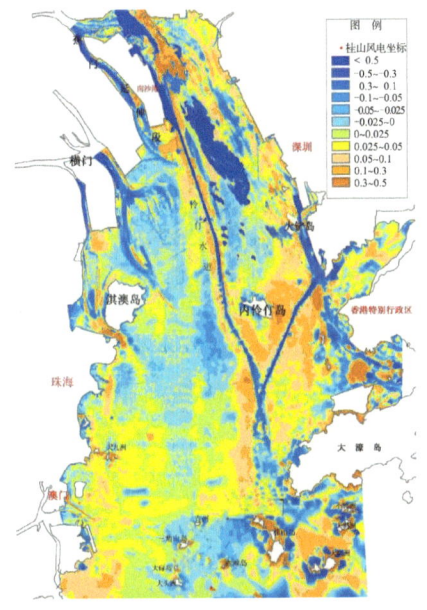

图 3.3-12　伶仃洋水域 1999—2011 年
冲淤速率变化图(m/a)

3.4 项目附近河床演变分析

利用收集的 1954 年、1970 年、1985 年、1999 年、2009 年、2013 年项目附近水域和 2020 年项目局部水域地形资料,分析工程附近水域的冲淤变化,生成项目附近水域等高线变化图(见图 3.4-1)、冲淤率变化图(见图 3.4-2)。项目附近水域近年来滩槽平面变化及冲淤变化基本情况分别如下。

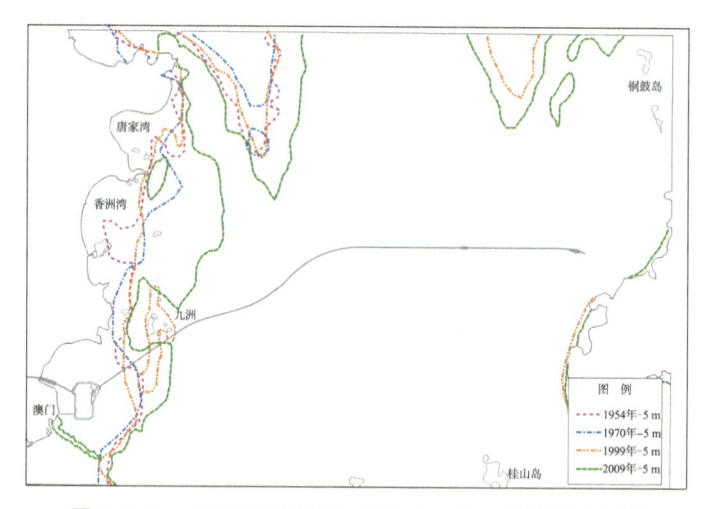

图 3.4-1a　工程附近 1954—2009 年 −5 m 等高线变化图

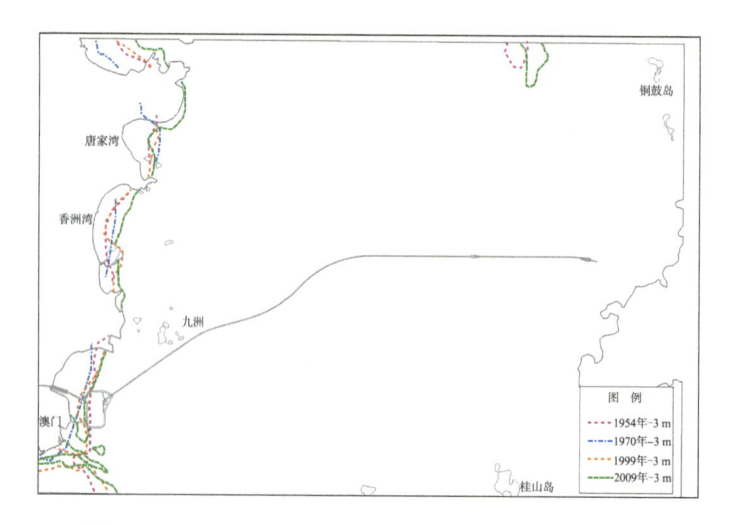

图 3.4-1b　工程附近 1954—2009 年 −3 m 等高线变化图

(1) 滩槽平面变化

如图 3.4-1 所示,项目区域地形位于−5 m 等高线附近,近半个世纪以来,项目所在水域浅滩呈明显东扩之势。具体表现在:位于项目区域东侧附近水域的−5 m 等高线在 1954—2009 年间发生了明显的移动,除 1970—1999 年间局部区域向岸有所后退外,野狸岛附近−5 m 等高线总体上表现为向东侧推进,1954—2009 年平均每年向海推进约 160 m;而位于项目区域附近香洲湾内水域的−3 m 等高线在 1954—2009 年间也发生了明显的移动,1954 年−3 m 等高线基本位于香洲湾内,距离岸线约 500 m 左右,−3 m 等高线走向基本与岸线平行,至 2009 年−3 m 等高线整体向东发展,发展至香洲湾湾口处上下顶点的连线附近,距离岸线约 1 000 m,1954—2009 年平均每年向海推进约 20 m。

从等高线近年来变化情况来看,项目区域附近水域−3 m、−5 m 等高线均向东有所偏移,表明项目附近水域近期浅滩向东发育趋势明显。

(2) 冲淤分析

图 3.4-2 为本项目附近水域 1954—2020 年冲淤速率变化图,表 3.4-1 为冲淤厚度和速率统计表(分区位置见图 3.4-2d)。

从图中可以看出,1954—1970 年,项目所在水域基本以淤积为主,项目区淤积速率为 0.1～0.3 m/a;1970—1985 年项目所在水域仍以淤积为主,淤积速率有所减缓,其速率为 0.05～0.1 m/a,在近岸局部有轻微冲刷;1985—1999 年项目东部水域以微冲为主,冲淤速率为−0.1～−0.05 m/a,发生冲刷的范围主要是从香洲湾到九洲岛连线之间的水域,香洲湾临岸附近呈现淤积状态,冲淤速率为 0.05～−0.1 m/a;1999—2009 年,工程所在水域有冲有淤且冲淤速率都非常大,主要原因是香洲港的清淤工程和珠海歌剧院填海工程的建设等影响,已经不能看作自然淤积的结果,主要为人为影响;2009—2013 年,人为影响因素减小,工程水域又主要表现为自然演变结果,港池内大部分水域、海燕桥附近水域以及港池口门航道均以淤积为主。

表 3.4-1 不同区域地形高程变化表

时段	地形变化值(m)				
	A 区	B 区	C 区	D 区	E 区
2000—2009 年	0.27	0.01	1.13	−0.67	−0.04
2009—2013 年	0.07	0.07	0.50	0.43	0.67

续表

时段	地形变化值(m)				
	A区	B区	C区	D区	E区
2013—2020 年	−0.28	−0.13	−0.78	−0.73	−0.14
2000—2020 年	0.05	−0.05	0.84	−0.97	0.49
时段	冲淤速度(m/a)				
2000—2009 年	0.030	0.001	0.126	−0.075	−0.004
2009—2013 年	0.017	0.017	0.124	0.107	0.167
2013—2020 年	−0.040	−0.019	−0.112	−0.104	−0.020
2000—2020 年	0.003	−0.003	0.042	−0.049	0.024

注：+表示淤积，−表示冲刷。

由表 3.4-1 可以看出，港区和进港航道受疏浚影响大，不同阶段地形出现较大幅度变化，其中 2009—2013 年干扰最小，各区出现不同程度的淤积。2000 年至 2020 年，东侧出口外(A 区)淤积厚度为 0.05 m，香洲港码头南侧(C 区)淤积厚度为 0.84 m，南侧出口(E 区)淤积厚度为 0.49 m，东侧出口(B 区)及新月桥北部(D 区)人工清淤较多，整体表现为冲刷。分时段来看，2009—2013 年各区出现不同程度的淤积，而 2013—2020 年各区地形出现不同程度冲刷，这与期间港区疏浚密不可分。

总的来看，近年来，项目附近滩槽以淤积为主，自然淤积速率变化幅度不大，但项目水域冲淤变化受人为因素影响严重。

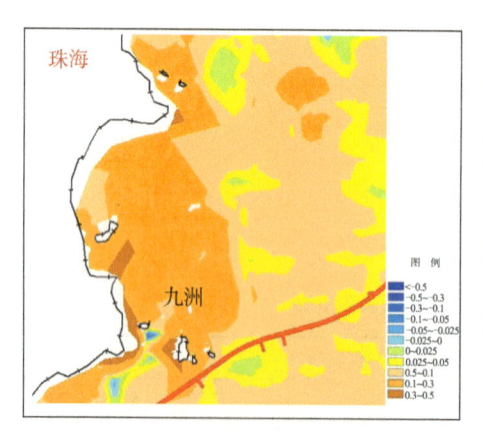

图 3.4-2a 工程附近 1954—1970 年年均冲淤速率分布图

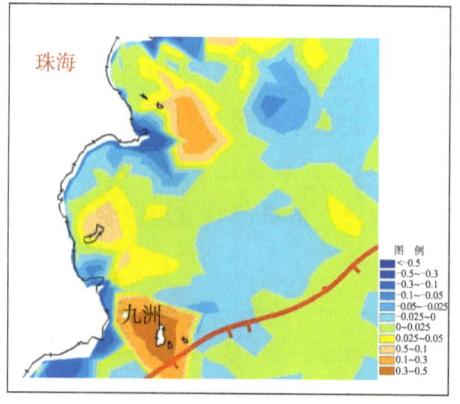

图 3.4-2b 工程附近 1970—1985 年年均冲淤速率分布图

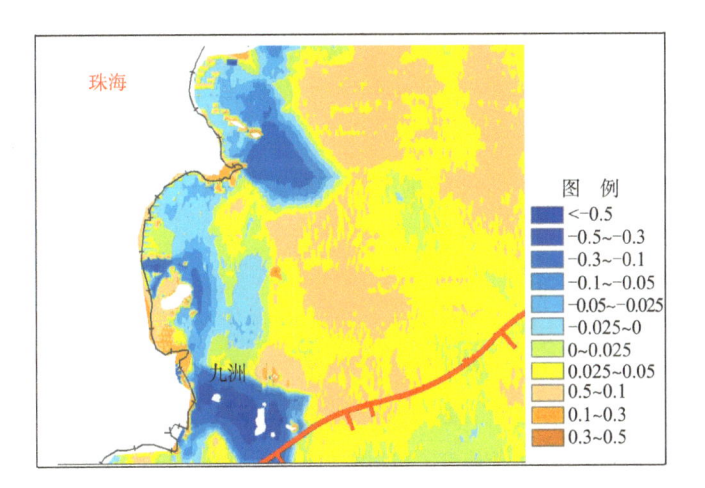

图 3.4-2c 工程附近 1985—1999 年年均冲淤速率分布图

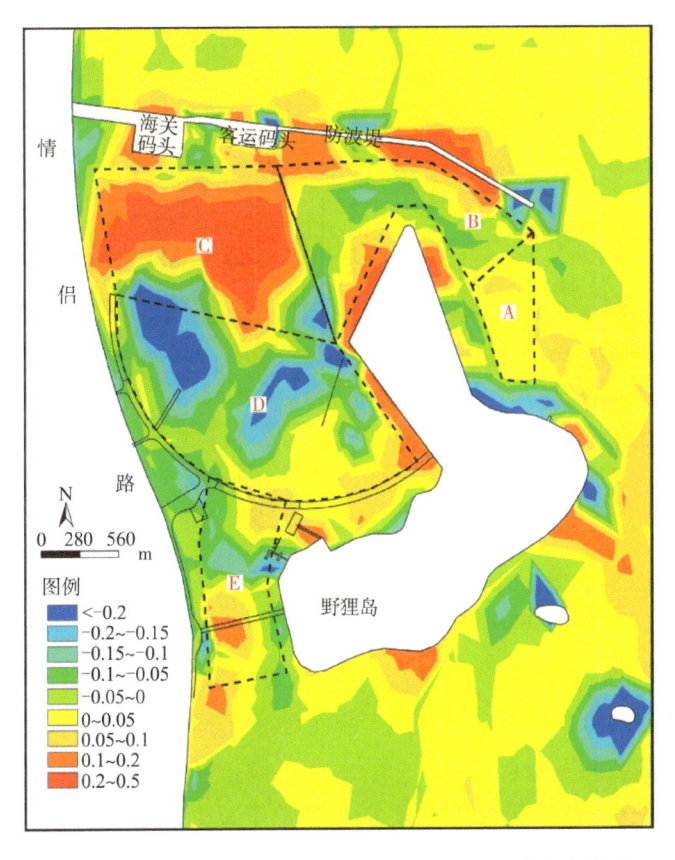

图 3.4-2d 工程附近 1999—2009 年年均冲淤速率分布图

根据泥沙情况的分析可以看出,项目水域泥沙含量较高且受风浪影响较大,泥沙主要来源为附近浅滩泥沙在风浪和径潮流作用下的二次搬运,泥沙的二次搬运造成了工程附近基本以淤积为主且淤积速率变化不大的整体情况,而人为因素也成为影响此区域泥沙情况的显著因子。

3.5 伶仃洋演变趋势

近年来,珠江上游水沙条件、口门岸线形态均发生了较大的变化,气候变化引起的海平面上升也会对河口动力产生一定的影响,珠江河口局部水动力环境发生了一定程度的改变。但所有这些改变,并没有根本改变径流向河口不断输沙的现状,也没有根本改变伶仃洋河口湾潮流为主的特性,更没有根本改变海洋环流特性。珠江河口依然是一个堆积性河口,珠江河口将保持向海推进的总体趋势。

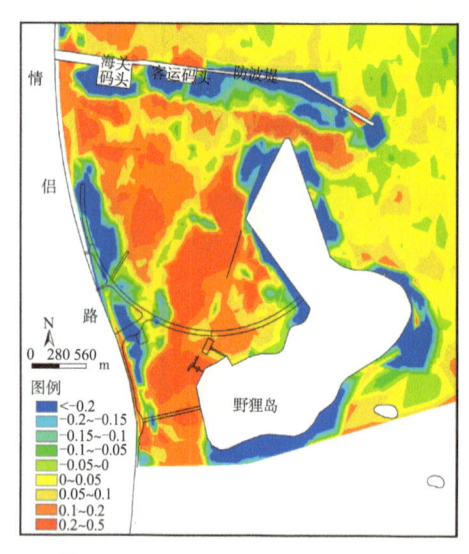

图 3.4-2e 工程附近 2009—2013 年年均冲淤速率分布图

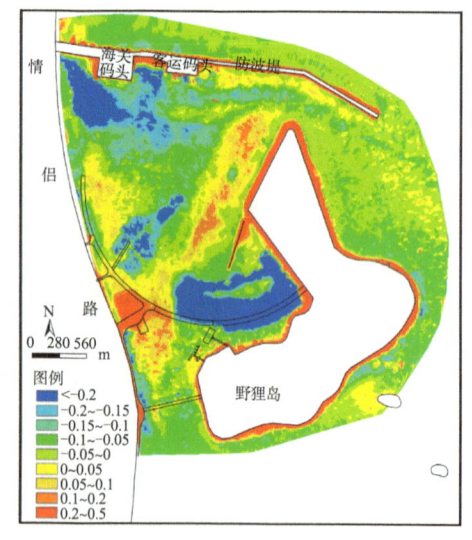

图 3.4-2f 工程附近 2013—2020 年年均冲淤速率分布图

就目前的水沙条件及开发活动影响而言,伶仃洋滩槽在今后一段时间其总体的演变趋势有如下特点。

(1)进一步确立喇叭形河口形态,淤积趋于减少

随着东、西两侧边滩,特别是西滩的淤高,使伶仃洋边界条件发生了重大变

化,先前近似矩形的水域,逐渐变成了喇叭形河口形态,并随着淤积和围垦的继续,喇叭形河口形态将得以进一步确立。

喇叭形河口是以潮流为主的河口发育的必然结果。伶仃洋属弱潮河口,随着喇叭形河口形态的确定,上段宽度窄,水流集中,挟沙力提高,淤积减少,甚至发生冲刷,大量泥沙下行,一方面口门区淤积加剧,另一方面排入深海的泥沙增多,伶仃洋的总淤积量减少。

喇叭形河口形态的确立,潮波在向口内传播的过程中发生变形,虎门的潮差将增大,将使狮子洋的潮流速增大,也有利于减少伶仃洋的淤积。

(2) 伶仃洋东、西槽南北贯通,提高伶仃洋主槽向深海输沙能力

前文已经指出,广州出海航道开挖疏浚,伶仃洋西槽-10 m以深槽道南北贯通;而在内伶仃岛北的拦江沙尾和矾石浅滩滩头中间被冲开,伶仃洋东槽-7 m以深槽道南北贯通。这形成了伶仃洋的主通道。西槽有强大的虎门和凫洲水道来水,沿途兼并蕉门延伸段、洪奇门和横门来水来沙,动力不断增大,又靠近口门,可使来沙大量排入深海,主槽在涨、落潮往返作用下可保持稳定;东槽过水能力减弱,同时中滩向东扩展,东槽变窄,但由于来水含沙量小,再加上深圳西部港区公共航道疏浚建设影响,该区潮流动力强劲,亦可保持稳定。

(3) 滩地面积减小,可使淤积减缓;西滩动力有南移之势

喇叭形河口形态确立后,再加上人类围垦影响,水域面积和滩地面积均减小,导致风浪减弱,风浪掀沙作用减弱,风浪掀起的泥沙在深槽区掺混,因滩地面积减小必使含沙量减小幅度增大。黏性泥沙含沙量与前期水域含沙量有密切关系,不论涨潮还是落潮,某一时段含沙量减小,可以影响到以后若干个潮流过程,因此从波浪掀沙角度来看,滩地面积减小,可使滩、槽淤积减缓。此外,由于受伶仃洋西侧围垦影响,蕉门延伸段、横门和洪奇门汇合延伸段向南延伸,西侧径流动力有所下移,致使西滩出现北侧淤厚减缓,中、南侧淤厚有所增加现象,同时结合实测资料分析结果,西滩动力有向南发展之势。

总的来说,伶仃洋滩槽的自动调整过程滞后于人为主导作用,伶仃洋滩槽虽局部有所变化,随但三滩两槽总体格局不变。

第4章

香洲港水动力和水质观测

4.1 观测内容

(1) 海燕桥和防波堤特征断面流量走航观测

① 观测目的:分析港池内外涨落潮不同时期水量的交换情况,研究不同时段进出港池内外的流量大小,探讨现状条件和改造工程实施后港池内外水量交换和水动力的变化。

② 观测内容及位置:海燕桥和防波堤断面的涨落潮量(图 4.1-1)。

③ 观测仪器及手段:涨落潮量测量采用 RDI 流速仪走航观测(图 4.1-2)。

④ 观测时间:断面流量监测时间为 8 天,包含大中小潮。

(2) 定点流速流向、潮位、泥沙和水质观测

① 观测目的:分析研究区域水动力的变化特征和大小潮差异,并作为数学模型和物理模型研究工作的水动力验证资料。

② 观测内容:考虑到研究区域水动力条件的复杂性以及研究范围的大小,为充分了解研究区域的水动力特征,拟布置定点流速流向、泥沙测量点 6 个,其中在 4 个点开展水质监测。由于港池内外的潮位特征和涨落潮过程可能存在差异,拟在港池内外各布置 1 个临时潮位站(图 4.1-1)。

③ 观测仪器及手段:潮位观测采用临时潮位站定点观测,流速流向测量采用阔龙流速仪定点观测(图 4.1-2)。

④ 观测时间:流速流向测量时间选取典型大潮和小潮时段,各进行全潮 25 小时测量。临时潮位站测量时间为半个月。

表 4.1-1 垂线坐标

测点	X	Y	观测内容
S1	2466129	38457149	流量
S2	2464647	38456447	流量
1#	2466565	38456671	潮流、泥沙、水质
2#	2465831	38456430	潮流、泥沙、水质
3#	2466129	38457149	潮流、泥沙
4#	2465243	38458251	潮流、泥沙、水质
5#	2464647	38456447	潮流、泥沙、水质
6#	2463930	38457148	潮流、泥沙

续表

测点	X	Y	观测内容
C1	2466019	38457093	潮位
C2	2463243	38457053	潮位

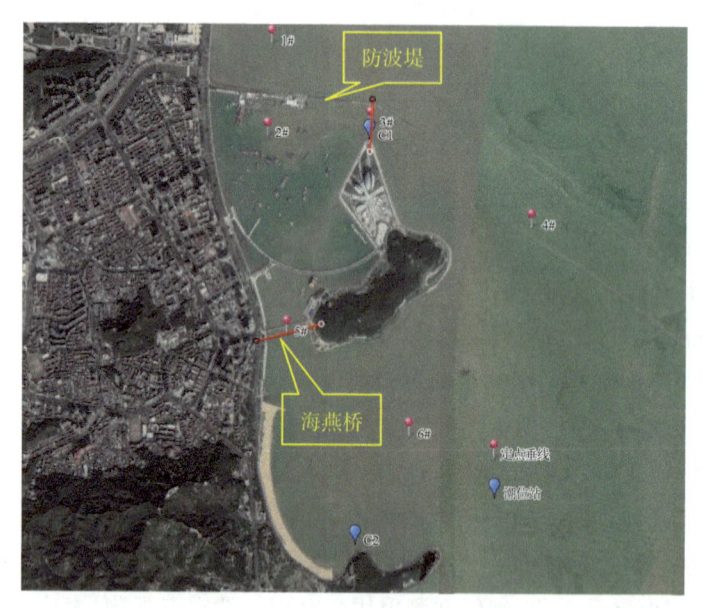

图 4.1-1　水文观测测点布置位置

图 4.1-2　RDI 走航流速仪(左)和阔龙流速仪(右)

第4章 香洲港水动力和水质观测

图4.1-3 临时潮位站(左歌剧院,右珠海渔女)

图4.1-4 定点流速测量

图4.1-5 水样采集

171

图 4.1-6　实验室内含沙量测定之过滤烘干称重

4.2　观测方法及时段

4.2.1　观测方法

（1）定点水文垂线观测站

水文测量在锚泊的渔船上进行，由绞车、测深仪和采样器组成采样系统，按照《海洋调查规范　第 2 部分：海洋水文观测》(GB/T 12763.2—2007)和《海洋调查规范　第 8 部分：海洋地质地球物理调查》(GB/T 12763.8—2007)执行，每 1 小时观测一次。具体实施步骤如下：

① 设置好多普勒流速仪的参数，投入水中进行流速流向自动观测；

② 在每次取样观测前，先测量深度，然后自下而上，即规定层次由底向上采样，再用 1 000 mL 水样瓶进行接水；

③ 记录实测水深、每一层次的观测开始时间。

（2）流量断面

根据《河流流量测验规范》(GB 50179—2015)，用走航式多普勒剖面流速仪进行流量测量,每小时在断面上走航一次,走测船的起点及终点位置用GPS定位。

4.2.2 观测时段

本次水文测验大小潮观测分别在 2020 年 11 月 16 日 14 时至 17 日 15 时(大潮期)、2020 年 11 月 11 日 14 时至 12 日 15 时(小潮期)完成,同时在涨落潮期采集了水体样,补充开展了 1#、2#、4#、5# 测点水质监测。

4.3 观测成果

4.3.1 潮位观测成果

歌剧院和珠海渔女临时潮位站的潮位过程见图 4.3-1。观测期间,歌剧院临时站和珠海渔女临时站最高潮位分别为 1.40 m 和 1.50 m,最低潮位分别为 −1.54 m 和 −1.51 m(表 4.3-1)。

表 4.3-1 各测站潮位特征统计表

潮位特征	C1(歌剧院)	C2(珠海渔女)
最高水位(m)	1.40	1.50
最低水位(m)	−1.54	−1.51
平均高潮位(m)	0.66	0.73
平均低潮位(m)	−0.56	−0.52
平均涨潮历时(h)	6.90	6.93
平均落潮历时(h)	5.90	5.87

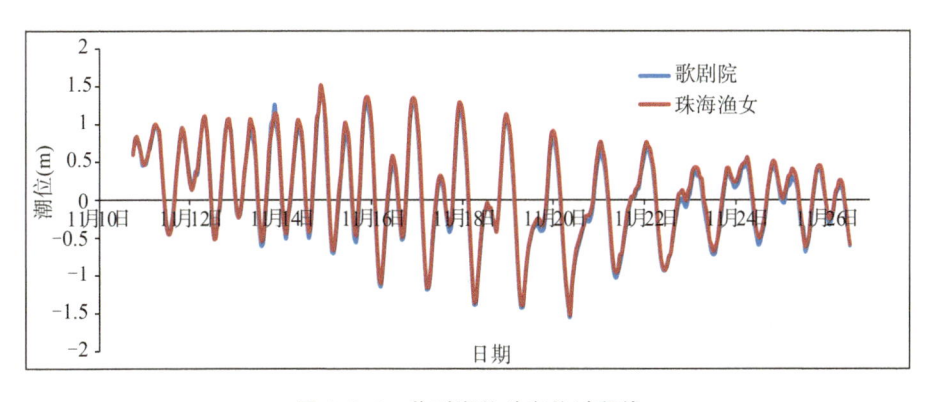

图 4.3-1 临时潮位站潮位过程线

4.3.2 流速流向观测成果

6个垂线平均流速流向测量点数据统计见表4.3-2、表4.3-3,小潮期和大潮期流速玫瑰图见图4.3-2、图4.3-3。从图表可以看出,香洲港周边流速具有以下特征。

(1) 规划区域落潮期流速大于涨潮期流速,大潮期流速大于小潮期流速,总体流速不大。

港区南侧海燕桥(5#测点)涨、落潮最大流速为0.48 m/s和0.62 m/s,东侧进港航道(3#测点)涨、落潮最大流速分别为0.27 m/s和0.43 m/s,野狸岛东侧(4#测点)涨、落潮最大流速分别为0.39 m/s和0.53 m/s。可见落潮期流速大于涨潮期流速。

小潮期,各个测点流速均有所减小,野狸岛东侧(4#测点)和南侧海燕桥(5#测点)最大落潮流速分别减小至0.32 m/s和0.44 m/s。

观测区域最大流速出现在港区南侧海燕桥断面(5#测点)大潮落潮期,最大瞬时流速为0.62 m/s,潮周期平均流速为0.22 m/s。港区及南北两侧浅滩潮周期平均流速为0.05～0.10 m/s,总体流速不大。

(2) 香洲港进口流速相对较大。

从平面分布来看,位于香洲港进出口、野狸岛东侧的水域涨落潮流速相对较大。大潮期最大流速出现在港区南侧进口(海燕桥断面5#测点),小潮期最大流速出现在港区东侧进口(防波堤与歌剧院之间的进港航道),最大流速为0.48～0.62 m/s,明显大于港区及南北两侧浅滩水域的最大流速(0.19～0.22 m/s)。

港区进口流速相对较大说明进口受岸线的阻隔作用,具有一定的束流作用,是潮流进出港区的咽喉。

(3) 港区进出口及野狸岛东侧潮流呈往复流,港内和南北两侧浅滩潮流呈旋转流。

大潮期,港区东侧进口(3#测点)和南侧进口(5#测点)受两侧岸线影响,潮流基本呈往复流,东侧进口呈东西走向,南侧进口呈南北走向;野狸岛东侧(4#测点)落潮流比较集中,为南向,涨潮流比较分散,呈西北到东北向;港区及南北侧浅滩(1#、2#、6#)流速较小,潮流基本为旋转流。小潮期,港区进出口及野狸岛东侧(3#、4#、5#)流向与大潮期比较接近,港区及南北侧浅滩(1#、2#、6#)同样为旋转流,流向有所改变。

第4章 香洲港水动力和水质观测

表4.3-2 大潮期垂线平均流速流向

时间	1# 水深(m)	1# 流速(m/s)	1# 流向(°)	2# 水深(m)	2# 流速(m/s)	2# 流向(°)	3# 水深(m)	3# 流速(m/s)	3# 流向(°)	4# 水深(m)	4# 流速(m/s)	4# 流向(°)	5# 水深(m)	5# 流速(m/s)	5# 流向(°)	6# 水深(m)	6# 流速(m/s)	6# 流向(°)
2020/11/16 14:00	1.9	0.01	233	4.6	0.02	345	3.9	0.11	299	3.9	0.23	183	2.9	0.27	174	2.1	0.10	131
2020/11/16 15:00	1.5	0.03	266	4.3	0.05	64	3.7	0.09	120	3.6	0.10	49	2.6	0.22	179	1.8	0.16	128
2020/11/16 16:00	1.4	0.04	358	4.1	0.11	230	3.5	0.13	91	3.4	0.16	43	2.4	0.04	143	1.6	0.01	274
2020/11/16 17:00	1.4	0.03	264	4.2	0.08	96	3.4	0.17	314	3.4	0.15	20	2.4	0.13	2	1.7	0.05	271
2020/11/16 18:00	1.8	0.03	260	4.5	0.14	244	3.9	0.19	309	3.8	0.32	322	2.9	0.25	343	2.1	0.15	29
2020/11/16 19:00	2.3	0.00	137	5.0	0.04	79	4.4	0.17	91	4.4	0.35	333	3.3	0.19	358	2.5	0.22	332
2020/11/16 20:00	2.8	0.07	111	5.6	0.13	227	4.9	0.27	100	4.9	0.39	334	3.8	0.48	350	3.1	0.20	248
2020/11/16 21:00	3.1	0.05	127	5.8	0.11	38	5.2	0.14	149	5.1	0.27	343	4.1	0.24	344	3.3	0.15	253
2020/11/16 22:00	3.1	0.14	162	5.9	0.05	147	5.2	0.09	128	5.2	0.21	320	4.2	0.06	331	3.4	0.07	262
2020/11/16 23:00	3.1	0.07	135	5.8	0.03	208	5.2	0.05	157	5.2	0.04	106	4.1	0.03	245	3.4	0.15	128
2020/11/17 0:00	2.9	0.06	123	5.6	0.07	208	5.0	0.04	106	5.0	0.12	150	3.9	0.29	177	3.1	0.11	132
2020/11/17 1:00	2.5	0.19	141	5.3	0.12	191	4.6	0.14	122	4.6	0.29	174	3.5	0.17	150	2.8	0.05	131
2020/11/17 2:00	2.1	0.04	48	4.8	0.08	169	4.1	0.20	88	4.1	0.41	184	3.1	0.45	166	2.3	0.13	133
2020/11/17 3:00	1.5	0.04	206	4.2	0.19	11	3.5	0.22	98	3.5	0.44	185	2.6	0.62	171	1.7	0.16	140
2020/11/17 4:00	1.0	0.03	334	3.8	0.15	193	3.1	0.43	98	3.1	0.53	181	2.0	0.52	162	1.3	0.10	150
2020/11/17 5:00	0.7	0.03	183	3.4	0.05	358	2.8	0.31	106	2.8	0.50	179	1.7	0.16	163	0.9	0.03	144
2020/11/17 6:00	0.7	0.03	280	3.5	0.15	16	2.7	0.18	110	2.8	0.12	169	1.8	0.06	340	1.0	0.01	195
2020/11/17 7:00	0.9	0.04	185	3.7	0.13	202	3.0	0.13	294	2.9	0.10	344	2.0	0.13	352	1.2	0.30	169

175

续表

时间	1# 水深(m)	1# 流速(m/s)	1# 流向(°)	2# 水深(m)	2# 流速(m/s)	2# 流向(°)	3# 水深(m)	3# 流速(m/s)	3# 流向(°)	4# 水深(m)	4# 流速(m/s)	4# 流向(°)	5# 水深(m)	5# 流速(m/s)	5# 流向(°)	6# 水深(m)	6# 流速(m/s)	6# 流向(°)
2020/11/17 8:00	1.3	0.04	223	4.0	0.11	187	3.3	0.20	326	3.3	0.17	60	2.3	0.22	352	1.5	0.15	286
2020/11/17 9:00	1.5	0.05	267	4.3	0.09	201	3.6	0.10	305	3.7	0.25	3	2.6	0.28	4	1.9	0.11	254
2020/11/17 10:00	1.8	0.09	157	4.6	0.05	189	3.9	0.27	314	3.9	0.38	340	2.8	0.20	6	2.1	0.08	229
2020/11/17 11:00	2.1	0.07	147	4.9	0.12	336	4.2	0.08	326	4.1	0.31	21	3.1	0.14	19	2.3	0.09	214
2020/11/17 12:00	2.2	0.09	150	4.9	0.10	166	4.2	0.18	305	4.2	0.20	317	3.1	0.16	105	2.4	0.10	232
2020/11/17 13:00	2.1	0.05	163	4.8	0.07	201	4.1	0.09	317	4.1	0.14	168	3.1	0.08	206	2.4	0.04	217
2020/11/17 14:00	2.0	0.02	274	4.7	0.09	232	4.0	0.15	303	4.0	0.31	177	3.0	0.14	181	2.2	0.13	171
2020/11/17 15:00	1.7	0.03	210	4.4	0.01	21	3.8	0.04	316	3.8	0.30	187	2.8	0.11	180	2.0	0.07	218

表 4.3-3 小潮期垂线平均流速流向

时间	1# 水深(m)	1# 流速(m/s)	1# 流向(°)	2# 水深(m)	2# 流速(m/s)	2# 流向(°)	3# 水深(m)	3# 流速(m/s)	3# 流向(°)	4# 水深(m)	4# 流速(m/s)	4# 流向(°)	5# 水深(m)	5# 流速(m/s)	5# 流向(°)	6# 水深(m)	6# 流速(m/s)	6# 流向(°)
2020/11/11 14:00	1.4	0.03	351	3.4	0.05	157	3.5	0.12	281	3.5	0.09	340	2.3	0.42	349	1.6	0.13	41
2020/11/11 15:00	1.5	0.07	314	3.6	0.10	133	3.7	0.20	296	3.7	0.17	339	2.5	0.33	1	1.8	0.17	322
2020/11/11 16:00	1.8	0.05	243	3.8	0.03	322	3.9	0.09	308	3.9	0.21	340	2.7	0.44	358	2.0	0.23	337
2020/11/11 17:00	2.2	0.11	216	4.1	0.10	278	4.2	0.11	323	4.3	0.22	347	3.0	0.31	10	2.3	0.17	303
2020/11/11 18:00	2.4	0.10	205	4.4	0.06	29	4.5	0.20	110	4.5	0.15	21	3.2	0.18	290	2.5	0.10	303

续表

时间	1# 水深(m)	1# 流速(m/s)	1# 流向(°)	2# 水深(m)	2# 流速(m/s)	2# 流向(°)	3# 水深(m)	3# 流速(m/s)	3# 流向(°)	4# 水深(m)	4# 流速(m/s)	4# 流向(°)	5# 水深(m)	5# 流速(m/s)	5# 流向(°)	6# 水深(m)	6# 流速(m/s)	6# 流向(°)
2020/11/11 19:00	2.6	0.06	161	4.6	0.10	307	4.7	0.12	115	4.7	0.14	42	3.5	0.10	2.7	2.8	0.11	290
2020/11/11 20:00	2.8	0.03	43	4.8	0.10	241	4.8	0.06	295	4.9	0.03	136	3.6	0.06	39	2.9	0.07	251
2020/11/11 21:00	2.7	0.06	187	4.7	0.11	240	4.7	0.08	297	4.8	0.07	175	3.5	0.20	167	2.8	0.10	252
2020/11/11 22:00	2.5	0.06	205	4.4	0.05	247	4.6	0.17	307	4.6	0.20	185	3.3	0.34	144	2.7	0.13	239
2020/11/11 23:00	2.3	0.08	184	4.2	0.12	129	4.4	0.08	81	4.4	0.31	190	3.2	0.24	180	2.5	0.07	163
2020/11/12 0:00	2.1	0.05	188	4.1	0.07	135	4.2	0.14	97	4.2	0.31	180	3.0	0.19	172	2.3	0.09	238
2020/11/12 1:00	2.0	0.07	48	4.0	0.03	157	4.1	0.28	106	4.1	0.16	202	2.9	0.13	172	2.1	0.02	153
2020/11/12 2:00	2.0	0.06	301	4.0	0.08	135	4.1	0.20	114	4.1	0.06	294	2.9	0.14	289	2.1	0.04	343
2020/11/12 3:00	2.1	0.08	330	4.1	0.10	173	4.3	0.09	117	4.2	0.11	325	3.0	0.30	23	2.3	0.07	4
2020/11/12 4:00	2.1	0.03	265	4.1	0.13	228	4.3	0.12	267	4.2	0.17	336	3.1	0.20	13	2.4	0.15	8
2020/11/12 5:00	2.3	0.05	309	4.3	0.11	226	4.5	0.04	83	4.5	0.23	345	3.2	0.29	344	2.6	0.10	360
2020/11/12 6:00	2.7	0.06	121	4.6	0.12	222	4.8	0.12	100	4.8	0.20	337	3.5	0.16	357	2.8	0.09	304
2020/11/12 7:00	2.9	0.06	209	4.8	0.15	211	5.0	0.21	107	4.9	0.13	33	3.7	0.04	77	3.0	0.02	325
2020/11/12 8:00	2.8	0.06	164	4.8	0.21	255	4.9	0.12	263	4.9	0.09	122	3.7	0.09	160	3.1	0.07	276
2020/11/12 9:00	2.8	0.05	148	4.7	0.15	246	4.8	0.09	111	4.8	0.18	164	3.6	0.31	180	2.9	0.08	161
2020/11/12 10:00	2.4	0.09	150	4.4	0.02	169	4.5	0.25	123	4.5	0.30	170	3.3	0.40	166	2.6	0.11	78
2020/11/12 11:00	2.0	0.04	144	4.0	0.04	191	4.1	0.45	105	4.1	0.32	188	2.9	0.44	173	2.1	0.20	127
2020/11/12 12:00	1.5	0.11	103	3.5	0.06	233	3.7	0.18	128	3.6	0.30	185	2.4	0.21	163	1.7	0.16	132

续表

时间	1#水深(m)	1#流速(m/s)	1#流向(°)	2#水深(m)	2#流速(m/s)	2#流向(°)	3#水深(m)	3#流速(m/s)	3#流向(°)	4#水深(m)	4#流速(m/s)	4#流向(°)	5#水深(m)	5#流速(m/s)	5#流向(°)	6#水深(m)	6#流速(m/s)	6#流向(°)
2020/11/12 13:00	1.4	0.02	116	3.3	0.03	265	3.5	0.17	122	3.5	0.21	195	2.2	0.24	168	1.5	0.07	112
2020/11/12 14:00	1.3	0.07	92	3.3	0.11	172	3.5	0.06	279	3.4	0.15	210	2.2	0.05	187	1.4	0.08	316
2020/11/12 15:00	1.6	0.08	344	3.6	0.01	219	3.7	0.13	284	3.8	0.04	304	2.5	0.36	352	1.8	0.08	317

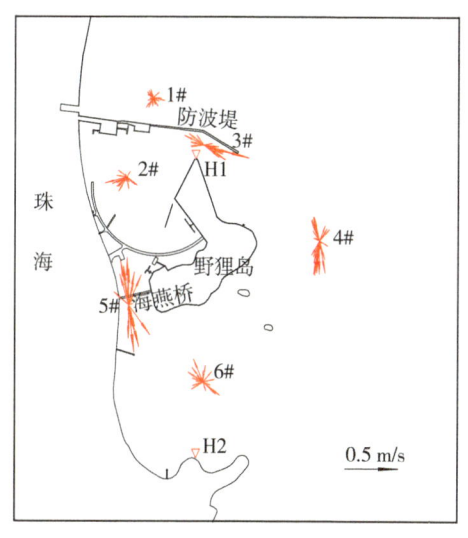

图 4.3-2　小潮期流速玫瑰图　　　　图 4.3-3　大潮期流速玫瑰图

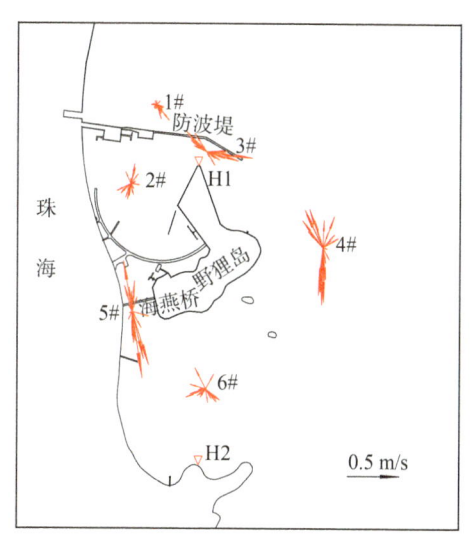

4.3.3　潮流量观测成果

海燕桥、防波堤断面大小潮期间的潮量统计表见表 4.3-4、表 4.3-5，流量过程见图 4.3-4、图 4.3-5。由流量过程可以得出如下结论。

表 4.3-4　涨潮量统计表

项目	涨潮量（万 m³）		占比	
	海燕桥断面	防波堤断面	海燕桥断面	防波堤断面
小潮	-295	-120	71%	29%
大潮	-277	-139	67%	33%
连续 8 天	-2 268	-1 186	66%	34%
海燕桥进流，防波堤出流	—	644	—	21%

注：负值为涨潮进流，正值为落潮出流。

表 4.3-5　落潮量统计表

项目	落潮量（万 m³）		占比	
	海燕桥断面	防波堤断面	海燕桥断面	防波堤断面
小潮	247	161	60%	40%
大潮	219	132	62%	38%

续表

项目	落潮量(万 m³)		占比	
	海燕桥断面	防波堤断面	海燕桥断面	防波堤断面
连续 8 天	1 864	1 726	52%	48%
海燕桥出流,防波堤进流	—	−386	—	28%

注:负值为涨潮进流,正值为落潮出流。

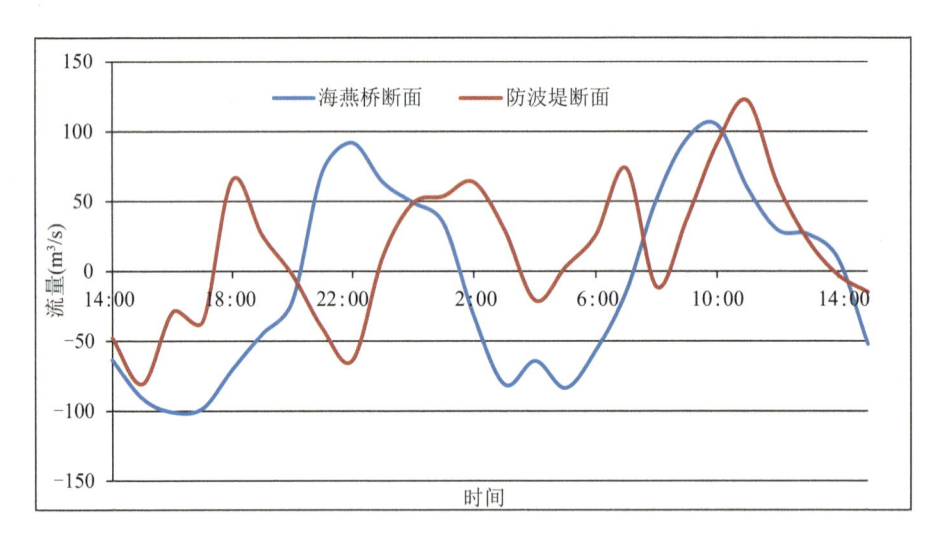

图 4.3-4　小潮期流量过程线

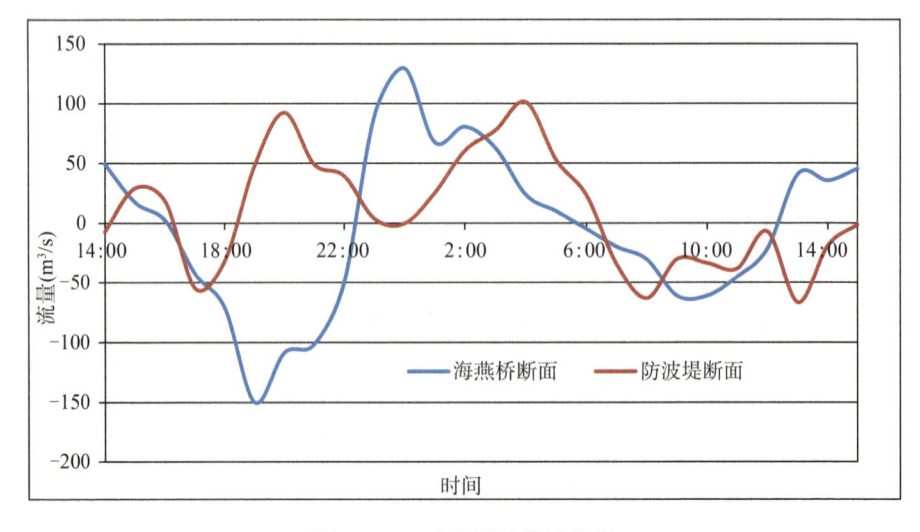

图 4.3-5　大潮期流量过程线

(1) 香洲港水域水体主要来自南侧。

根据大小潮的流量过程统计了涨潮量状况,见表4.3-4。南侧海燕桥断面涨潮量占比较为稳定,小潮为71%,大潮为67%,8天平均为66%;由东侧防波堤断面进入的潮量相对较小,大潮为29%,小潮为33%,8天平均为34%。

南侧海燕桥断面落潮量占比略小于涨潮量占比,小潮时为60%,大潮为62%,8天平均为52%;东侧防波堤断面落潮量相对较小,小潮为40%,大潮为38%,8天平均为48%。

(2) 香洲港水域具有纳潮、潮流通道两种功能。

海燕桥断面具有显著的两涨两落现象,而防波堤断面进出流向变化则复杂得多,体现出香洲港水域具有纳潮、潮流通道两种功能。纳潮功能表现为香洲港水域两个进出口断面流量同涨、同落。潮流通道功能表现为涨急阶段海燕桥断面向内进流、防波堤断面向外出流,涨潮流穿过香洲港;落潮初期则相反,防波堤断面向内进流,而海燕桥断面向外出流,落潮流穿过香洲港。

在海燕桥进流的同时,防波堤侧出现出流的条件下,防波堤断面的出流流量约占海燕桥涨潮量的21%。在海燕桥出流的同时,防波堤侧出现进流的条件下,防波堤断面的进流流量约占海燕桥落潮量的28%。8天中南侧海燕桥断面总涨潮量为2 268万 m^3,海燕桥涨潮时防波堤断面流出的潮量为644万 m^3;8天中东侧防波堤断面总涨潮量为1 186万 m^3,海燕桥断面落潮时防波堤断面的涨潮量为386万 m^3;8天中港区纳潮总量为2 424万 m^3,其中由南侧海燕桥断面进入的纳潮量占比为67%。

4.3.4 泥沙观测成果

由图4.3-6至图4.3-9可以看出,测量期间,垂线含沙量总体上呈现底层>中层>表层,大潮>小潮。防波堤出口外侧海域4#小潮期表层含沙量变化范围为0.01~0.171 kg/m^3,底层为0.031~0.192 kg/m^3,香洲港内部2#小潮期表层含沙量变化范围为0.013~0.054 kg/m^3,底层含沙量变化范围为0.018~0.071 kg/m^3。大潮期间,总体含沙量有所增大,4#表层含沙量变化幅度为0.015~0.018 1 kg/m^3,底层含沙量变化范围为0.019~0.251 kg/m^3;香洲港内部2#大潮期表层含沙量变化范围为0.013~0.054 kg/m^3,底层含沙量变化范围为0.035~0.131 kg/m^3。

从表4.3-6可以看出,小潮期间,香洲港内部水域和香洲港南部水域含沙量最小,平均含沙量为 0.036 kg/m³ 和 0.032 kg/m³,主要原因在于港池内部水域水动力较小,因此含沙较低;防波堤出口、海燕桥出口以及香洲港东部水域水动力较强,因此整体含沙量较大,分别为 0.081 kg/m³、0.099 kg/m³、0.097 kg/m³;大潮期,各测点含沙量均有所增大,其中香洲港南侧水域增幅最大,平均含沙量达到 0.156 kg/m³,港池内部水域含沙量最小,平均含沙量为 0.066 kg/m³。

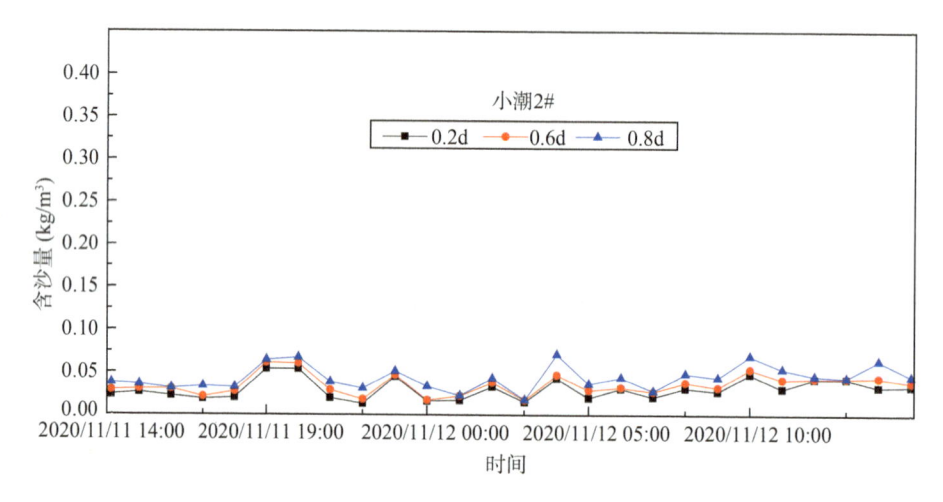

图 4.3-6　小潮期 2#含沙量过程线

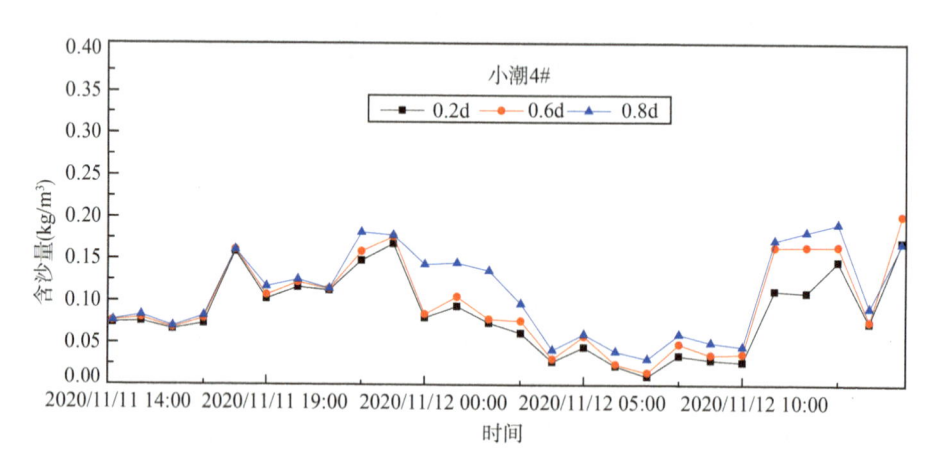

图 4.3-7　小潮期 4#含沙量过程线

第 4 章　香洲港水动力和水质观测

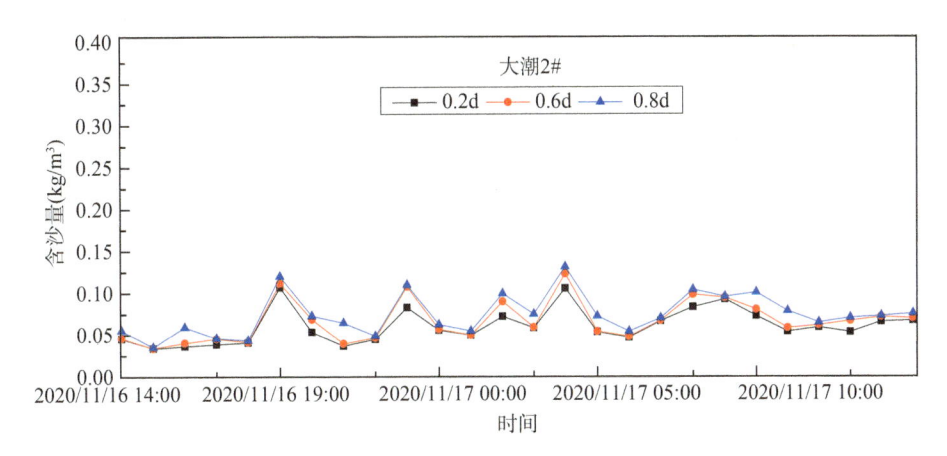

图 4.3-8　大潮期 2#含沙量过程线

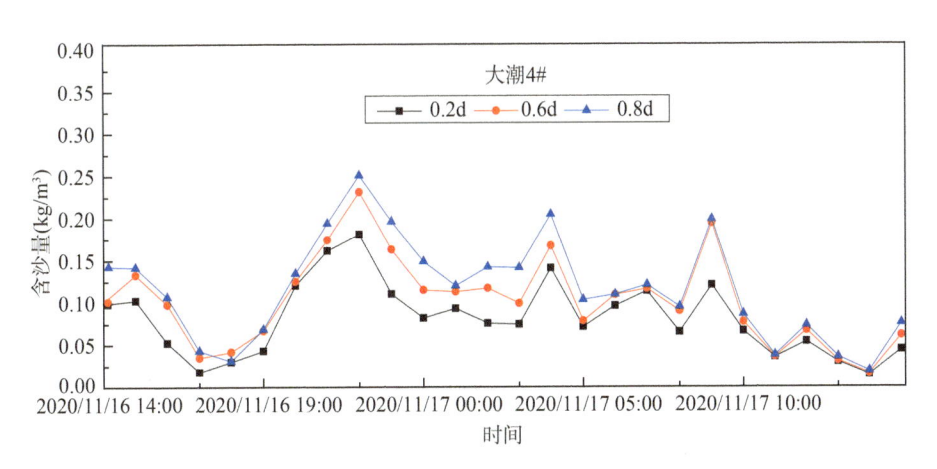

图 4.3-9　大潮期 4#含沙量过程线

表 4.3-6　垂线含沙量特征值　　　　　　　　　　　　单位：kg/m³

测点位置	小潮		大潮	
	最大值	平均值	最大值	平均值
1#	0.122	0.059	0.148	0.089
2#	0.061	0.036	0.119	0.066
3#	0.244	0.081	0.137	0.096
4#	0.181	0.097	0.221	0.100
5#	0.140	0.099	0.269	0.112

续表

测点位置	小潮		大潮	
	最大值	平均值	最大值	平均值
6#	0.064	0.032	0.244	0.156
平均	—	0.068	—	0.103

4.3.5 水质观测成果

本次水质观测设置了4个测点,位于流速观测垂线1#、2#、4#、5#,采样时间为涨潮阶段的涨急、涨憩,落潮阶段的落急、落憩,每个时刻采集了0.2、0.6、0.8层水样,然后于实验室进行化学需氧量、BOD_5和氨氮(大潮为无机氮)的检测。根据水质检测结果,统计涨潮、落潮主要水质参数的统计值,见表4.3-7和表4.3-8。具体可以得出以下结论。

表4.3-7 小潮期水质状况

测点	位置	时段	化学需氧量 (COD_{Mn})(mg/L)	BOD_5 (mg/L)	氨氮 (mg/L)
1#	防波堤北	涨潮	0.570	0.266	0.057
		落潮	0.467	0.231	0.051
2#	香洲港内	涨潮	0.608	0.300	0.078
		落潮	0.437	0.231	0.055
4#	野狸岛东	涨潮	0.413	0.274	0.022
		落潮	0.520	0.259	0.014
5#	海燕桥	涨潮	0.500	0.249	0.009
		落潮	0.465	0.246	0.006

表4.3-8 大潮期水质状况

测点	位置	时段	化学需氧量 (COD_{Mn})(mg/L)	BOD_5 (mg/L)	氨氮 (mg/L)
1#	防波堤北	涨潮	0.495	0.306	1.031
		落潮	2.027	1.108	1.785
2#	香洲港内	涨潮	0.780	0.442	1.329
		落潮	0.915	0.509	1.663

续表

测点	位置	时段	化学需氧量 (COD_{Mn})(mg/L)	BOD_5 (mg/L)	氨氮 (mg/L)
4#	野狸岛东	涨潮	0.427	0.264	0.650
		落潮	0.550	0.284	1.331
5#	海燕桥	涨潮	0.467	0.233	0.828
		落潮	0.653	0.334	1.294

（1）区域水质总体上属于劣四类海水，不满足景观水体标准要求。

由观测成果可以看出，COD_{Mn} 和 BOD_5 含量大部分小于 1 mg/L，满足一类海水，仅有防波堤北、凤凰河出口外的 1# 测点在大潮落潮时降至二类海水，但是各测点无机氮含量在大潮期均超过 0.5 mg/L，达不到四类海水要求的 0.5 mg/L 标准。

（2）从主要污染物氨氮和无机氮的分布来看，香洲港南侧、东侧水体水质好于港内和北侧。

小潮期香洲港南侧、东侧水体氨氮含量小于 0.022 mg/L，港内和北侧水体氨氮含量大于 0.051 mg/L；大潮期香洲港南侧、东侧水体无机氮含量处于 0.65~1.331 mg/L，港内和北侧水体无机氮含量处于 1.031~1.785 mg/L。总体来看，香洲港南侧、东侧水体水质好于港内和北侧水体。主要由于港内和北侧水体观测点位于防波堤南北两侧的弱流区，水体交换弱，导致污染物含量相对较高；而防波堤北侧为凤凰河出口，受到污水处理厂的中水排放通道的影响。

（3）涨潮水体水质明显较好。

本区域主要污染物之一为无机氮，香洲港南侧、东侧水体无机氮含量在大潮涨潮时段为 0.65~0.828 mg/L，接近于落潮时段的一半。

第5章

模型建立和验证

5.1 数学模型建立和验证

5.1.1 数学模型基本原理

（1）基本方程

① 潮流数学模型

垂向平均的二维水动力数学模型控制方程包括一个连续性方程和两个动量方程，基本方程为：

$$\frac{\partial \zeta}{\partial t} + \frac{\partial p}{\partial x} + \frac{\partial q}{\partial y} = 0 \tag{5-1}$$

$$\frac{\partial p}{\partial t} + \frac{\partial}{\partial x}\left(\frac{p^2}{h}\right) + \frac{\partial}{\partial y}\left(\frac{pq}{h}\right) + gh\frac{\partial \zeta}{\partial x} - \Omega q - fVV_x + \frac{gp\sqrt{p^2+q^2}}{C^2 h^2}$$
$$= E\left(\frac{\partial^2 p}{\partial x^2} + \frac{\partial^2 p}{\partial y^2}\right) - \frac{h}{\rho_w}\frac{\partial}{\partial x}(p_a) \tag{5-2}$$

$$\frac{\partial q}{\partial t} + \frac{\partial}{\partial x}\left(\frac{pq}{h}\right) + \frac{\partial}{\partial y}\left(\frac{q^2}{h}\right) + gh\frac{\partial \zeta}{\partial y} + \Omega p - fVV_y + \frac{gq\sqrt{p^2+q^2}}{C^2 h^2}$$
$$= E\left(\frac{\partial^2 q}{\partial x^2} + \frac{\partial^2 q}{\partial y^2}\right) - \frac{h}{\rho_w}\frac{\partial}{\partial y}(p_a) \tag{5-3}$$

式中：ζ 为水面高程（$h=\zeta+d$）；h 为水深；p、q 分别为 x、y 方向垂线平均单宽流量；C 为谢才系数；f 为风阻力系数；V、V_x、V_y 分别为风速及其在 x、y 方向的分量；Ω 为科氏力参数；p_a 为大气压强；ρ_w 为水密度；E 为涡动黏性系数。

方程中 fVV_x、fVV_y 是台风场对水体的切应力项，$\frac{h}{\rho_w}\frac{\partial}{\partial x}(p_a)$、$\frac{h}{\rho_w}\frac{\partial}{\partial y}(p_a)$ 为水面的气压梯度项；Ωp、Ωq 为地转效应。

② 对流扩散数学模型

海湾水体交换问题的本质是湾内水体在流场中的对流-扩散问题。因此对流-扩散型的数值模型在物理上与海湾水体交换问题更加一致。

$$\frac{\partial C}{\partial t} + \frac{\partial uC}{\partial x} + \frac{\partial vC}{\partial y} + \frac{\partial wC}{\partial z} = F_C + \frac{\partial}{\partial z}\left(D_V \frac{\partial C}{\partial z}\right) - k_P C + C_S S \tag{5-4}$$

式中：C 为指示剂浓度；k_P 为指示剂线性衰减率；C_S 为源的指示物浓度；D_V 为垂向扩散系数；F_C 为水平向扩散项，由下式确定。

$$F_C = \left[\frac{\partial}{\partial x}\left(D_h \frac{\partial}{\partial x}\right) + \frac{\partial}{\partial y}\left(D_h \frac{\partial}{\partial y}\right)\right]C$$

式中：D_h 为水平扩散系数。

沿水深方向进行积分整理，得到沿水深平均的二维对流扩散方程：

$$\frac{\partial h\overline{C}}{\partial t} + \frac{\partial h\overline{u}\overline{C}}{\partial x} + \frac{\partial h\overline{v}\overline{C}}{\partial y} = hF_C - hk_P\overline{C} + hC_S S$$

式中：$\overline{C}$ 为沿垂向的平均指示物浓度；h 为总水深；u、v 为 x、y 方向沿垂线的平均流速。hF_C 包含湍动扩散和由于流速、浓度沿深度分布不均匀引起的离散，如果不忽略分子扩散作用，那么还包括分子扩散。

（2）计算方法

本模型采用的计算方法为有限体积法，即将计算域划分成若干非规则形状的单元或控制体。在计算出通过每个控制体边界法向输入输出的流量和动量通量后，对每个控制体分别进行水量和动量平衡计算，便得到计算时段末各控制体的平均水深和流速。

FVM 是对推导原始微分方程所用控制体积方法的回归，与 FDM 和 FEM 的数值逼近相比，其物理意义更直接明晰。跨控制体间界面运输的通量，对相邻控制体来说大小相等，方向相反，故对整个计算域来说，沿所有内部边界的通量相互抵消。对由一个或多个控制体组成的任意区域，以至整个计算区域，都严格满足物理守恒定律，不存在守恒误差，且能正确计算间断。

5.1.2　模型研究范围及网格

数学模型研究采用最新的水文地形资料，模型范围与之配套，上游边界设在珠江河口八大口门控制站断面，下游设置在 −50 m 等高线附近（见图 5.1-1）。本项目研究区域位于香炉湾香洲港，局部范围内网格根据现状、已批待建、规划项目的边界划分，网格尺寸 5～20 m，见图 5.1-2。

5.1.3　模型定解条件

本书对流扩散数学模型计算的目的有两个：第一，采用溶解性保守物质模拟港池内外的水体交换情况，即通过示踪剂浓度的时空分布来反映湾内、外水体的交换情况；第二，通过水质模拟计算，分析实测外源输入情况下港池内污染

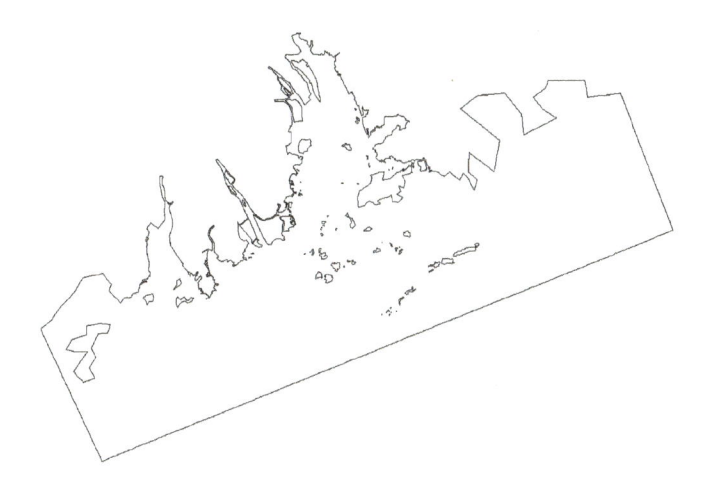

图 5.1-1　数学模型范围

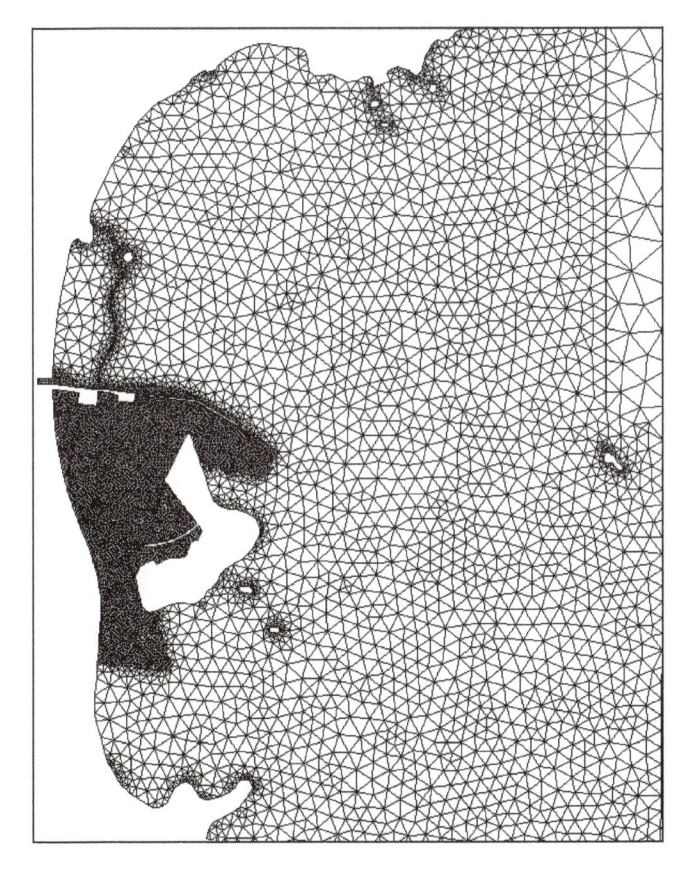

图 5.1-2　研究区域网格

物浓度分布特征。水体交换计算采用港池内一次性投入面源示踪剂的方式；污染物浓度分布特征分析则采用点源污染模拟，主要点源为凤凰河出口。

5.1.4 模型验证

(1) 验证水文组合

采用"202006"洪季、"201912"枯季资料对伶仃洋潮流进行验证，采用"20201116"枯季大潮对工程局部潮流进行验证，各验证组合时间段见表5.1-1。

表5.1-1 验证水文组合

组合	时段	时长(h)	日潮位变幅(m)
"202006"洪季	2020年6月16日14时至 2020年6月25日10时	212	1.57～2.91(内伶仃)
"201912"枯季	2019年12月27日14时至 2020年1月5日14时	216	0.68～2.37(内伶仃)
"20201116"枯季大潮	2020年11月16日14时至 2020年11月17日15时	25	2.45(香洲港)

(2) 潮位过程验证

数学模型潮位过程验证见图5.1-3至图5.1-5。可见模型潮位过程与实测潮位过程相位一致，高低潮误差总体小于10 cm，满足规范要求。

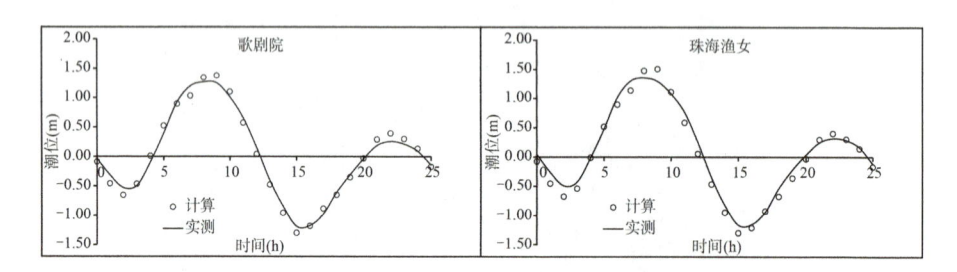

图5.1-3 "20201116"枯季大潮潮位过程验证

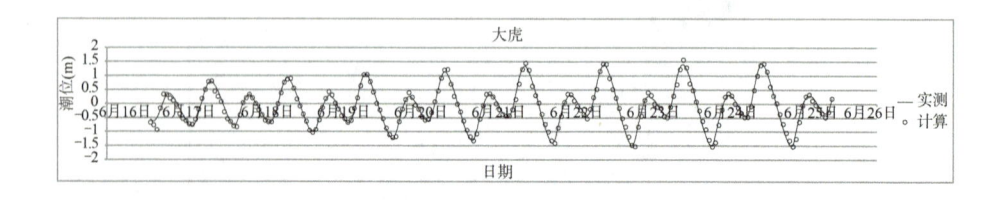

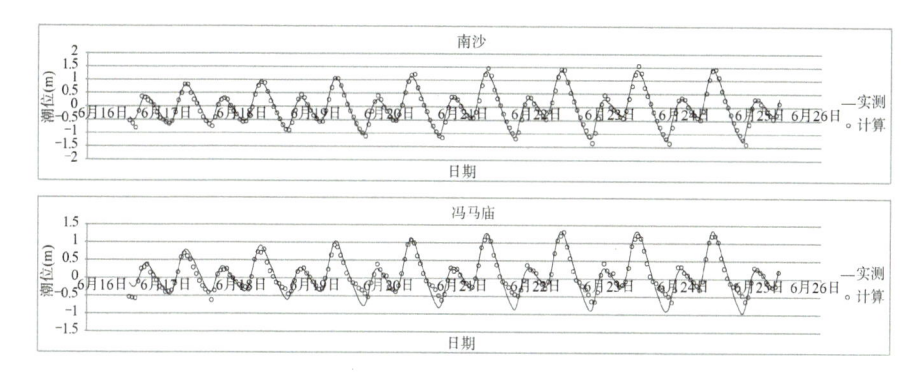

图 5.1-4a　"202006"洪季潮位过程验证

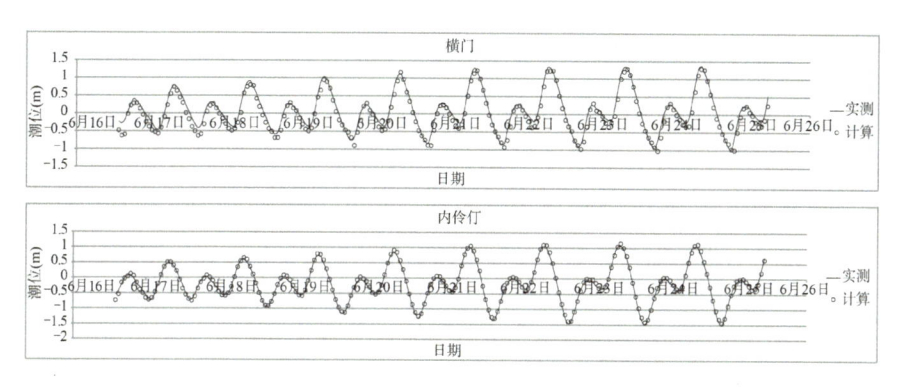

图 5.1-4b　"202006"洪季潮位过程验证

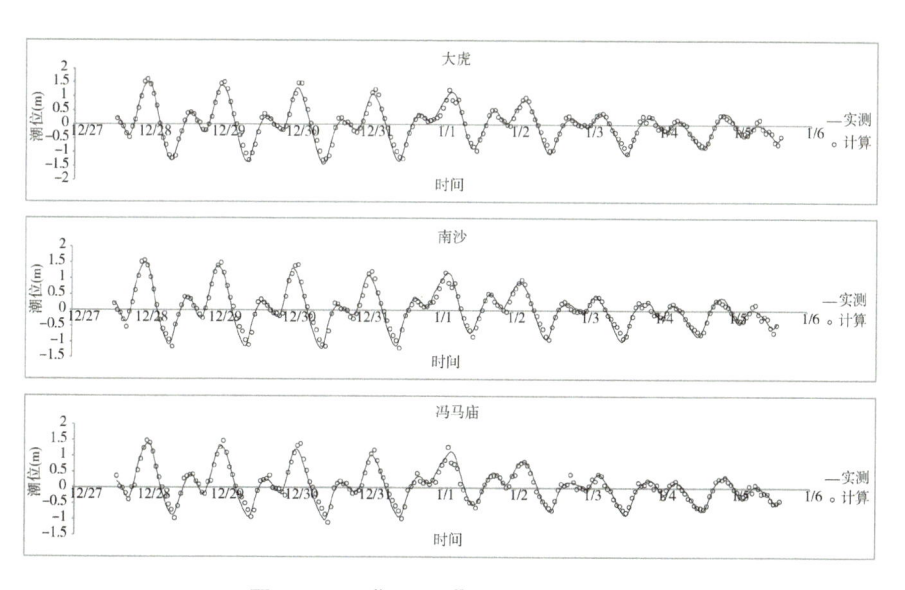

图 5.1-5a　"201912"枯季潮位过程验证

193

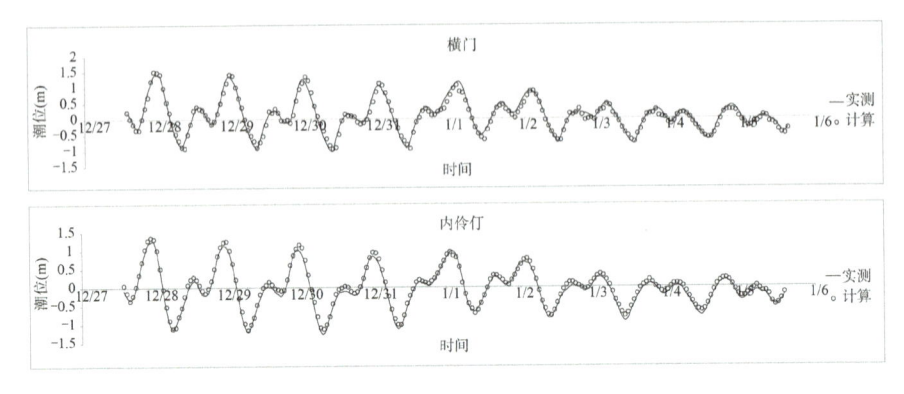

图 5.1-5b "201912"枯季潮位过程验证

（3）流速过程验证

模型采用"20201116"枯季大潮、"202006"洪季和"201912"枯季资料进行流速验证，流速测点位置见图 4.1-1、图 5.1-6，流速过程见图 5.1-7 至图 5.1-9。从香洲港附近水域来看，香洲港附近水域流速总体较小，"20201116"枯季大潮流速验证表明，计算流速过程与实测过程基本一致，流速误差绝对值较小；从伶仃洋水域来看，采用"202006"洪季流速过程进行验证，计算流速过程与实测过程基本一致，流速误差一般在 10% 以内，满足规范精度要求。

5.1.5 水体交换计算条件

（1）水体交换水文组合

珠江河口潮汐具有典型的半月潮特征，潮汐在半个月内具有大小潮的变化。为了反映实际情况，水体交换计算组合选取时间序列较长、具有大小潮变化的水文组合。已有研究表明，香洲港水体半交换周期小于 8 天，"202006"洪季和"201912"枯季组合均可用于水体交换研究，考虑到香洲港位于伶仃洋中部，受上游径流影响相对较小，同时"202006"洪季组合经历小潮到大潮的变化过程，初期潮差较小，对交换相对不利，而"201912"枯季为由大潮到小潮的潮汐过程，因此选取"202006"洪季组合作为水体交换计算水文组合，见图 5.1-10。

（2）初始场

为了研究香洲港内的水体交换速度，将海燕桥以北、防波堤断面以东范围内初始值设为 100，见图 5.1-11。

图 5.1-6 "202006"和"201912"流速测点位置图

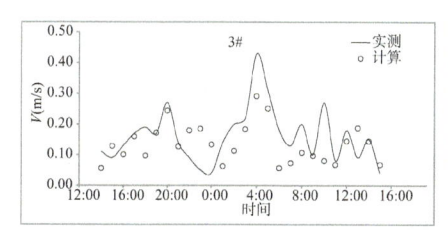

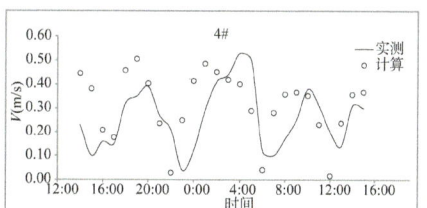

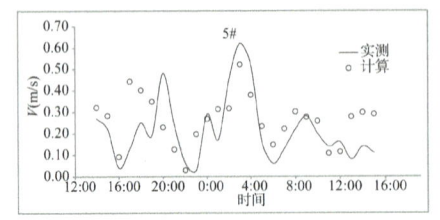

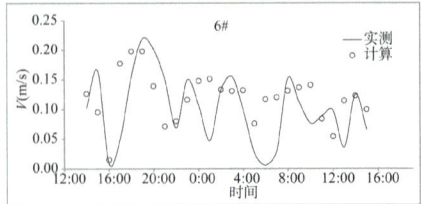

图 5.1-7 "20201116"枯季大潮流速过程验证

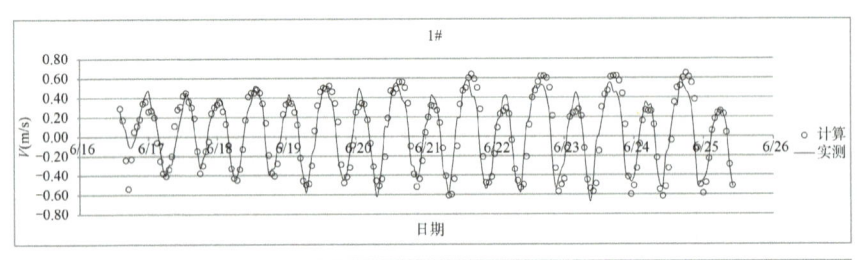

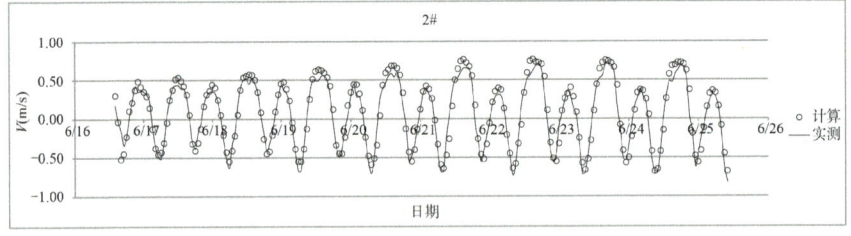

图 5.1-8a "202006"洪季流速过程验证

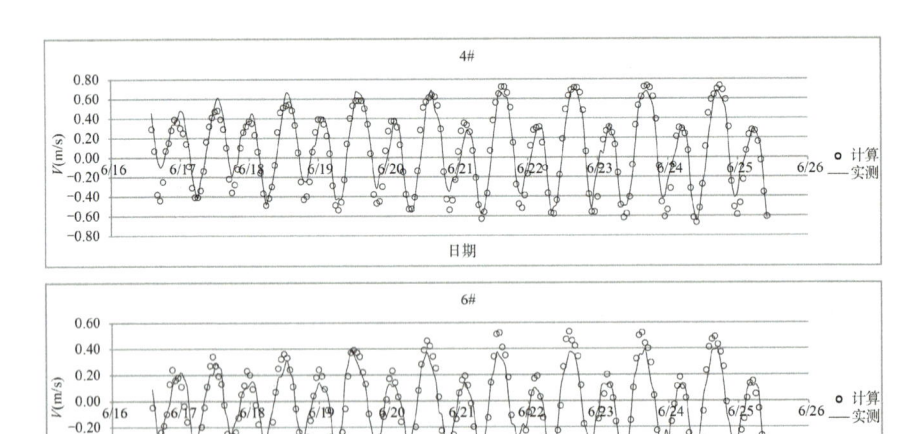

图 5.1-8b "202006"洪季流速过程验证

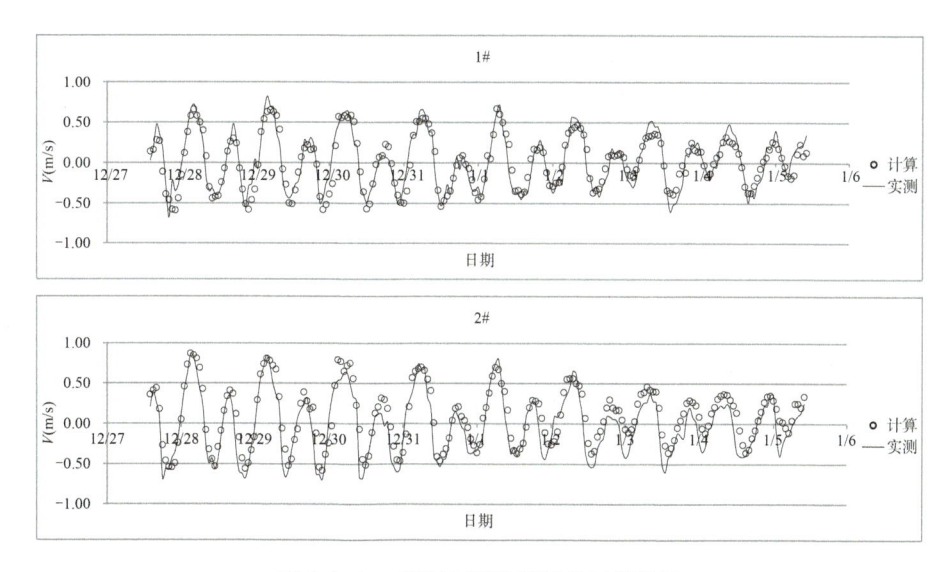

图 5.1-9a "201912"枯季流速过程验证

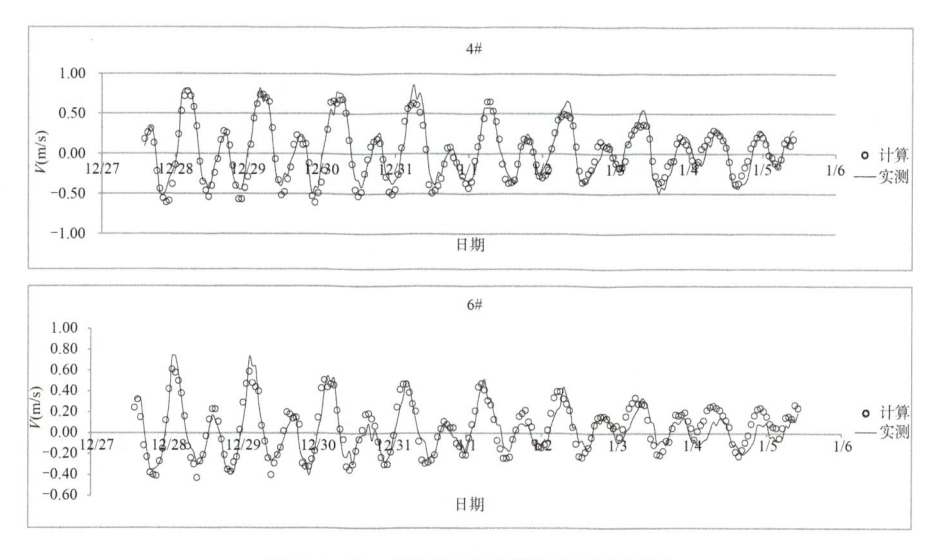

图 5.1-9b "201912"枯季流速过程验证

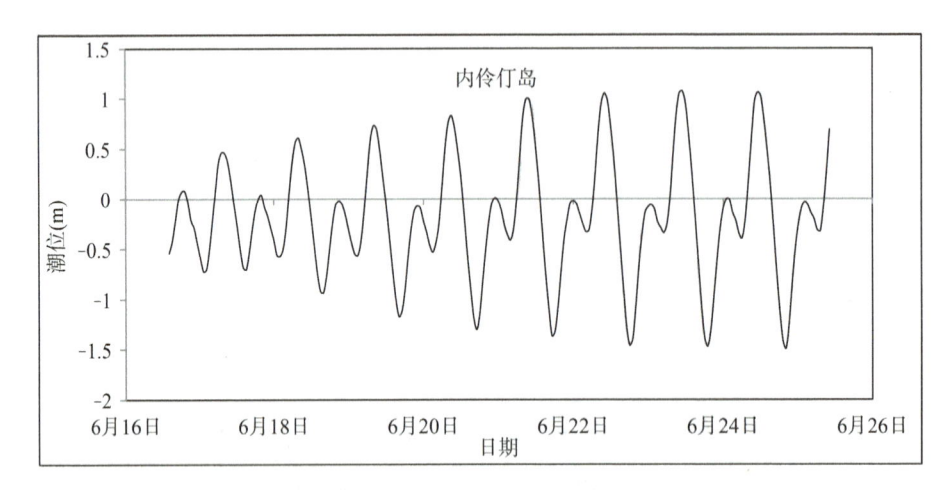

图 5.1-10　数学模型水体交换计算潮型（"202006"洪季组合）

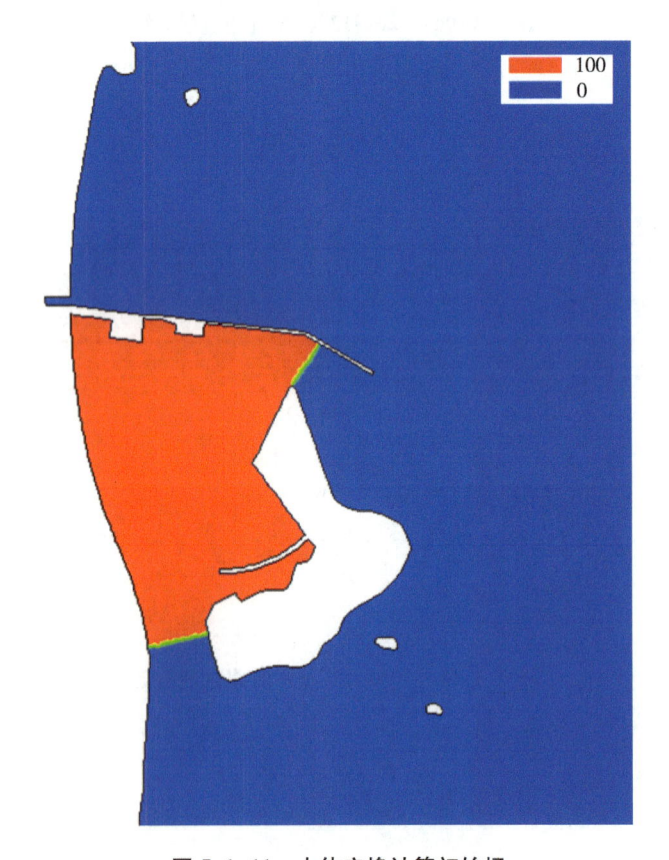

图 5.1-11　水体交换计算初始场

5.2 物理模型建立和验证

5.2.1 物理模型设计

(1) 模型范围及比尺

研究区域为珠海香炉湾,局部流态复杂。为了减少边界设置对香洲港流态的影响,物理模型范围涵盖珠海香炉湾,南北两侧边界位于香炉湾南北岬角,东侧边界顺局部主槽布设,研究区域长 9 km,宽 4.5 km。香炉湾附近潮流主要为南北向的往复流,模型范围包含香炉湾及东侧外海主槽,模型范围的选取基本合适。

① 几何比尺

根据试验的目的与任务,结合场地条件及实验室的供水能力等因素,本模型采用平面比尺 $\lambda_l = 250$;考虑到香炉湾水域水深总体较小,海燕桥附近浅滩水深仅 1 m,为了减少表面张力的影响,并保证模型水流处于阻力平方区,模型垂直比尺采用 $\lambda_h = 50$,变率 $\eta = 5$。模型布置图见图 5.2-1。

② 水流运动相似比尺

对于潮汐河口模型而言,要使模型中的水流运动与原型相似,必须同时满足重力相似和阻力相似条件,前者即水流流速比尺:

$$\lambda_v = \lambda_h^{1/2} = 7.07$$

后者即糙率系数比尺:

$$\lambda_n = \lambda_h^{1/6} \left(\frac{\lambda_h}{\lambda_l}\right)^{1/2} = 0.858$$

水流时间比尺:

$$\lambda_{t_1} = \frac{\lambda_l}{\lambda_v} = 35.36$$

流量比尺:

$$\lambda_Q = \lambda_l \lambda_h \lambda_v = 88\,388$$

式中:λ 为比尺符号,l、h、v、Q、n、t_1 分别为平面尺度、垂直尺度、流速、流量、河床糙率、水流运动时间。

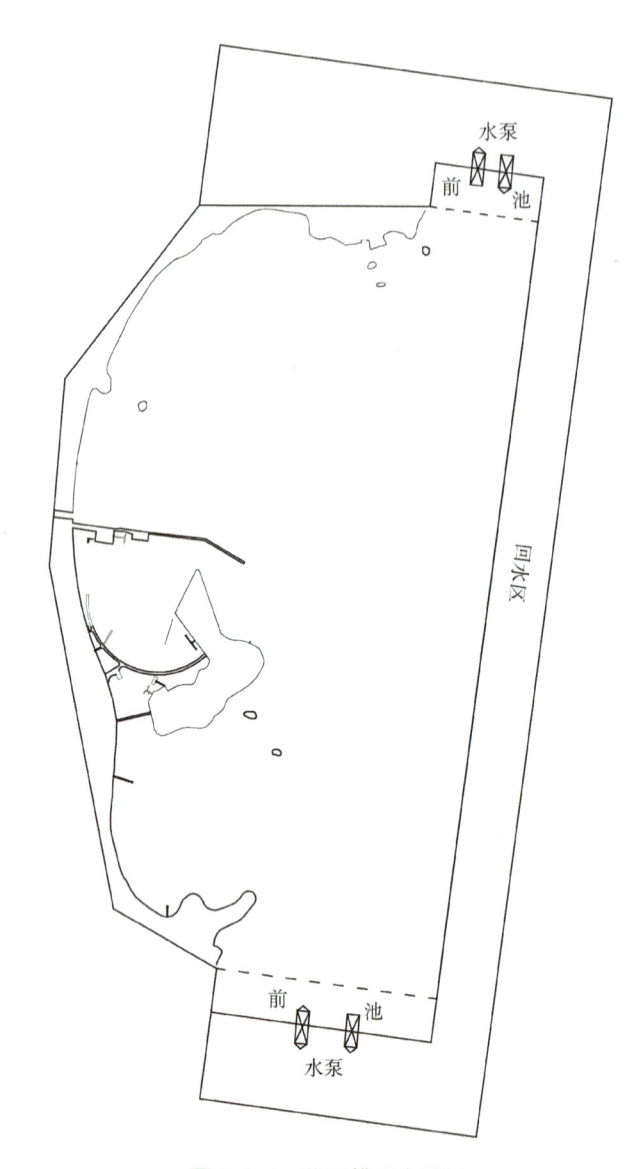

图 5.2-1　物理模型布置图

③ 泥沙运动相似比尺及模型沙的选择

对于浑水定床淤积模型试验,在保证水流运动相似的基础上,首先应满足泥沙沉降相似,泥沙沉降速度比尺为:

$$\lambda_\omega = \frac{\lambda_h \lambda_v}{\lambda_l} = 1.41$$

由于原型悬移质较细,选用天然沙难以满足相似条件,只能采用轻质材料作为模型沙。经过对株洲精煤粉、木屑与木粉等材料沉降速度进行比选分析后,确定采用江苏靖江生产的木粉作模型沙,其容重为 1.16 t/m³,干容重为 0.4 t/m³,算得悬沙粒径比尺为:

$$\lambda_d = \left(\frac{\lambda_\omega}{\lambda_{\frac{\gamma_S-\gamma}{\gamma}}}\right)^{1/2} = 0.37$$

基于工程水域悬沙颗粒极细,其在盐水环境发生絮凝沉降,絮凝团的沉速约为 0.04~0.05 cm/s,絮凝当量粒径约为 0.022 mm,故满足沉降相似的模型沙的中值粒径为:

$$d_{50} = \frac{d_{50p}}{\lambda_d} = 0.059 \text{ mm}$$

悬沙满足沉降相似与挟沙能力相似是悬沙运动相似的必要条件,但还不是充分条件。为了使模型与原型泥沙运动相似,还须满足泥沙起动相似。在天然的条件下,香洲港附近水域床面表层的泥沙处于絮凝团状态。细颗粒泥沙絮凝团粒径 d' 与絮凝当量粒径之间存在如下关系:

$$K \frac{\gamma'_S - \gamma}{\gamma} \cdot g \cdot \frac{d'^2}{\gamma} = K \frac{\gamma_S - \gamma}{\gamma} \cdot g \cdot \frac{d^2}{\gamma} = \omega$$

可得

$$d' = \left[\frac{(\gamma_S - \gamma)}{\gamma'_S - \gamma}\right]^{0.5} \cdot d = 2.04 \cdot d$$

算得细颗粒泥沙絮凝团粒径 $d' = 2.04 \times 0.022 = 0.045$ mm。采用张瑞瑾公式计算,在水深为 1~4 m 时,原型沙的起动流速为 0.39~0.54 m/s,按模型流速比尺折算,要求模型沙的起动流速为 5~7 cm/s。

基于以上分析与计算,最后选用 250 目的木粉,其颗粒级配的中值粒径为 0.051 mm,分选系数为 1.5 左右,相应的沉降速度为 0.03 cm/s,在模型水深情况下起动流速为 4~6 cm/s,基本能满足泥沙沉降相似与起动相似的要求。

含沙量比尺根据原型沙的容重 $\gamma_S = 2.65$ g/cm³,按挟沙能力比尺计算:

$$\lambda_{S_*} = \frac{\lambda_{\gamma_S}}{\lambda_{\gamma_S - \gamma}} = 0.22$$

悬沙冲淤变形的时间比尺依据原型淤积物组成，按悬沙淤积的时间比尺计算，取原型沙干容重 $\gamma_{op}=1.05$ g/cm³。

$$\lambda_{t_2}=\lambda_{\gamma_0} \cdot \lambda_l/\lambda_{S_*} \cdot \lambda_v=419$$

本模型的各种比尺列于表5.2-1。

表5.2-1 模型比尺表

几何比尺	水平比尺	λ_l	250
	垂直比尺	λ_h	50
水流比尺	流速比尺	λ_v	7.07
	水流时间比尺	λ_{t_1}	35.36
泥沙比尺	泥沙粒径比尺	λ_d	0.37
	含沙量比尺	λ_{S_*}	0.22
	冲淤时间比尺	λ_{t_2}	419（计算值）

(2) 模型控制系统及量测设备

模型控制系统采用珠科院研制的分布式工业控制系统，中央监控机主要存储模型试验的各种参数，发布命令，显示实时监控图表、过程曲线、历史试验数据，打印相关参数和报警等；通过RS232串行通信线与现场机连接。现场机依据中央监控机的命令，自动完成数据采集和生潮设备的控制等任务(图5.2-2)。

模型的边界生潮方式是通过变频器控制水泵来实现的。模型南边界采用潮位控制，北边界采用双口门频率控制，模型东向边界设为固定边界。模型利用变频调速器直接调节水泵的供水量，系统根据给定的流量或潮位控制曲线调控每个变频器的输出频率，从而满足边界分段流量或潮位控制的需要。

模型潮位的量测采用珠科院研制的GS-3B光栅式跟踪水位仪，精度可达到0.1 mm。

流速的量测采用LS-3C光电流速仪。对流场观测，则采用多通道PIV/PTV物模流速场测速系统。该系统应用流体示踪粒子、高分辨率黑白摄像镜头和计算机图像识别技术，对流体表面流速场进行记录、处理和识别计算，具有测量同步、速度快、不受潮位变化的影响和高效的特点。

模型加沙系统采用珠科院研制的CRL自动加沙系统，该系统通过变频器直接控制水泵的电机，通过调节加在电机上的交流电压频率来改变电机的运行速度，从而调节传输带的浑水流量，达到自动加沙的目的。该系统已耦合到

HMMC 控制系统,使加沙过程与潮位、潮流控制过程同步。

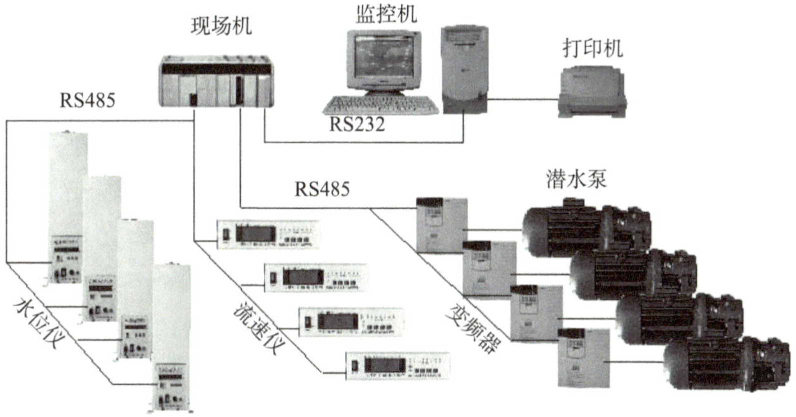

图 5.2-2　生潮控制系统结构示意图

5.2.2　物理模型试验组合

物理模型选择项目开展区域水文测验成果作为验证水文组合,水文组合的时间见表 5.1-1。为了减少模型泥沙试验时长,根据规范的建议,选取大潮作为泥沙试验的水文组合,潮型取自最新的"202006"洪季大潮、"201912"枯季大潮,两者按洪枯季时间比例组合成泥沙试验潮型;由于水体交换试验需要的模型范围较大,物理模型仅演示交换初期的扩散状况,水文组合采用"20201116"枯季大潮(图 5.2-3)。

5.2.3　物理模型验证

(1) 水流运动相似验证

为使模型水流运动与原型水流运动相似,需要在模型上反复调整河床的糙率及外海潮汐控制门的潮位过程,使模型模拟范围内各潮位站的潮位过程与原型相似,各测流控制断面的代表垂线流速过程和流量过程也要与原型相似。模型验证试验布置的潮位站、流速验证点位置见图 5.2-4,验证结果分述如下。

① 潮位的验证

潮位的相似是模型与原型潮汐水流运动相似的基础。为此,进行了"20201116"枯季大潮条件下,2 个潮位站的潮位验证,结果如表 5.2-2 图 5.2-5 所示。由图表可见,模型与原型潮位过程吻合良好,模型的涨、落潮历时和相位

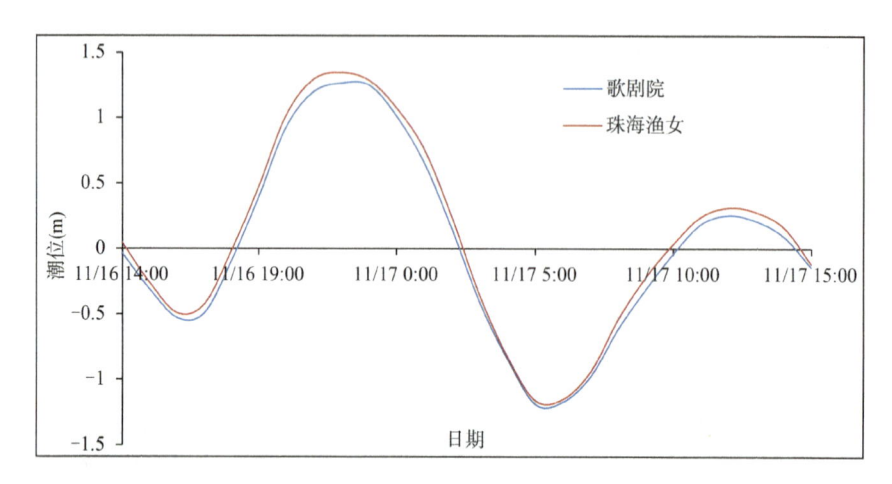

图 5.2-3 物理模型水体交换演示潮型("20201116"枯季大潮)

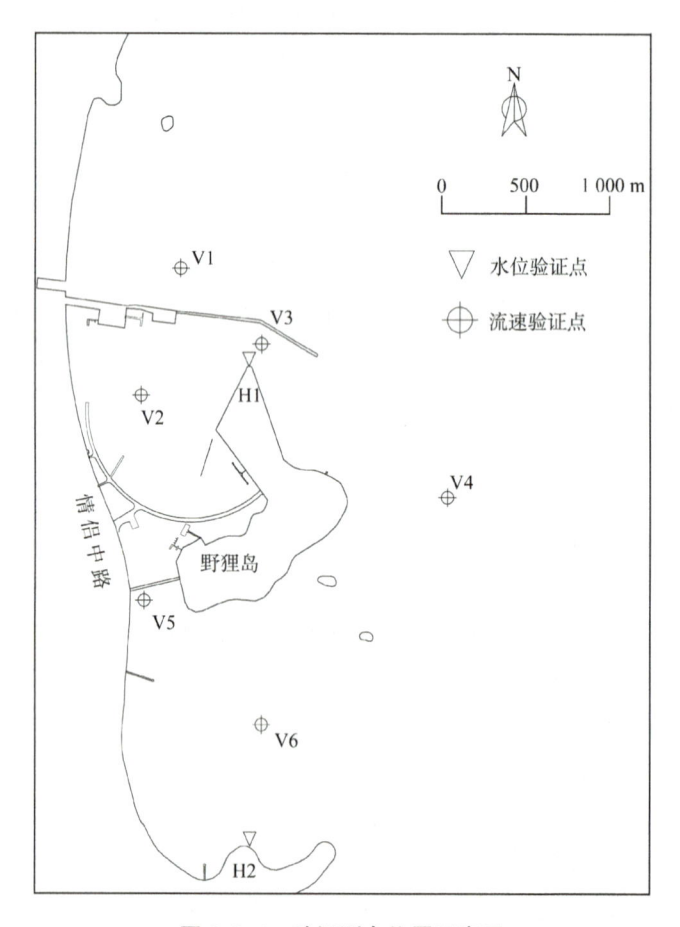

图 5.2-4 验证测点位置示意图

与原型实测资料一致,特征潮位的偏差一般都在 2 cm 以内,因此可以认为各潮位站的潮位达到了相似要求。

表 5.2-2　潮位特征值验证成果表　　　　　　　　　　单位:m

潮型	站名	高高潮位			低低潮位		
		实测	模型	误差	实测	模型	误差
实测大潮	H1	1.26	1.28	0.02	−1.19	−1.17	0.01
	H2	1.35	1.32	−0.02	−1.16	−1.16	−0.01

注:模型值与实测值均为四舍五入后的数据,误差值为原数值计算后四舍五入得到,因此与直接用四舍五入数值计算会有微小误差。

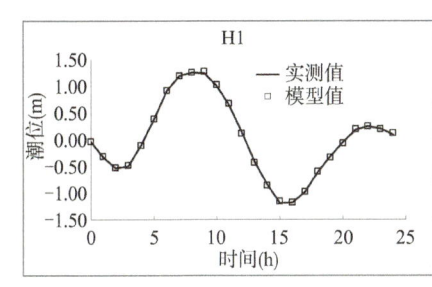

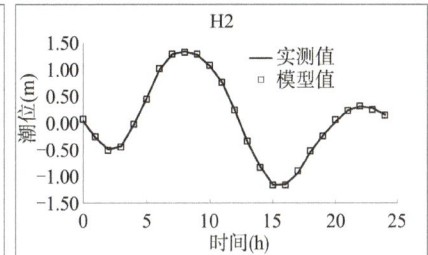

图 5.2-5　潮位特征值验证成果图

② 流速、流向的验证

根据现有的"20201116"枯季大潮流速资料,验证试验主要对香洲湾南侧进口、东侧进口、湾内、港口路北部、野狸岛东侧、南侧 6 个测流断面实测流速、流向进行了验证(测点布置见图 5.2-4),流速验证结果如图 5.2-6 所示。由图可见,各测点涨、落潮流的流速过程线的形态、相位都与原型基本上一致。经统计,涨、落潮模型平均流速与原型平均流速相比较(表 5.2-3),误差基本在 0.01 m/s 以下;模型与原型最大流速相比较,误差没有超过 0.10 m/s,其中在 0.05 m/s 以下的占总数的 58%。可见,模型流速、流向较好地达到了与原型相似的要求。

表 5.2-3　流速特征值验证成果表　　　　　　　　　　单位:m/s

站名	潮期	平均流速			最大流速		
		实测值	模型值	误差	实测值	模型值	误差
V1	落潮	0.06	0.06	0.00	0.19	0.12	−0.07
	涨潮	−0.03	−0.05	−0.02	−0.05	−0.08	−0.03

续表

站名	潮期	平均流速 实测值	平均流速 模型值	平均流速 误差	最大流速 实测值	最大流速 模型值	最大流速 误差
V2	落潮	0.09	0.09	0.00	0.15	0.15	0.00
V2	涨潮	−0.09	−0.10	−0.01	−0.19	−0.15	0.04
V3	落潮	0.18	0.18	0.00	0.43	0.36	−0.07
V3	涨潮	−0.15	−0.14	0.01	−0.27	−0.20	0.07
V4	落潮	0.28	0.28	0.00	0.53	0.51	−0.02
V4	涨潮	−0.24	−0.23	0.01	−0.39	−0.43	−0.04
V5	落潮	0.24	0.25	0.01	0.62	0.54	−0.08
V5	涨潮	−0.20	−0.20	0.00	−0.48	−0.39	0.09
V6	落潮	0.10	0.11	0.01	0.20	0.19	−0.01
V6	涨潮	−0.11	−0.11	0.00	−0.22	−0.18	0.04

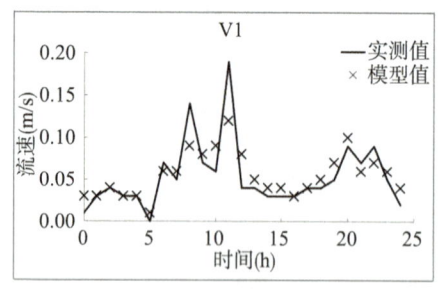

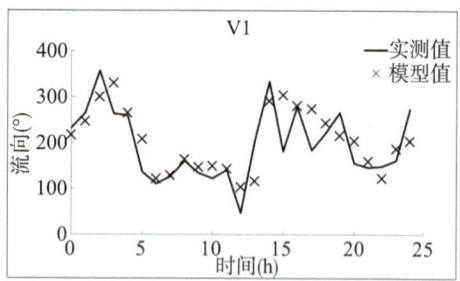

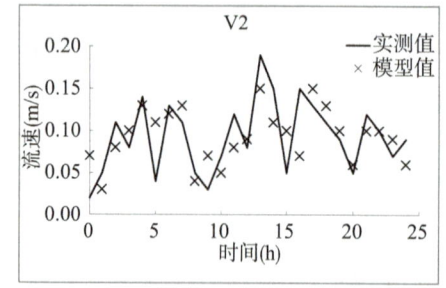

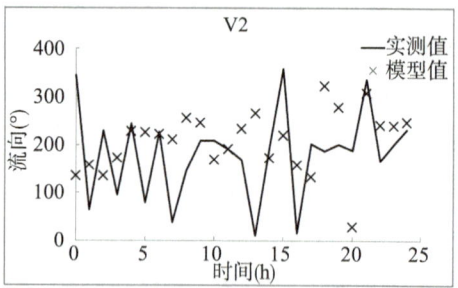

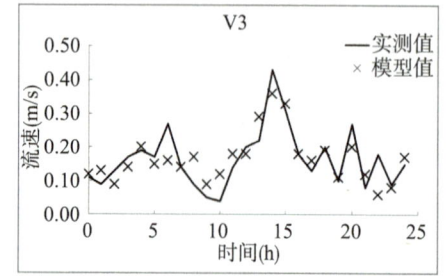

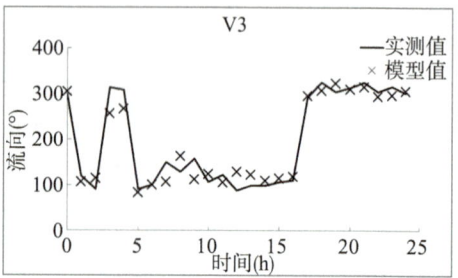

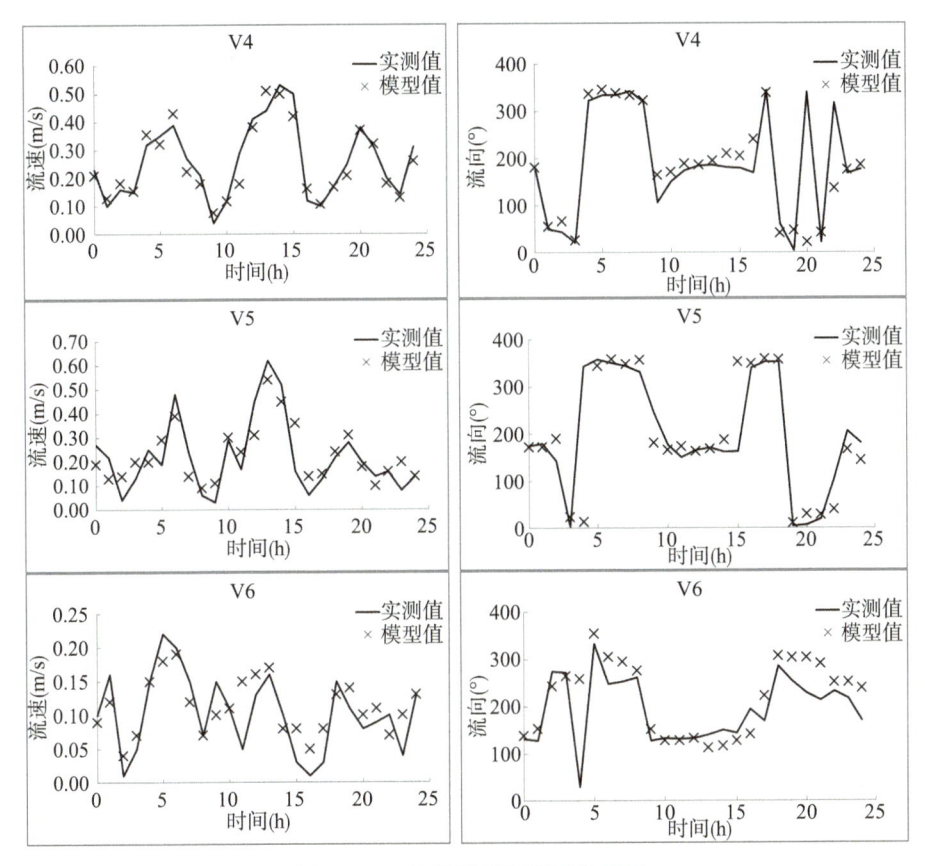

图 5.2-6 流速特征值验证成果图

综上所述,模型涨、落潮流速过程与实测过程基本吻合,据此可以认为模型满足了水流运动相似要求,可用以进行清水定床方案试验。

(2) 泥沙运动相似验证

本次试验主要研究香洲湾湾内及东侧、南侧进出口水道回淤问题,故模型验证以泥沙的淤积相似作为主要的验证目标。由上文对项目附近水域水流、泥沙运动分析可知,项目附近泥沙运动以悬沙运动为主,波浪对项目所在的浅滩泥沙的掀扬作用显著。因此,本项目泥沙模型试验需要模拟潮流及波浪共同作用下香洲湾淤积情况。

根据河床演变中冲淤分析相关内容,2000 年至今,东侧出口外(A 区)淤积厚度为 0.05 m,香洲港码头南侧(C 区)淤积厚度为 0.84 m,南侧出口(E 区)淤积厚度为 0.49 m,东侧出口(B 区)及新月桥北部(D 区)人工清淤较多,整体表现为冲刷。其中 2009—2013 年,区域内人为影响因素减小,研究水域主要表现为自然演变结果,渔港港池内大部分水域、海燕桥附近水域以及港池口门航道均以淤积为主,泥沙验证以这一时期的 A、C、E 区域淤积验证为目标,分区情况见图 5.2-7。2009—2013 年,东侧出口外(A 区)淤积强度为 0.017 m/a,香洲港码头南侧(C 区)淤积强度为 0.124 m/a,南侧出口(E 区)淤积强度为 0.167 m/a。模型通过反复验证,验证结果如表 5.2-4 所示。

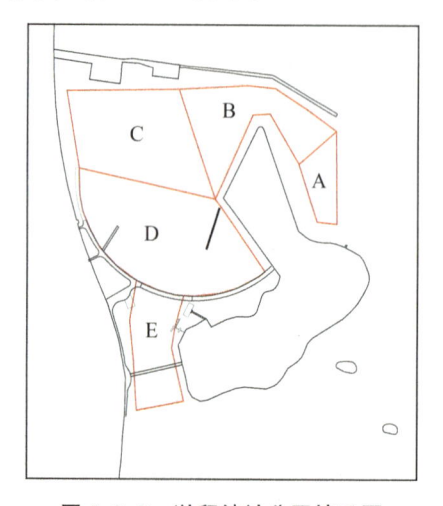

图 5.2-7　淤积统计分区情况图

表 5.2-4　淤积验证成果表

位置	原型 淤积强度(m/a)	原型 淤积量(10^4 m³/a)	模型 淤积强度(m/a)	模型 淤积量(10^4 m³/a)
A 区	0.017	0.11	0.02	0.1
C 区	0.124	3.82	0.15	4.7
E 区	0.167	2.46	0.21	3.1
A 区+C 区+E 区	—	6.39	—	7.9

由表可见,东侧出口外(A 区)平均淤积强度为 0.017 m/a,模型值为 0.02 m/a,原型回淤量为 0.11 万 m³/a,模型值为 0.1 万 m³/a;香洲港码头南侧(C 区)平均淤积强度为 0.124 m/a,模型值为 0.15 m/a,原型回淤量为 3.82 万 m³/a,模型值为 4.7 万 m³/a;南侧出口(E 区)平均淤积强度为 0.167 m/a,模型值为 0.21 m/a,原型回淤量为 2.46 万 m³/a,模型值为 3.1 万 m³/a,基本满足《海岸与河口潮流泥沙模拟技术规程》(JTS/T 231—2—2010)的精度要求。

第6章

规划方案影响分析

根据香洲港规划方案,香洲港规划在现有陆域(现状码头和防波堤)基础上,以桩基为结构形式,增加水域上的建筑面积,这将进一步削弱区域内的水动力。为此,采用数学模型计算和分析规划方案对区域水动力和泄洪纳潮的影响。

6.1 计算方案

新增规划区域采用桩基结构形式,规划阶段缺少详细的桩基布局,故数学模型采用综合糙率的方法对桩基阻力进行概化。桩基密度参考已建桥梁桩基密度,桩距 10~20 m 不等,将计算水域的河床糙率分成两部分:一是基本糙率,即无水工建筑物的河床糙率 n;二是等效糙率 n_t,即考虑了水工建筑物影响的等效糙率。基本糙率由模型在无工程条件下率定所得,等效糙率 n_t 采用南科院的桩群阻力研究成果:

$$F' = \rho \cdot C_D \cdot A' \cdot \frac{V^2}{2}$$

$$C_D = C_d \cdot K_d \cdot N_d$$

式中:C_d 为单桩阻力系数,$C_d=2.0$;K_d 为桩群当量系数,$K_d=0.3\sim1.0$;N_d 为桩数;F' 为单桩或桩群阻力;C_D 为单桩或桩群的阻力系数;A' 为桩柱在垂直于水流方向上的投影面积;V 为作用于桩柱上的趋近流速。

在一个计算单元网格 $\Delta x \times \Delta y$ 内,河床的边界阻力为 F,若有单桩或桩群,则总阻力应为 $F_1=F+F'$。为便于应用,在计算中采用等效糙率 n_t 替代 n。n_t 的计算公式如下:

$$n_t = \left(\frac{A'}{2} \cdot C_D \cdot H^{\frac{1}{3}} \cdot \frac{1}{gn^2 \Delta x \times \Delta y} + 1 \right)^{\frac{1}{2}} \cdot n$$

式中:n_t 为等效糙率;n 为河床糙率;H 为水深。

计算中水深不一,网格大小不等,n_t 取值范围不同。

采用上述方法求得工程网格的等效糙率为 0.05~0.1,网格大小不等,阻力不等(图 6.1-1)。

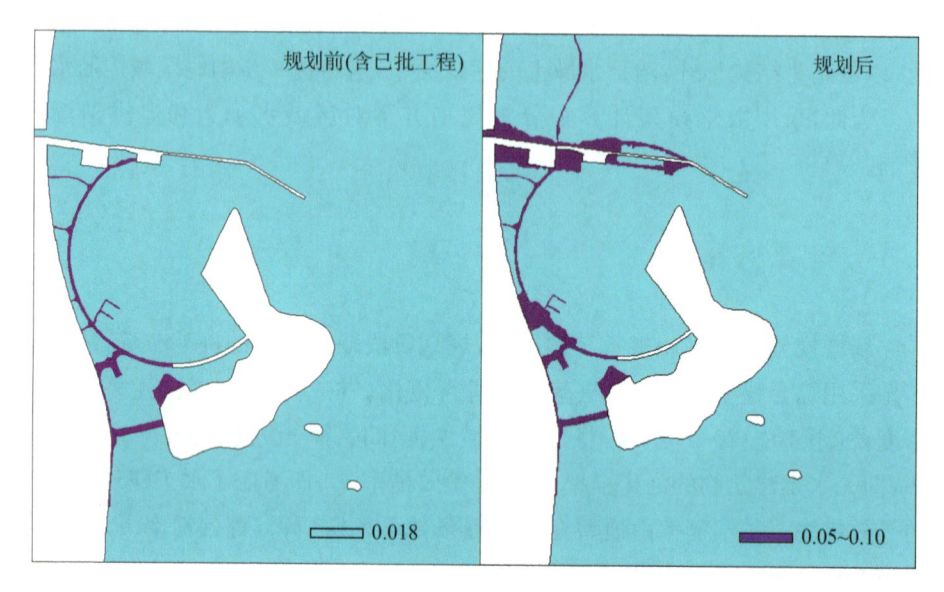

图 6.1-1　规划方案实施前后糙率分布

6.2　泄洪纳潮影响计算及分析

6.2.1　流场变化

香洲港水域潮流具有南侧（海燕桥）和东侧（进港航道）两个潮流进出通道。本项目水文观测表明，香洲港水域存在四种流态，分别为两个通道同涨、同落和南进东出、东进南出。规划方案实施后，香洲港仍然保持四种流态，实施前后的流场见图 6.2-1 至图 6.2-4，流速变化等值线见图 6.2-5 至图 6.2-8。

由规划实施前后流场可以看出，规划方案实施后香洲港及周边水域整体流态变化不大，局部流速、流向略有调整，港内流态仍然多变，整体流势较弱，规划透水建筑物区内流速减小，区外流速增大，港池进出口口外流速减小。具体变化如下。

（1）同时涨潮（南侧进口和东侧进口均向港内进流）

现状情况下，涨潮初期野狸岛南面一股涨潮流进入海燕桥缩窄段，流速加大，主流偏向西侧，经过缩窄段后向东北流动，并逐渐减弱；一股绕过野狸岛东侧，由歌剧院和防波堤之间的进港航道进入港区，局部流速略有增大，但明显弱

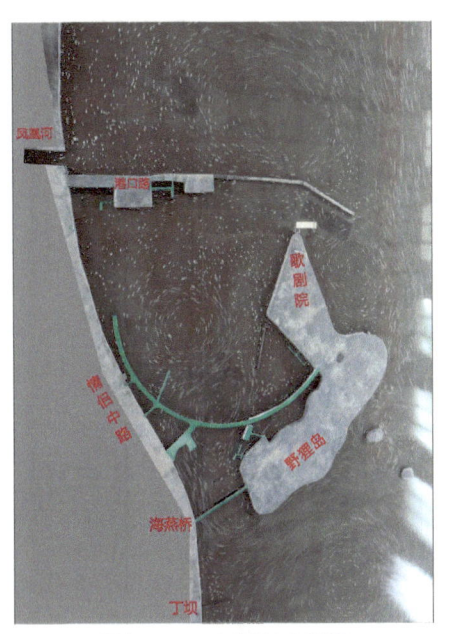

图 6.2-1　东侧和南侧进口同时涨潮流场图

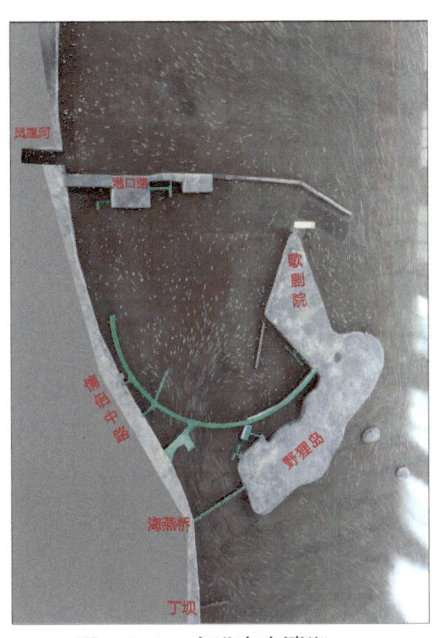

图 6.2-2　南进东出涨潮流场(南侧进流、东侧出流)图

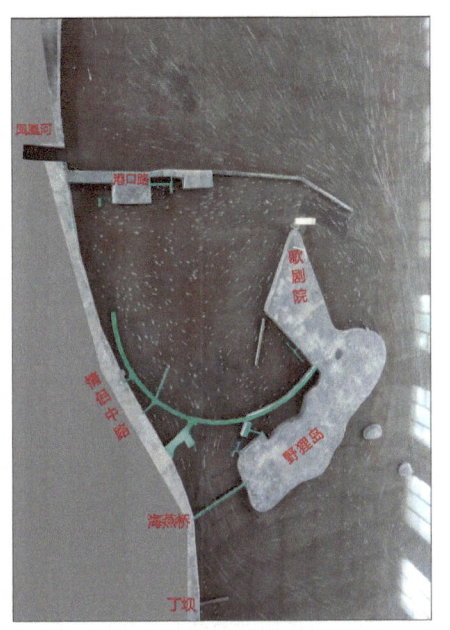

图 6.2-3　东侧和南侧进口同时落潮流场图

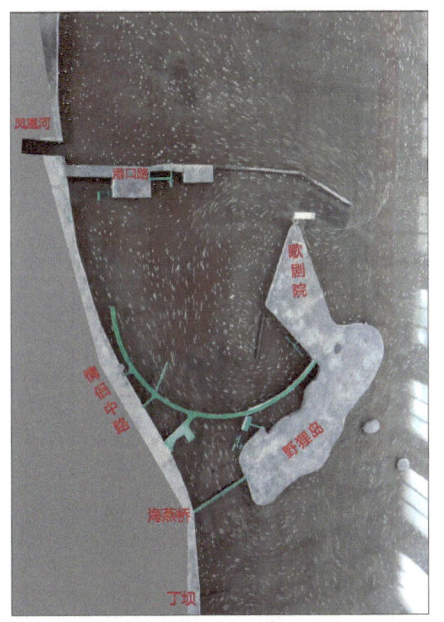

图 6.2-4　东进南出落潮流场(南侧出流、东侧进流)图

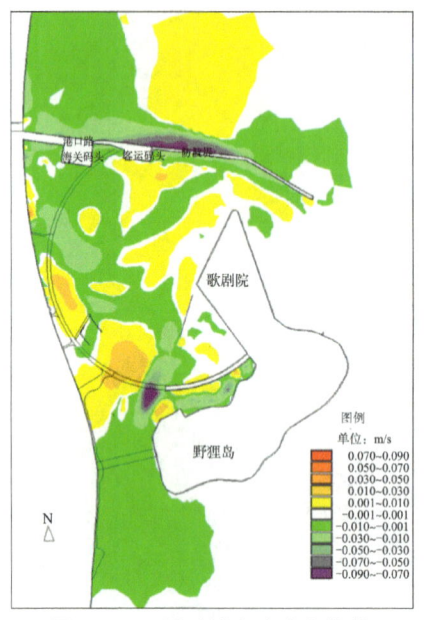

图 6.2-5　同时涨潮流速变化等值线(南侧和东侧均向港内进流)

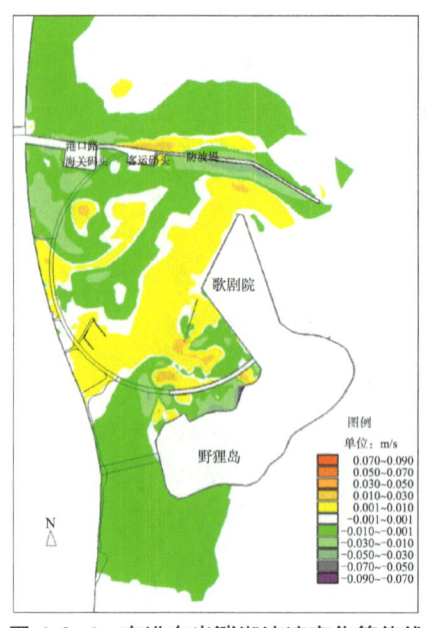

图 6.2-6　南进东出涨潮流速变化等值线

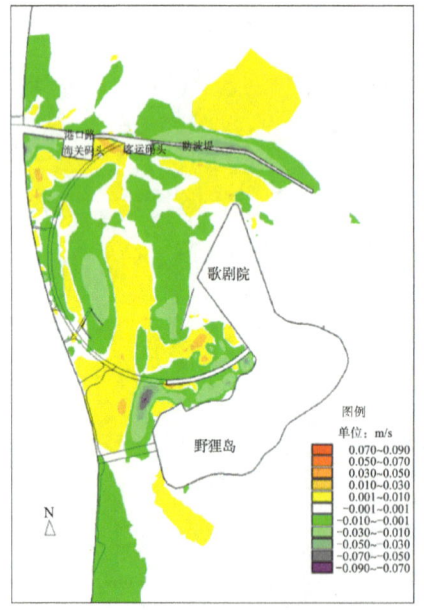

图 6.2-7　同时落潮流速变化等值线(南侧和东侧均向港外出流)

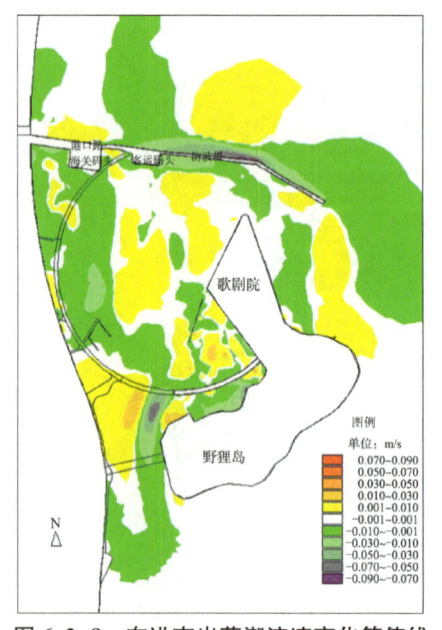

图 6.2-8　东进南出落潮流速变化等值线

于海燕桥缩窄段,进入港区后与自海燕桥进入的涨潮流相互顶托、汇合,在港区西北角形成顺时针回流。

规划方案实施后,规划透水建筑物主要位于港区中部和沿防波堤一带,自海燕桥进入的潮流略有减弱,并经过海燕桥缩窄段后向东偏转,自进港航道进入的涨潮流受防波堤段透水建筑物阻水影响,主槽流速略有增大,并向南偏转,两者交汇的位置与现状基本一致,汇合后仍在港区西北角形成顺时针回流,流速略有减弱。

(2) 南进东出涨潮(南侧进口向港内进流、东侧进口向港外出流)

现状情况下,涨潮后期海燕桥缩窄段涨潮流势不减,并逐步压制自进港航道的涨潮流,使得进港航道转为向外出流,在港区形成自西南至东北的流势。

规划方案实施后,南进东出涨潮整体流向变化不大,但受规划方案透水建筑物阻水影响,自海燕桥的涨潮流略有减弱,流速降低约 0.01 m/s,港区内自西南至东北的流势增强,流速略有增大;港区西北角和防波堤沿线流速减小。

(3) 东进南出落潮(东侧进口向港内进流、南侧进口向港外出流)

现状情况下,落潮初期防波堤北侧落潮流在防波堤堤头形成顺时针回流,部分落潮流则经东侧进口(进港航道)进入港区,主流偏向北侧,进入港区后向西,并流经客运码头前沿后折向南,自南侧进口流出港区。南侧进口缩窄段流速增大,主流偏向西侧岸线。

规划方案实施后,港区流态在落潮初期与现状基本一致,但防波堤沿线和港区西北角流速略有减小,东侧和南侧进口之间的连线区域流速略有增大,变化幅度约 0.01 m/s。

(4) 同时落潮(东侧进口和南侧进口向港外出流)

现状情况下,落潮后期,港内水体通过东侧和南侧进口向港外出流,东侧进口落潮水流与防波堤北侧落潮流在防波堤堤头汇合,南侧进口落潮流出港区后向东偏转,主流靠近情侣中路。整体看,港区内水流缓慢,进口段水流加快。

规划实施后,落潮后期整体流态与现状基本一致,但港区内防波堤沿线和港区西北角流速减小 0.01~0.03 m/s,东侧和南侧进口之间的连线区域流速略有增大,港区东侧和南侧进口流速总体呈减小趋势。

综合规划方案实施前后流场变化状况:香洲港在涨落潮不同阶段具有不同流态,港内流态复杂多变,流速小,规划透水建筑物建设后桩区范围(防波堤沿线、港区西北角)流速减小,港区进出口流速减小,减小幅度 0.01~0.03 m/s,

表明规划方案实施后港区水动力进一步减弱。

6.2.2 潮量变化

统计了如图 6.2-9 所示 3 个断面的流量过程,统计各断面的潮量变化情况,见表 6.2-1。

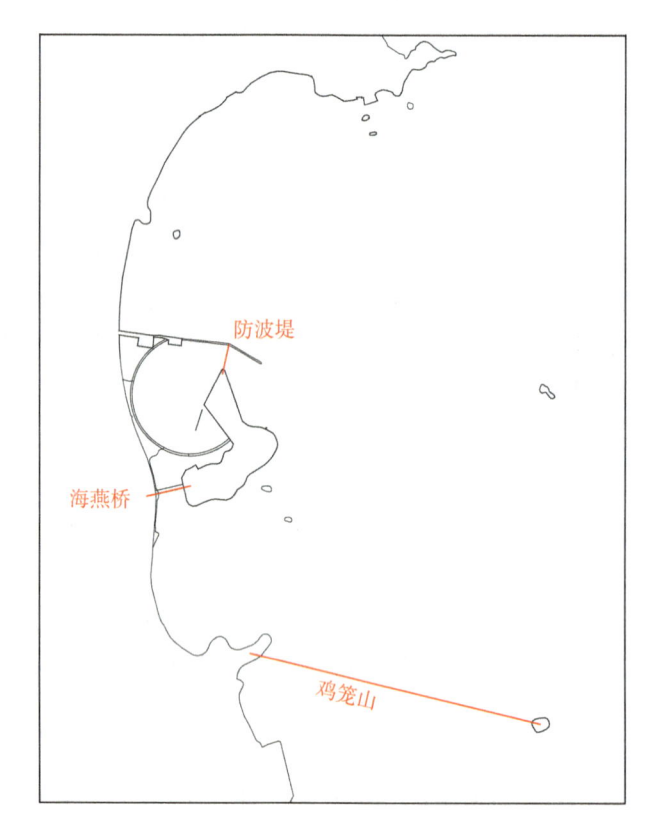

图 6.2-9 潮量统计断面

表 6.2-1 规划方案实施后潮量变化

断面	变化幅度	
	涨潮量	落潮量
海燕桥	−0.9%	−0.3%
防波堤	−0.1%	−1.0%
鸡笼山	0.0%	0.0%

由图表可得出如下结论。

(1) 规划方案实施后,香洲港水域纳潮量出现一定程度的减小。

海燕桥断面涨潮量减小 0.9%,落潮量减小 0.3%,防波堤断面涨潮量变化较小,而落潮量减小 1%。

(2) 规划方案实施对伶仃洋泄洪纳潮影响很小。

规划方案实施后,野狸岛东南侧的鸡笼山以西断面涨落潮量变化很小,表明规划方案实施对伶仃洋泄洪纳潮影响很小。

6.3 水体交换影响计算及分析

规划方案实施后,香洲港水域流速和纳潮量出现一定程度的减小,对区域水体交换产生影响。分别对规划实施前后的水体交换进行了计算,保守物质初始浓度为 100,第 1、2、3、4 天后浓度分布见图 6.3-1 至图 6.3-2,水体半交换周期见表 6.3-1。由图可见,香洲港水体交换具有以下特征。

(1) 港区内水体交换速率差异较大,两个进出口连线区域水体交换较好,而港池西北角和东南角水体交换较弱。

香洲港港池与外海通过南、东两个口门相连通。涨潮时,一股涨潮流经野狸岛东部由进港航道进入湾内,在野狸岛北部填海区的导流下,形成逆时针方向绕流;另一股涨潮流经野狸岛南侧通过海燕桥进入湾内,直至环形港池中部,这两块水域水体首先得到交换;落潮时,原港池内水体由野狸岛西侧海燕桥出湾外,另外港池东侧口门水域水体沿着野狸岛北部填海区东岸线紧贴野狸岛流出湾外。

两个进出口连线附近水域由于处于一边涨、一边出的流动状态,水体交换相对较好。

(2) 区域内水体半交换周期约 3.2 天,局部交换周期更长。

统计了如图 6.3-3 所示区域的水体半交换周期。其中两进出口连线水域(A 区)半交换周期接近 3 天,西北侧水域水体半交换周期 3~4 天,而新月路堤岸以南的东南角 C 区交换最慢,接近 6 天。各区域内也存在较为显著的差异。

(3) 规划方案实施后,水体交换速率进一步减弱。

规划方案实施后,区域内水体半交换周期增大 3.2%,其中 A 区增幅较小,为 1.2%,B 区增大 4.5%,C 区增大 8.5%。C 区增大主要是因为规划作为湿地,进一步减小了水动力,未来将依靠湿地生态系统净化水体。

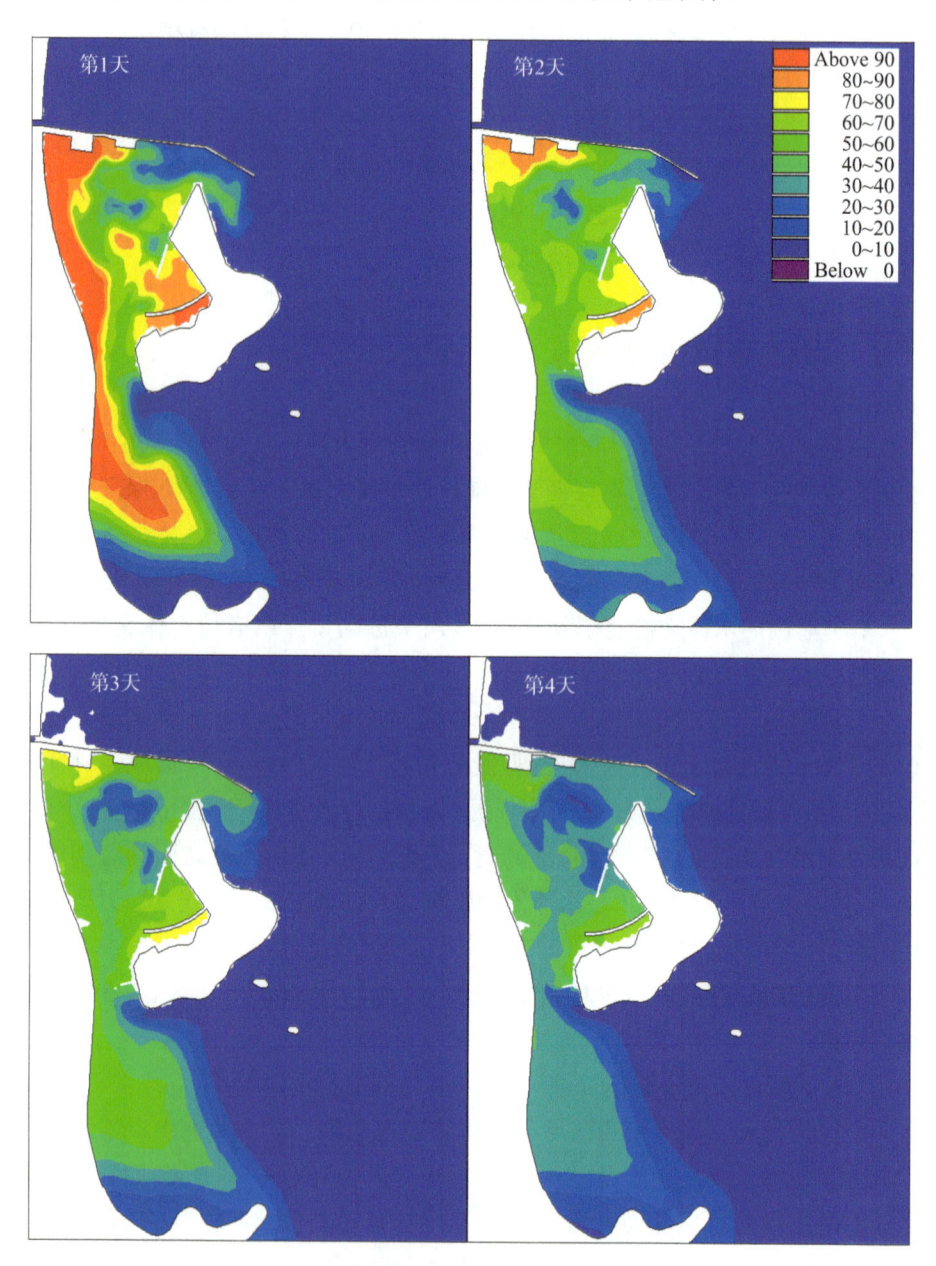

图 6.3-1 已批待建工程边界条件下现状浓度分布

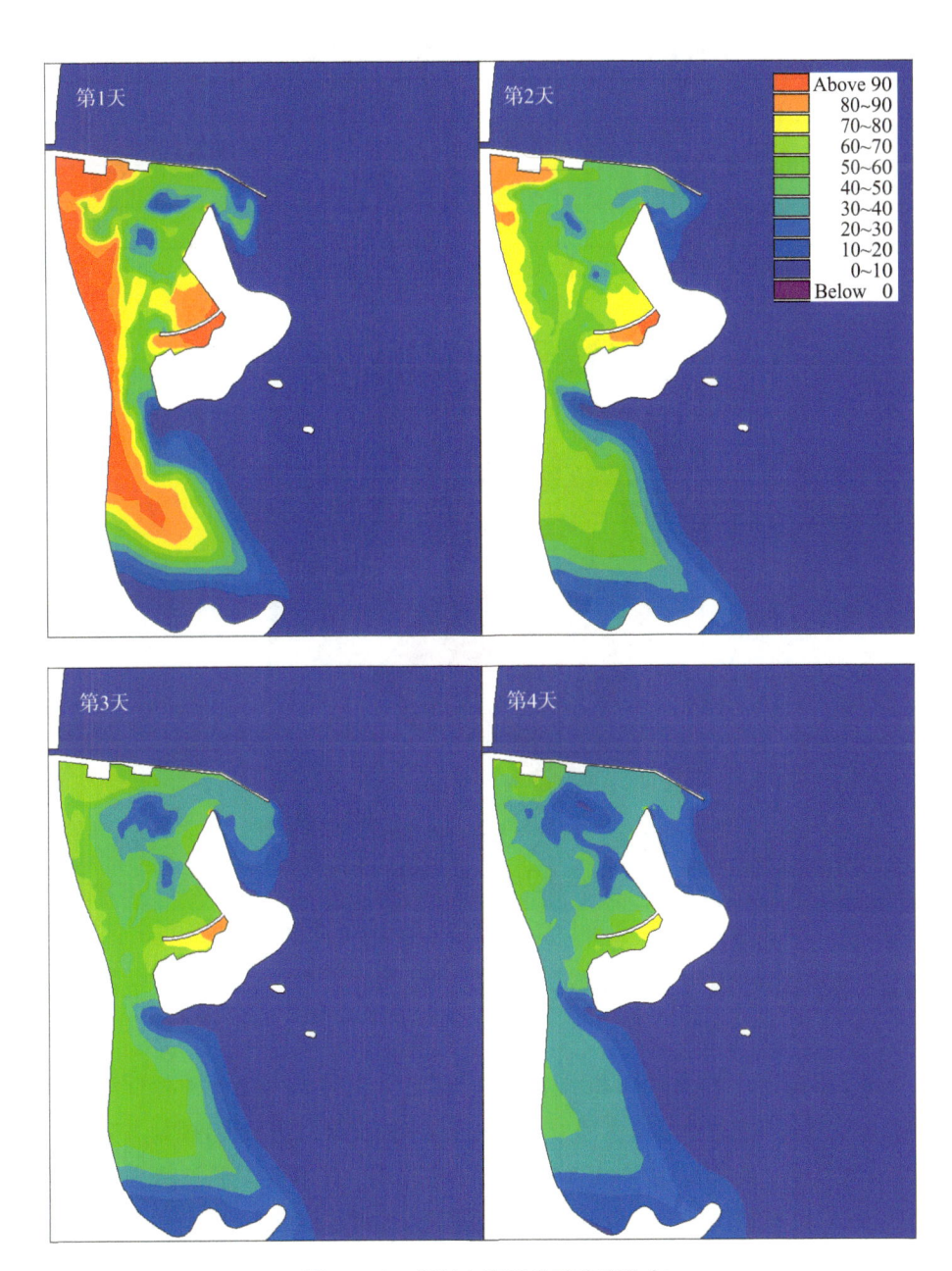

图 6.3-2　规划方案实施后浓度分布

表 6.3-1　规划方案实施前后水体半交换周期统计

项目		A区	B区	C区	平均
水体半交换周期(天)	现状	2.96	3.50	5.35	3.19
	规划方案	3.00	3.66	5.80	3.29
变化幅度		1.2%	4.5%	8.5%	3.2%

注：计算周期数据均为四舍五入后数据，变化幅度计算使用的是原数据。

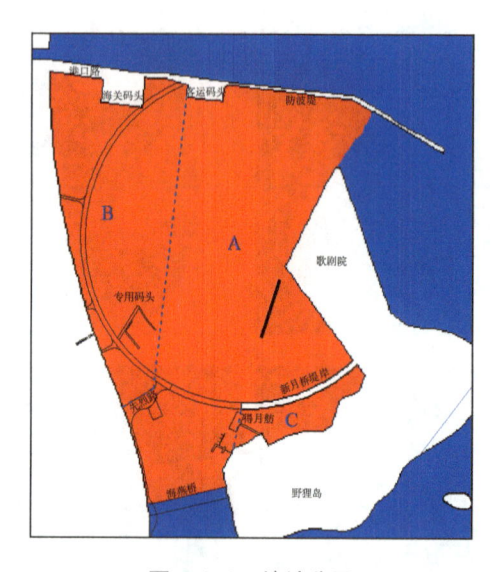

图 6.3-3　统计分区

6.4　规划方案影响综合分析

规划实施前后的水动力和水体交换计算结果表明，规划方案对伶仃洋泄洪纳潮影响很小，但香洲港内水动力总体较弱，水体交换总体较慢，规划方案实施后，水动力进一步减弱，水体交换速率进一步减弱。尤其是受防波堤和新月桥堤岸阻隔、已有和规划方案桩基阻水等的影响，香洲港西北角、东南角存在水体交换速度较慢的水域。分析香洲港水动力较弱的原因，主要包括地理位置、人类活动和泥沙淤积等方面。

（1）地理位置：香洲港位于伶仃洋西侧香炉湾的湾顶，而香炉湾远离伶仃洋涨落潮主通道，湾内流速总体不大。水文观测显示香炉湾湾口局部深槽（4#

测点,见图 4.1-1)涨落潮最大流速为大潮 0.53 m/s,小潮 0.32 m/s。

(2) 人类活动:香洲港北侧建设了渔港防波堤,离岸 1.5 km,阻断了沿岸潮流通道。研究表明,香洲港水域被防波堤阻隔后,部分时刻涨落潮流需要绕过防波堤,减小了经过香洲港区域的潮流量。

(3) 泥沙淤积:香洲港位于伶仃洋西侧输沙通道上,泥沙来源丰富,具有良好的淤积环境。港区水深需要疏浚来维持,除港池外,港区四周存在低潮位出露或者水深较小的区域,如位于港区南侧的野狸岛与情侣中路之间的潮流通道,宽 200 m,平均底高程 −1.7 m,−3 m 主槽宽度仅 60 m,西侧近 190 m 河宽为浅滩,高程不足 −1.5 m,淤积严重,阻碍潮流通过。

目前,香洲港水域水质总体相对较差,而香洲港东侧和南侧水域的水质相对较优,有必要在规划建设阶段提出改善水动力的措施,尤其是港区西北角、东南角,其中东南角规划布局湿地,将来通过湿地生态系统净化水体,而西北角临近城市主通道,临近布置了游艇等游乐设施,水环境要求较高,需要通过工程措施进一步提升该区域内的水动力。

第7章

水动力提升措施研究

7.1 提升措施的拟定

7.1.1 拟定依据

在习近平生态文明思想的指引下,根据《中华人民共和国防洪法》《珠江河口管理办法》《珠江河口综合治理规划》等法律法规和规划的要求,以《香洲渔港及周边地区(A101a、A101b、A101c)控制性详细规划修改》《珠海市流域综合规划修编报告》等规划为基础,拟定水动力提升措施。

7.1.2 拟定思路

根据香洲港港口功能和社会发展需求,统筹兼顾泄洪纳潮、水体交换、水质和泥沙淤积等综合要求,科学拟定水动力提升措施方案,促进香洲港向健康良性方向发展。拟定思路如下。

(1)考虑增加通道和消除现有通道的制约性因素。香洲港是珠海市情侣路滨海重要景观及港口客运的关键节点,水质和港口功能等方面都存在着制约因素,在规划中需要结合周边条件进行布局。主要考虑的制约性因素包括排放口和泥沙输运状况。

① 排放口

由于凤凰河排放口紧邻香洲港防波堤,其出口水域位于情侣路岸线与防波堤组成的三角地带,局部区域水流缓慢,污染物容易积聚,香洲港作为重要的旅游地点,在方案设计时需要考虑其污染物扩散的影响。

② 泥沙输运

香洲港位于伶仃洋西滩,面临水体含沙量较大的问题。洪季伶仃洋西滩是珠江河口东四口门泥沙的输送通道,枯季在东北风的作用下,浅滩泥沙掀扬,是伶仃洋西侧沿岸流的输送通道。在此泥沙环境下,伶仃洋西侧浅滩发育。香洲港所在的香炉湾位于伶仃洋西侧-5 m等高线以西,香炉湾内大部分浅滩高程在-3 m以上,见图7.1-1。因此,香炉湾不宜建设较大水深港口。香洲港建设伊始,为了减小波浪,拦截泥沙,建设了离岸1.5 km的防波堤,港内通过疏浚增加水深。港内目前最低高程约-6 m,进港航道底高程约-5 m,较港外浅滩高程高出2~4 m。

浅滩泥沙在风浪作用下掀扬,浅滩含沙量总体较大,并由涨潮流带入港区,见

图 7.1-2。本项目水文观测期间,港区外侧浅滩含沙量达到 0.15～0.27 kg/m³,同期港区内为 0.12 kg/m³。

规划方案的设计需要考虑香洲港周边泥沙环境的影响,当港区与外界水体交换增强后,进入港池的泥沙相应增大,对港区运营维护不利。

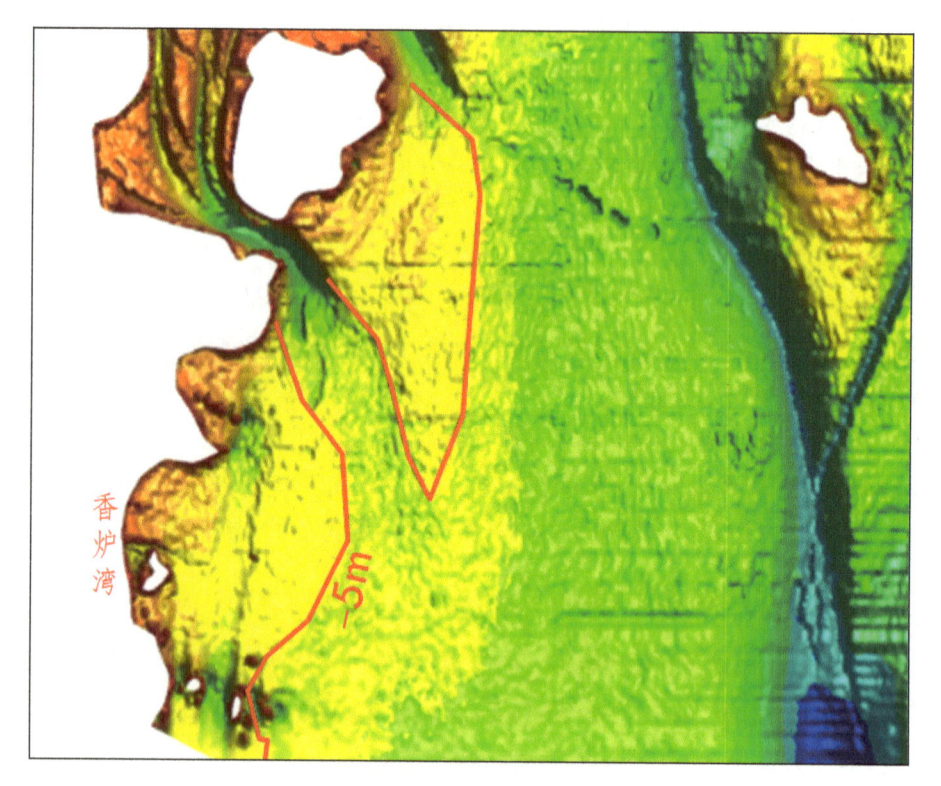

图 7.1-1　伶仃洋西滩(局部)

(2) 增加港区与外界水体的交换通道。近期凤凰河水质为劣Ⅴ类,远期凤凰河水环境治理后,排污量大幅减少,香洲港北侧水域水质改善,通过港口北侧开口增加港区水动力。

(3) 疏浚现有港区与外界水体的交换通道。港区水体通过进出口通道与外界交换,进出口通道关系到港区与外界水体的交换量。疏浚现有港区与外界水体的交换通道,减小港区进口的窄口效应。

总之,规划方案布局需要综合水动力、水体交换和泥沙输运等多方面因素综合确定。

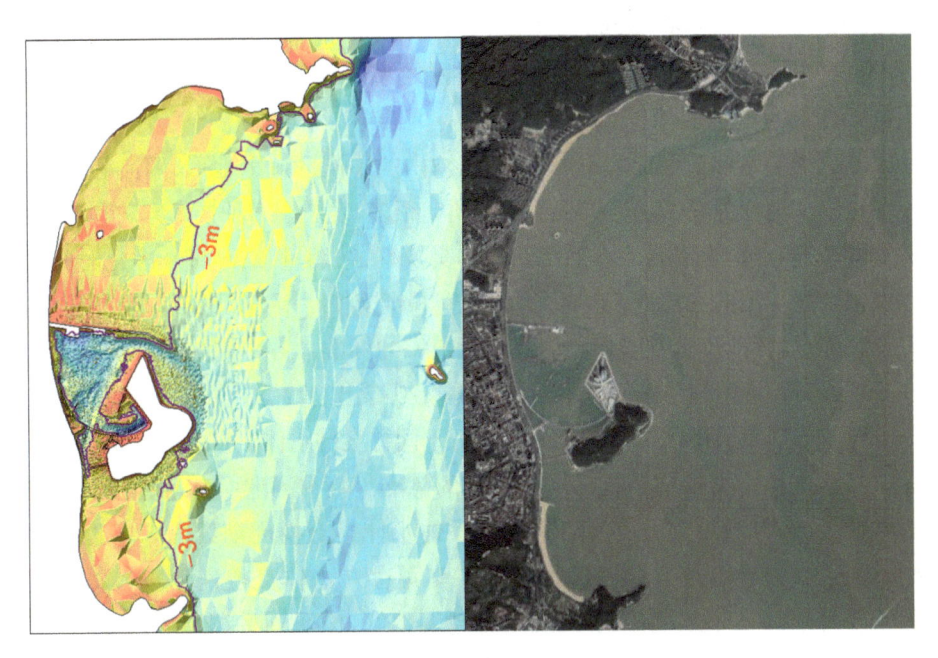

图 7.1-2　香炉湾地形和表层水体遥感图片

7.1.3　拟定原则

（1）合法合规原则。按照《珠江河口管理办法》第四条要求，珠江河口的整治开发，必须遵循有利于泄洪、维护潮汐吞吐、便利航运、保护水产、改善生态环境的原则。

（2）科学治理原则。通过不同方案比选，拟定水动力提升措施，达到项目建设的同时有利于珠江河口泄洪纳潮、维护潮汐吞吐、便利航运和改善生态环境的目的。

（3）统筹兼顾原则。以增强港区水动力为主要目标，同时考虑港区内航运、泥沙淤积、水生态情况，争取在水动力提升、水生态改善、航道维护、减少泥沙淤积等方面相互促进、统筹推进。

7.1.4　水动力提升目标

香洲港位于香炉湾中部浅滩，再加上野狸岛和防波堤阻隔，周边流态复杂多变，水动力总体较弱。沿岸污水排放入海后通过水体对流输运和稀释扩散等物理过程与周围水体混合，与外界水体不断交换，从而实现水质短期内得以改善。但对于水体交换的水域，由于污染物持续累积，易出现富营养化、水体发臭等环境问题。水体交换是一种可持续利用的水质改善能力，是进行水域管理、促进水体健康的重要依据。

不同海湾水体交换能力不同，同一海湾内的不同区域因地形、潮流等差别也不尽相同。国内外对于水体交换能力的研究很多，发展了多种技术方法和评价指标，如以实测资料为依据计算得出的水体交换率、纳潮量、纳潮率和净化时间等，以模型计算得出的水体更新时间、存留时间和半交换时间等。然而目前尚没有制定相关标准，各种技术方法和评价方法无统一的标准。各种方法各有优劣，但是在规划方案论证阶段，缺乏实测数据，根据模拟得出的数据计算水体交换能力较为方便。本项目采用水体半交换周期进行不同方案的水体交换能力分析。

目前水体半交换周期指标缺乏统一的标准。就香洲港而言，根据规划方案影响计算成果，规划方案实施后香洲港整体水体半交换周期约为 3.3 天，港区内不同区域差异也较大，港区西北角、东南角存在水体交换速度较慢的水域。为了改善港区水动力，水体半交换周期越短越好，但受到香洲港周边水质环境和港口功能等影响，水体半交换周期不宜过高，主要目标是在减少港区整体水体半交换周期的同时，促使港区各区域水体都能较好地交换，如增强港区西北角、东南角水体交换。其中，由于东南角较为封闭，规划布局湿地，将来通过湿地生态系统净化水体，而西北角临近城市主通道，临近布置了游艇等游乐设施，需要通过工程措施进一步提升该区域内的水动力。

7.1.5　控制参数的确定

香洲港水体交换缓慢，一方面是由其地理位置决定的，另一方面也受到人类活动、泥沙淤积的影响，其中防波堤的阻隔对区域潮流影响较大。港区水体通过进出口通道与外界交换，进出口通道关系到港区与外界水体的交换量。目前，受防波堤和野狸岛阻隔，香洲港具有两个潮流进出通道，一是位于港区东侧的野狸岛与防波堤之间的进港航道通道，宽约 226 m，断面平均底高程 −3.2 m；二是位于港区南侧的野狸岛与情侣路之间的通道，宽约 300 m，平均底高程 −1.7 m。为了增强水动力，从增加港区进出通道和疏通现有进出通道两个方面分别提出了北侧开口和现有通道疏浚两组方案。

(1) 开口宽度和底部高程

根据《珠海香洲渔港防波堤开口水动力及污染物输移扩散研究报告》，对防波堤开口 20 m、40 m、60 m、100 m 进行模型计算,防波堤开口 40 m 以上的方案对水动力改善效果明显优于开口 20 m 的方案,但开口 40 m、60 m 和 100 m 的 3 个方案效果区别并不显著,防波堤推荐 40 m 的开口宽度。本次研究计算了港口路开口宽度 40 m、80 m、120 m 时的水体交换能力,其中 A 区和 B 区(分区情况如图 6.3-3 所示)在港口路不同开口宽度时的水体半交换周期见图 7.1-3。可见当港口路开口宽度为 40 m 时,能够较为明显减小港区西北角(B 区)的水体半交换周期,接近港区中部区域(A 区)水体交换能力,达到促进港区各区域水体交换能力提升的目的。当港口路开口宽度进一步增大后,港区及各区域的水体半交换周期继续减小,但减小幅度降低。因此,考虑到港口路开口面临北侧污染物、浅滩泥沙进入港区的局面,从水动力改善效果及节约工程投资等因素综合考虑,港口路开口宽度选择 40 m。

开口深度根据开口北侧浅滩高程、潮汐低潮位进行选择,开口底部高程略高于北侧浅滩高程,并低于平均低低潮位,以减少浅滩底层泥沙进入港区,增加开口过流。根据工程附近的澳门内港 1924—2012 年实测潮位资料分析可知,澳门内港多年平均高高潮位 0.74 m,多年平均低低潮位 −0.90 m,多年平均高潮位 0.40 m,多年平均低潮位 −0.63 m,多年平均潮差 1.03 m。由图 2.2-3 可知防波堤北侧浅滩高程约 −3～2 m。综合北侧浅滩高程、潮汐低潮位,确定开口底高程 −1.5 m。

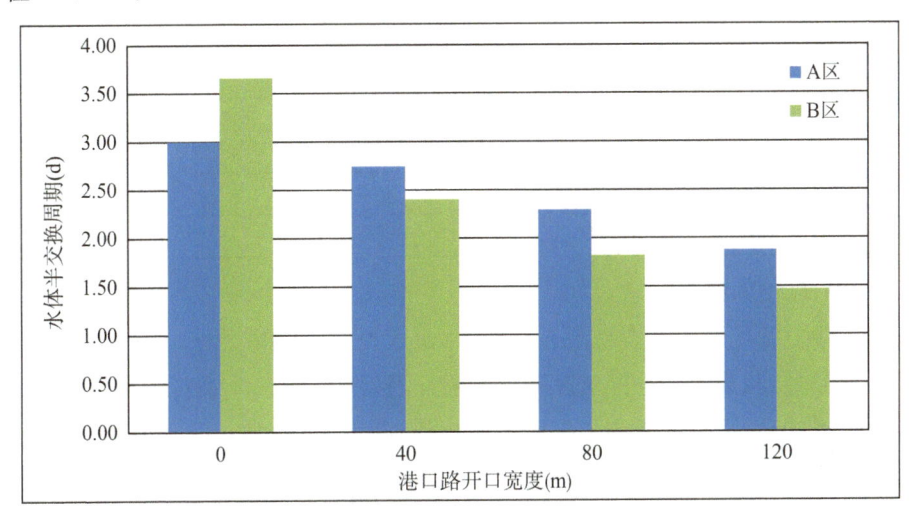

图 7.1-3　港口路不同开口宽度时水体半交换周期变化

(2) 疏浚范围和疏浚高程

疏浚目的为增加港区进口的过流断面,疏浚范围为进口段,并纳入进口段港池疏浚规划。

疏浚底高程要考虑港口航道规划和底泥清淤的需要。东侧进口疏浚范围内规划布置有客运码头,疏浚需考虑未来港口和航道需求。东侧进口疏浚范围内由于现状高程已达－4.2 m,考虑到香洲港内码头泊位水域底高程约－6 m,疏浚区底高程相应采用－6 m。南侧进口为自然河床,疏浚主要考虑底泥清淤的需要,清淤后保持约1 m以上的水深,清淤底高程为－3 m。

7.1.6 比选方案

(1) 开口方案(表 7.1-1)

开口选址遵循水流平顺、水深适宜、兼顾港口功能等原则。香炉湾湾口潮流方向为南北向,港区南侧情侣路与野狸岛之间的进出口为天然通道,其北向正对香洲港客运码头,客运码头宽约75 m,不适合开口。客运码头西侧通过港口路与情侣路相连,客运码头和海关码头之间连接段较窄,宽约36 m,顶高程2.1～2.4 m;东侧为防波堤,宽约18～20 m,顶高程约0.5～1.2 m。开口方案选择宽度较窄的地段布置,根据上述条件选择了2个地址,分别为海关码头和客运码头之间的港口路地段、防波堤地段,两者开口方案布置分别见图7.1-4、图7.1-5。两处开口宽度均为40 m,开口段底部高程为－1.5 m。

表 7.1-1 开口方案基本情况统计

开口位置	堤宽(m)	顶高程(m)	开口宽度(m)	开口底高程(m)	距离凤凰河口距离(m)	港外30 m河床高程(m)	港内30 m河床高程(m)
港口路	36	2.4	40	－1.5	450	－1.5	－2
防波堤	18	0.5	40	－1.5	760	－1.9	－2

(2) 疏浚方案

疏浚方案的确定需要考虑有效性、可比性和安全性等原则。

有效性:疏浚范围选择对潮流具有明显阻碍的区域。水文观测和数学模型计算结果均显示,港区南侧和东侧进出口流速均相对较大,其最大流速超过了野狸岛东侧香炉湾湾口水域流速,尤其是海燕桥断面实测大潮最大流速为0.61 m/s,超过了进港航道最大流速,表明港区南侧海燕桥附近缩窄口、东侧进港航道段窄口对潮流具有一定的阻碍作用。

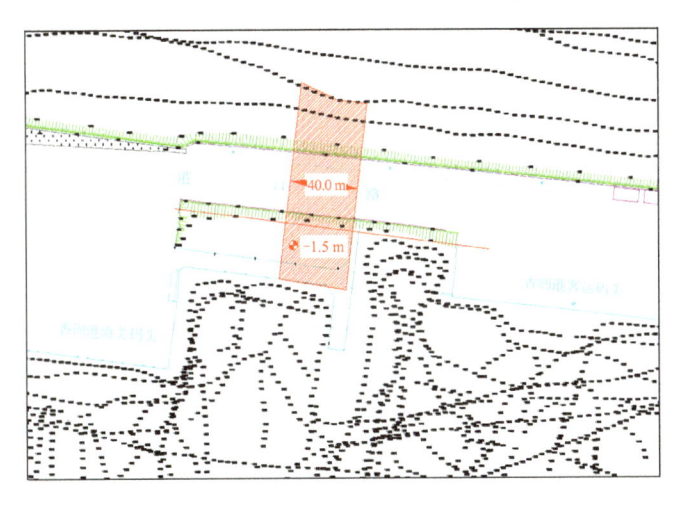

图 7.1-4　港口路开口方案

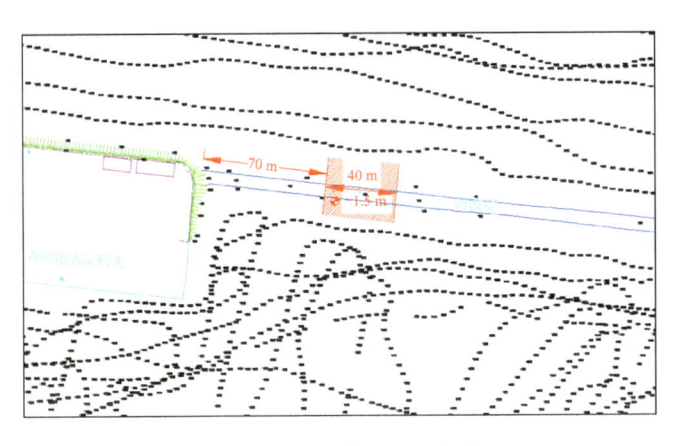

图 7.1-5　防波堤开口方案

可比性：不同疏浚方案疏浚量不同，对水体交换的影响也不尽相同，因此在港区南侧和东侧进出通道疏浚时考虑相同的疏浚量。

安全性：疏浚不可影响附近堤防安全，按照堤脚保护范围，疏浚区距离堤脚 30 m 以上。

根据以上分析，疏浚方案分别选择港区东侧和南侧的进出通道进行疏浚，疏浚方案布置分别见图 7.1-6、图 7.1-7。东、南侧进口疏浚方案统计特征见表 7.1-2。

东侧进口疏浚范围内规划布置有客运码头，疏浚考虑未来港口和航道需求。东侧进口疏浚范围内由于现状高程已达 -4.2 m，考虑到香洲港内码头泊位水域底高程约-6 m，疏浚区底高程相应采用-6 m，疏浚量约15.4万m^3。

南侧进口疏浚范围主要包括野狸岛东侧的狭窄段，其西侧存在-3 m等高

表7.1-2　疏浚方案特征参数

范围	面积（万m^2）	最低高程（m）	最大高程（m）	平均高程（m）	疏浚高程（m）	疏浚深度（m）	疏浚量（万m^3）
东侧进口疏浚区	8.8	-6.0	-0.7	-4.2	-6.0	1.8	15.4
南侧进口疏浚区	12.4	-3.2	-0.4	-1.8	-3.0	1.2	15.2

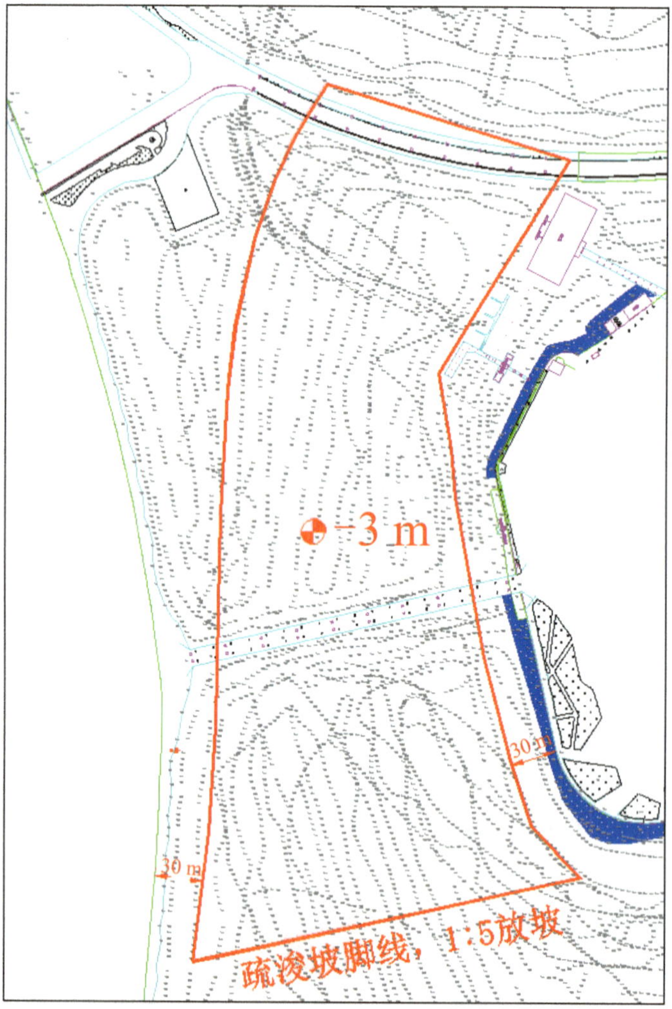

图7.1-6　南侧进口疏浚方案

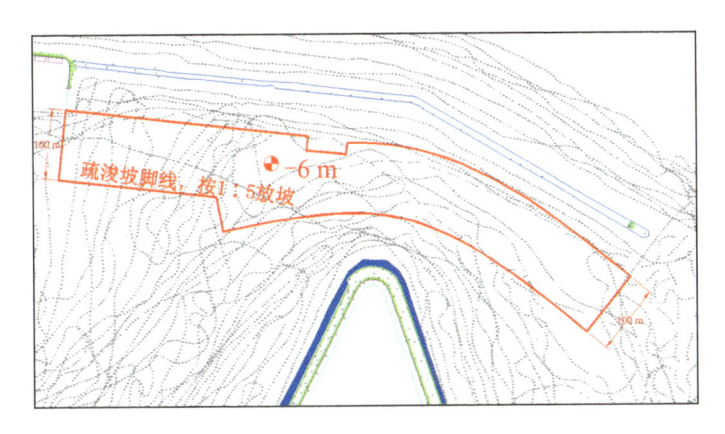

图 7.1-7　东侧进口疏浚方案

线,东侧高程不足－1.5 m,在大潮期间可能出现局部露滩的状况。南侧进口疏浚可以清理部分浅滩的污染底泥,同时增加南侧进出口的潮流断面面积。考虑到低潮位阶段可以保持 1 m 以上水深,且与东侧进口疏浚方案具有可比性,疏浚量与东侧进口接近,疏浚底高程为－3 m,疏浚量 15.2 万 m^3。

7.2　开口方案比选计算及分析

7.2.1　流态变化

物理模型开展了现状、港口路开口方案、防波堤开口方案条件下的试验,各工况涨落急流态见图 7.2-1 至图 7.2-6,由图可见各工况流态特征如下。

（1）现状流态

现状涨潮：初涨阶段,水位较低,外海涨潮流受野狸岛阻挡分为两股,一股沿野狸岛东南侧岸线向北涨潮,另一股经南侧进口涨入港区,并在丁坝北侧形成一小范围漩涡。进入港区的涨潮流大部分分散在港区宽阔水域内,形成大范围漩涡,但港区东侧一小部分涨潮流沿着歌剧院西侧持续北进,通过东侧进口排入歌剧院东侧水域,形成"南涨东落"的涨潮形态。野狸岛东侧外海涨潮流在防波堤以北形成大范围漩涡,涨潮流方向由正北偏向西北。

涨急时,外海水位抬升,淹没丁坝,涨潮流在野狸岛东南侧形成一大范围漩涡,涨潮流绕过漩涡后一部分由南侧入口进入港区,主流偏海燕桥西侧,并在海燕桥东侧、新月桥附近形成若干漩涡；外海涨潮流经由野狸岛东侧北进,遇防波堤东端后水

233

流分两股,一股经东侧进口进入港区,并在歌剧院东侧形成回流区,一股越过防波堤继续北上,在防波堤北部形成大范围回流,港口路北侧受该回流区影响,流态较乱,流速较小。此时两进口同时涨潮,但南侧进口流速显著大于东侧进口,港区中部两股涨潮流交汇,流态较乱;港区西北部、野狸岛凹岸水域流速较小。

现状落潮:初落阶段,港口路—防波堤北部水流沿防波堤落潮,绕过防波堤东端后经由东侧进口向西到达港口路东端后转南进入港区,之后与港区内水流一起经由港区中部向南,由南侧进口排入外海,形成"南落东涨"的格局。

落急时,湾内水体由南侧、东侧两进口同时流向外海,其中东侧进口主流偏北侧,流速小于南侧出口;港区内北侧水体主要经由东侧进口落潮,中部水体一部分沿歌剧院西岸流向东侧进口,一部分穿过新月桥向南流向南侧进口;港口路北侧水体沿防波堤流向外海,并在防波堤东端与湾内外水体汇流时形成小范围扰动;歌剧院东侧、野狸岛东南侧与两小岛之间水域流速较小。

现状流态特点:①初涨时南侧进口涨潮,东侧进口落潮,形成"南涨东落"格局,但随着涨潮的持续,东侧进口由落转涨,变成两进口同时涨潮的格局;②初落时,南侧进口落潮,东侧进口涨潮,形成"南落东涨"的格局,但随着落潮的持续,东侧由涨转落,变成两进口同时落潮的格局;③南侧进口是港区内外水体交换的主要通道,无论涨潮落潮,南侧进口的最大流速均大于东侧。

(2) 港口路开口方案

港口路开口方案(涨潮):初涨阶段,涨潮流态与现状基本一致,形成"南涨东落"格局。港口路开口处部分水流由港区涨入港口路北侧,在开口北侧形成小范围回流。

涨急时,流态与现状相似,南侧、东侧两进口均为涨潮;东侧进口涨潮流进入湾内后分两股,一股与南侧进口涨潮流在港区中部汇合,在香洲港码头南侧形成一大范围回流,另一侧沿防波堤、港口路西进,到达港口路开口处以喷射状进入港口路北侧水域,受其影响,防波堤北侧回流区范围增大,外海涨潮流涨至回流区北部后西转,与港口路开口处涨潮流汇合后向凤凰河方向上涨。受开口影响,港区西北侧流速较现状略有增加,野狸岛凹岸附近流速基本不变。

港口路开口方案(落潮):初落阶段,与现状流态相似,形成"南落东涨"格局,由于港口路开口的存在,港口路北侧小股水流通过开口进入港区,与东侧进口涨潮进入港区的水流汇合后沿港区西侧向南通过南侧进口排入外海。由于开口的存在,港口路北侧水流出现回流区,流态较现状稍乱。

落急时,与现状相似,南侧、东侧两进口同时落潮;港口路北侧水域分两股落潮,分别沿防波堤落潮入外海、由港口路开口进入湾内,进入湾内的水体直接沿港区西侧由南侧进口落潮,港区东部水体一部分在港区内回旋后由东侧出口汇入外海落潮流,一部分经由南侧进口落潮,歌剧院东侧有小范围回流区。

与现状流态区别:①受开口影响,港区西北侧水域与港口路北侧水域水体交换量增大,增大了港口路北侧浅滩和南侧弱水动力区的流速;②港区西侧沿岸区域涨落潮流速均有所增加,涨落潮流经由南侧进口—港口路开口顺直流通,带动港区内整体涨落潮流速增加;③防波堤北侧回流范围增大,港口路北侧开口处附近新增涨潮形成的回流区。

(3) 防波堤开口方案

防波堤开口方案涨落潮流态与港口路开口方案大体相似,区别在于:①由于开口位置东移,通过开口涨至防波堤北侧的潮流主要来自南侧进口的涨潮流,因此会形成对东侧进口涨潮流的顶托,港区东侧进口涨潮流较港口路开口方案稍显微弱;②港区西北角弱水动力区与港口路北侧水域水体交换量下降,由于开口处距港区西北角较远,防波堤两侧水体交换来源主要为港区中部水体及东侧进口涨潮水体,港区西北角流速稍有下降。

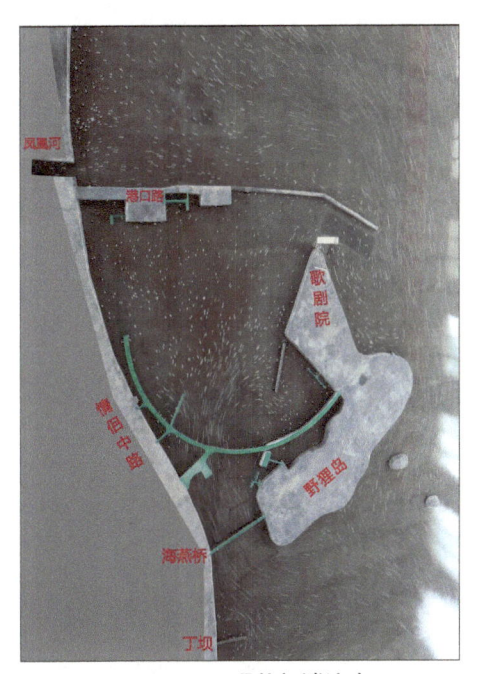

图 7.2-1a　现状初涨流态　　　　图 7.2-1b　现状涨急流态

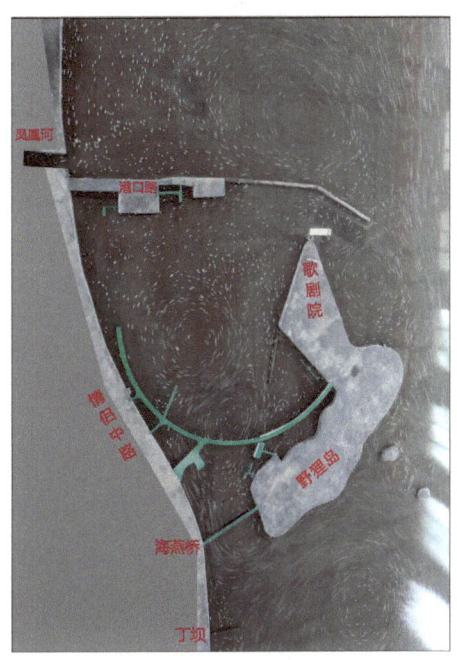

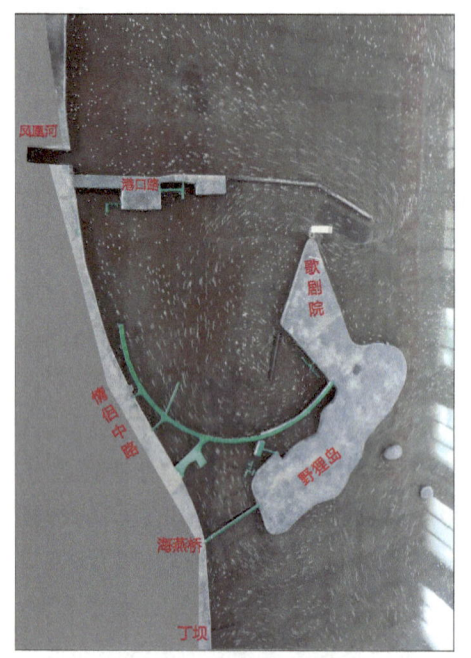

滨海城市海港总体规划方案案例研究

图 7.2-2a 现状初落流态 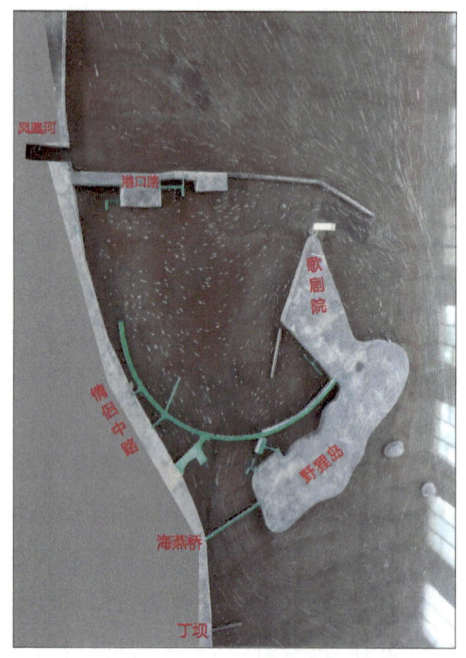　　　　　图 7.2-2b 现状落急流态

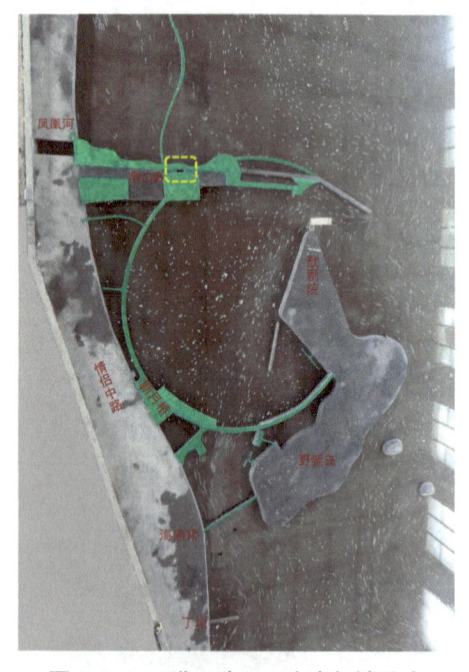

图 7.2-3a 港口路开口方案初涨流态 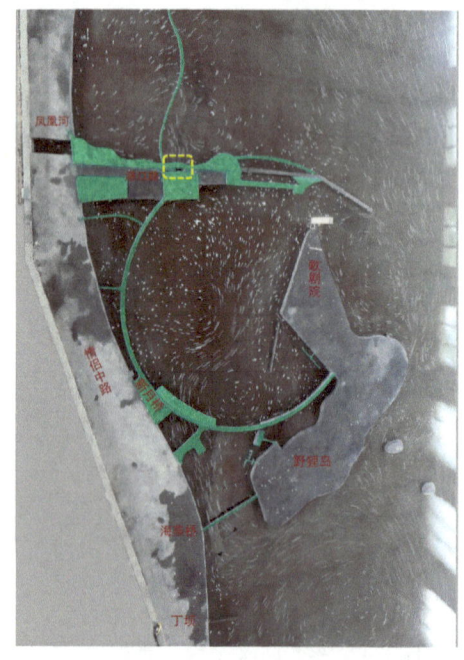　　　　　图 7.2-3b 港口路开口方案涨急流态

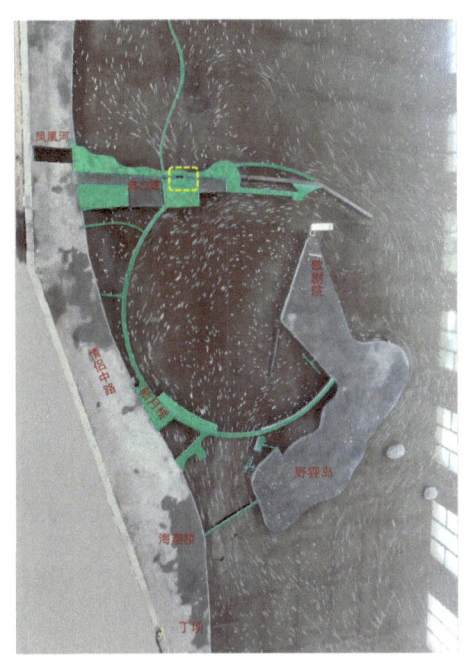

图 7.2-4a　港口路开口方案初落流态 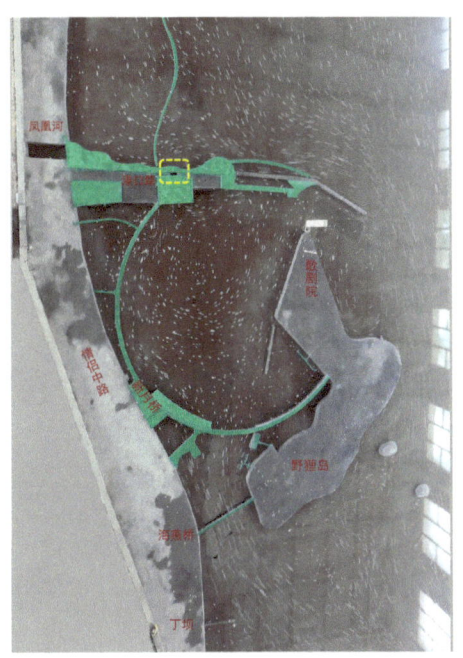　　图 7.2-4b　港口路开口方案落急流态

图 7.2-5a　防波堤开口方案初涨流态 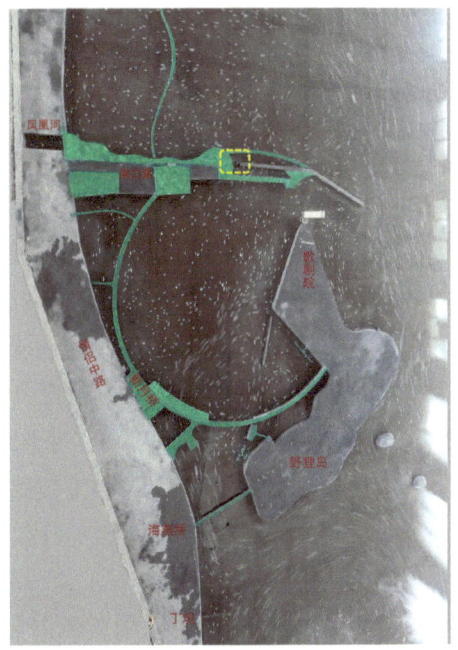　　图 7.2-5b　防波堤开口方案涨急流态

图 7.2-6a　防波堤开口方案初落流态　　图 7.2-6b　防波堤开口方案落急流态

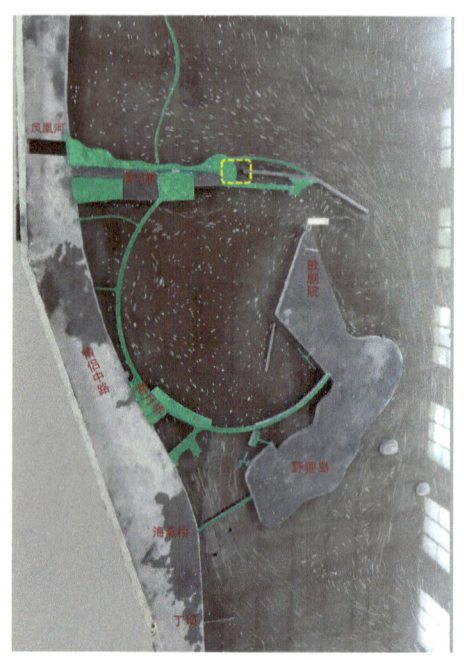

7.2.2　流场变化

港区北侧开口后,为港区增加了一个北向潮流进出通道,开口处潮流进出引起了附近潮场的变化。港口路开口方案实施前后的流场见图 7.2-7 至图 7.2-10,流速变化见图 7.2-15 至图 7.2-18;防波堤开口方案实施前后的流场变化见图 7.2-11 至图 7.2-14,流速变化见图 7.2-19 至图 7.2-22。可以看出开口方案实施后,港区、港区南侧潮流通道和防波堤北侧水域流速整体增大,而港区东侧进港航道流速整体减小,在潮流的不同阶段略有差异,具体变化特征如下。

(1) 开口处流速增大,涨潮时开口处形成射流,对防波堤北侧水域流场影响较大;落潮时受码头岸线影响,对港区整体流场影响不大。

潮流经过开口时流速增大,港口路开口处涨急流速约 0.32 m/s、落急流速约 0.38 m/s,防波堤开口处涨急流速约 0.33 m/s、落急流速约 0.40 m/s,明显大于南北两侧流速。

涨潮时局部形成射流,射流流向与岸线(防波堤)基本垂直。涨潮初期,防波堤北侧水域来自防波堤堤头的涨潮流相对较大,射流与其汇合,流向向北偏转,局部流速增大;涨潮后期,涨潮流受防波堤挑流影响在其北侧形成回流区,回流区内流速整体较小,射流将回流分割,在其西侧形成逆时针回流,在其东侧形成

图 7.2-7 港口路开口方案实施前后同涨流场图

图 7.2-8 港口路开口方案实施前后异涨流场图

图 7.2-9 港口路开口方案实施前后同落流场图

图 7.2-10 港口路开口方案实施前后异落流场图

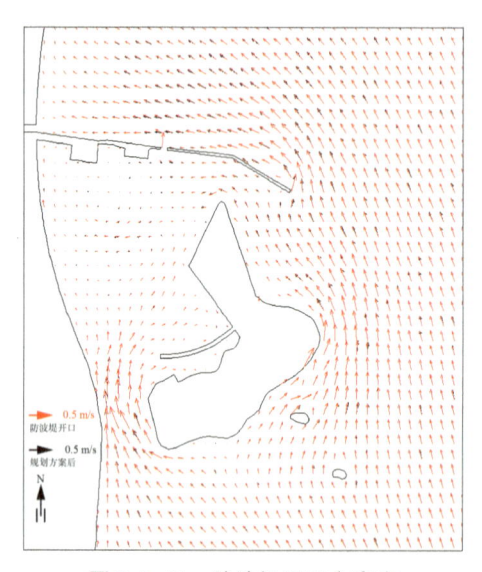

图 7.2-11 防波堤开口方案实施前后同涨流场图

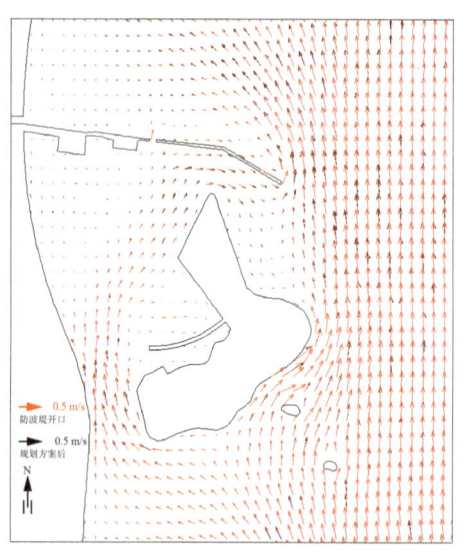

图 7.2-12 防波堤开口方案实施前后异涨流场图

图 7.2-13 防波堤开口方案实施前后同落流场图

图 7.2-14 防波堤开口方案实施前后异落流场图

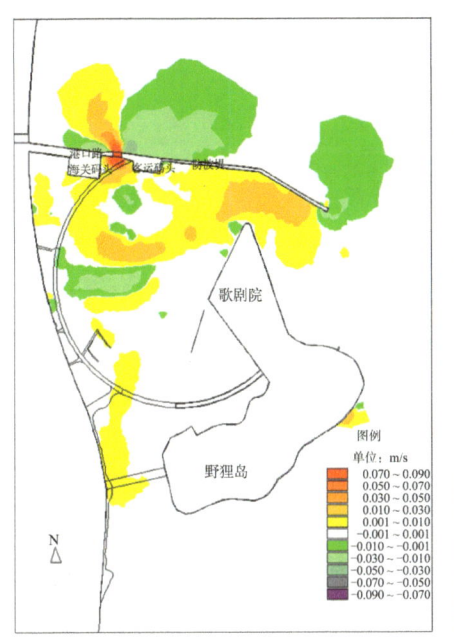

图7.2-15 港口路开口方案实施前后同涨流速变化等值线

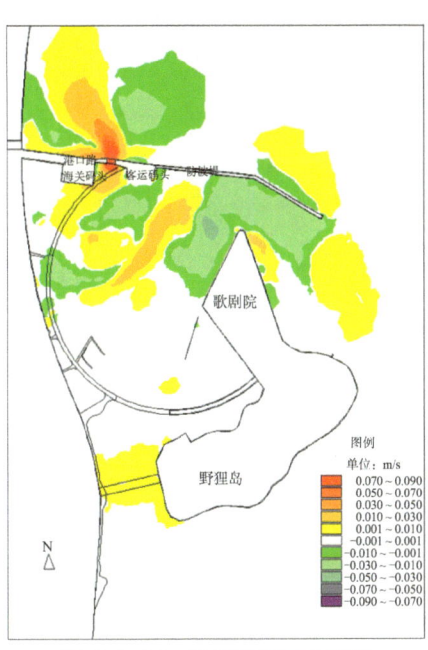

图7.2-16 港口路开口方案实施前后异涨流速变化等值线

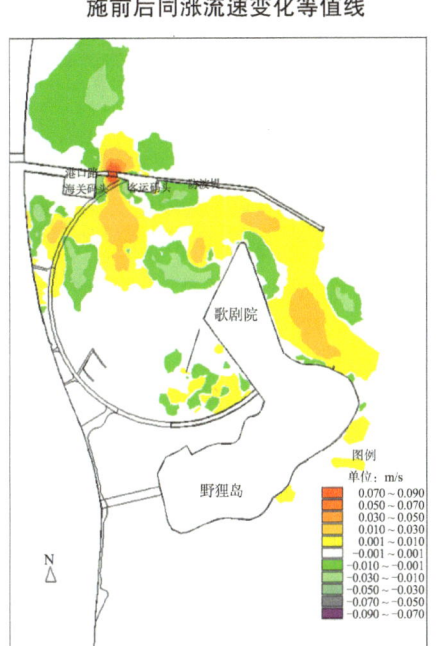

图7.2-17 港口路开口方案实施前后同落流速变化等值线

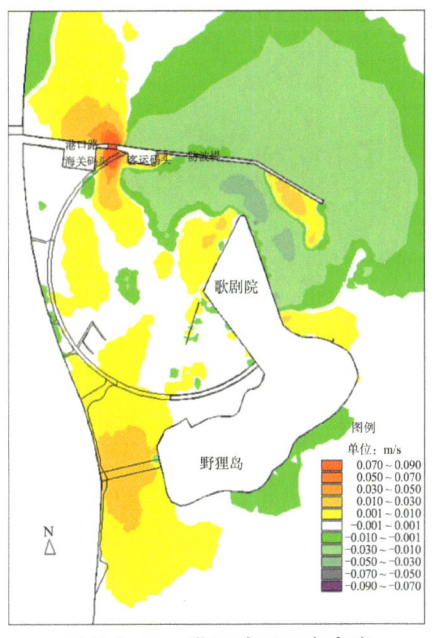

图7.2-18 港口路开口方案实施前后异落流速变化等值线

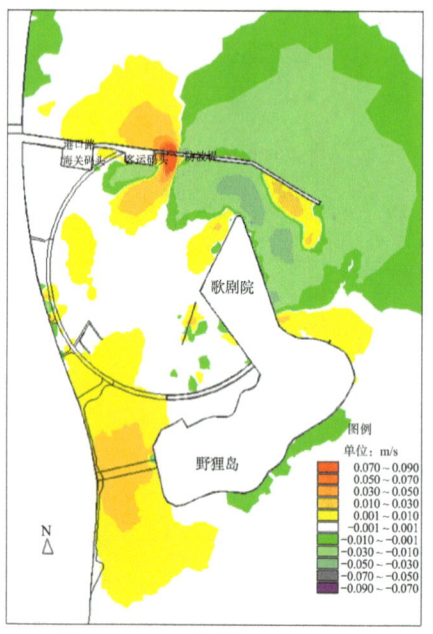

图 7.2-19　防波堤开口方案实施前后同涨流速变化等值线

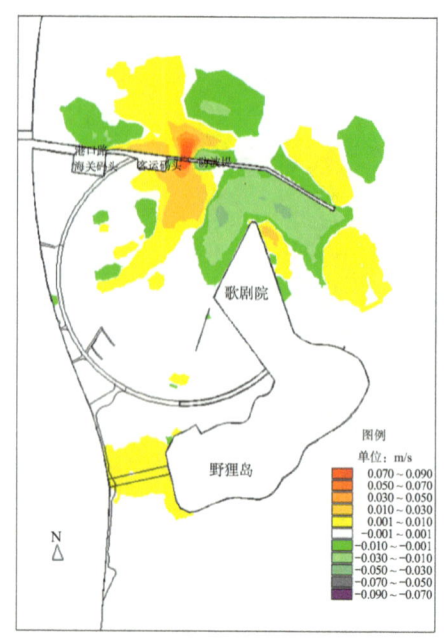

图 7.2-20　防波堤开口方案实施前后异涨流速变化等值线

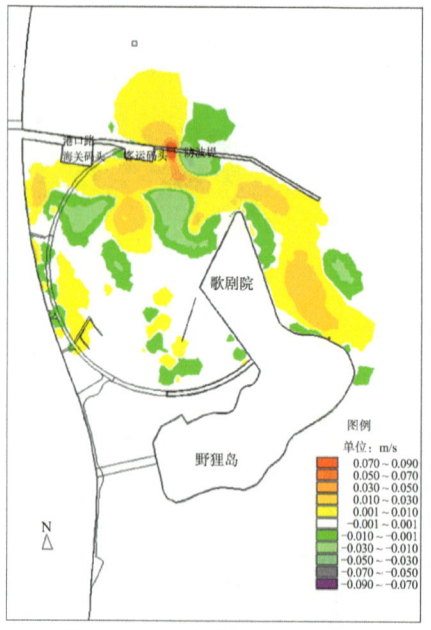

图 7.2-21　防波堤开口方案实施前后同落流速变化等值线

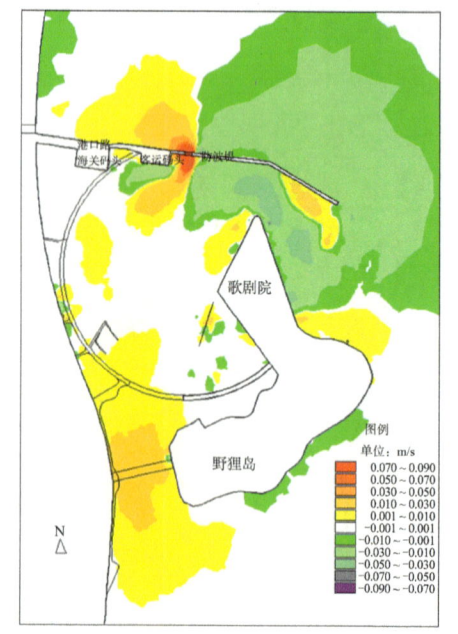

图 7.2-22　防波堤开口方案实施前后异落流速变化等值线

顺时针回流。落潮时，受客运码头防波堤阻挡，难以形成明显的射流，开口进入的落潮流流速快速减小，与港区潮流汇合，局部流向调整，对港区整体落潮流态影响不大。可见，涨潮流对防波堤北侧水域流场产生较大影响，增大该区域涨潮流流速，而对港区流态影响不大；其落潮流对港内开口附近流态产生影响，对港区整体和防波堤北侧水域流态整体影响不大。

（2）开口通道与南侧进口之间的通道连通了南北向潮流通道，港区、港区南侧潮流通道和防波堤北侧水域流速整体上增大，而涨潮后期原由港区东侧进港航道上溯的潮流改由开口通道上溯，导致其部分时段流速减小。

在港区东侧、南侧同时涨潮（向港区进流）或同时落潮（向港外出流）时，开口方案使得港区及东侧、南侧进出通道流速整体增大。在涨潮后期异涨（港区南侧向港区进流、东侧向港外出流）时，开口通道分担了原由东侧向港外流出的潮量；在落潮后期异落（港区南侧向港外出流、东侧向港区进流）时，开口通道分担了原由东侧向港区流入的潮量，导致东侧进港航道流速减小。

（3）港口路开口和防波堤开口后，区域整体流场变化趋势基本一致，但影响区域存在差异。港口路开口对防波堤根部南北两侧三角地带流态影响更大，更加有利于增强港区西北角水动力和水体交换能力。

在现状情况下，由于防波堤和港口路阻隔，港区西北角和凤凰河出口位于三角地带，水动力总体很弱，水体不易交换。港口路开口由于更靠近三角地带，其开口使得三角地带流速较大，更加有利于港区西北角和凤凰河出口水域的水体交换。防波堤开口靠近港区东侧进港航道，开口后主要影响港区中部偏东侧，对于港区西北角影响较小。

7.2.3 潮量变化

统计了如图6.2-9所示断面的流量过程，海燕桥和防波堤断面的潮量变化情况见表7.2-1。

（1）港口路开口实施后，香洲港东侧和南侧进出通道涨落潮量出现不同程度的增大，其中落潮量增加幅度较大，达到2.9%～3.5%。

（2）防波堤开口实施后，与港口路开口比较，香洲港东侧和南侧进出通道落潮量增幅进一步扩大，达到3.1%～3.9%，但东侧通道涨潮量减小，主要是由于落潮阶段部分水体原来由防波堤断面进入改为由防波堤开口断面进入。

表 7.2-1　开口方案实施后潮量变化

方案	断面	变化幅度 涨潮量	变化幅度 落潮量
港口路开口	海燕桥	0.5%	2.9%
港口路开口	防波堤	−3.1%	3.5%
防波堤开口	海燕桥	0.6%	3.1%
防波堤开口	防波堤	−4.8%	3.9%

7.2.4　水体交换变化

水体交换计算采用的保守物质初始浓度为100。受潮汐影响,浓度在潮周期内有升有降,总体趋势是逐渐降低。选取浓度最后一次出现50时所需要的时间作为水体半交换周期。先计算港区内各网格单元的半交换周期,然后计算分区内水体平均半交换周期。规划方案实施后的浓度分布见图6.3-2,港口路和防波堤开口方案实施后的第1、2、3、4天浓度分布分别见图7.2-23、图7.2-24。规划方案、港口路和防波堤开口方案实施后,港区内各分区平均浓度变化过程见图7.2-25至图7.2-27,各区水体半交换周期见表7.2-2、表7.2-3。与规划方案比较,开口后港区水体浓度降低,水体交换速度有所加快。

(1) 港口路开口后浓度分布变化

由规划方案浓度分布可知,港区西北角在第1、2天后浓度达到70以上,交换缓慢。港口路开口后,由港口路开口通道进入的外界水体在海关码头附近积聚,局部形成低浓度带,并在顺时针回流的带动下进入西北侧水域,促使西北侧水域水体交换速度加快。西北角水域第2天后浓度已降至70以下,第3天后浓度降至50以下,西北角形成外界水体的低浓度区,低浓度区与港口路开口区域相连,说明进入该区域的外界水体主要来自防波堤北侧。

(2) 防波堤开口后浓度变化分析

防波堤开口后港区西北角浓度70以上的高浓度带未见减少,由防波堤开口进入的外界水体在客运码头东面积聚,因其靠近港区东侧进港航道,该区域浓度较规划方案时明显降低。与之相比,防波堤开口距离西北角较远,对西北角水体交换影响相对较小。

按照图6.3-3的分区进行半交换周期的统计,港口路和防波堤开口方案均能促进港区内整体的水体交换,水体半交换周期减小幅度达16%以上,但防波

第7章 水动力提升措施研究

堤开口对两个进出水口连线区域（A区）作用更大，对港区西北角作用相对较小，而港口路开口对A区作用相对较小，A区水体半交换周期减小幅度达不到10%，但对港区西北角的B区促进作用显著，水体半交换周期减小幅度达30%以上。

表7.2-2　港口路开口前后水体半交换周期统计

项目		A区	B区	C区	平均
水体半交换周期（天）	规划方案	3.00	3.66	5.80	3.29
	港口路开口	2.74	2.40	5.69	2.67
	变化值	−0.26	−1.26	−0.11	−0.62
变化幅度		−8.7%	−34.4%	−1.9%	−18.8%

表7.2-3　防波堤开口前后水体半交换周期统计

项目		A区	B区	C区	平均
水体半交换周期（天）	规划方案	3.00	3.66	5.80	3.29
	防波堤开口	2.49	3.00	5.63	2.73
	变化值	−0.51	−0.66	−0.17	−0.56
变化幅度		−17.0%	−18.0%	−2.9%	−17.0%

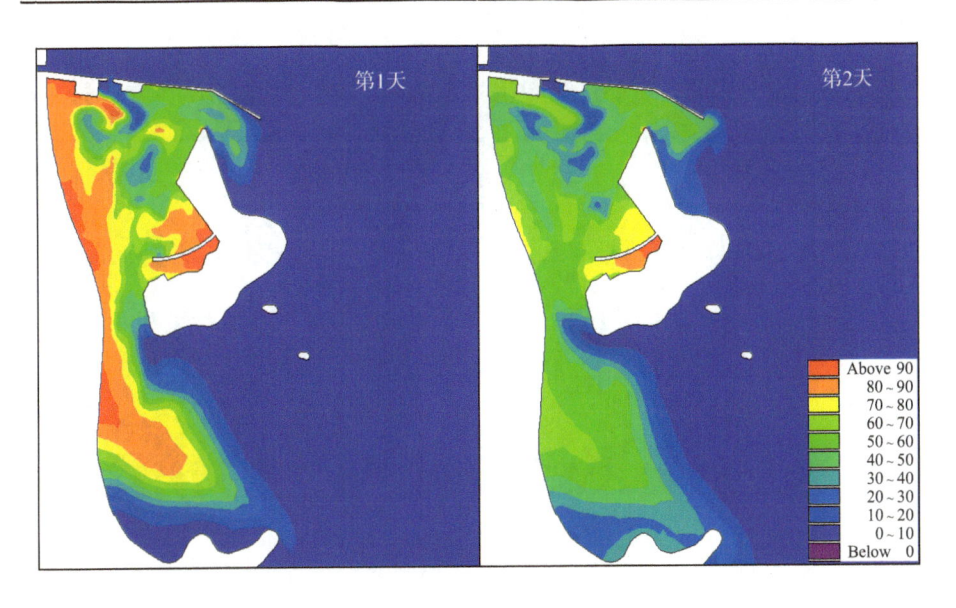

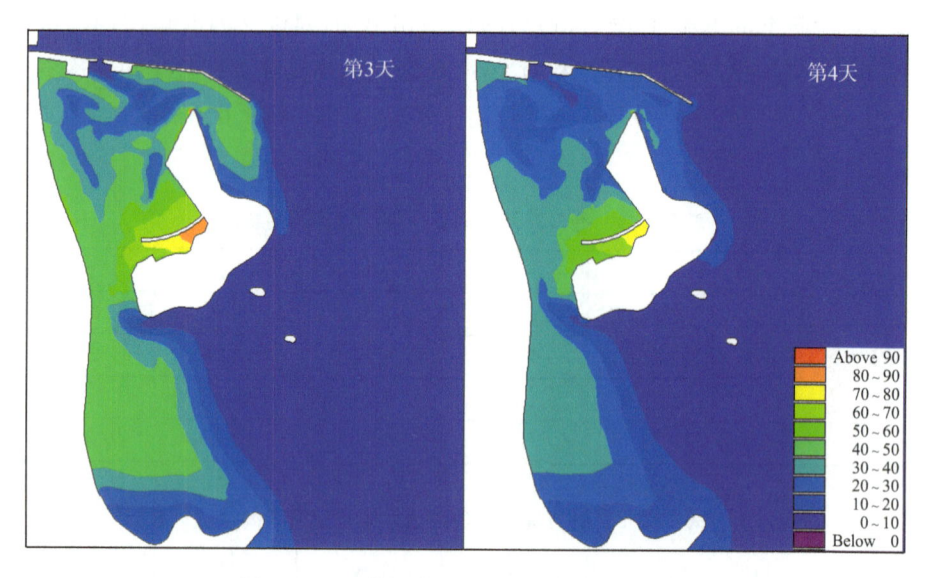

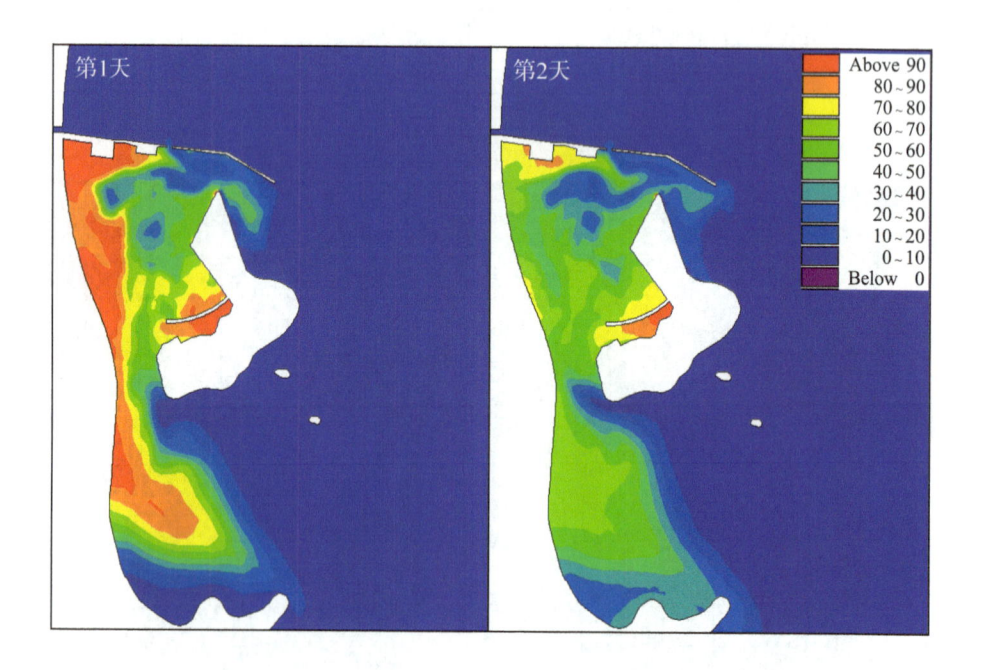

图 7.2-23　港口路开口方案实施后浓度分布

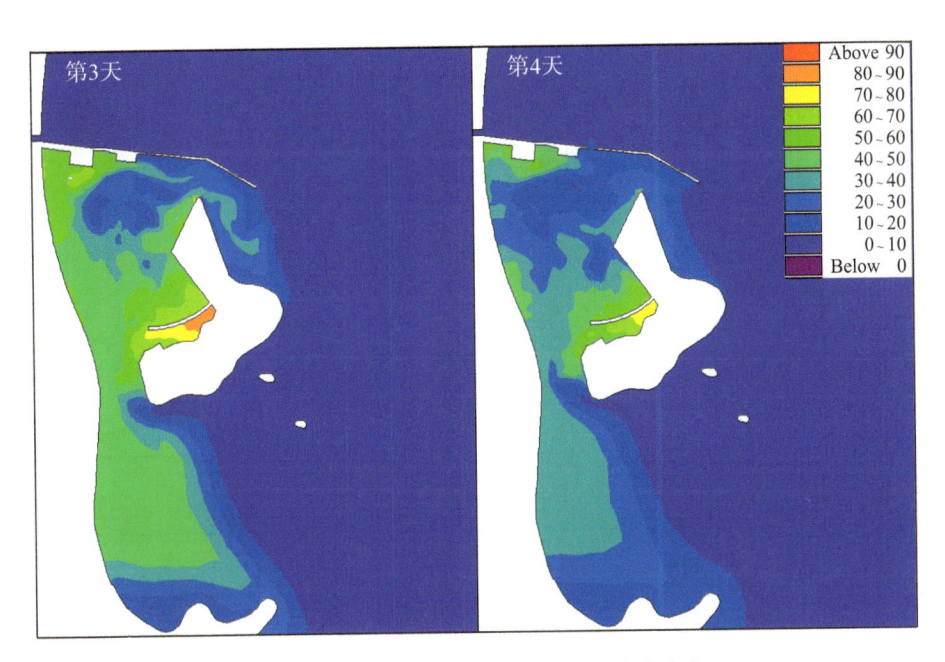

图 7.2-24　防波堤开口方案实施后浓度分布

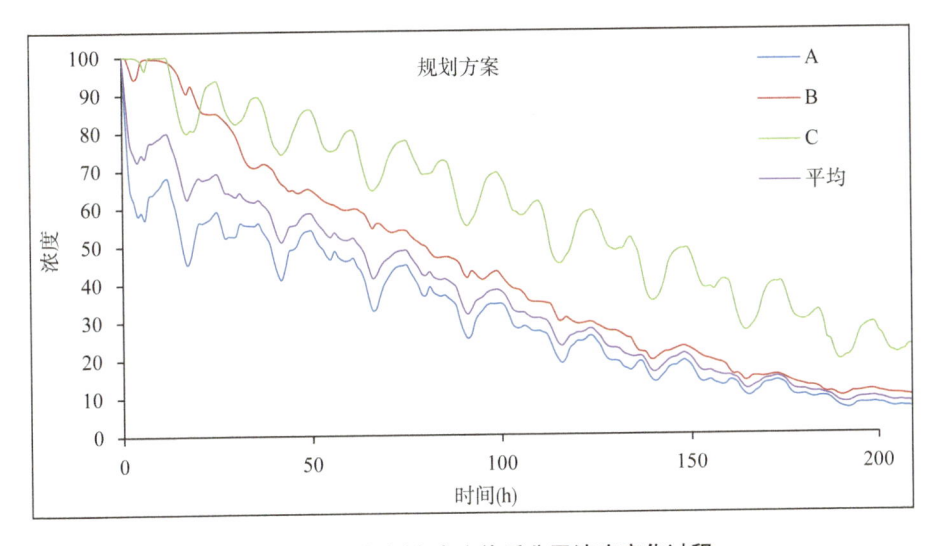

图 7.2-25　规划方案实施后分区浓度变化过程

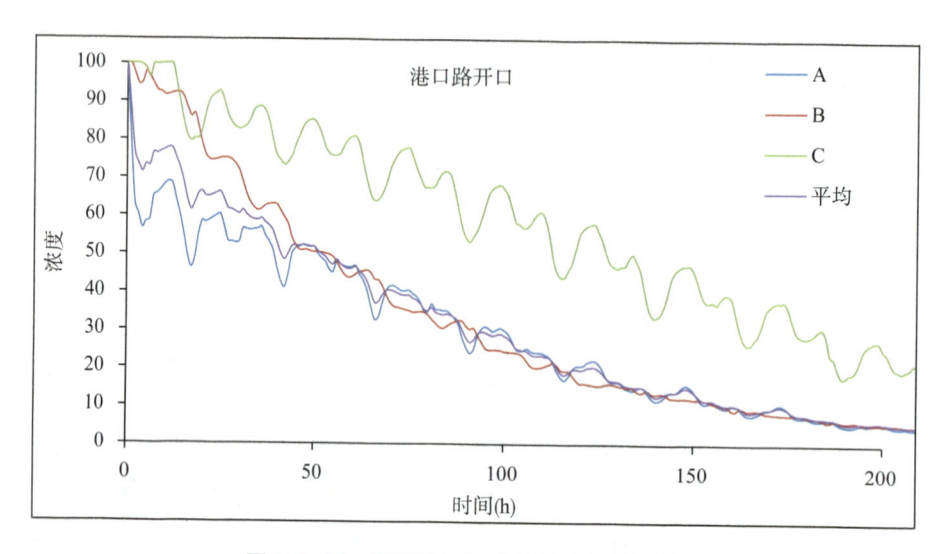

图 7.2-26　港口路开口后分区浓度变化过程

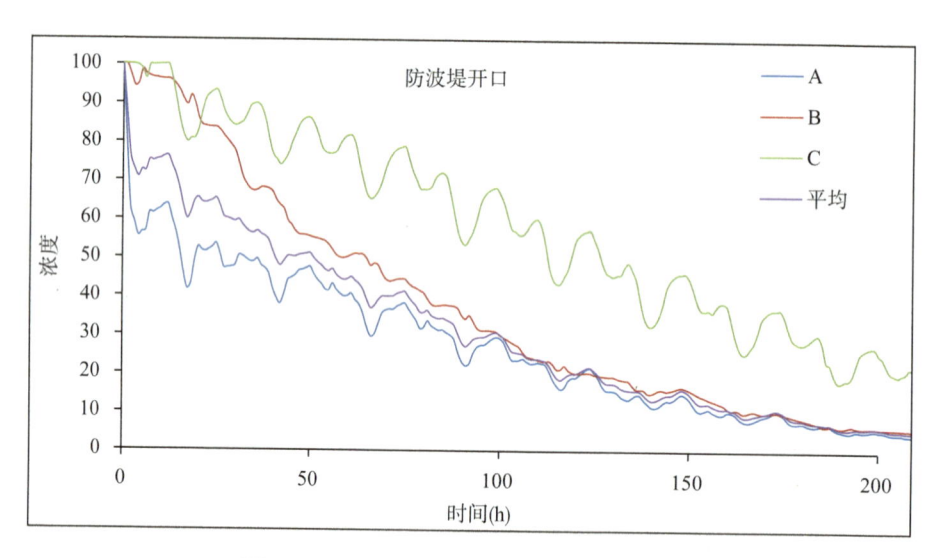

图 7.2-27　防波堤开口后分区浓度变化过程

7.2.5　凤凰河污染物扩散变化

港区北侧凤凰河排洪渠为香洲区主要的入海排放口，还作为香洲水质净化厂的中水排放通道，一至三期工程建成后总排水量为 13 万 m^3/d，排水流量为

1.5 m³/s。目前,凤凰河水质达不到地表水Ⅴ类,是港区北侧水域主要的污染来源之一。凤凰河污染物入海后将被海水稀释,根据香洲湾水环境质量现状分析成果,香洲港附近水域的主要污染物为无机氮,凤凰河河口附近无机氮浓度2018年4月为1.9 mg/L,2020年11月为1.8 mg/L。

污染物扩散计算时,在凤凰河施加1.5 m³/s的恒定流量,无机氮浓度为2 mg/L。计算工况包括了现状、规划方案和开口方案。根据7日污染物扩散计算成果,统计了附近水域7日最大浓度和平均浓度,7日最大浓度分布见图7.2-28至图7.2-31,7日平均浓度分布见图7.2-32至图7.2-35。由图可见,开口方案实施前后污染物扩散具有以下特征。

(1) 香洲港北侧防波堤较为有效地阻挡了凤凰河污染物进入港区。

凤凰河出口处于三角地带,水动力弱,污染物容易积聚,其扩散方向是顺防波堤向下游,现状边界条件下7日内对香洲港影响较小。在现状和规划方案边界条件下,凤凰河污染物随涨潮流向北扩散,7日内0.1 mg/L浓度最远距离港口路岸线约700 m,落潮时沿防波堤向下游扩散,主要集中在防波堤以北沿线,浓度越往下游越低,0.1 mg/L浓度范围7日内可越过防波堤进入港区东侧进港航道。7日内平均浓度集中在防波堤北侧沿线,7日平均0.1 mg/L浓度线向北距离防波堤(港口路)不超过350 m,向东没越过防波堤堤头。总体而言,在现状情况下,防波堤较为有效地阻隔了凤凰河污染物进入港区。

(2) 开口方案使得凤凰河污染物不同程度地进入港区,开口位置距离排放口越近,港区水环境受影响范围越大。

不同开口方案港内污染物扩散范围统计结果见表7.2-4。由于凤凰河排放口污染物容易在其出口积聚,并随落潮流沿防波堤向下游扩散,开口后污染物随落潮流进入港区。由于污染物扩散带越往下游浓度越低,开口距离排放口越近,进入港区的浓度越高,污染物总量和扩散范围越大。由图可见,港口路和防波堤开口后,0.1 mg/L浓度7日内已基本影响整体港区。

港口路开口距离排放口约450 m,其距离排放口较近,开口后0.3 mg/L浓度影响的港区范围达15万 m²,0.5 mg/L浓度影响的港区范围达2.5万 m²,主要影响区域为海关码头和客运码头,接近港区西北角;防波堤开口距离排放口约760 m,其距离排放口较远,开口后0.3 mg/L浓度影响的港区范围达6.2万 m²,0.5 mg/L浓度影响的港区范围达1.4万 m²,主要影响区域为客运码头及其以东区域。

从 7 日平均扩散范围来看,影响范围大幅度减小。港口路开口方案 0.3 mg/L 平均浓度影响的港区范围达 0.9 万 m², 0.5 mg/L 平均浓度影响的港区范围达 0.3 万 m²；防波堤开口方案 0.3 mg/L 平均浓度影响的港区范围仅 0.1 万 m², 0.5 mg/L 平均浓度未进入港区。

总体而言,港区北侧开口为凤凰河污染物进入港区打开了通道,距离凤凰河排放口越近,进入港区的污染物越多,影响范围越大。因此,近期凤凰河水质未得到显著改善的情况下,不宜进行港区北侧开口,或者增加闸门限制北侧落潮流进入港区。

表 7.2-4　不同开口方案港内污染物扩散范围统计

项目	浓度	港内扩散范围面积(万 m²)	
		港口路开口 40 m	防波堤开口 40 m
最大	0.3 mg/L	15	6.2
	0.5 mg/L	2.5	1.4
平均	0.3 mg/L	0.9	0.1
	0.5 mg/L	0.3	0

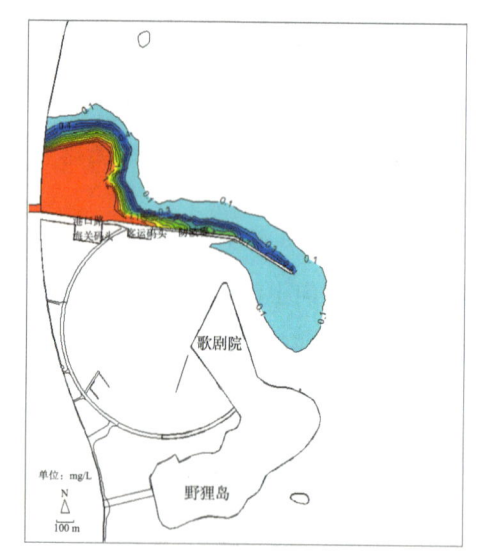

图 7.2-28　现状污染物 7 日最大扩散范围

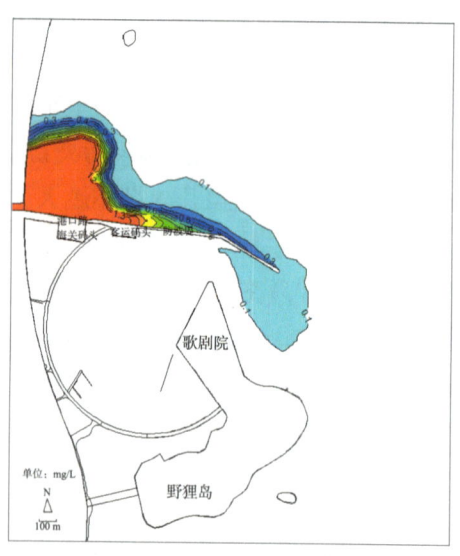

图 7.2-29　规划方案污染物 7 日最大扩散范围

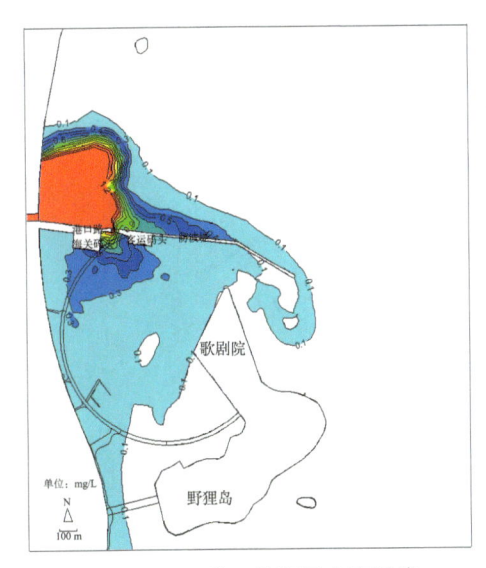

图 7.2-30　港口路开口方案污染
物 7 日最大扩散范围

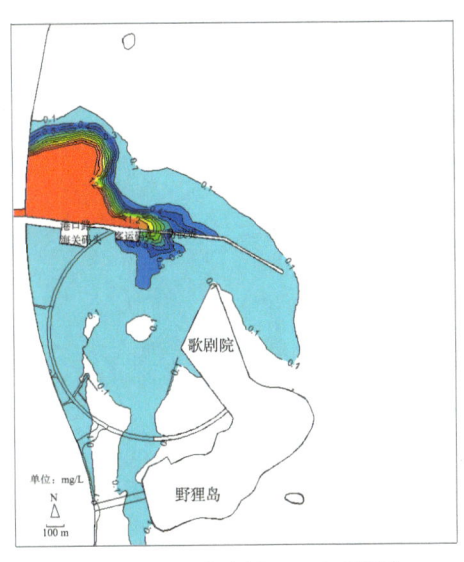

图 7.2-31　防波堤开口方案污染
物 7 日最大扩散范围

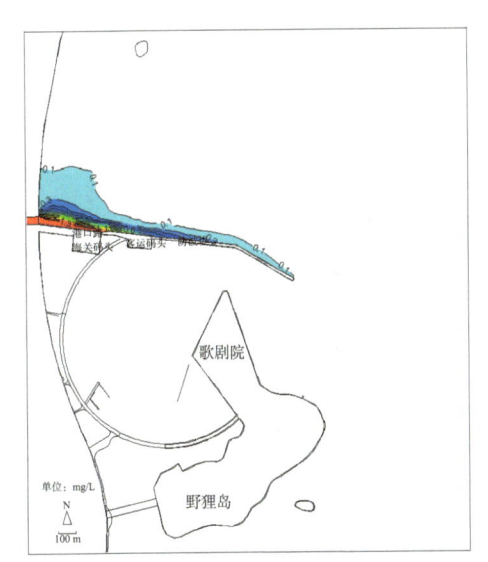

图 7.2-32　现状污染物 7
日平均扩散范围

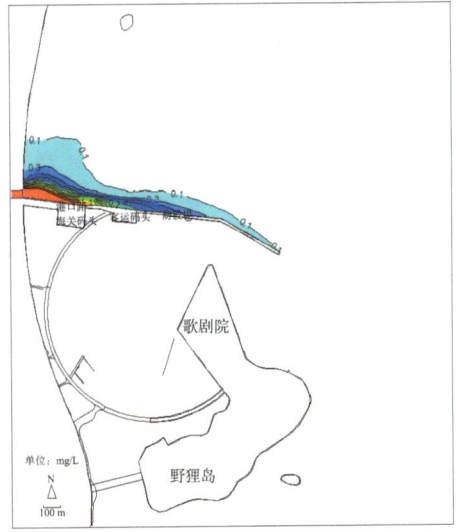

图 7.2-33　规划方案污染
物 7 日平均扩散范围

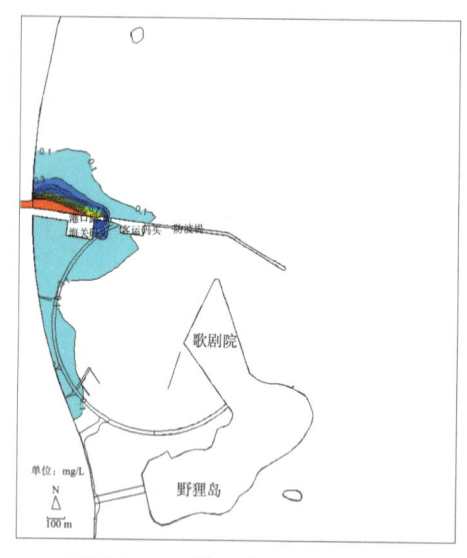

图 7.2-34　港口路开口方案污染物 7 日平均扩散范围

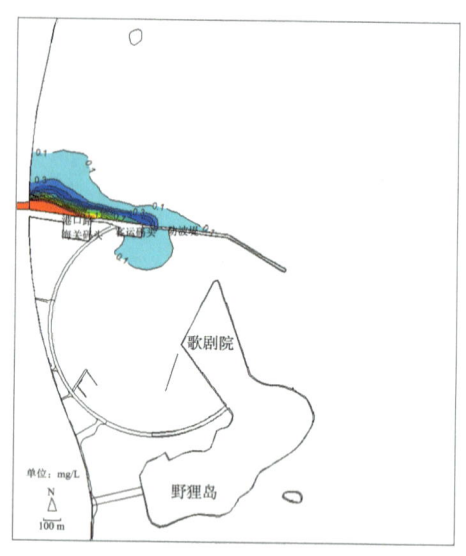

图 7.2-35　防波堤开口方案污染物 7 日平均扩散范围

7.3　疏浚方案比选计算及分析

7.3.1　流场变化

港区水体通过进出口通道与外界交换,进出口通道关系到港区与外界水体的交换量。疏浚方案分别选择港区南侧和东侧的进出通道进行疏浚,疏浚方案布置分别见图 7.1-6、图 7.1-7。港区东侧进口疏浚前后的数学模型流场见图 7.3-1 至图 7.3-4,流速变化见图 7.3-11 至图 7.3-14;港区南侧进口疏浚后的物理模型流态变化见图 7.3-5 至图 7.3-6,港区南侧进口疏浚前后的数学模型流场见图 7.3-7 至图 7.3-10,流速变化见图 7.3-15 至图 7.3-18。可以看出疏浚方案实施后,疏浚区域流速出现一定程度减小,而香洲港内整体流速呈增大趋势。具体变化如下。

（1）港区东侧进口疏浚

由流场图可以看出,港区东口进口疏浚后,港区整体流态变化不大。涨潮初期,港区东侧和南侧进口同时进流;涨潮后期,港区南侧进流,而东侧疏浚区向港外出流,落潮时与之相反。

由流速变化等值线图可以看出,港区东侧进口疏浚后,疏浚区流速在潮流各个阶段均减小,流速减小值在 0.05 m/s 以内;邻近东侧进口疏浚区的口外和港区流速增大,增大幅度约 0.01~0.03 m/s;港区南侧通道流速则有增有减,在涨潮初期,由于东侧进流增强,使得南侧通道进流减少而流速减小;涨潮后期,由于东侧通道疏浚后更为通畅,使得南侧进入港区的潮流更多,流速增大;落潮阶段与之相反,落潮初期,东侧疏浚区进流更多,致使南侧通道出流增大而流速增大;落潮后期,东侧和南侧通道同时向外出流,而东侧通道疏浚后出流更多,致使南侧通道流速减小。

(2) 港区南侧进口疏浚

与东侧进口疏浚方案相比,南侧进口疏浚后香洲港内流场出现了一定程度的调整,涨落潮流向向港区西侧偏转,有利于提高西侧的水体交换能力。由流速变化等值线图可以得出如下结论。

①南侧进口疏浚区流速有增有减。主要是由于疏浚区水深较浅,在涨潮后期或落潮初期由于潮位较高,水深较大,浅滩在疏浚前过流相对较多,流速也较大,疏浚后水深加大致使流速减小,但在涨潮初期或落潮后期,潮位降低,浅滩过流减少,甚至露滩,流速很小,疏浚后水深增大,过流增多,流速增大。

②港区南侧通道疏浚后港区流速整体增幅较大,为 0.03~0.07 m/s,港池西北角流速也出现不同程度的增大。涨潮初期,由南侧进口疏浚区进入港区的潮流增大,流向向西偏转,情侣路沿岸流速增大;涨潮后期,南侧通道涨潮进流、东侧通道涨潮出流,港区南侧进口疏浚区疏浚后,疏浚区南侧、港区中部以及东侧进港航道流速增大值为 0.07~0.09 m/s。落潮初期,港区东侧进口向港内进流,南侧进口疏浚后落潮流增多,东侧进港航道和港区流速增大,增大幅度 0.01~0.03 m/s;落潮后期,港区东侧、南侧进口同时向港外出流,南侧进口疏浚后分流更多,加之水深较浅,疏浚区上下游流速增大值为 0.07~0.09 m/s,而东侧进口通道由于分流显著减小,流速减小值为 0.03~0.09 m/s。

③港区南侧进口疏浚区南侧浅滩区域和防波堤堤头以北区域流速增大。主要是由于南口疏浚后各个时段南侧通道的潮流增多,使得其南北两侧区域流速增大,南侧疏浚后,防波堤以南区域潮流阻力减小,致使防波堤堤头流速增大。

7.3.2 潮量变化

统计了如图 6.2-9 所示断面的流量过程,疏浚方案实施后海燕桥和防波堤断面的潮量变化情况见表 7.3-1,可得如下结论。

(1) 东侧进口疏浚后,东侧进口涨落潮量均增大,其中涨潮量增大 6.7%,落潮量增大 1.4%,而海燕桥断面涨潮量增大,落潮量出现减少,表明东侧进口疏浚后港区更多水体由东侧进口流出。

(2) 南侧进口疏浚后,海燕桥和防波堤断面涨落潮量均出现了较大幅度的增大,海燕桥断面增大幅度达 19.1%～20.6%,防波堤断面增大 6.3%～8.4%,两者同步增大表明南侧进口疏浚后涨潮阶段和落潮阶段水体一边进、一边出的现象更为显著。

表 7.3-1 疏浚方案实施后潮量变化

方案	断面	变化幅度 涨潮量	变化幅度 落潮量
东侧进口疏浚	海燕桥	0.2%	−1.6%
东侧进口疏浚	防波堤	6.7%	1.4%
南侧进口疏浚	海燕桥	20.6%	19.1%
南侧进口疏浚	防波堤	8.4%	6.3%

图 7.3-1 东侧进口疏浚方案实施前后同涨流场图

图 7.3-2 东侧进口疏浚方案实施前后异涨流场图

图 7.3-3　东侧进口疏浚方案实施前后同落流场图

图 7.3-4　东侧进口疏浚方案实施前后异落流场图

图 7.3-5a　南侧进口清淤方案初涨流态

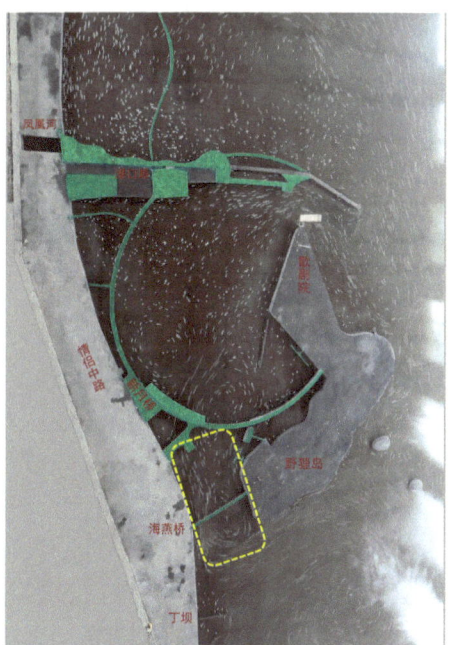

图 7.3-5b　南侧进口清淤方案涨急流态

滨海城市海港总体规划方案案例研究

图 7.3-6a　南侧进口清淤方案初落流态 　　　图 7.3-6b　南侧进口清淤方案落急流态

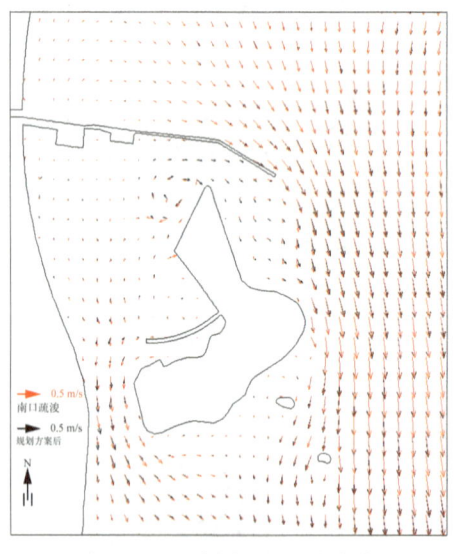

图 7.3-7　南侧进口疏浚方案
实施前后同涨流场图

图 7.3-8　南侧进口疏浚方案
实施前后异涨流场图

256

图 7.3-9　南侧进口疏浚方案实施前后同落流场图

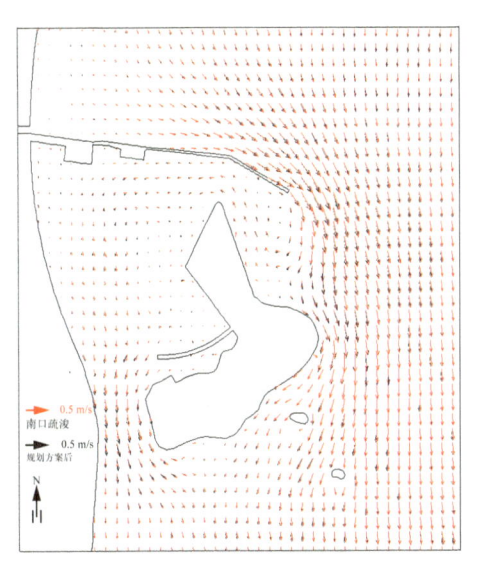

图 7.3-10　南侧进口疏浚方案实施前后异落流场图

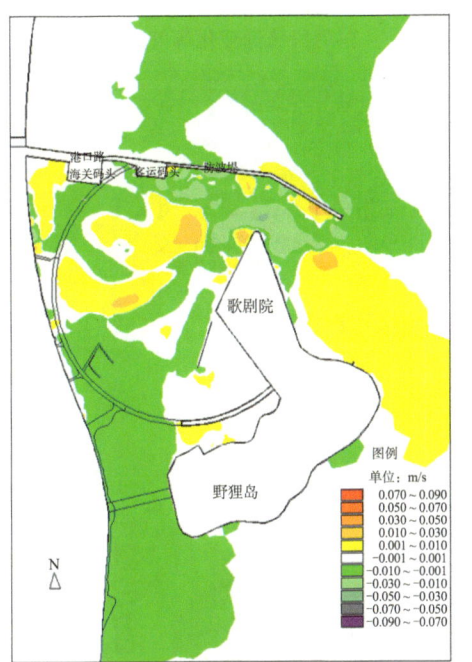

图 7.3-11　东侧进口疏浚前后同涨时段流速变化等值线

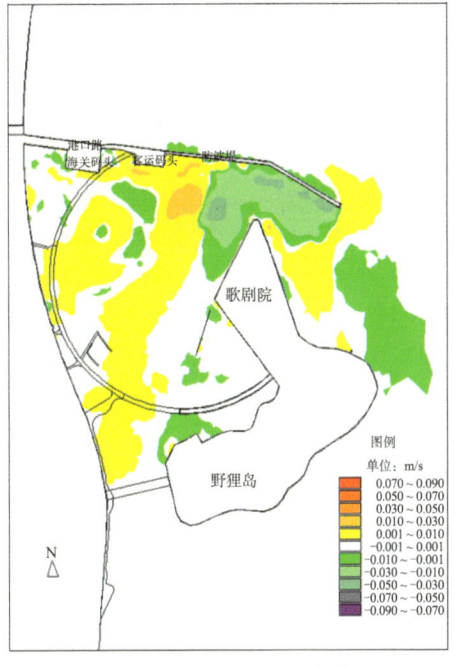

图 7.3-12　东侧进口疏浚前后异涨时段流速变化等值线

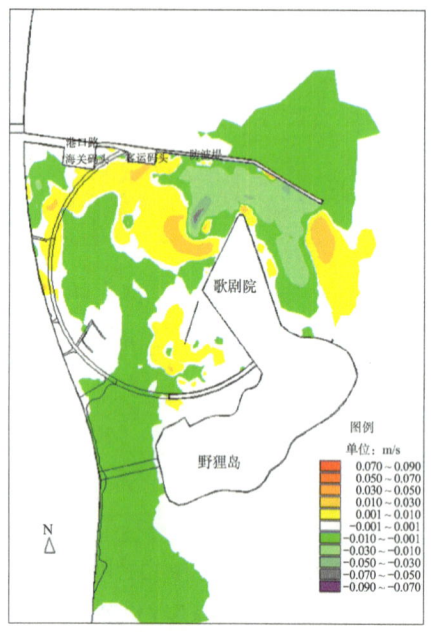

图 7.3-13　东侧进口疏浚前后同落时段流速变化等值线

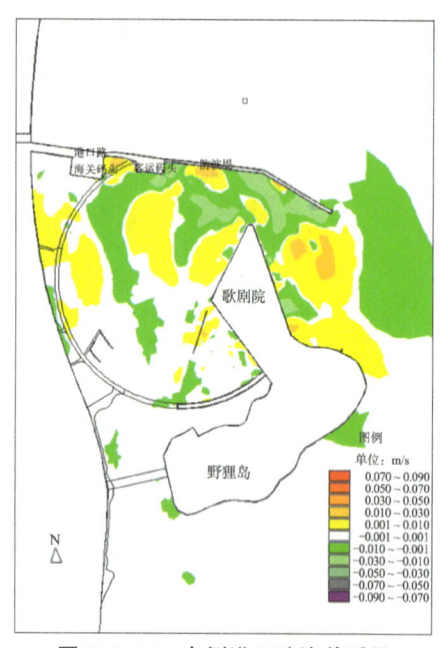

图 7.3-14　东侧进口疏浚前后异落时段流速变化等值线

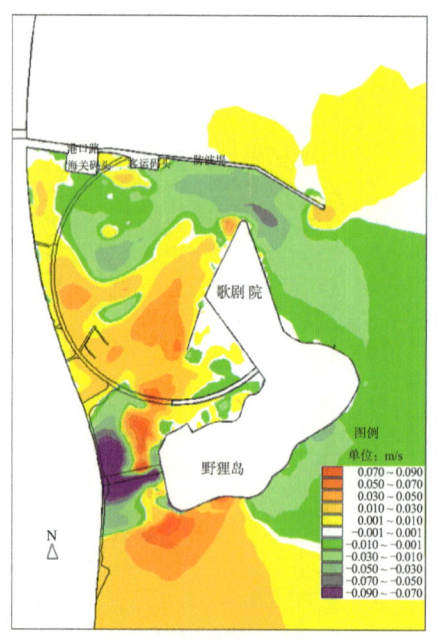

图 7.3-15　南侧进口疏浚前后同涨时段流速变化等值线

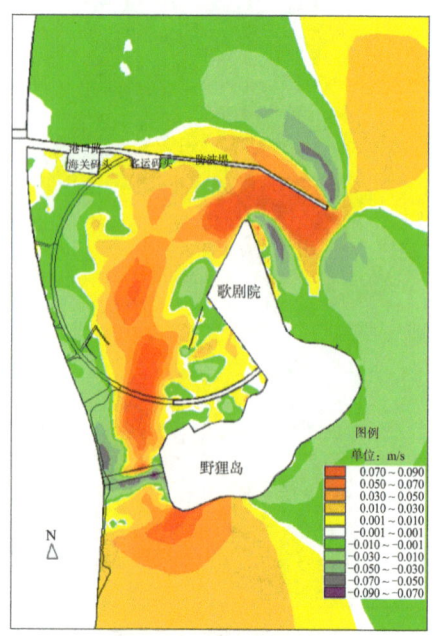

图 7.3-16　南侧进口疏浚前后异涨时段流速变化等值线

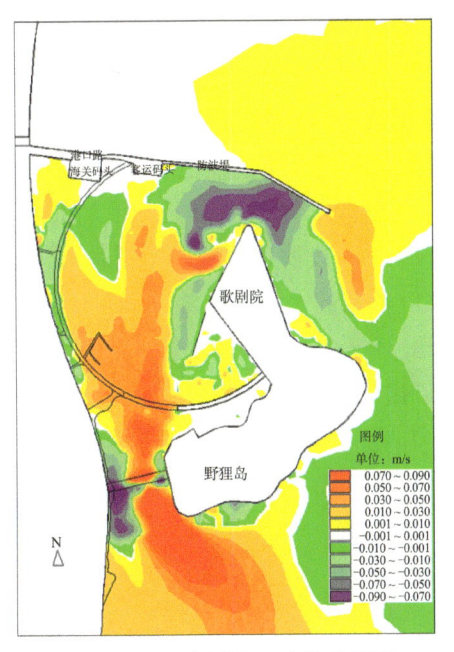

图 7.3-17　南侧进口疏浚前后同落时段流速变化等值线

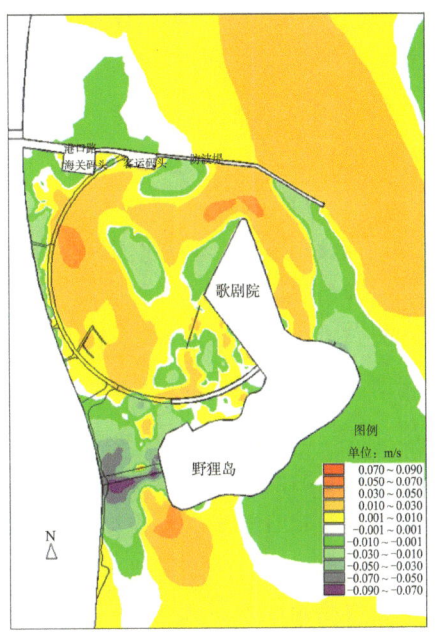

图 7.3-18　南侧进口疏浚前后异落时段流速变化等值线

7.3.3　水体交换变化

水体交换计算采用的保守物质初始浓度为 100,选取浓度最后一次由 50 以上降低至 50 时所需要的时间作为水体半交换周期。先计算港区内各网格单元的半交换周期,然后计算分区内水体平均半交换周期。港口路和防波堤开口方案实施后的第 1、2、3、4 天浓度分布分别见图 7.3-19、图 7.3-20,规划方案实施后的浓度分布见图 6.3-2。东侧进口疏浚和南侧进口疏浚方案实施后,港区内各分区平均浓度变化过程见图 7.3-21 至图 7.3-22,各区水体半交换周期见表 7.3-2、表 7.3-3。与规划方案比较,港区南侧进口疏浚后港区水体浓度降低较为明显,而港区东侧进口疏浚后港区浓度变化较小。

（1）港区东侧进口疏浚后港区水体浓度整体变化不大,对港区水体交换作用效果不明显。

由规划方案浓度分布可知,港区西北角在第 1、2 天后浓度达到 70 以上,交换缓慢。港区东侧进口疏浚后,东侧疏浚区进入的潮量增大,低浓度水体进一步向西北角流动,港区西北角在第 2 天后 70 浓度线范围略有减小,但 80 浓度线范围增大,并向港区南侧移动。表明港区东侧进口疏浚对改善港区水体交换效果不明显。

(2) 港区南侧进口疏浚后涨潮量显著增加,加大了港区与南侧水体的交换。

南侧进口疏浚后,在防波堤断面和海燕桥断面涨落潮量显著增加的带动下,涨潮低浓度水体向西北侧扩散,港区内水体浓度快速下降。涨潮时,受香炉湾南侧岬角的挑流作用,野狸岛东南侧浓度较低的水体由疏浚区进入港区,在港区内回流的作用下稀释港内高浓度水体,而落潮时高浓度水体沿情侣路向下游流动,由于落潮量也显著增加,落潮量带出的高浓度水体增多。与规划方案相比,南侧进口疏浚后野狸岛南侧水域第1天后的扩散范围增大,且浓度减小。表明香洲港南侧潮流通道是香洲港港内水体与外界水体交换的主要通道,南侧进口疏浚后其对港区水体交换的作用进一步增强。

按照图6.3-3的分区进行半交换周期的统计,东侧进口疏浚后港区内水体半交换周期变化不大,局部甚至增大。而南侧进口疏浚方案实施后,香洲港内整体水体半交换周期减小幅度达到30%以上,包括了A区、B区。

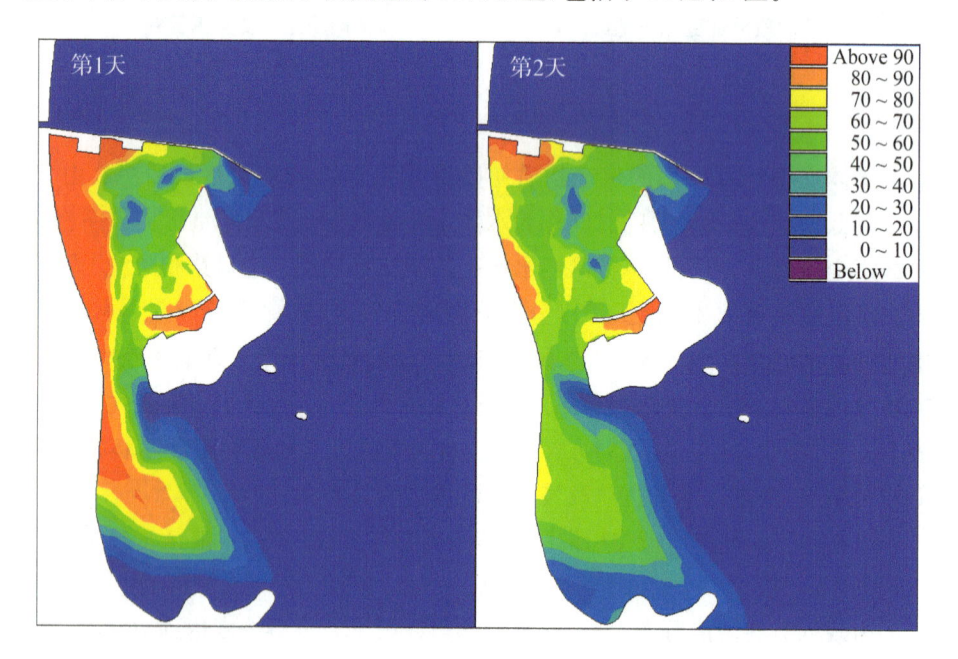

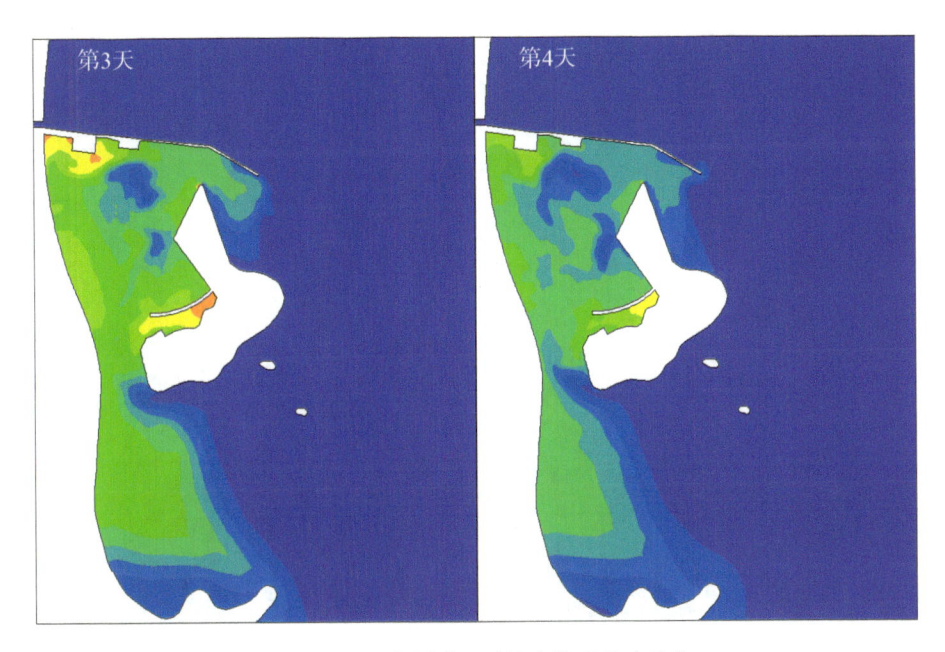

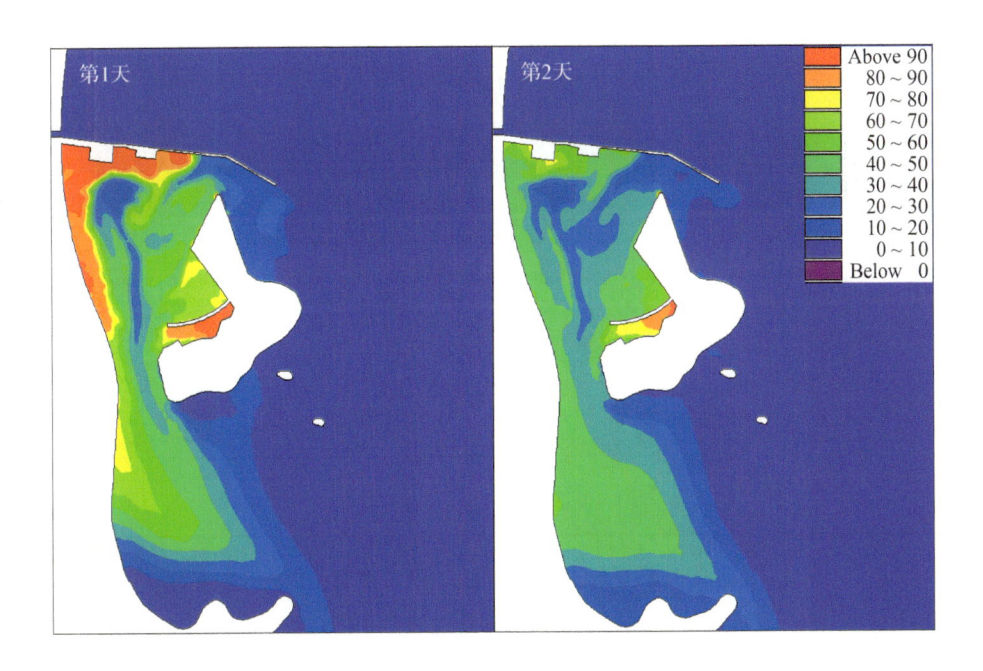

图 7.3-19 东侧进口疏浚实施后浓度分布

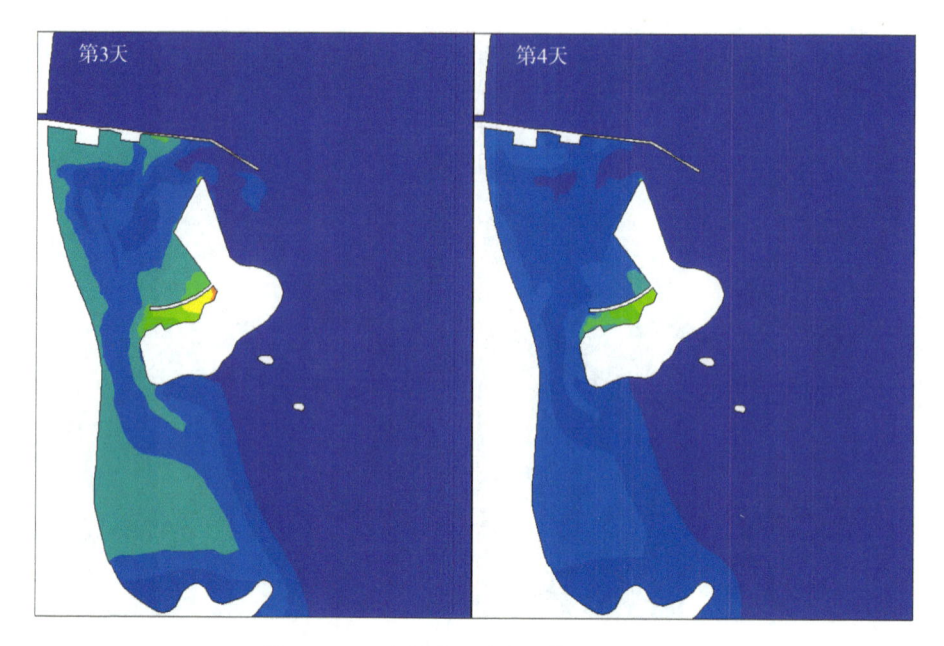

图 7.3-20　南侧进口疏浚实施后浓度分布

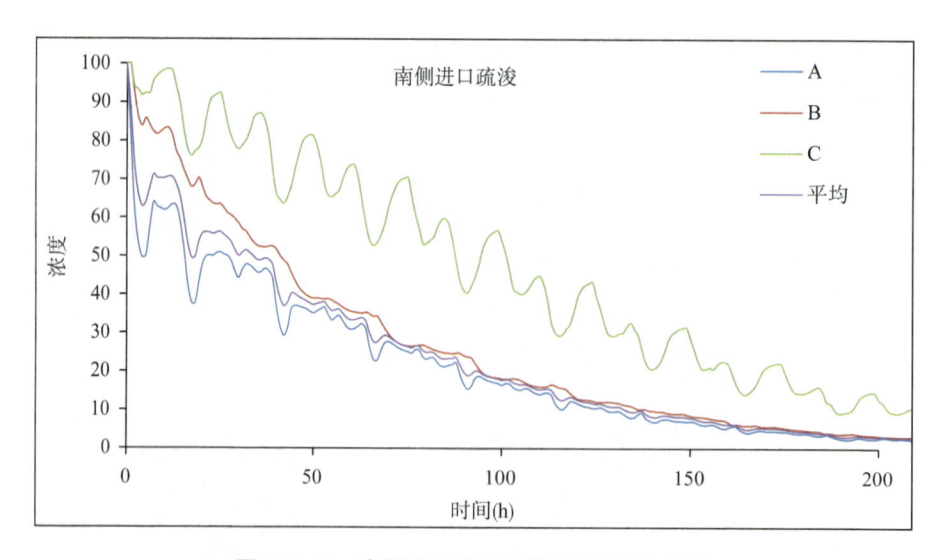

图 7.3-21　南侧进口疏浚后分区浓度变化过程

第7章 水动力提升措施研究

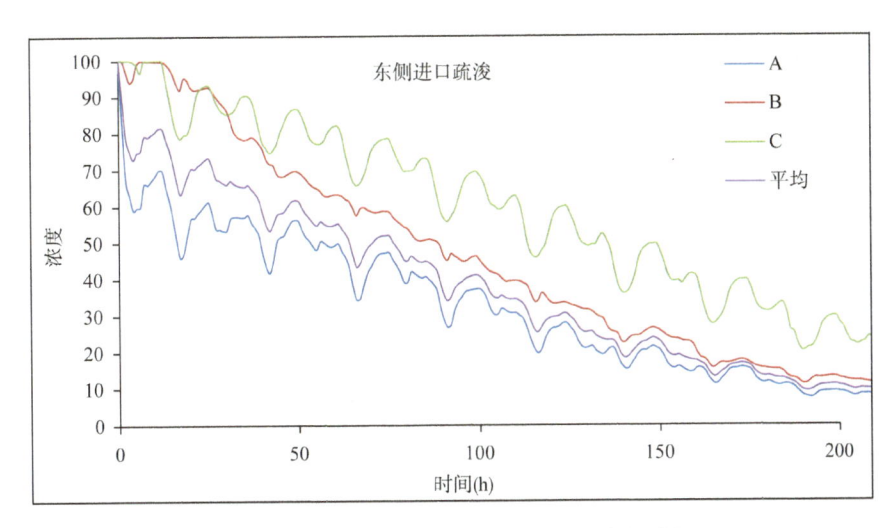

图 7.3-22 东侧进口疏浚后分区浓度变化过程

表 7.3-2 港区东侧进口疏浚前后水体半交换周期统计

项目		A 区	B 区	C 区	平均
水体半交换周期(天)	规划方案	3.00	3.66	5.80	3.29
	东侧进口疏浚	2.98	3.75	5.67	3.31
	变化值	−0.01	0.09	−0.14	0.02
变化幅度		−0.4%	2.5%	−2.4%	0.7%

注：表中周期数据均为四舍五入后数据，变化值与变化幅度计算用的是原数据，因此与直接用四舍五入后的数值计算有细微差别。

表 7.3-3 港区南侧进口疏浚前后水体半交换周期统计

项目		A 区	B 区	C 区	平均
水体半交换周期(天)	规划方案	3.00	3.66	5.80	3.29
	南侧进口疏浚	1.97	2.12	4.69	2.07
	变化值	−1.03	−1.54	−1.12	−1.22
变化幅度		−34.3%	−42.1%	−19.2%	−37.0%

注：表中周期数据均为四舍五入后数据，变化值与变化幅度计算用的是原数据，因此与直接用四舍五入后的数值计算有细微差别。

7.3.4 凤凰河污染物扩散变化

污染物扩散计算时，在凤凰河施加 1.5 m^3/s 的恒定流量，无机氮浓度为

2 mg/L。计算工况包括了现状、规划方案和疏浚方案。根据7日污染物扩散计算成果,统计了附近水域7日最大浓度和平均浓度,现状和规划方案7日最大浓度分布见图7.3-23、图7.3-24,7日平均浓度分布见图7.3-25、图7.3-26。

由图可见,与规划方案相比,疏浚方案实施前后凤凰河污染物扩散范围变化不大,凤凰河污染物落潮时沿防波堤向下游扩散,主要集中在防波堤以北沿线,浓度越往下游越低,0.1 mg/L浓度范围7日内可越过防波堤进入港区东侧

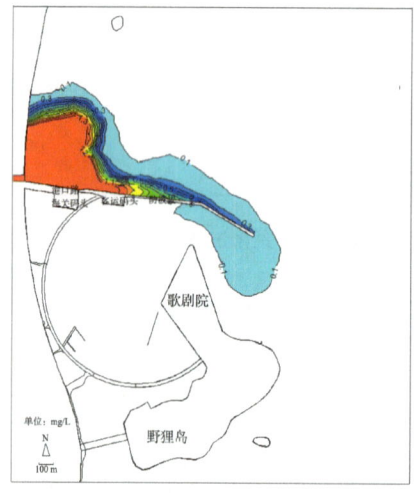

图7.3-23　南侧进口疏浚方案污染物7日最大扩散范围

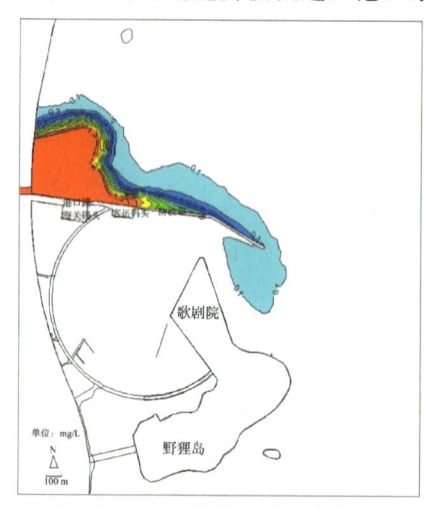

图7.3-24　东侧进口疏浚方案污染物7日最大扩散范围

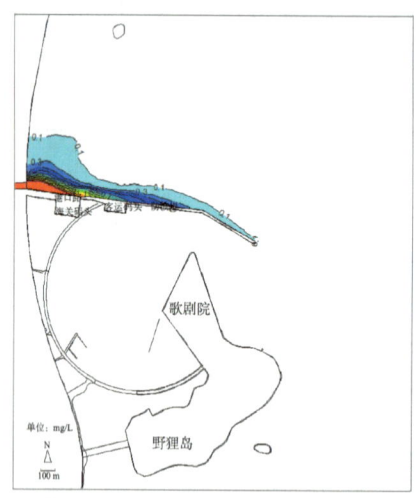

图7.3-25　南侧进口疏浚方案污染物7日平均扩散范围

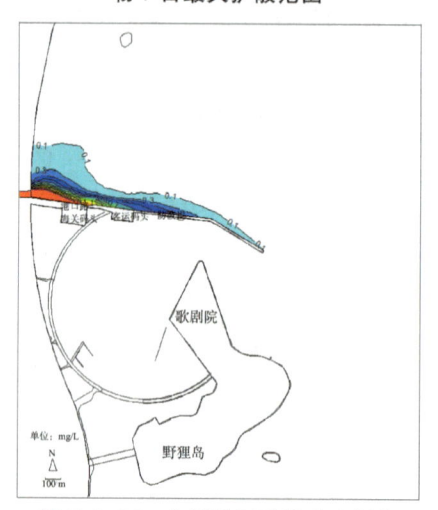

图7.3-26　东侧进口疏浚方案污染物7日平均扩散范围

进港航道。7日内平均浓度集中在防波堤北侧沿线,7日平均0.1 mg/L浓度线向北距离防波堤(港口路)不超过350 m,向东没越过防波堤堤头。总体而言,港区东侧和南侧进口疏浚不会导致更多的凤凰河污染物进入港区。

7.4 泥沙淤积试验成果及分析

7.4.1 泥沙淤积试验方案

泥沙淤积包括洪、枯季悬沙输运导致的常年淤积和风暴潮导致的泥沙骤淤,前者采用物理模型泥沙试验进行分析,后者采用经验公式进行预测。

物理模型根据水动力、水体交换等试验成果选择较优的方案开展泥沙淤积试验。根据港口路、防波堤开口方案和东侧进口、南侧进口疏浚方案计算结果进行综合分析。

(1) 开口方案中,港口路开口对提升港区西北角水体交换能力、改善目前水质相对较差的状况较为有利。

港口路开口位于香洲港西北角弱流区内,开口能够增加西北角水体与外界水体交换,而防波堤开口距离西北角较远,对西北角水体交换影响相对较小。

(2) 疏浚方案中,南侧进口(野狸岛西侧、海燕桥上下游)疏浚能够整体提升港区水体交换能力。

水文观测数据显示,南侧进口主槽实测最大流速达到0.62 m/s,而东侧进口主槽最大实测流速为0.43 m/s,表明南侧进口具有相对较强的束流效应。南侧进口疏浚更能改善束流效应,南侧进口疏浚后海燕桥和防波堤断面涨落潮量均出现了较大幅度的增大,在其带动下,港区内整体水体交换速度加快。而东侧进口目前为港区进港航道,在涨急阶段作为港区水体的流出通道,此时的出口水流与东侧外界涨潮流存在顶托,难以有效改善水动力。

(3) 从增强水动力和改善水环境的角度来看,港口路开口和港区南侧进口疏浚方案相对较优,但两者有利有弊,需要考虑水体交换、污染来源和泥沙淤积等因素综合确定。从长远来看,凤凰河排洪渠经过水环境治理,水质大为改善,港口路开口可增加防波堤根部南北两侧水动力。

与港口路开口方案相比,疏浚方案对提升港区内水体交换能力更为有效,但疏浚方案不可避免地面临回淤,其效果难以长期维持,而港口路开口方案效果更易长期保持。

从污染物来源和扩散过程来看,目前香洲港以北水域是凤凰河的受纳区域,水质状况较差,港口路开口方案距离凤凰河出口较近,落潮阶段又是污染物排放的高峰期,港口路开口的存在使得更多的北侧污染物进入港区。但从长远来看,凤凰河排洪渠经过水环境治理后水质大为改善,港口路开口可增加防波堤根部南北两侧水动力。

(4) 推荐港区南侧进口疏浚方案和港口路开口方案作为优选方案,采用物理模型对此开展进一步的研究。

香洲港面临伶仃洋西滩含沙量较大的泥沙环境,需要根据潮流泥沙模型试验成果进行进一步的分析。根据水动力提升计算结果分析,并结合规划远期附近污染物来源得到控制的情况,推荐港区南侧进口疏浚方案和港口路开口方案作为优选方案,采用数学模型对两者综合影响进行分析,并采用物理模型对此开展进一步的研究。

7.4.2 常年淤积模型试验成果分析

在泥沙验证试验基础上研究经过比选提出的优选方案,即港口路开口方案、南侧进口清淤方案,通过泥沙试验分析港口路开口和南侧进口疏浚后港区淤积的变化状况,但未考虑风暴潮期间的骤淤。港口路开口方案、南侧进口清淤方案实施后港池淤积情况见图7.4-1至图7.4-2,观测了如图5.2-7所示的港内(B、C、D区)和疏浚区(E区)的泥沙淤积厚度,淤积状况统计见表7.4-1。

表 7.4-1　物理模型泥沙试验淤积统计

位置	现状 淤积强度 (m/a)	现状 淤积量 ($10^4 m^3$)	港口路开口 淤积强度 (m/a)	港口路开口 淤积量 ($10^4 m^3$)	港口路开口 淤积增量 ($10^4 m^3$)	南侧进口清淤 淤积强度 (m/a)	南侧进口清淤 淤积量 ($10^4 m^3$)	南侧进口清淤 淤积增量 ($10^4 m^3$)
B区	0.09	1.86	0.12	2.46	0.60	0.18	3.76	1.90
C区	0.15	4.66	0.19	5.86	1.20	0.27	8.23	3.57
D区	0.19	7.82	0.20	8.24	0.42	0.29	11.86	4.04
E区	0.21	3.09	0.20	2.94	−0.15	0.39	5.76	2.67
合计	—	17.43	—	19.50	2.07	—	29.61	12.18

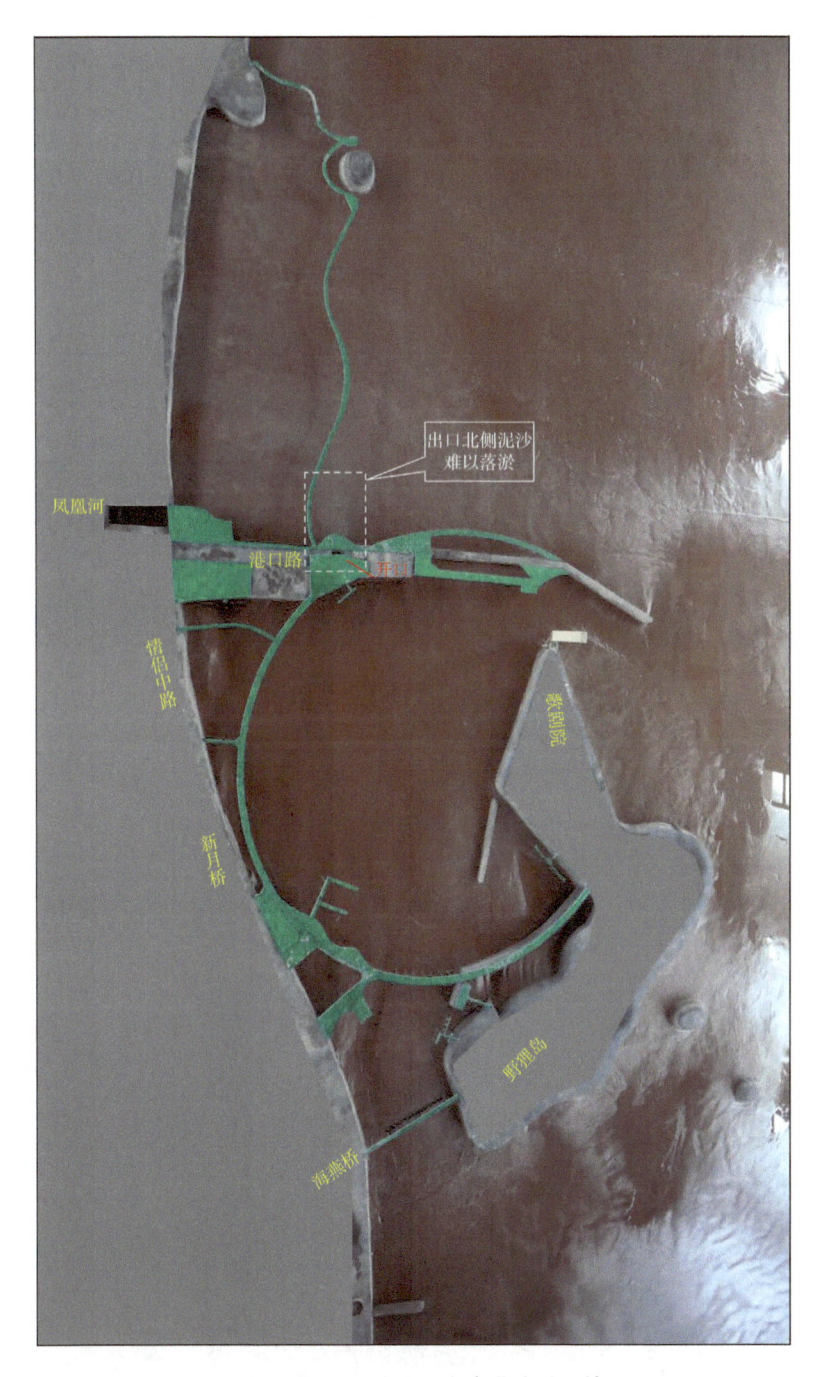

图 7.4-1a 港口路开口方案港池淤积情况

图 7.4-1b　港口路开口方案港池淤积情况

图 7.4-1c　港口路开口方案港池淤积情况

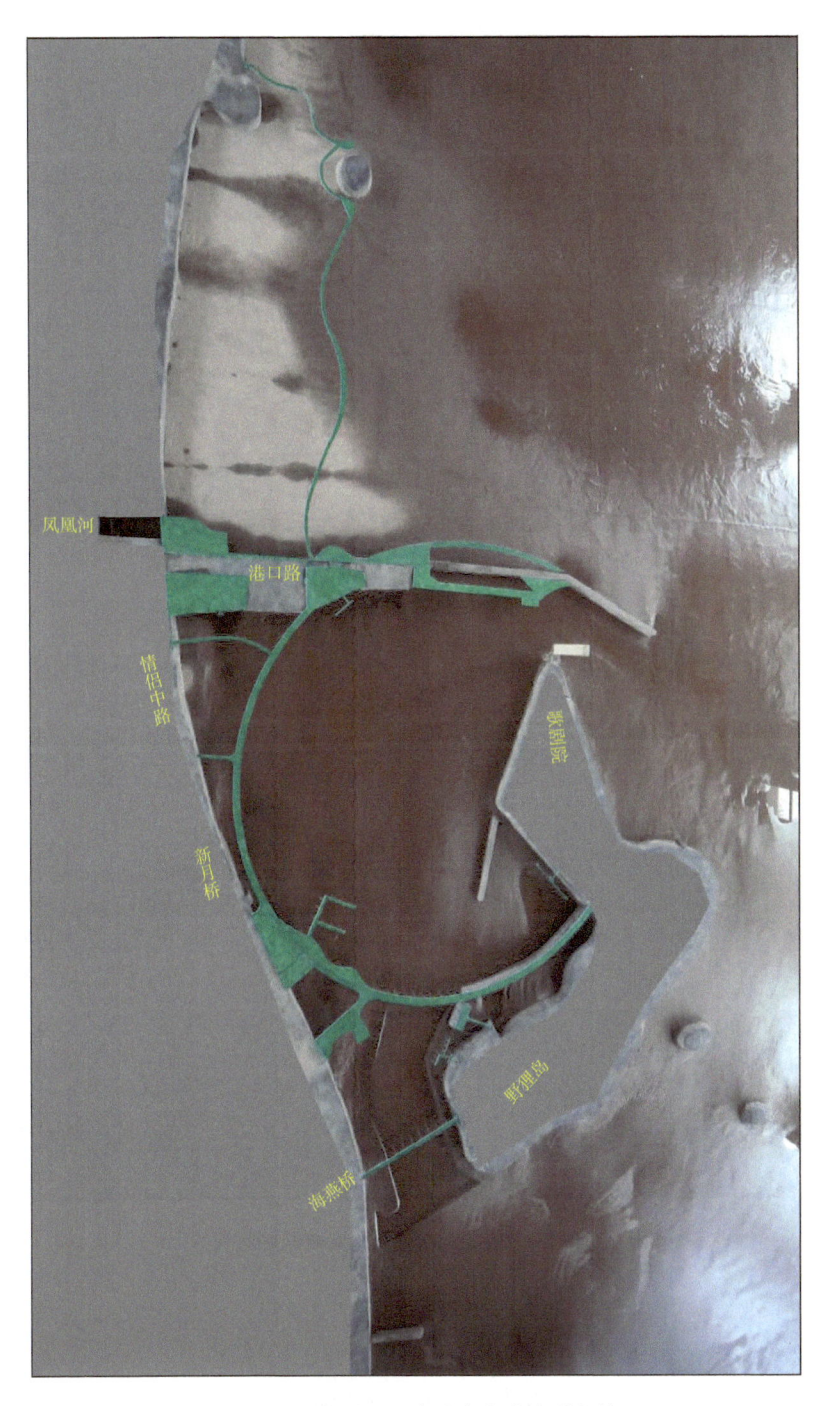

图 7.4-2a　南侧进口清淤方案港池淤积情况

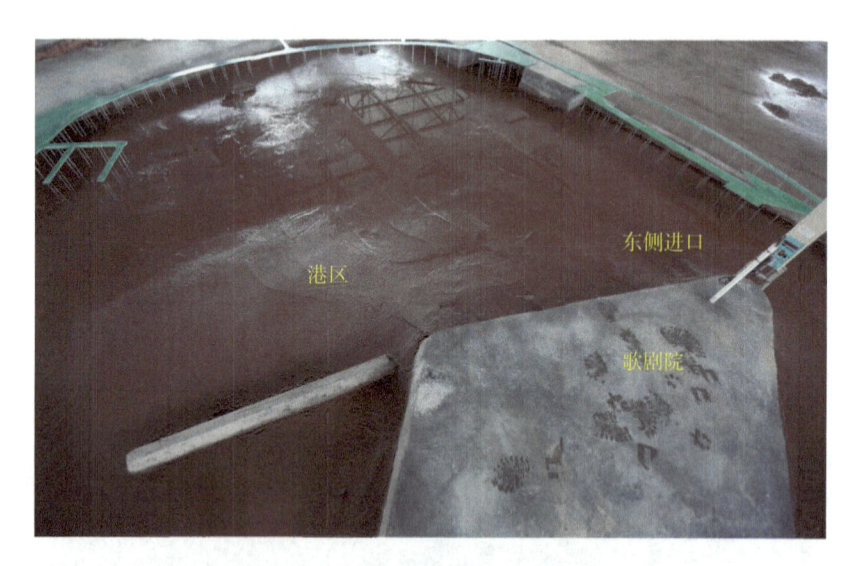

图 7.4-2b　南侧进口清淤方案港池淤积情况

图 7.4-2c　南侧进口清淤方案港池淤积情况

(1) 港口路开口后港区北侧泥沙淤积增多,淤积速率增大 0.04 m/a;港区南侧淤积速率稍有增大,增加幅度小于北侧,为 0.01 m/a。

在现状边界条件下,从防波堤北侧污染物扩散过程可以看出,香洲港北侧防波堤具有较好的阻挡北侧水体进入港区的作用,港区泥沙主要来自涨潮流挟带的泥沙,北侧落潮流挟带的泥沙对港区淤积的影响微乎其微,可忽略不计。

模型验证试验表明,在港区无人为干预的情况下,港区内普遍淤积,这是由香洲港所处环境所决定的。香洲港处于伶仃洋西侧−5 m等高线以内,港区通过疏浚等人工干预手段维持水深,周边浅滩环绕,洪季径流输送的大量泥沙经伶仃洋西侧输向外海,逐渐落淤于沿程水域。浅滩泥沙在波浪作用下起动,然后由潮流挟带进入港区。受北侧防波堤良好的阻挡作用,落潮挟带的泥沙不易进入港区,香洲港内淤积总体有限。

港口路开口,打开了落潮流进入港区的通道。北侧浅滩泥沙在波浪作用下掀扬,然后随落潮流进入港池。由于港内水深加大,流速快速减小,港内水流挟沙力降低,进入港池的泥沙落淤,落淤区域主要位于开口邻近的区域。试验结果显示,港口路开口后,位于开口附近的港区北侧区域(C区)淤积速率增加相对较多,淤积速率增大 0.04 m/a,位于北侧附近的进港航道区域(B区)淤积速率增大 0.03 m/a,而港区南侧(D区)淤积速率变化则较小,淤积速率增大 0.01 m/a。港口路开口后,港区总淤积量增大 2.07 万 m³,淤积量增量与淤积速率增幅有相同的变化规律,港区北侧C区淤积增量最大,为 1.20 万 m³,其次为东侧进港航道区域(B区),为 0.60 万 m³,再次为港区南侧(D区),为 0.42 万 m³。

(2) 港口路开口方案开口处泥沙未见落淤,其引起的水体交换改善效果较易保持。

港口路开口方案开口处宽度为 40 m,底部高程为−1.5 m,北侧浅滩及南侧港区均是较为开阔的低流速水域。涨潮时,水流由港区南侧进出口进入港区后,过流面积增大,流速降低,水流挟沙力下降,泥沙迅速落淤,到达港区北侧港口路开口附近的水流流速较小,含沙量略低,经由 40 m 开口向北侧浅滩过流时,由于过流断面迅速收窄,流速迅速增加,形成一股向北的射流,该射流水流挟沙力迅速增加,并扬起开口及附近淤积的泥沙向北侧更远处运动,使得出口北侧浅滩泥沙难以落淤(见图 7.4-1)。因此,开口附近地形不会迅速回淤,开口底部高程能维持较长时间不被抬高,经由开口的水体交换量能保持在一定水准,开口处泥沙淤积基本不会影响开口对港区水体交换的提升效果。

因此,港口路开口方案引起的港区水体交换改善效果受泥沙淤积的影响较小,水质改善效果较易保持。

（3）南侧进口疏浚后疏浚区出现回淤,回淤幅度约为30%,港区内淤积速率增大0.10 m/a。

由图7.2-1中的现状涨急流态可以看出,香洲港南侧进口涨潮流可达港区北侧,与东侧进口涨潮流在歌剧院西北区域交汇,表明了香洲港涨潮时进入的水体主要来自南侧进口。南侧进口清淤后将进一步增大由南侧进入港区的涨潮水量,清淤区域过流面积增大,水流流速降低,水流挟沙力下降,南侧涨潮流挟带的泥沙部分在疏浚区落淤,然后进入港区。由于清淤区域流速较清淤前降低较多,该区域泥沙淤积强度及淤积量都较清淤前有较大的提升;同时由于涨潮总量增大,进入港区的泥沙也相应增多。试验结果显示,疏浚区淤积强度为0.39 m/a,约占疏浚深度1.2 m的30%;港区内各区淤积强度增大,增幅0.09~0.12 m/a,其中港区北侧区域(C区)淤积强度增幅最大,为0.12 m/a,港区南侧区域(D区)次之,为0.10 m/a,东侧进港航道区域(B区)再次之,为0.09 m/a。港内淤积量增多12.19万 m³,其中增加最多的为港区南侧区域(D区),增加了4.04万 m³,港区北侧区域(C区)次之,为3.57万 m³,南侧进口(E区,清淤区域)再次之,为2.67万 m³,东侧进口(B区)增量最少,为1.90万 m³。

（4）南侧进口疏浚后出现较大回淤,其引起的水体交换改善效果难以长期保持,需经常疏浚。

南侧进口清淤后第一年回淤幅度达30%,若不进行维护,泥沙逐年淤积后,港区南侧进口过流面积减小,涨落潮量逐渐减小,导致港区与外界水体交换减少,而南侧进口是港区内外水体交换的主要通道,港区内污染物向外海扩散主要经由南侧进口,涨落潮量的减小势必带来污染物扩散速度的降低。因此,南侧进口清淤后因面临回淤问题,其引起的港区水体交换改善效果将因泥沙淤积而大打折扣,难以长期保持,其引起的水体交换改善效果需要经常性疏浚方能保持。

7.4.3　泥沙骤淤计算成果及分析

（1）计算方法

台风暴潮期间,受波浪作用,附近浅滩泥沙将被起动和掀扬,水体含沙量短期内骤增,在潮流作用下进入港区。

对于疏浚后台风暴潮期间的悬沙淤积采用港池回淤估算方法:

$$P = \frac{w_0 S T}{\gamma_0} K_0 \left[1 - \left(\frac{H_1}{H_2}\right)^3\right]$$

式中：K_0 取 $0.14\sim0.17$；ω_0 为泥沙絮凝沉速；γ_0 为淤积物干密度；H_1 和 H_2 分别为口门外一定范围内水域的平均水深和开挖后的水深；S 为含沙量，按刘家驹公式计算。

$$S = K \frac{(|u_{td}| + |u_w|)^2}{gH}$$

式中：u_{td} 为潮流与风吹流的合成速度；u_w 为波浪传质速度；K 为当地含沙量系数，与淤积物、潮流动力及波浪动力等有关。

对于开口后在风、浪、流共同作用下由开口通道进入港区的泥沙采用罗肇森近底泥沙输沙率公式：

$$q_{sb} = \frac{K_b}{C_0^2} \frac{\gamma_s \gamma}{\gamma_s - \gamma} (u_{b\max} - u_c) \frac{u_b^2 V_m}{g\omega} \sin\theta$$

式中：K_b 取 0.055；q_{sb} 为近底泥沙单宽输沙率；C_0 为无量纲谢才系数；γ_s、γ 分别为泥沙和水的重度；u_c、ω 分别为泥沙起动流速和泥沙沉降速度；V_m 为波浪传质速度 u_w、潮流速度 u_d 和风吹流速度 u_t 的合成速度；θ 为 V_m 方向与计算区域（港池或航道）轴向的夹角；$u_{b\max}$、u_b 分别为波浪垂线的最大平均和平均轨道速度，计算公式如下：

$$u_b = \frac{2h}{T}\left[1 + 4.263\left(\frac{H}{L}\right)^{1.692}\right]\sinh^{-1}\frac{2\pi H}{L}$$

$$u_{b\max} = \frac{\pi}{2} u_b$$

式中：h 为波高；H 为水深。

(2) 计算结果

据 2018 年第 22 号超强台风"山竹"期间澳门附近水域实测波浪、含沙量资料，含沙量升高的持续时间大约为 24 小时。计算骤淤时，分别考虑 2 年一遇和 50 年一遇的波浪情况。根据《香洲港区域综合整治工程波浪数学模型专题研究补充研究报告》研究成果（见图 7.4-3、图 7.4-4），工程附近波浪要素计算结果及设计风速见表 7.4-2。由表可见，在 2 年一遇设计波况下，港区骤淤厚度较小，南侧进口疏浚后淤积厚度增大约 0.01 m，骤淤量增加 1.1 万 m³；在 50 年一遇设计波况下，骤淤厚度显著增大，港口路开口和南侧进口疏浚后淤积厚度进一步增大，其中南侧进口疏浚后平均淤积厚度增大 0.05 m，骤淤量增加

5.4万 m³,港口路开口后平均淤积厚度增大 0.03 m,骤淤量增加 3.2 万 m³。

表 7.4-2　风暴潮泥沙淤积统计

项目		2年一遇	50年一遇
波高(m)	防波堤北	0.6	1.1
	野狸岛南	0.7	1.5
波周期(s)		9.4	13.9
设计风速(m/s)		12.7	31.4
平均淤积厚度 (包括B区、C区、D区、E区,m)	现状	0.04	0.12
	港口路开口	0.04	0.15
	南侧进口疏浚	0.05	0.17
淤积量 (包括B区、C区、D区、E区,万 m³)	现状	4.3	12.9
	港口路开口	4.3	16.1
	南侧进口疏浚	5.4	18.3

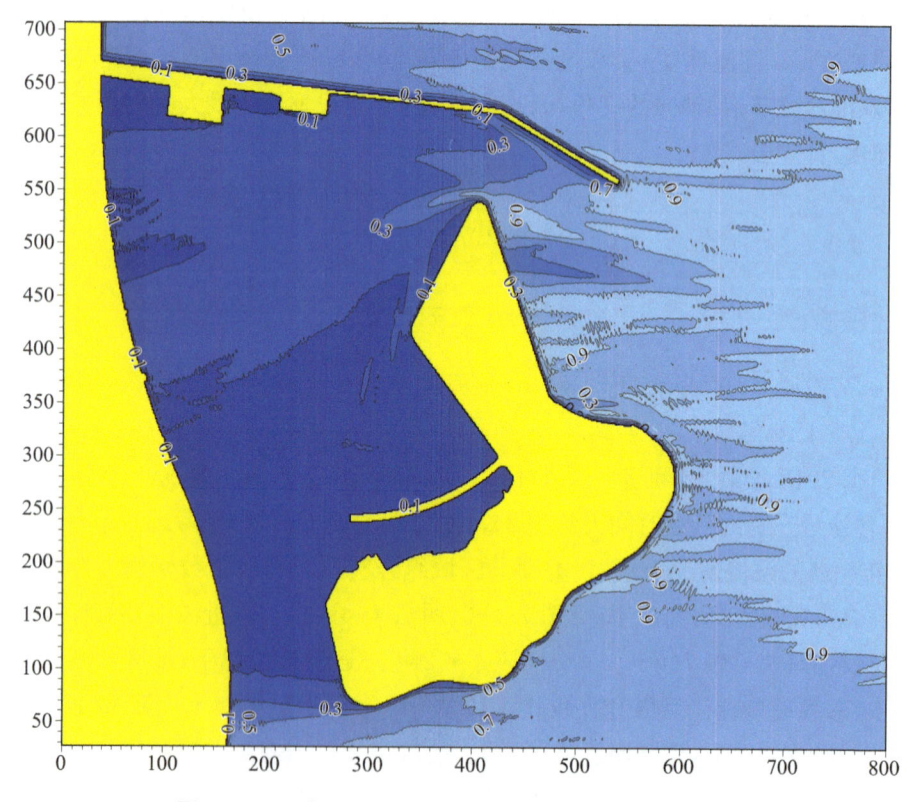

图 7.4-3　2 年一遇 E 向浪 $H_{13\%}$ 波高等值线图(单位:m)

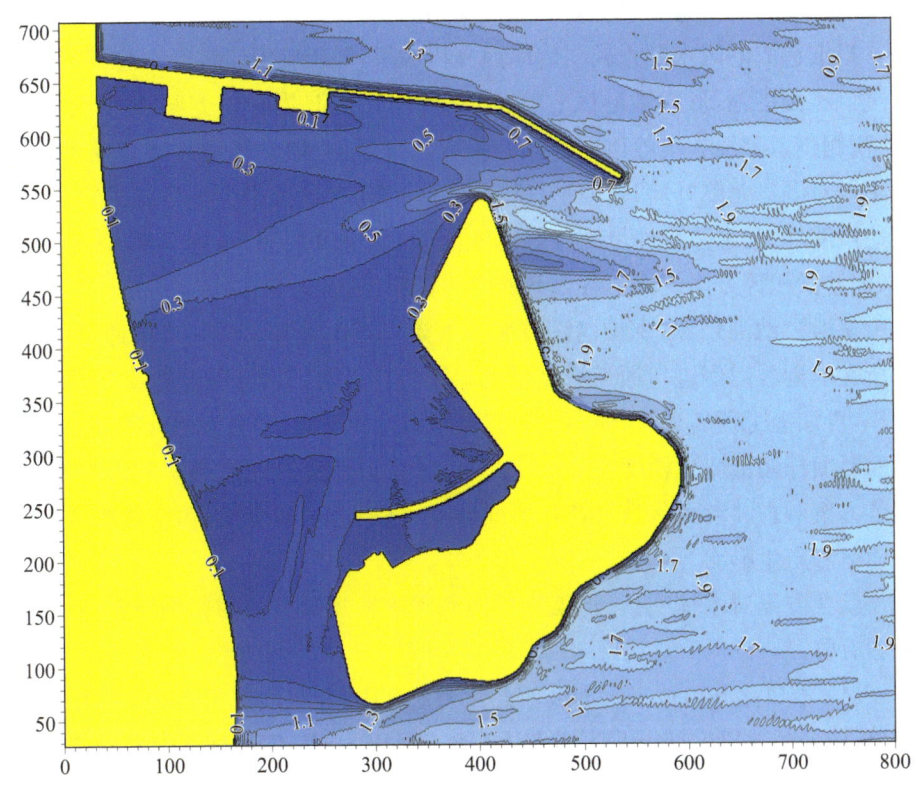

图 7.4-4　50 年一遇 E 向浪 $H_{13\%}$ 波高等值线图(单位:m)

7.5　推荐方案

香洲港位于伶仃洋西侧浅水湾香炉湾的湾顶,距离伶仃洋涨潮流主通道较远,湾内水动力较弱。香洲港北侧建设了渔港防波堤,离岸 1.5 km,阻挡了伶仃洋西岸落潮泥沙进入港区,限制了北侧凤凰河排水口对港区的影响,但也阻断了沿岸潮流通道,进一步弱化了港区水动力。港区西北角和东南角没有潮流通道,是港区内水体交换相对较弱的区域。

香洲港规划采用透水结构打造滨水景观,将引起区域内水动力进一步减弱,海燕桥断面涨潮量减小 0.9%,水体半交换周期延长 2%。香洲港作为珠海市中心城区亮丽的名片,现状海水水质为劣四类,达不到景观水体水质要求,采取增强水动力的措施是改善区域水环境的重要途径。

根据造成港区水动力较弱的原因分析成果,初步确定了港区北侧开口和港区进口疏浚措施,形成了港区北侧港口路开口、防波堤开口方案,港区东侧进口、南侧进口疏浚方案等比选方案。采取水文观测、数学模型和物理模型等研究手段对港口北侧开口和疏浚方案进行了计算和试验,根据港区临近污染源、周边浅滩环绕、水体含沙量高等限制性因素,从泄洪纳潮、水体交换、污染物扩散、泥沙淤积等方面统计了各方案的影响程度,见表7.5-1。

从泄洪纳潮来看,香炉湾潮流来自下游鸡笼山岛与情侣路之间通道,海燕桥所在的港区南侧进口通道涨潮量占鸡笼山岛以西断面涨潮量约2.7%,占比较小,再加上野狸岛东、西侧潮流具有自动调整的功能,各方案引起的鸡笼山岛以西断面涨潮量变化幅度在0.2%以内,对香炉湾整体的泄洪纳潮影响不大。但各方案对香洲港涨落潮量具有不同影响,进而对水体交换、污染物扩散和泥沙输运等产生影响。

就各方案对水体交换、污染物扩散和泥沙输运等方面的影响来看,各方案有利有弊。

(1) 港口路开口位于香洲港西北角弱流区内,开口能够提升情侣路沿线水动力,增加防波堤根部南北两侧水体与外界交换能力,但港区西北角交换的水体主要来自开口北侧,距离凤凰河出口仅450 m,近距离开口将导致凤凰河排出的污染物和北侧浅滩泥沙进入港区,增加港区的污染负荷和泥沙淤积。

(2) 防波堤开口靠近港区东侧进港航道,现状防波堤规划拟进行提质改造,开口方案实施的难度相对较低。但防波堤开口距离港区西北角较远,对西北角水体交换影响相对较小,且凤凰河污染物和北侧浅滩泥沙可通过开口进入港区。

(3) 港区东侧进口疏浚区与进港航道重合,符合港区功能要求,但东侧进口进出潮流量较小,疏浚后潮流量虽有所增加,但对港区总的进出潮量影响不大,导致对港区水体交换作用效果不明显。

(4) 港区南侧进口疏浚后,海燕桥涨潮量增加20.6%,落潮量增加19.1%,同时也导致港区东侧进口涨潮量增加8.4%,落潮量增加6.3%,可以较为显著地增加港区水体与外界水体交换量,港区水体半交换周期由3.2天减小至2.1天。且南侧进口疏浚区主要为浅滩,底质为淤泥,疏浚可改善水体景观和水质。但涨落潮量增加的同时,由其挟带的泥沙更多地进入港区,导致港区

第7章 水动力提升措施研究

表 7.5-1 方案比选

比选方案	现状	规划方案	开口方案			疏浚方案	
^	^	^	港口路开口	防波堤开口	东侧进口疏浚	南侧进口疏浚
泄洪纳潮	港区南侧海燕桥涨潮量占比66%,落潮量占比52%	海燕桥断面涨潮量减小0.9%,落潮量减小0.3%	各方案对整体泄洪纳潮影响不大,对香洲港具有不同影响			
^	^	^	海燕桥涨潮量增加0.5%,落潮量增加2.9%	海燕桥涨潮量增加0.6%,落潮量增加3.1%	海燕桥涨潮量增加0.2%,落潮量减小1.6%	海燕桥涨潮量增加20.6%,落潮量增加19.1%
水体交换	水体半交换周期港区整体3.2天,西北角3.5天	水体半交换周期港区整体增大3.2%,西北角4.5%	水体半交换周期港区整体减小18.8%,西北角减小34.4%	水体半交换周期港区整体减小17.0%,西北角减小18.0%	水体半交换周期港区整体变化不大,2.5%	水体半交换周期港区整体减小37.0%,西北角减小42.1%
凤凰河污染物扩散	未进入港区	未进入港区	7日内0.1 mg/L浓度已基本影响整体港区,0.3 mg/L浓度影响的港区范围达15万 m²,位于港区西北角	7日内0.1 mg/L浓度已基本影响整体港区,0.3 mg/L浓度影响的港区范围达6.2万 m²,位于港区北侧	未进入港区	未进入港区
泥沙淤积	防波堤有效阻挡了落潮流来沙,港区淤积强度约0.2 m/a	淤积强度略有增大,增幅约0.02 m/a	港区北侧常年淤积速率增大0.04 m/a;南侧变化不大;骤淤厚度增大约0.03 m	主要影响港区北侧和东侧进港航道,淤积速率增大于进港口路开口方案	对现状港区淤积影响不大,疏浚后进港航道段淤积增大	南侧进口疏浚常年淤积速率为0.39 m/a,港区淤积速率增大约0.1 m/a;骤淤厚度增大约0.05 m
可行性	—	—	现状为港口路-北侧浅滩高程约-1.5 m	现状为防波堤,顶高程为0.5~1.2 m,北侧浅滩高程约-2 m	疏浚区与进港航道重合,符合港区功能要求	疏浚区主要为淤泥,疏浚可改善水体景观和水质

277

续表

比选方案	现状	规划方案	开口方案		疏浚方案	
			港口路开口	防波堤开口	东侧进口疏浚	南侧进口疏浚
综合评价	—	—	开口位置接近港区西北角,对防波堤根部南北两侧水体交换有利,但靠近凤凰河排水口,污染物进入港区	开口位置接近东侧进港航道,对西北角影响小,距离凤凰河排水口较远,但仍有污染物进入港区	东口疏浚对港区水体交换作用不显著	涨落潮动力显著增大,水体交换增强,进入港区增多,但泥沙进入港区增多,港区淤积护量增大,疏浚效果较难保持较快,效果较难保持
推荐方案	—	规划同步				优先开展

常年淤积速率增大约 0.1 m/a,疏浚区初期淤积也较快,年淤积厚度达 0.39 m。考虑到风暴潮骤淤速度增大,淤积厚度约为疏浚深度的 30%~50%,其效果较难保持。

总体而言,香洲港作为珠海情侣路上的明珠,水环境要求较高。目前水质仍不达标,其污染来源除了凤凰河排水口挟带的污染物以外,香洲港及周边浅滩淤泥也是重要的污染来源,南侧进口清淤能够提高港区水体交换能力,同时也能清除底部污染淤泥,增加水深,改善区域水景观和水质。

此外,香洲港北侧港口路开口对增强港区西北角水体交换最为有利,且不受泥沙淤积的影响,但目前香洲港周边主要的污染来源于北侧凤凰河,监测显示其水质仍然较差,开口将导致污染物和浅滩泥沙进入港区,增加港区污染负荷和泥沙淤积,因此港口路开口的同时应开展北侧水域底泥疏浚和凤凰河水环境治理,减少北侧污染物和泥沙的输入。

综合对上述各方案的分析,推荐方案为港区南侧进口疏浚方案和港口路开口方案相结合的联合方案。

第8章

香洲港规划推荐方案影响分析

推荐方案为港区南侧进口疏浚方案和港口路开口方案相结合的联合方案，本章采用数学模型和物理模型开展了推荐方案对泄洪纳潮、水体交换、泥沙淤积等方面的影响计算，在此基础上分析了推荐方案的综合影响。

8.1 推荐方案影响计算及分析

8.1.1 泄洪纳潮影响计算

从潮位变化、流场变化和潮量变化等方面分析港口路开口和南侧进口疏浚后的联合方案对泄洪纳潮的影响。

(1) 潮位变化

推荐方案(港口路开口和南侧进口疏浚)实施后的潮位变化见表8.1-1。由表可见，推荐方案实施后潮位变化不大，高、低潮位变化幅度不超过0.004 m，其中港区低潮位降低值相对较大，潮差略有增大。

表8.1-1　推荐方案实施后潮位变化

潮型	高潮位变化值(m)			低潮位变化值(m)		
	珠海渔女	歌剧院	北堤南侧	珠海渔女	歌剧院	北堤南侧
"202006"洪季大潮	0.000	0.000	0.001	0.001	−0.002	−0.004

(2) 流场变化

推荐方案(港口路开口和南侧进口疏浚)实施前后的数学模型流场见图8.1-1至图8.1-4，流速变化见图8.1-5至图8.1-8。可以看出推荐方案实施后，情侣路沿岸、港区南侧潮流通道和防波堤根部南北侧两侧水域水动力增强，流速总体上呈增大趋势，而港区东侧进港航道流速整体上减小，在潮流的不同阶段略有差异，具体变化特征如下。

① 推荐方案实施后，为港区增加了一个北向潮流进出通道，与南侧进口通道形成了沿情侣路的潮流通道，沿线流速增大0.01~0.03 m/s，局部流速增大0.03~0.05 m/s，表明情侣路沿岸水动力增强，对改善西北角水环境有利。

香洲港东侧和南侧进口同时涨潮时，南侧进口潮流显著增强，进入港区后向情侣路侧偏转，且流速增大，与港口路开口形成了南北向潮流通道，港口路开口与南侧进口之间水域流速增大0.01~0.05 m/s；港区东侧进口附近则流速减小。

当香洲港南侧进口涨潮、东侧进口出流时，由于南侧进口潮流显著增强，除港口路开口涨潮增强外，东侧进口的出流也增多，导致东侧和南侧进口之间的港区水域流速增大 0.05~0.09 m/s。

落潮时，落潮初期从东侧进口与港口路开口进入的落潮流在开口南侧港区汇合，在情侣路沿岸形成明显的落潮流路，流速增大 0.01~0.05 m/s，此时东侧进口流速减小，表明原由东侧进口进出的部分落潮流改由开口进入港区，港区东侧进口附近则流速减小 0.01~0.05 m/s。

② 港口路开口不仅增加了港区西北角的水动力，也增强了凤凰河出口附近水域的水动力，涨落潮流速增大 0.01~0.05 m/s。

开口前，凤凰河出口附近水域受防波堤的阻隔，流速总体较小，最大流速约 0.05~0.12 m/s。开口后，潮流经过开口时流速增大，港口路开口处涨急、落急流速约 0.33~0.43 m/s，明显大于南北两侧水域流速。

涨潮时开口北侧形成射流，射流流向与岸线（防波堤）基本垂直。涨潮初期，防波堤北侧水域来自防波堤堤头的涨潮流相对较大，射流与其汇合，流向向北偏转，局部流速增大；涨潮后期，涨潮流受防波堤挑流在其北侧形成回流区，回流区内流速整体较小，射流将回流分割，在其西侧形成逆时针回流，在其东侧形成顺时针回流。整体而言，涨潮时凤凰河出口附近水域流速增大 0.01~0.05 m/s。

落潮时，开口局部落潮流速增大，受开口落潮流的拉动，凤凰河出口附近水域落潮流速相应增大，落急流速增大约 0.01~0.03 m/s，但对防波堤北侧整体的流态影响不大。

③ 推荐方案引起的流速变化主要集中在香洲港周边水域，流速变化超过 0.03 m/s 的范围不超过野狸岛以西 400 m，对距离较远的伶仃洋水域流场影响很小。

推荐方案实施后，香洲湾湾口流速有增有减，野狸岛东侧流速增加 0.01~0.03 m/s，香洲港防波堤堤头东北侧流速增大 0.01~0.03 m/s，流速变化超过 0.03 m/s 的范围不超过野狸岛以西 400 m，表明推荐方案引起的流速变化主要集中在香洲港周边水域，对距离较远的伶仃洋水域流场影响很小。

总体而言，港口路开口打通了情侣路沿岸的南北向潮流通道，沿岸包括凤凰河出口附近水域的流速增大，对改善港区西北角和凤凰河出口附近水域的水环境均有利，但对距离较远的伶仃洋水域流场影响很小。

(3) 潮量变化

统计了如图 6.2-9 所示断面的流量过程，推荐方案实施后海燕桥和防波堤断面的潮量变化情况见表 8.1-2。推荐方案实施后，情侣路沿岸潮流更顺畅，海燕桥和防波堤断面涨落潮量均出现了较大幅度的增大，海燕桥断面增大幅度为 21.5%～24.5%，防波堤断面增大 1.4%～6.1%，香洲湾下游鸡笼山断面涨落潮量增大约 0.1%。可见推荐方案实施有利于增强香洲湾沿情侣路的潮汐吞吐能力，但对伶仃洋西侧沿岸涨落潮流影响较小。

与表 7.2-1 和表 7.3-1 对比可以看出，推荐方案实施后海燕桥断面涨落潮量进一步增大，其主要受南侧进口疏浚的影响，其次受港口路开口的影响，南侧进口疏浚后进行开口，海燕桥断面涨潮量的变化幅度大于仅开口状态。潮量变化表明，南侧进口疏浚和港口路开口后，情侣路沿岸潮流更顺畅，涨落潮量出现不同程度的增大。

表 8.1-2 推荐方案实施后潮量变化

方案	断面	变化幅度 涨潮量	变化幅度 落潮量
南侧进口疏浚＋港口路开口	海燕桥	24.5%	21.5%
	防波堤	1.4%	6.1%
	鸡笼山断面	0.1%	0.1%

图 8.1-1 推荐方案实施前后同涨流场图　　图 8.1-2 推荐方案实施前后异涨流场图

图 8.1-3　推荐方案实施前后同落流场图

图 8.1-4　推荐方案实施前后异落流场图

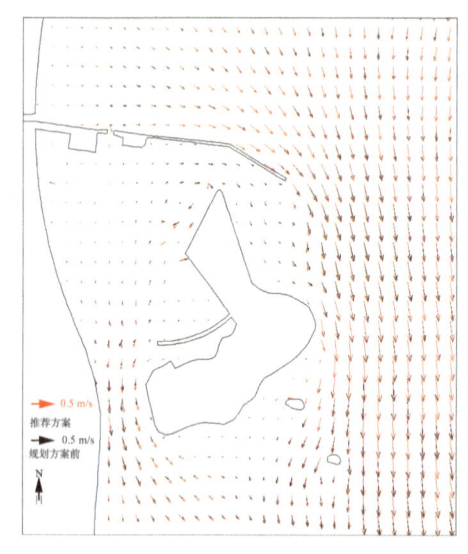

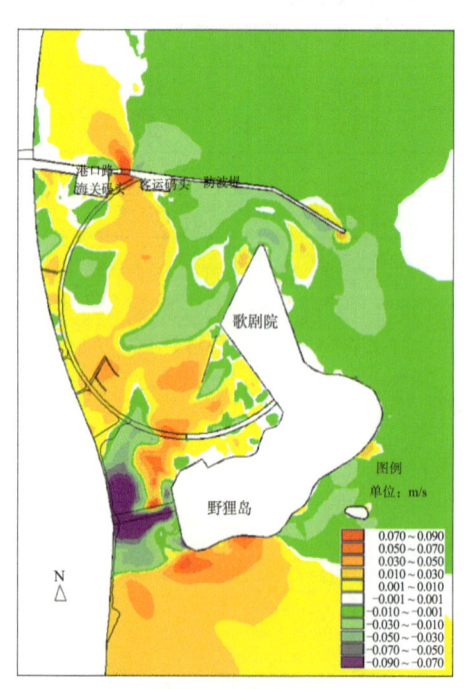

图 8.1-5　推荐方案前后同涨时刻流速变化等值线

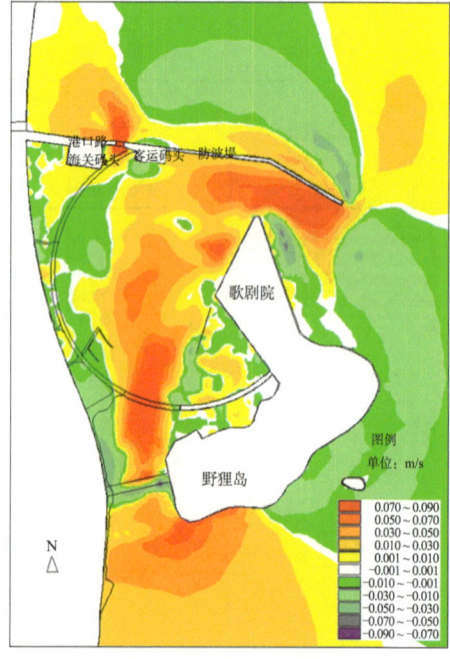

图 8.1-6　推荐方案前后异涨时刻流速变化等值线

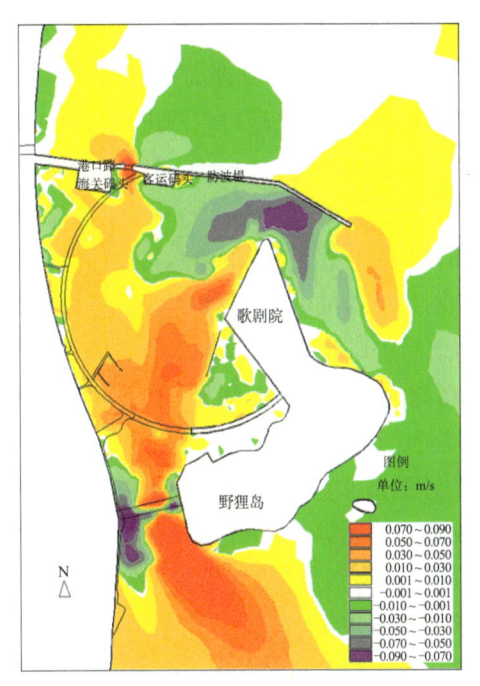

图 8.1-7　推荐方案前后同落
时刻流速变化等值线

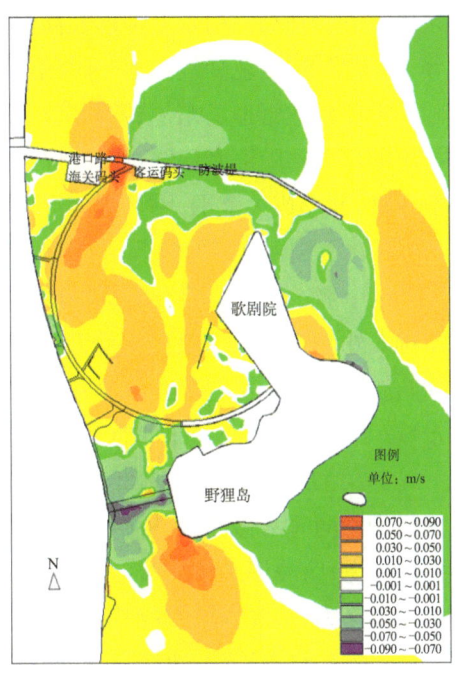

图 8.1-8　推荐方案前后异落
时刻流速变化等值线

8.1.2　水体交换影响计算

（1）水体交换特征

物理模型水体交换试验开展了 2 个工况，分别为：规划方案和推荐方案，其中推荐方案为在规划方案基础上增加了港口路开口及南侧进口清淤方案。水体交换试验初始在港区内添加了高锰酸钾示踪剂，港内水体混合高锰酸钾示踪剂后呈红色，然后观测一个潮周期内港区水体与外界无色水体的交换情况。各工况不同时刻示踪剂扩散情况见图 8.1-9、图 8.1-10，从照片来看，24 小时内各工况污染物扩散情况可概括如下。

① 规划方案港区内污染物扩散

2 小时后，污染物由南侧进口、东侧进口随落潮流向外海扩散，其中南侧污染物由进口输移至野狸岛南侧，东侧污染物一部分输移至歌剧院东侧水域，一部分绕过防波堤东端，进入防波堤北侧水域。4 小时后，外海涨潮，涨潮流先由南侧进口进入湾内，外海清水由南侧进口进入港区，到达"F"形码头附近，进口

287

东侧靠近野狸岛岸边水下地形较高,为缓流区,污染物仍停留在该区域,但被稀释,浓度降低(颜色变浅),上一时刻经由南侧进口排放至野狸岛南侧的污染物随涨潮流到达野狸岛东侧、歌剧院东侧沿岸水域;南侧涨潮时东侧进口为落潮,排出的污染物随涨潮流绕过防波堤到达北侧,在防波堤拐角至东端以北水域扩散开来,并形成大范围漩涡形状,形成独特的"南涨东落"格局。6小时后,外海经历了由涨潮到落潮的转折,涨潮时经由南侧进口进入港区的清水持续北进,到达港区中部,外海开始落潮后,野狸岛北侧凹形岸线间的污染物经海燕桥东侧沿岸排入外海;东侧进口此时为涨潮,外海清水沿进口北侧进入港区,阻断了污染物向防波堤北侧扩散,落潮后污染物沿进口南侧进入歌剧院东侧水域;防波堤北侧水域污染物随涨潮流向北扩散,最远距防波堤距离超过1.5 km。

8小时后,随着落潮持续,之前进入港区的清水全部经由南侧进口排出,大量污染物同时南移,海燕桥附近充满高浓度污染物,一部分污染物经南侧进口排出外海;防波堤北侧水域落潮,部分低浓度污染物绕过防波堤通过东侧进口进入港区内,形成"南落东涨"格局,最远到达歌剧院以西约300 m,歌剧院东侧水域污染物略有扩散,浓度降低(颜色变浅);防波堤北侧污染物扩散至港口路北侧水域。10小时后,持续"南落东涨"格局,污染物大量经由南侧进口排向外海,港区内污染物浓度降低;东侧进口依然有防波堤北侧低浓度污染物进入,歌剧院东侧水域污染物由落潮流沿岸线向南输移。12小时后,南侧进口排出的污染物扩散至野狸岛东南方向,东侧进口不再涨潮,歌剧院东侧污染物进一步向南输移、扩散,防波堤北侧污染物大量随落潮流排入外海并进一步被稀释。

14小时后,东侧、南侧进口、防波堤北侧同时落潮,向外海输送大量污染物,港区内浓度进一步下降,防波堤北侧仅存有少量低浓度污染物。16小时后,外海开始涨潮,野狸岛南侧污染物一部分经南侧进口重新进入港区,另一部分沿岸经野狸岛东侧上溯;东侧进口仍在落潮,重新形成"南涨东落"格局,排出的污染物绕过防波堤到达防波堤北侧。18小时后,南侧进口涨潮进入港区的水流污染物浓度较低,稀释了港区南侧水域,野狸岛东南侧外海污染物进一步下降;东侧进口不再落潮,歌剧院东侧水域污染物略有稀释,浓度下降;经由东侧进口排至防波堤北侧的污染物随涨潮流北进,分布于防波堤北侧约1.3 km的水域内。

20小时后,南侧进口及港区南部水域污染物进一步稀释,防波堤北侧污染物扩散至港口路北侧沿岸区域。22小时后,落潮开始,港区北侧污染物经南侧进口向外排放,防波堤北侧水体落潮绕过防波堤后经东侧进口进入港区,呈现

"南落东涨"格局。24小时后,"南落东涨"格局持续,港区内污染物浓度进一步下降,防波堤北侧污染物随落潮流进一步稀释。

综上所述,原规划方案港区内污染物扩散有2个特点:a. 港区内污染物主要经由南侧进口排入外海,少部分经由东侧进口排入外海,其中南侧进口污染物主要排向野狸岛以南水域,东侧出口污染物主要排向防波堤以北水域。b. 一个潮周期结束后,港区内污染物浓度下降不少,与初始时港区内深紫色水体相比,一周期后港区内水体变为浅紫色,而港区外水域基本都分布有浅紫色示踪剂,说明港区内外水体交换有一定强度,便于港区污水向外海的输移、扩散。

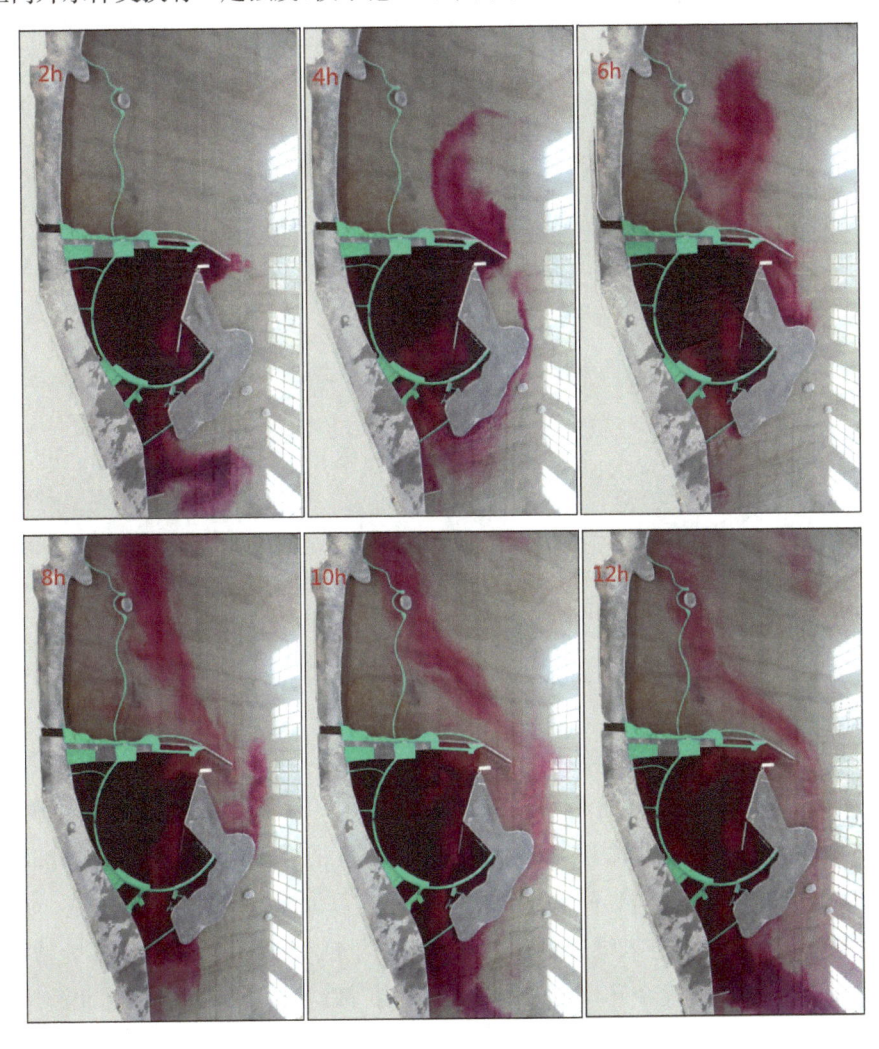

图 8.1-9a 规划方案港区水体交换情况

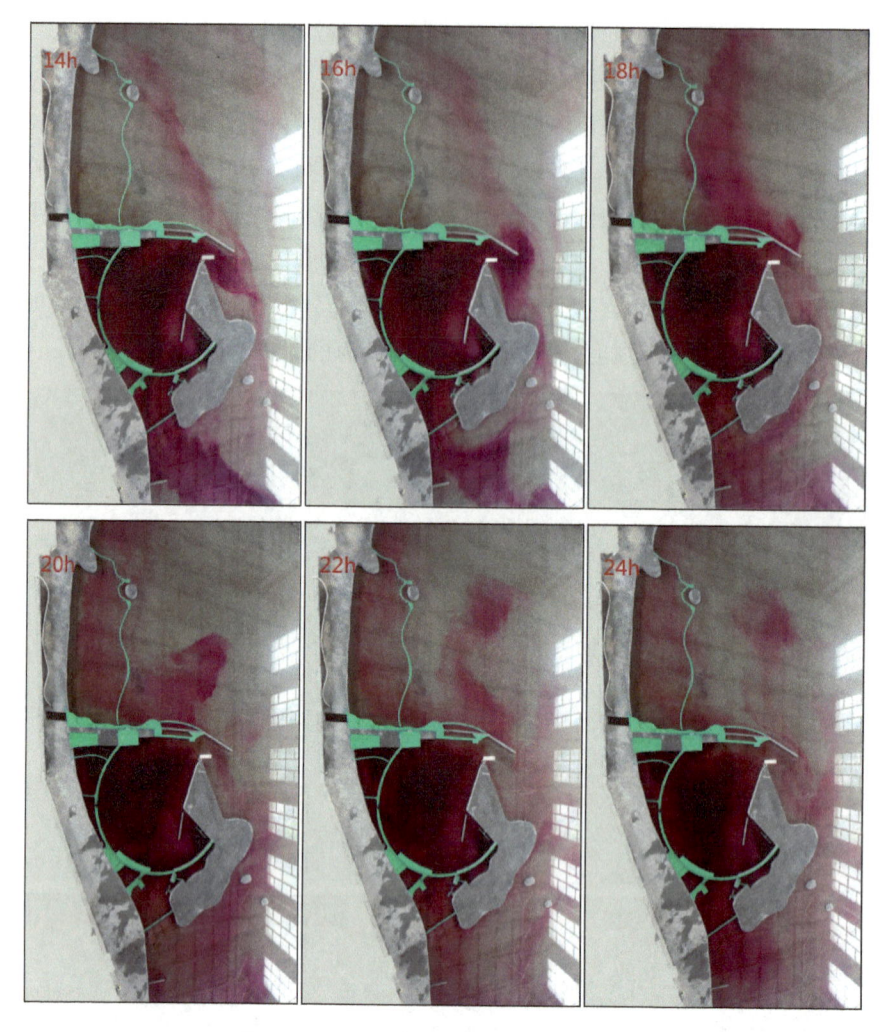

图 8.1-9b　规划方案港区水体交换情况

② 推荐方案实施后港区内污染物扩散

2 小时后，外海清水随涨潮流由南侧进口进入海燕桥北水域，港区北侧污染物由港口路开口向北输移，最远处到达港口路北约 500 m；东侧进口此时为落潮，形成"南涨东落"格局，污染物主要分布在歌剧院、野狸岛以东水域。4 小时后，南侧进口清水进入港区到达"F"形码头附近，新月桥以南基本都为清水，港区北侧污染物继续经开口处向港口路以北扩散，主要分布在港口路北沿岸区域，最远已到达上游小岛周围；东侧进口排出的污染物随涨潮流输送到防波堤以北水域,并形成大范围漩涡形态,但未与经开口处北移的污染物汇合;歌剧院东侧水域开始涨潮,清水进入该区域,但尚未到达东侧进口。6小时后,外海开始落潮,新月桥附近污染物经南侧进口向外输移,东侧进口此时为落潮,污染物沿岸进入歌剧院东侧水域;港口路、防波堤北侧两股污水已混合,分布于港口路—防波堤以北1.3 km的广阔水域。

8小时后,港区内污染物大量经由南侧进口排入外海,港区北侧原经由开口进入港口路北侧的污染物经由开口重新进入港区;防波堤北侧水域落潮,部分清水随落潮流绕过防波堤东端由东侧进口进入港区,与经由开口南下的水流共同稀释了港区内北部的污染物浓度,形成"南落东涨"的格局,歌剧院东侧水域污染物未进一步输移扩散。10小时后,南侧、东侧及防波堤北侧水域进口同时落潮,野狸岛以南、以东均有污染物分布,东南方向仍为清澈水体。12小时至16小时后,随着落潮的持续,港区内污染物进一步稀释,野狸岛东、南周围全分布有低浓度污染物,港口路—防波堤以北水域大量污染物随落潮排入下游,污染物分布范围收缩,浓度下降。

18小时至24小时后,外海涨潮,低浓度污染物随涨潮流重新进入港区及防波堤以北水域,进一步稀释港区内污染物浓度,图片可见范围内均分布有低浓度污染物,但港区内比港区外浓度稍高。

综上所述,与原规划方案相比,推荐整治方案后港区内污染物扩散有2个特点:a. 整治方案加强了港区内外水体交换强度,加快了港区内污染物扩散速度,港区内污染物浓度较无整治方案时大大降低。b. 港区外大面积水域污染物浓度比无整治方案时要高,因为港区内外水体交换加强,港区污染物更多地排向外海,随着涨落潮流扩散至周围,港区外污染物颜色明显较无整治方案时更深,分布范围更广。

(2) 水体半交换周期

以水体半交换周期作为水体交换能力的特征参数。先计算港区内各网格单元的半交换周期,然后计算分区内水体平均半交换周期。规划方案实施后的浓度分布见图6.3-2,推荐方案(港口路开口和南侧进口疏浚)实施后的浓度分布见图8.1-11。各区水体半交换周期见表8.1-3。与规划方案比较,推荐方案实施后港区平均水体半交换周期减小38.8%,西北角水体半交换周期也大幅减小,表明推荐方案不仅改善了港区整体的水体交换能力,也增强了西北角的水体交换。

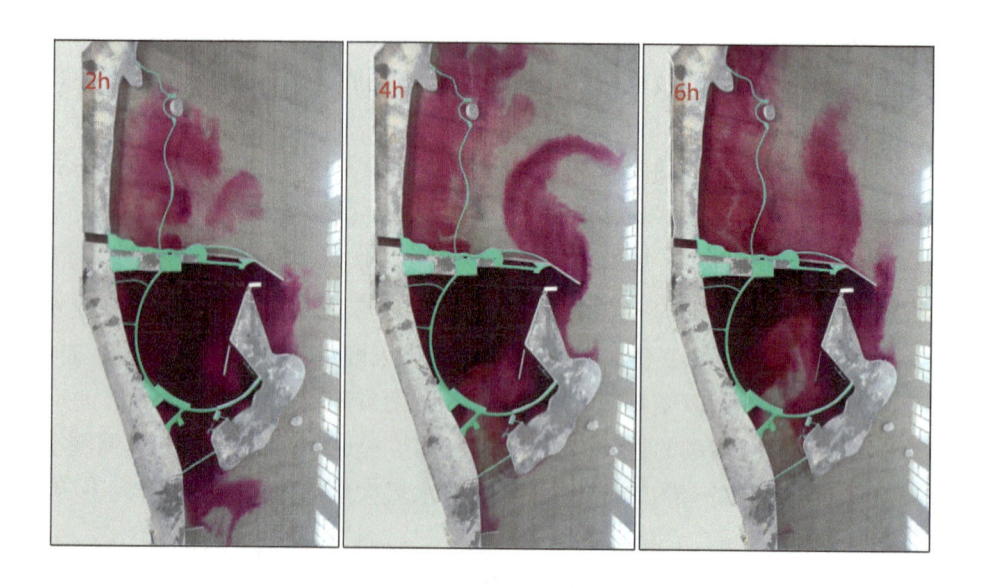

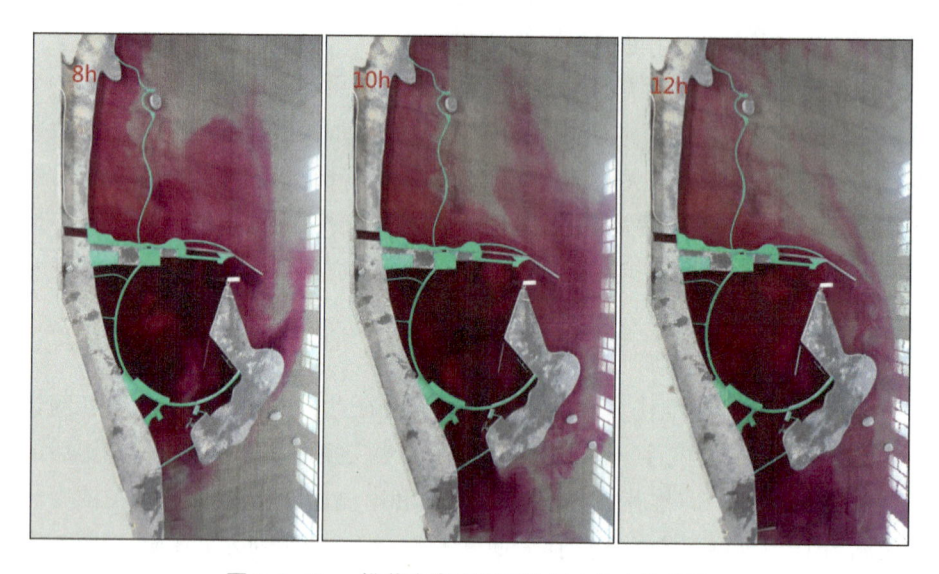

图 8.1-10a　推荐方案实施后港区水体交换情况

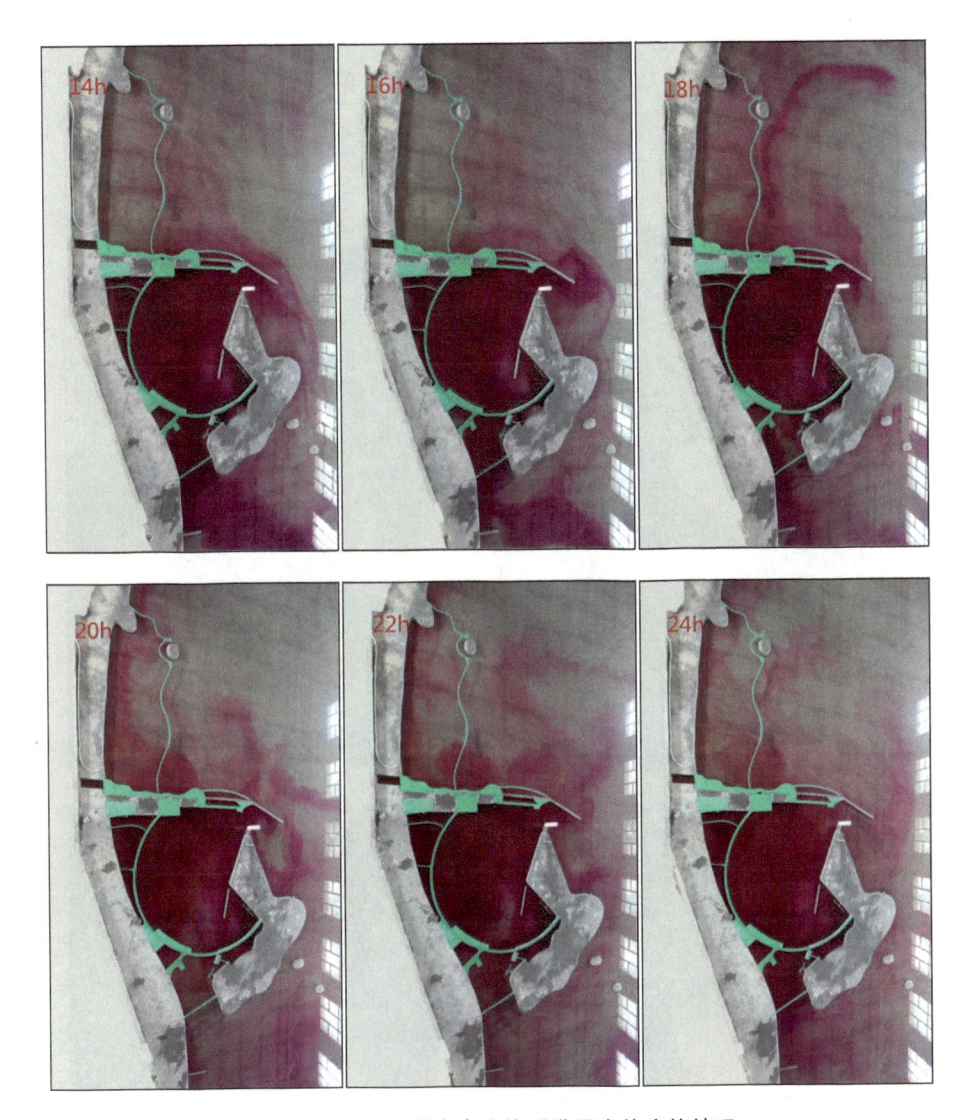

图 8.1-10b 推荐方案实施后港区水体交换情况

推荐方案实施后,在港区涨落潮量显著增加的带动下,涨潮时低浓度水体向西北侧扩散,港区内水体浓度快速下降。涨潮时,受香炉湾南侧岬角的挑流作用,野狸岛东南侧浓度较低的水体由南侧进口疏浚区进入港区,在港区内回流的作用下稀释港区内高浓度水体;落潮时,由港口路开口通道进入的外界水体在海关码头附近积聚,局部形成低浓度带,并在顺时针回流的带动下进入西北侧水域,促使西北侧水域水体交换速度加快。在两者的共同作用下,港区整体和西北角水体交换能力均有较为显著的提高。但港区东南角由于受新月桥堤岸的阻隔,始终较为封闭,水体半交换周期减小幅度略小,规划方案针对该区域拟进行红树林改造,有利于改善局部水环境。

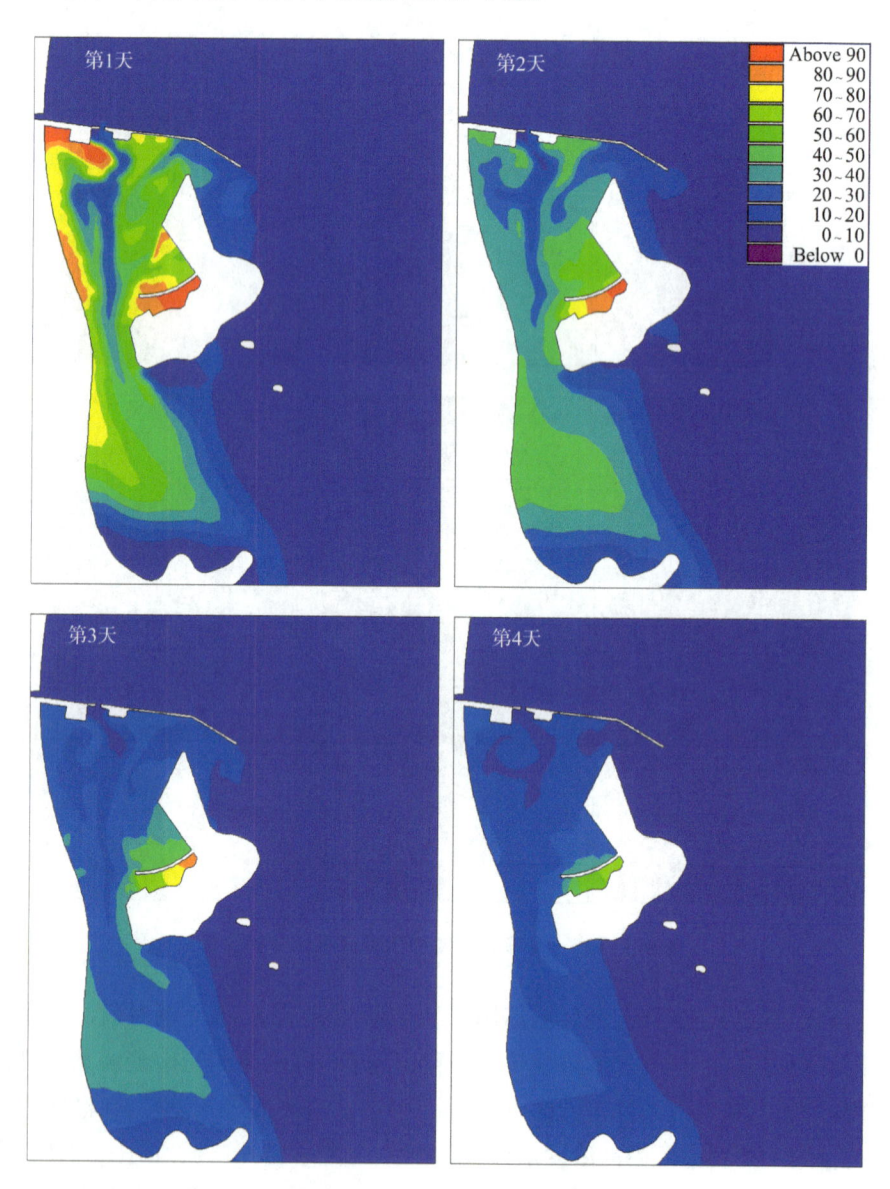

图 8.1-11　推荐方案实施后港区水体交换浓度分布

表 8.1-3　推荐方案(南侧进口疏浚和港口路开口)前后水体半交换周期统计

项目		A区	B区	C区	平均
水体半交换周期(天)	原规划方案	3.00	3.66	5.80	3.29
	南侧进口疏浚	2.05	1.81	4.90	2.01
	变化值	−0.95	−1.85	−0.90	−1.28
变化幅度		−31.5%	−50.6%	−15.5%	−38.8%

注:水体半交换周期值为保留两位小数后的数据,变化幅度为用原数值计算结果,与直接用保留后数据计算有微小误差。

8.1.3　污染物扩散影响计算

(1) 污染物扩散特征

香洲港附近主要污染源为凤凰河排洪渠,物理模型污染物扩散试验时在凤凰河添加 1.5 m³/s 恒定流量(原型值,模型值为 61.1 L/h)。污染物扩散共试验了 2 个工况,分别为现状和推荐方案,其中推荐方案为港口路开口及南侧进口清淤同时进行。各工况不同时刻污染物扩散情况见图 8.1-12、图 8.1-13,各工况 24 小时内污染物扩散情况如下。

① 现状凤凰河污水排放扩散

污水自凤凰河排出后,约 2 小时后到达港口路,不到 4 小时便到达防波堤与港口路连接处,在继续向东行进至防波堤拐角处过程中,遭遇外海涨潮,部分污水向北扩散,至排放后 6 小时,部分污水已扩散至港口路北侧约 600 m,该水域内存在大片浅滩。由于此时为涨潮初期,浅滩处潮位较低,水深较小,流速也低于周围地形较低、水深稍大处,因此该时刻北向扩散的污染物主要分布在浅滩周围,浅滩处污染物扩散量并不明显。

至排放后 8 小时,由于持续受涨潮流影响,浅滩及周围水域均有北向扩散的污染物分布,其中凤凰河排放口至港口路北侧水域污染物浓度较大(颜色较深),防波堤北侧水域污染物浓度较小(颜色较浅),说明凤凰河污染物排放后直接受涨潮流影响向北输运,而非试验最初 4 小时那样向东输运,其中沿岸水域向北扩散最远,约 1 km。与此同时,之前向东最远已到达防波堤拐角处的污染物,被涨潮流带入防波堤北侧水域,污染物向东到达的最远处保持在之前的防波堤拐角处,未进一步向东输移。至排放后 10 小时,凤凰河排放口北侧沿岸水域污染物最远扩散至岸线凸角处,港口路北侧及浅滩区域污染物浓度仍比周围水域更高(颜色更深），但污染物主要扩散区域仍保持在港口路北500 m范围内，此时外海开始落潮，受落潮流影响，防波堤北侧污染物继续东移，最远处已跨过防波堤转角。至排放后12小时，北侧大面积水域整体开始落潮，污染物主要扩散区域由港口路北500 m范围压缩至400 m范围，沿岸污染物由扩散至北侧岸线凸角处南移至凤凰河排放口北侧800 m左右，东侧污染物输移至防波堤转角东侧，污染物浓度较高的水团也稍向东移动，但大体位置仍徘徊在港口路北侧。

至排放后14小时，污染物主要扩散区域进一步压缩至港口路北300 m左右范围，污染物浓度较高的水团继续向东输移到达防波堤附近，东侧污染物随落潮流一部分排入外海，另有一部分绕过防波堤后进入香洲港东侧进口水域、歌剧院东侧水域。至排放后16小时，污染物主要扩散区域呈一条粗粗的紫红色水带，紧贴港口路及防波堤北侧，最远处已到达防波堤最东端，随着外海的落潮流，污染物向外海东南方向、歌剧院东侧水域扩散，最远已到达野狸岛东侧拐角，但污染物浓度并不算高（颜色较浅）。至排放后18小时，外海进入新一轮涨潮，到达防波堤东端的污染物主流由外海涨潮流带入北侧水域，污染物主流向东最远处由之前的防波堤东端后退至防波堤拐角附近；歌剧院、野狸岛东侧水域的污染物也由涨潮流带走，水域内已基本看不见紫红色；污染物主流由之前的长水带形态变成近乎直角三角形形态，其中凤凰河排放口处污染物直接向北输移，水带由细变粗较为明显，防波堤拐角处由于基本没有新的污染物补充，水带宽度基本没有变化。

至排放后20小时，受涨潮流持续影响，污染物持续向北扩散，最远为沿岸水域，到达岸线拐角处，但污染物浓度较高的水团仍集中在港口路北侧300 m范围内。至排放后22小时，外海开始落潮，港口路北侧高浓度污染物水团受到压缩，防波堤北侧已扩散污染物开始向南输移。至排放后24小时，污染物主流重回一条粗粗的水带形态，最远处到达防波堤东端，落潮流将一部分污染物带入防波堤南侧、香洲港东侧进口水域。

综上所述，现状凤凰河污水排放扩散有3个特点：a. 污染物主流始终集中在港口路—防波堤北侧，其形态受涨落潮影响，涨潮时向北扩散，主要集中在港口路北侧，并保持在港口路北侧500 m范围之内，落潮时成为一条水带，港口路、防波堤北侧污染物主流宽度大致相同；b. 污染物主流东移最远处为防波堤东端，由于再往西为宽阔水域，失去了防波堤的挡水影响，无论涨落潮，污染物主流向东越过防波堤东端后势必被水流稀释，扩散至外海、歌剧院东侧水域；c. 进入香洲港的污染物极少，虽然扩散至歌剧院、野狸岛东侧水域的污染物能够随着外海涨潮流进入香洲港,但这只是凤凰河排放污水的极小一部分,从图可看出,香洲港港区内水体基本全程清澈,即便随着凤凰河污水的持续排放和外海涨落潮的持续进行,每个潮周期都会有一小部分污水进入港区,但其对港区内水质的影响也是微乎其微的。

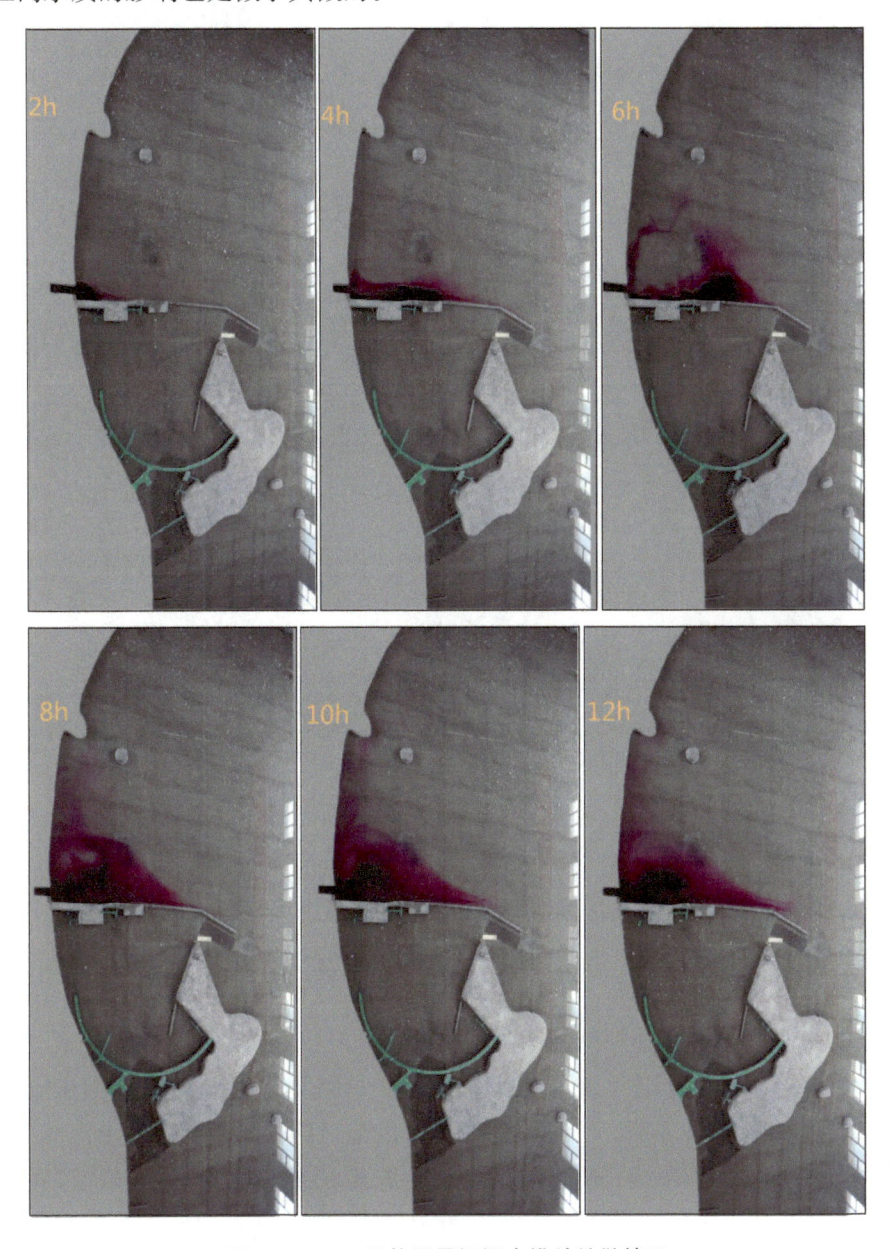

图 8.1-12a　现状凤凰河污水排放扩散情况

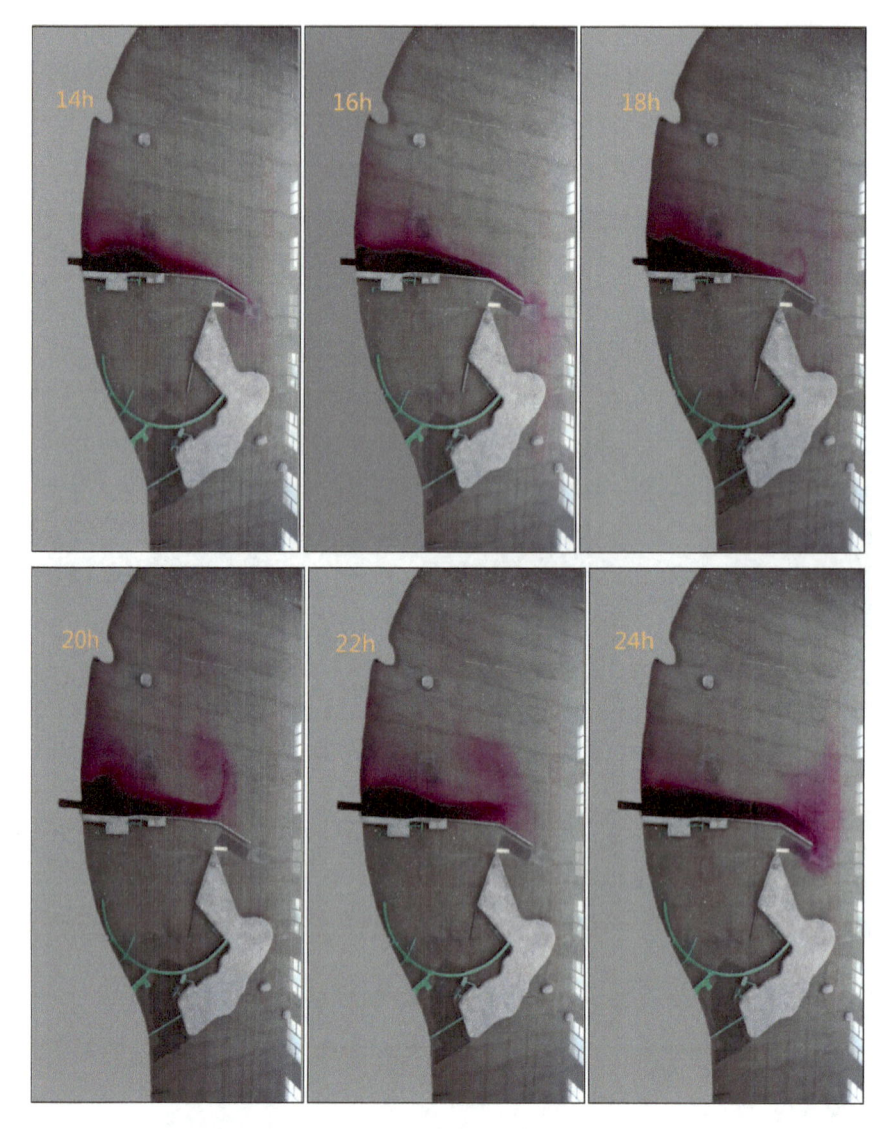

图 8.1-12b 现状凤凰河污水排放扩散情况

② 推荐方案实施后凤凰河污水排放扩散

污水自凤凰河排出后,约 2 小时后到达港口路北侧,沿着港口路向东输送至开口处;排放后 4 小时,此时为落潮,污水由港口路开口进入香洲港港区内,并向西南方向输移约 200 m,此时污染物主流基本都经由开口进入港区,并未跨过开口继续沿港口路北侧向东输移;排放后 6 小时,港口路北侧受涨潮流影响,部分污水已扩散至港口路北侧约 600 m,该水域内存在大片浅滩。与整治方案前相同,该时刻北向扩散的污染物主要分布在浅滩周围,浅滩处污染物扩散量并不明显,污染物东向输移强度不大,最东端尚未到达防波堤,而港口路南侧污染物已向南扩散至开口 500 m 左右范围,主要分布在开口南侧、西南侧沿岸区域。

排放后 8 小时,由于持续受涨潮流影响,港口路北侧浅滩及周围水域均有北向扩散的污染物分布,最远到达港口路北 800 m 左右区域,污染物未向东进一步输移,港口路南侧污染物未进一步扩散,受涨潮流影响,有一部分污染物由开口处输移至港口路北侧,南侧污染物浓度降低(颜色变浅)。排放后 10 小时,外海潮水已基本涨停,港口路两侧污染物向南、北两个方向进一步扩散,其中北侧最远到港口路北 1 km 左右,分布在港口路北及沿岸水域,南侧到港口路南约 600 m,分布在港口路南及沿岸水域,污染物未进一步东扩,东向污染物仍未到达防波堤。排放后 12 小时,随着外海落潮的开始,港口路北侧污染物扩散范围稍有回缩,最北端在港口路北约 800 m,部分污染物随落潮流由开口进入港区,东侧污染物稍有扩散,但仍未到达防波堤,港口路南侧污染物随落潮流向南扩散,到达新月桥"F"形码头附近,分布区域仍为港口路南及沿岸水域。

排放后 14 小时,港口路北侧污染物进一步向南、向东输移,其中北侧污染物距港口路约 700 m,东侧污染物已到达防波堤,港口路南侧污染物进一步随落潮流南移,已到达南侧进口清淤范围,分布范围依然在港区内沿情侣中路沿岸。排放后 16 小时,此时外海已落停,落潮流将港口路北侧污染物带入外海,污染物过防波堤后在歌剧院东侧水域有少量分布;港区内污染物向东侧扩散,范围略有增加,但未向南进一步输移。排放后 18 小时,外海涨潮,港口路北侧污染物北向输移至上游岸线拐角处,防波堤北侧污染物受外海涨潮流顶托,退至防波堤拐角处,有一小股清澈水流经由开口处自南向北进入浅滩水域;港区内污染物受南侧涨潮流顶托,退回至"F"形码头附近,并向东歌剧院方向进一步扩散。

排放后 20 小时,港口路北侧污染物进一步向北输移,跨过上游岸线拐角,防波堤北侧污染物范围未有大的变化,仅有小部分扩散至外海,港区内污染物受南侧进口涨潮流顶托,一部分经由开口向北输移,一部分向东侧进口输移,港区内水流形成"南涨东落"形势,污染物南端仍徘徊在"F"形码头附近,东端已到达东侧进口。排放后 22 小时,外海开始落潮,港口路北侧岛屿附近污染物随落潮流向东输移,港口路北侧周边污染物主要经由开口向港区输移,防波堤北侧少量污染物随外海落潮流跨过防波堤进入歌剧院东侧水域,此时东侧进口为涨潮,外海清水由东侧进口进入港区,港区内之前到达东侧进口的污染物重回港区西侧沿岸区域,港区内污染物沿情侣中路岸边随南侧进口落潮流到达海燕桥附近,港区内水流形成"东涨南落"形势。排放后 24 小时,随着外海落潮继续,港口路北侧污染物主要向东侧外海输移,经由开口向港区输移的污染物较少;港区内经由南侧进口落潮的污染物已排放至外海,清淤区域污染物浓度较大(颜色较深),经由东侧进口进入港区的清水较多,港口路南侧沿岸水域污染物浓度下降(颜色变浅)。

综上所述,推荐方案实施后凤凰河污水排放有 4 个特点:a. 污染物主流沿开口进入港区,并随着涨落潮的进行在港口路北侧、南侧输移,两侧已扩散的污染物也会经由开口随涨落潮进入另一区域。b. 输移到防波堤北侧的污染物大大减少,污染物大部分进入港区,能跨过开口向东输移的污染物仅有很少一部分。c. 港区内污染物主要分布在沿情侣中路的西侧水域,从第二个涨落潮(16~24 h)可以明显看出,受到港区独特的"南涨东落""东涨南落"涨落潮形势影响,港区内污染物主要经由南侧进口输移至外海,经由东侧进口输移至外海的仅有一小部分。d. 受南侧进口清淤影响,海燕桥附近水深增大,流速减缓,污染物经南侧进口向外输移时易在清淤区域聚集,污染物浓度较大。

(2) 污染物扩散范围

目前,港区北侧凤凰河排洪渠为香洲区主要的入海排放口,还作为香洲水质净化厂的中水排放通道,防波堤北侧水域受纳一定数量的污染负荷。数学模型污染物扩散计算时,根据香洲水质净化厂的中水排放量,在凤凰河施加 1.5 m³/s 的恒定流量,无机氮浓度为 2 mg/L。根据 7 日污染物扩散计算成果,统计了附近水域 7 日最大浓度,7 日最大浓度分布见图 8.1-14。

前文分析表明,香洲港北侧防波堤较为有效地阻挡了凤凰河污染物进入港区。推荐方案进行港口路开口后,凤凰河排放的污染物将通过开口通道进入港区,0.1 mg/L 污染物浓度的影响范围基本覆盖港区,0.3 mg/L 的影响范围面积约 10 万 m²,影响的区域主要为港区西北角。与单独进行港口路开口的方案比较,推荐方案 0.3 mg/L 的影响范围大幅度减小,主要是因为推荐方案中南侧进口疏浚提升了港区的水动力,增强了港区西北角的水体交换能力,使得推荐方案污染物影响范围略有减小。

物理模型试验和数学模型计算结果表明,推荐方案进行港口路开口,使得港区北侧污染物更易进入港区。因此,港口路开口的实施需要同步开展港区北侧水环境治理,包括凤凰河水环境治理、局部区域底泥清淤等。

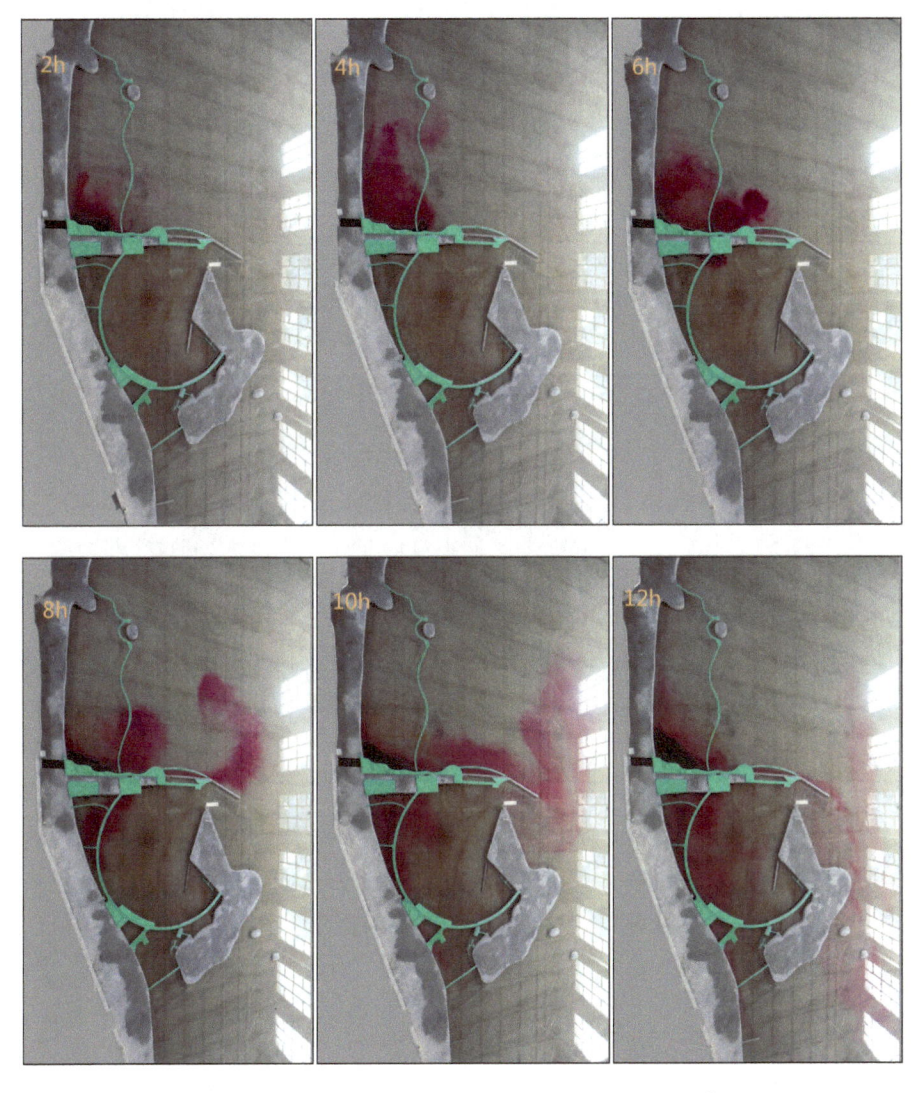

图 8.1-13a 推荐方案实施后凤凰河污水排放扩散情况

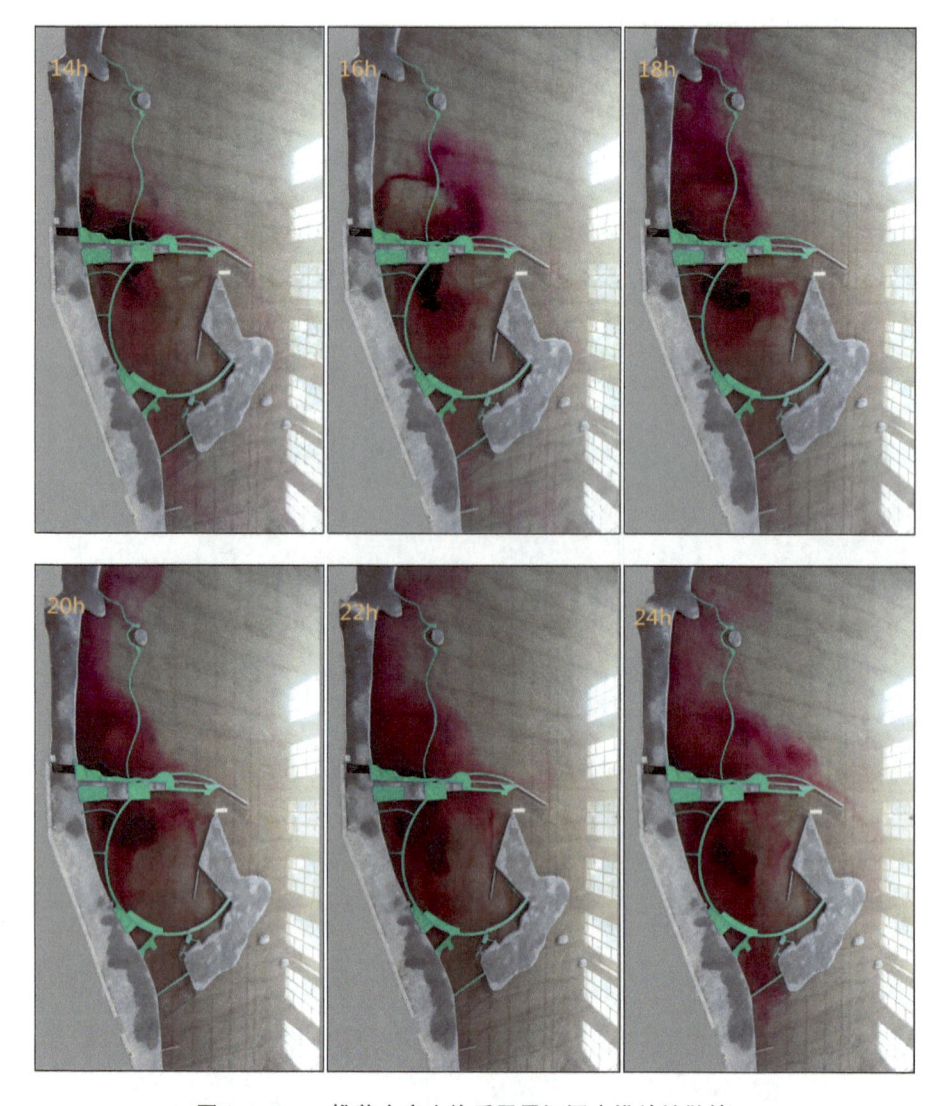

图 8.1-13b 推荐方案实施后凤凰河污水排放扩散情况

8.1.4 泥沙淤积计算及分析

泥沙淤积包括常年淤积和风暴潮骤淤,前者采用物理模型泥沙试验进行分析,后者采用经验公式进行预测。

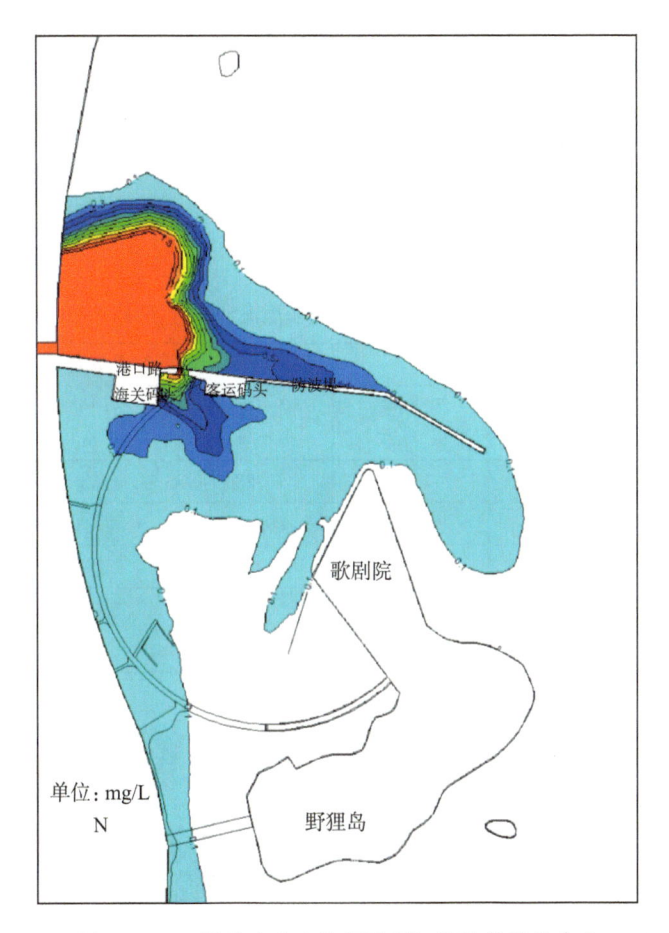

图 8.1-14　推荐方案实施后凤凰河污染物扩散分布

（1）常年淤积

推荐方案实施后淤积状况统计见表 8.1-4。可见推荐方案实施后，南侧进口疏浚区出现回淤，港区淤积速度加大，疏浚区（E 区）常年回淤幅度约为 30%，港区（B 区、C 区、D 区）内淤积速率增大约 0.14 m/a，整体淤积量增大 15.82 万 m³。推荐方案实施后，港内淤积量出现明显增大，主要是因为港区涨落潮量显著增多，而香洲港内深外浅，港内水深 −4～−6 m，其涨潮流速仍然小于泥沙起动流速，涨落潮流挟带的泥沙容易落淤，进入的潮流越多淤积越多。推荐方案港池淤积情况如图 8.1-15 所示。

与仅开展南侧进口疏浚方案的淤积成果比较，推荐方案常年淤积显著增多主要是南侧进口疏浚后潮流显著增大导致的。随着疏浚区泥沙的淤积,港区涨落潮量减少,港区的泥沙回淤相应减小,但其对水动力的提升效果相应减弱。因此,采取疏浚的措施不可避免地出现回淤,其效果的维持需要经常进行维护性疏浚。考虑到首次疏浚可以清除常年累积的污染底泥,短期内改善周边水体景观和水环境,开展清淤是必要的。后期清淤可以结合港区水质和回淤速度监测成果,择机开展。

表 8.1-4　常年淤积物理模型泥沙试验统计

位置	现状 淤积强度 (m/a)	现状 淤积量 ($10^4 m^3$)	推荐方案 淤积强度 (m/a)	推荐方案 淤积量 ($10^4 m^3$)	推荐方案 淤积增量 ($10^4 m^3$)
B区	0.09	1.86	0.22	4.58	2.72
C区	0.15	4.66	0.33	10.08	5.42
D区	0.19	7.82	0.31	12.68	4.86
E区	0.21	3.09	0.40	5.91	2.82
合计	—	17.43	—	33.25	15.82

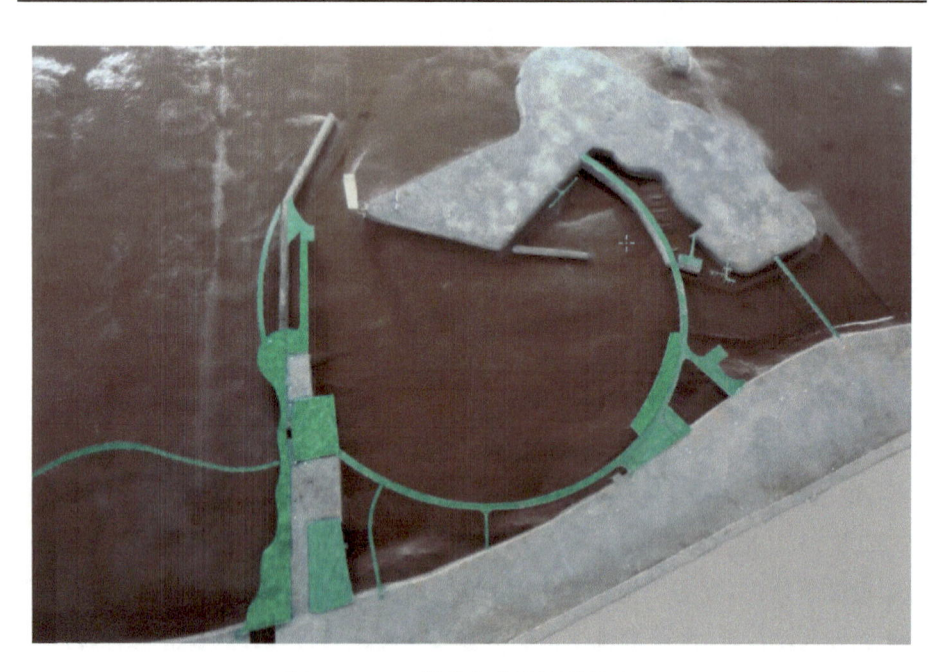

图 8.1-15a　推荐方案港池淤积情况

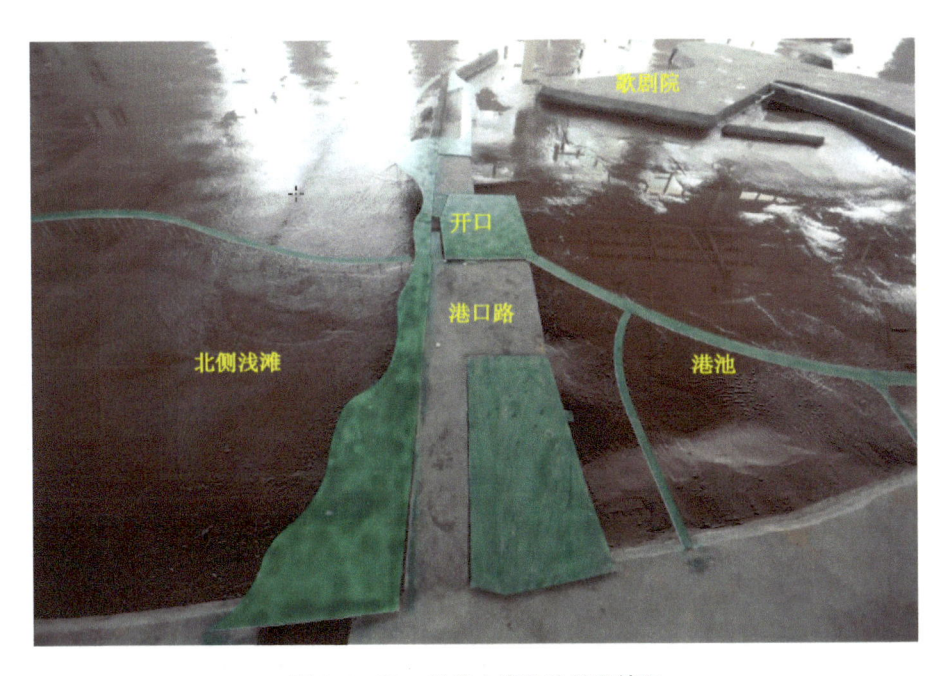

第 8 章　香洲港规划推荐方案影响分析

图 8.1-15b　推荐方案港池淤积情况

图 8.1-15c　推荐方案港池淤积情况

(2) 风暴潮骤淤

按照前文泥沙骤淤的计算方法,计算了 2 年一遇和 50 年一遇风暴潮的骤淤状况,见表 8.1-5。可见,推荐方案实施后,风暴潮导致的泥沙淤积量增大,增大状况与风暴潮强度有关。

表 8.1-5 风暴潮泥沙淤积统计

项目		2 年一遇	50 年一遇
波高(m)	防波堤北	0.5	1.1
	野狸岛南	0.7	1.5
波周期(s)		9.4	13.9
设计风速(m/s)		12.7	31.4
平均淤积厚度 (包括B区、C区、D区、E区,m)	现状	0.04	0.12
	推荐方案	0.05	0.20
淤积量 (包括B区、C区、D区、E区,万 m³)	现状	4.3	12.9
	推荐方案	5.4	21.5

在 2 年一遇设计波况下,港区骤淤厚度较小,推荐方案实施后淤积厚度增大约 0.01 m,淤积量增加 1.1 万 m³;在 50 年一遇设计波况下,骤淤厚度显著增大,港口路开口和南侧进口疏浚后淤积厚度进一步增大,推荐方案实施后平均淤积厚度增大 0.08 m,骤淤量增加 8.6 万 m³。

(3) 泥沙淤积综合分析

目前,香洲港淤积泥沙主要来自南侧和东侧进口。通过常年淤积和泥沙骤淤分析,推荐方案实施后,香洲港新增北侧潮流通道,且南侧疏浚后港区潮流量明显增多,港区常年淤积和风暴潮骤淤均呈明显增大趋势。香洲港内深外浅,港内河床底高程−4～−6 m,南北两侧浅滩高程−1.5～−2 m,浅滩泥沙在风浪作用下掀扬,在港池内外因地形差异较大而形成的重力驱动和潮流挟带作用下进入港区,而港区内水深大流速小,泥沙落淤概率高,引起港区淤积增多。

推荐方案实施后淤积泥沙不可避免地增多,但清淤后港区水动力得到较大幅度的提升,水体交换能力增强,加上清除底层污染底泥后,景观和水环境得到不同程度的改善,因此开展清淤是十分必要的。

8.2 推荐方案综合影响分析

8.2.1 与有关规划的关系及影响分析

《珠江河口管理办法》明确指出:珠江河口整治规划是珠江河口整治开发的总体部署,是珠江河口整治开发活动和管理的基本依据;珠江河口的整治开发,必须遵循有利于泄洪、维护潮汐吞吐、便利航运、保护水产、改善生态环境的原则,统一规划,加强监督管理,保障珠江河口各水系延伸、发育过程中入海尾闾畅通。

图 8.2-1 珠江河口规划治导线示意图

(1) 与珠江河口管理办法的关系

香洲港具有半封闭的港口环境,水动力弱,水体交换缓慢,规划开发项目多,开展统一规划符合《珠江河口管理办法》的要求。

原香洲渔港 2019 年关闭后,现有布局不满足作为珠海情侣路美丽海湾建设关键节点的要求。水文观测和模型研究均表明,香洲港具有半封闭的港口环境,水动力弱,水体交换缓慢,规划开发项目多,规划实施后水动力进一步减弱。为了增强区域水动力和改善区域水环境,提出香洲港水动力提升方案,遵循有利于泄洪、维护潮汐吞吐、便利航运、改善生态环境的原则,统一规划,符合《珠江河口管理办法》的要求。

(2) 与珠江河口规划治导线的关系

珠江河口整治规划治导线是珠江河口治理与开发工程建设的外缘控制线,未经充分科学论证并取得规划治导线原批准机关的同意,任何工程建设都不得外伸。

珠江河口规划治导线示意图见图 8.2-1,规划方案所在位置治导线与现状岸线一致,本规划新增的透水平台区域伸出治导线,但透水平台采用高桩结构,主要用于港区码头建设和交通疏导,以满足当地改造升级的需要。

(3) 与珠江河口泄洪整治规划的关系

根据《珠江河口综合治理规划》,规划方案均不在珠江河口泄洪整治工程范围内。

(4) 与珠江河口岸线、滩涂保护与利用规划的关系

口门区规划岸线功能分为四类,分别为岸线保护区、岸线保留区、岸线控制利用区和岸线开发利用区。根据珠江河口岸线功能区划图(图 8.2-2),规划方案所在岸线为岸线控制利用区。岸线控制利用区为岸线开发利用程度较高,或开发利用对防洪安全、河势稳定、供水安全、生态环境可能造成一定影响,需要控制其开发利用强度、开发利用方式的岸段。主要包括岸线开发利用程度相对较高的岸段;为避免进一步开发利用可能对防洪安全、河势稳定、供水安全、航道稳定等带来不利影响,须控制其开发利用强度的岸段;因经济社会发展需求,未纳入生态保护红线范围的区域,需控制开发利用方式的岸段。本规划方案属于岸线控制利用区中的港口控制利用区,规划不改变现有岸线形态,不改变现有岸线功能,岸线功能与已有岸线规划相符合。

根据利用功能不同将滩涂分为开发利用区、保留区和保护区三类。根据珠江河口滩涂功能区划图(图 8.2-3),规划方案所在滩涂为开发利用区,与滩涂利用功能相符合。

本规划方案所属水功能区为景观渔业用水区,规划方案包括对原码头的改造提升工程及交通疏导设施,规划用途与水功能区分区相符合。

图 8.2-2　珠江河口岸线功能区划图　　图 8.2-3　珠江河口滩涂功能区划图

8.2.2　与现有防洪标准、有关技术和管理要求的适应性分析

（1）防洪标准

根据《中华人民共和国水法》《中华人民共和国防洪法》《中华人民共和国河道管理条例》《广东省河道堤防管理条例》等有关规定:凡在河道、滩地上修建工程设施的,不得影响河道行洪、排涝及上下游左右岸河道堤防安全,不得引起河势的不良变化,不得妨碍河道水文观测,不得危及水陆交通安全。本工程位于伶仃洋水域西岸的香洲湾,推荐方案实施后潮位变化不超过 0.004 m,高潮位变化相对较小,对周边防洪工程的现有防洪功能影响很小。

（2）有关技术要求

根据《中华人民共和国河道管理条例》(2018 年 3 月 19 日修订)第十二条规定,桥梁和栈桥的梁底必须高于设计洪水位,并按照防洪和航运的要求,留有一定的超高。

根据《河道管理范围内建设项目技术规程》(DB44/T 1661—2015),桥墩顺水流方向轴线宜与洪水流向基本一致,两者交角不宜超过5°。

规划阶段未明确具体建设方案,下阶段需要按照有关技术要求开展工程方案设计。

(3) 管理要求

《中华人民共和国水法》(2016年7月修正),第十九条规定,建设水工程,必须符合流域综合规划。在国家确定的重要江河、湖泊和跨省、自治区、直辖市的江河、湖泊上建设水工程,未取得有关流域管理机构签署的符合流域综合规划要求的规划同意书的,建设单位不得开工建设;在其他江河、湖泊上建设水工程,未取得县级以上地方人民政府水行政主管部门按照管理权限签署的符合流域综合规划要求的规划同意书的,建设单位不得开工建设。水工程建设涉及防洪的,依照防洪法的有关规定执行;涉及其他地区和行业的,建设单位应当事先征求有关地区和部门的意见。第六十五条规定,未经水行政主管部门或者流域管理机构同意,擅自修建水工程,或者建设桥梁、码头和其他拦河、跨河、临河建筑物、构筑物,铺设跨河管道、电缆,且防洪法未作规定的,由县级以上人民政府水行政主管部门或者流域管理机构依据职权,责令停止违法行为,限期补办有关手续;逾期不补办或者补办未被批准的,责令限期拆除违法建筑物、构筑物;逾期不拆除的,强行拆除,所需费用由违法单位或者个人负担,并处一万元以上十万元以下的罚款。

《中华人民共和国防洪法》(2016年7月修正)第二十七条规定,建设跨河、穿河、穿堤、临河的桥梁、码头、道路、渡口、管道、缆线、取水、排水等工程设施,应当符合防洪标准、岸线规划、航运要求和其他技术要求,不得危害堤防安全、影响河势稳定、妨碍行洪畅通;其工程建设方案未经有关水行政主管部门根据前述防洪要求审查同意的,建设单位不得开工建设。

《中华人民共和国河道管理条例》(2018年3月修订)第十一条规定,修建开发水利、防治水害、整治河道的各类工程和跨河、穿河、穿堤、临河的桥梁、码头、道路、渡口、管道、缆线等建筑物及设施,建设单位必须按照河道管理权限,将工程建设方案报送河道主管机关审查同意。未经河道主管机关审查同意的,建设单位不得开工建设。建设项目经批准后,建设单位应当将施工安排告知河道主管机关。第十六条规定,城镇建设和发展不得占用河道滩地。城镇规划的临河界限,由河道主管机关会同城镇规划等有关部门确定。沿河城镇在编制和审查城镇规划时,应当事先征求河道主管机关的意见。

《珠江河口管理办法》(2017年修正)第十条规定,在珠江河口管理范围内建设防洪工程和其他水工程、滩涂开发利用工程以及跨河、穿河、穿堤、临河的桥梁、码头、道路、渡口、管道、缆线、取水、排水等工程设施,必须依照《中华人民共和国防洪法》《中华人民共和国河道管理条例》以及国家计委、水利部联合颁布的《河道管理范围内建设项目管理的有关规定》,将其工程建设方案报水行政主管部门审查同意,并取得《防洪规划同意书》或《河道管理范围内建设项目审查同意书》。

《广东省水利工程管理条例》(2020年修正)第二十一条规定,在水利工程管理范围和保护范围内新建、扩建和改建的各类建设项目,在建设项目开工前,其工程建设方案应当经水行政主管部门审查同意。在通航水域的,应当征得交通行政主管部门同意。需要占用土地的,在水行政主管部门对该工程设施的位置和界限审查批准后,建设单位方可依法办理开工手续;工程施工应当接受水行政主管部门的检查监督,竣工验收应当有水行政主管部门参加。

规划方案实施过程中,应按有关技术要求明确工程建设方案并取得水行政主管部门审查同意,未经审查同意,建设单位不得开工建设。

8.2.3 对河道泄洪纳潮的影响分析

规划区位于伶仃洋西岸香洲湾、伶仃洋西侧沿岸潮流通道以西。推荐方案实施后香洲港及周边区域高、低潮位变化幅度在0.004 m以内,东四口门及下游海区潮位基本没有变化,表明推荐方案对周边水域及上游口门防洪排涝潮位基本无影响。

推荐方案实施后,情侣路沿岸潮流更顺畅,海燕桥和防波堤断面涨落潮量均出现了较大幅度的增大,海燕桥断面增大幅度达21.5%~24.5%,防波堤断面增大1.4%~6.1%;香洲湾下游鸡笼山断面涨落潮量增大大约0.1%。可见推荐方案实施有利于增强香洲湾沿情侣路的潮汐吞吐能力,但对伶仃洋西侧沿岸涨落潮流影响较小。

由潮位和潮量变化可以看出,推荐方案改善了香洲港潮汐吞吐能力,但对伶仃洋泄洪纳潮的影响较小。

8.2.4 对河势稳定的影响分析

由流场变化可以看出,推荐方案实施后,香洲湾湾口流速有增有减,野狸岛东侧流速增加 0.01～0.03 m/s,香洲港防波堤堤头东北侧流速增大 0.01～0.03 m/s,流速变化超过 0.03 m/s 的范围不超过野狸岛以西 400 m,表明推荐方案引起的流速变化主要集中在香洲港周边水域,对距离较远的伶仃洋水域流场影响很小。

由潮量变化可以看出,推荐方案实施后,香洲港海燕桥和防波堤断面涨落潮量均出现了较大幅度的增大,香洲湾下游鸡笼山断面涨落潮量增大约 0.1%。可见推荐方案实施有利于增强香洲湾沿情侣路的潮汐吞吐能力,但对伶仃洋西侧沿岸涨落潮流影响较小。

由流速和潮量变化可以看出推荐方案实施后香洲港及周边水域流场出现调整,港区淤积量增大,但对距离较远的伶仃洋西侧涨落潮流影响很小,对伶仃洋西侧河势稳定整体影响不大。

8.2.5　对堤岸和其他水利工程及设施的影响分析

香洲港附近主要水利工程包括情侣路海堤、情侣路沿岸排水口及凤凰河排洪渠等。

(1) 情侣路海堤

情侣路堤路结合段,现状按 100 年一遇高潮位设防,允许越浪,直立式堤身结构,全长 29.55 km,堤顶高程 2.81～3.50 m,工程段现状堤围堤顶标高为 2.82 m,堤顶宽约 6.5 m。但由于近年来设计潮位抬高,现有堤面高程已不满足设防要求。目前正在开展情侣路防洪潮提升工程,拟将防洪标准提高至 200 年一遇。

推荐方案实施后潮位变化不超过 0.004 m,高潮位变化相对较小,对情侣路现有和规划防洪标准影响很小。

(2) 情侣路沿岸排水口

推荐方案实施后潮位变化不大,高、低潮位变化幅度不超过 0.004 m,其中港区低潮位降低值相对较大。可见推荐方案实施对情侣路沿岸排水口排涝影响很小。

(3) 凤凰河排洪渠

规划方案在凤凰河出口处及出口外设有交通疏导平台(图 8.2-4 红框部分),下部为高桩疏水结构。该位置为凤凰河排洪出口,河宽仅 60 m 左右,平台下方桩基会产生一定的阻水效应,影响凤凰河排洪,抬升凤凰河上游洪水位,为凤凰河整体防洪增加压力。根据《中华人民共和国防洪法》,"禁止在河道、湖泊管理范围内建设妨碍行洪的建筑物、构筑物"。根据《广东省河道管理条例》,"在河道管理范围内建设跨河、穿河、穿堤、临河的桥梁、码头、道路、渡口、管道、缆线、取水、排水、公共休闲、景观等工程设施,应当符合防洪标准以及有关技术要求,不得影响河势稳定、危害堤防安全"。规划阶段未明确具体建设方案,下阶段需要开展工程方案设计,做好与凤凰河排洪渠出口的衔接,不得影响凤凰河排洪渠出口排水通道的通畅,并按照河道管理权限,报有关水行政主管部门审查同意;未经审查同意,不得开工建设。

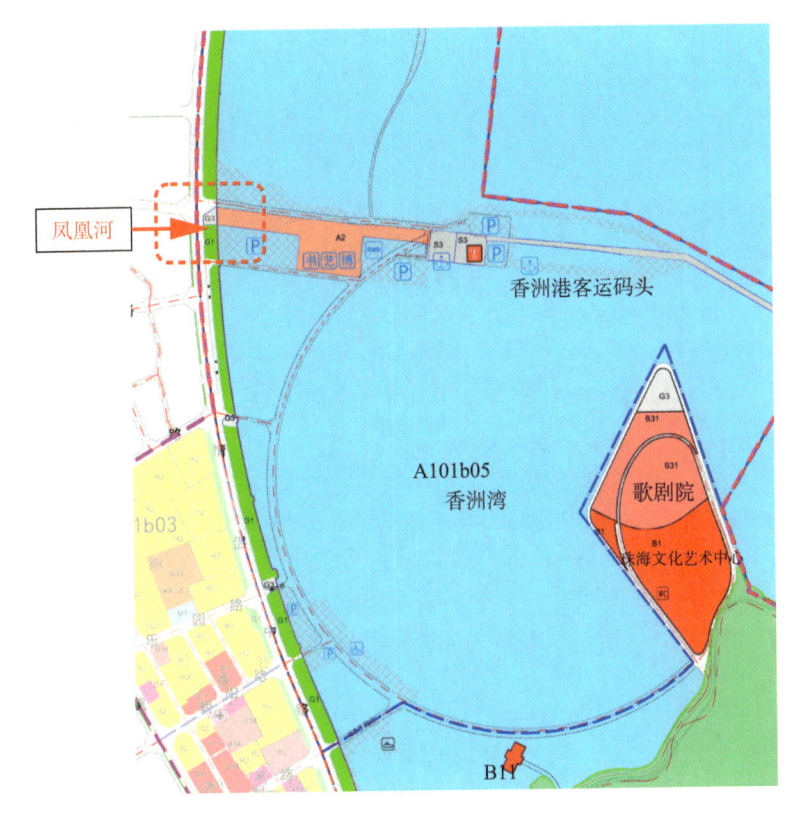

图 8.2-4　规划方案局部图

第 9 章

结论和建议

9.1 结论

本项目在水文水质观测、河床演变分析成果的基础上,分析了珠海香洲港项目总体规划对泄洪纳潮和水体交换等的影响,制定了水动力提升措施比选方案,并采用数学模型和物理模型等综合研究手段开展了比选研究,综合泄洪纳潮、水体交换、污染物扩散和泥沙淤积等方面的影响,提出了南侧进口疏浚和港口路开口推荐方案。主要研究结论如下。

(1)珠海香洲港在野狸岛和北侧防波堤阻隔下形成较为封闭的港口环境,水动力总体较弱,港区约七成水体来自南侧进口;港区水质为劣四类,南侧和东侧的水质相对较优。

受防波堤、野狸岛阻隔,港区及南北两侧浅海湾流速约 0.2 m/s,水动力总体较弱;港区具有东侧和南侧进口通道,进口流速相对较大,南侧进口最大流速达 0.6 m/s,东侧进口最大流速达 0.4 m/s。港区内约七成水体来自南侧进口。

港区及周边水域主要污染物为无机氮,2020 年 11 月 16 日大潮期间无机氮含量达 0.65~1.78 mg/L,达不到四类海水(0.5 mg/L)的要求,其中涨潮水质优于落潮,港区东侧和南侧水质好于北侧。

(2)规划方案实施后,规划区附近水域及上游口门水位变化不大,伶仃洋西侧潮流通道潮量变化很小,表明规划方案对伶仃洋泄洪纳潮、河势稳定整体影响很小,但香洲港港区潮量减小约 1%,水动力进一步减弱,水体半交换周期增加约 3.2%,尤其港区西北角水体交换能力相对较差。

香洲港项目总体规划建设港区码头、栈桥和交通疏导设施等,均采用透水结构。规划方案实施后,规划区附近水域高低潮位变化和香洲湾下游鸡笼山断面潮量变化均很小,表明规划方案对伶仃洋泄洪纳潮、河势稳定整体影响很小,但规划方案实施后香洲港水动力进一步减弱。

香洲港作为珠海情侣路上的明珠,水环境要求较高,然而现状海水水质为劣四类,达不到景观水体水质要求,规划方案实施后香洲港水动力进一步减弱,长期对水环境改善不利,采取水动力增强措施以改善区域水环境是必要的。

(3)香洲港水动力提升目标是增强泄洪纳潮能力,减少港区整体水体半交换周期,促使港区各区域水体能较好地交换。从新增潮流通道和疏浚现有通道两个方面提出北侧开口和进口疏浚措施,各方案有利有弊。综合水体交换、污染物扩散和泥沙淤积等方面的影响,推荐港区港口路开口和南侧进口疏浚方案,并适当疏浚防波堤北侧滩涂,减少底层泥沙进入港区。

从新增潮流通道和疏浚现有通道两个方面提出北侧开口和进口疏浚措施,拟定了4个比选方案,开口措施提出了港口路开口和防波堤开口方案,疏浚措施提出了港区东侧进口和南侧进口疏浚方案。

港口路开口位于香洲港西北角弱流区内,开口能够增加港区西北角水体与外界水体交换,但距离凤凰河出口仅450 m,开口将导致凤凰河排出的污染物和北侧浅滩泥沙进入港区,增加港区的污染负荷和泥沙淤积。防波堤开口距离港区西北角较远,对西北角水体交换影响相对较小,且凤凰河污染物和北侧浅滩泥沙可通过开口进入港区。考虑到防波堤开口附近规划建设客运码头,对码头泊稳不利。综合水体交换、港口功能等因素,两个不同开口方案相比,港口路开口方案相对较优。

港区南侧进口疏浚后,海燕桥涨潮量增加20.6%,落潮量增加19.1%,同时也导致港区东侧进口涨潮量增加8.4%,落潮量增加6.3%,可以较为显著地增加港区水体与外界水体交换量,港区水体半交换周期由3.3天减小至2.1天。东侧进口进出潮流量较小,疏浚后潮流量虽有所增加,但对港区总的进出潮量影响不大,导致对港区水体交换作用效果不明显。两个不同疏浚方案相比,南侧进口疏浚方案相对较优。

南侧进口疏浚能够增加港区水体交换,同时也能清除底部污染淤泥,增加水深,改善区域水景观和水质,但清淤后初期淤积厚度约为疏浚深度的30%~50%,需要经常性维护;香洲港北侧港口路开口对增强港区西北角水体交换最为有利,且开口区域不易受泥沙淤积的影响,但近期香洲港周边主要的外部污染来源于北侧凤凰河,开口将导致污染物和浅滩泥沙进入港区,增加港区污染负荷和泥沙淤积。综合水体交换、污染物扩散和泥沙淤积等方面的影响,推荐港口路开口和南侧进口疏浚相结合的联合方案,但港口路开口的同时应开展北侧水域底泥疏浚和凤凰河水环境治理,减少北侧污染物和泥沙的输入。

(4) 推荐方案对伶仃洋泄洪纳潮、河势稳定整体影响很小,但香洲湾内潮流出现调整,香洲港海燕桥和防波堤断面涨落潮量增大,港区水体交换能力改善,同时也导致凤凰河排水和北侧泥沙进入港区,港区淤积量增大。

推荐方案实施后,香洲港及周边区域高、低潮位变化幅度在0.004 m以内,东四口门及下游海区潮位基本没有变化;流速变化超过0.03 m/s的范围不超过野狸岛以西 400 m,表明推荐方案引起的流速变化主要集中在香洲港周边水域,对伶仃洋泄洪纳潮、河势稳定整体影响很小。

推荐方案实施后,情侣路潮流沿岸潮流更顺畅,海燕桥和防波堤断面涨落潮量均出现了较大幅度的增大,其中海燕桥断面增大幅度达 21.5%~24.5%,防波堤断面增大 1.4%~6.1%;港区平均水体半交换周期减小 38.8%,西北角水体半交换周期也大幅减小,表明推荐方案不仅改善了港区整体的水体交换能力,也增强了西北角的水体交换。同时,推荐方案进行港口路开口,使得港区北侧污染物和泥沙更易进入港区,淤积量增大。

(5) 规划方案实施过程中,应按有关技术要求明确工程建设方案并取得水行政主管部门审查同意,未经审查同意,建设单位不得开工建设。

9.2 建议

(1) 港区进口清淤与周边水域底泥清淤相结合,进一步改善水景观和水质。

(2) 规划实施过程中针对港口路开口方案进行深入研究,综合考虑港口路市政功能、开口附近码头布置以及地质条件等,进一步细化开口布置,并考虑港口路开口设闸的可行性。

(3) 凤凰河是香洲水厂的中水排放口,承纳一定程度的污染物,探讨出口改建外伸的可行性,增强扩散能力,减少对区域水环境的影响。

(4) 建立统一的香炉湾水域管理机构,开展经常性的水文、水质等监测和日常管理。

参考文献

[1] 中国海湾志编纂委员会.中国海湾志:第二分册·辽东半岛西部和辽宁省西部海湾[M].北京:海洋出版社,1997.

[2] 毋亭,侯西勇.1940s以来中国大陆岸线变化的趋势分析[J].生态科学,2017,36(1):80-88.

[3] 刘百桥,孟伟庆,赵建华,等.中国大陆1990—2013年海岸线资源开发利用特征变化[J].自然资源学报,2015,30(12):2033-2044.

[4] 黄小平,张凌,张景平,等.我国海湾开发利用存在的问题与保护策略[J].中国科学院院刊,2016,31(10):1151-1156.

[5] 陈梦思,赵文静,杨静,等.广东省美丽海湾分类建设、评估与监管建议[J].环境保护,2022,50(12):42-44.

[6] 佚名.广东"美丽海湾"[J].海洋与渔业,2016(11):22-23.

[7] 张子俊.广东将重点建设15个美丽海湾[N].南方日报,2022-05-13(A09).

[8] 广东省生态环境厅.广东省海洋生态环境保护"十四五"规划[Z].2022.

[9] 广东省人民政府,国家海洋局.广东省海岸带综合保护与利用总体规划[Z].2017.

[10] 珠海市生态环境局.珠海市海洋生态环境保护"十四五"规划[Z].2022.

[11] 珠江水利委员会珠江水利科学研究院.香洲港项目总体规划方案论证研究报告[R].2021.

[12] 喻国良,李艳红,庞红犁,等.海岸工程水文学[M].上海:上海交通大学出版社,2009.

[13] 水利部珠江水利委员会.珠江河口综合治理规划[Z].2010.

[14] 国家环境保护局.海水水质标准:GB 3097—1997[S].1997.

[15] 中国科学院南海海洋研究所.珠海市海域海洋环境与资源现状调查报告[R].2017秋季第一期.

[16] 中国科学院南海海洋研究所.珠海市海域海洋环境与资源现状调查报告[R].2018春季第二期.

[17] 珠海市生态环境局.珠海市工业污水系统专项规划(2020—2035年)[Z].2021.

[18] 水利部珠江水利委员会.珠江流域防洪规划[Z].2007.

[19] 中水珠江规划勘测设计有限公司.珠江河口综合治理规划修编-主要测站设计潮位复核报告[R].2020.

[20] 中华人民共和国国家质量监督检验检疫总局,中国国家标准化管理委员会.海洋调查规范 第2部分:海洋水文观测:GB/T 12763.2—2007[S].2007.

[21] 中华人民共和国国家质量监督检验检疫总局,中国国家标准化管理委员会.海洋调查规范 第8部分:海洋地质地球物理调查:GB/T 12763.8—2007[S].2007.

[22] 中华人民共和国住房和城乡建设部,中华人民共和国国家质量监督检验检疫总局.河流流量测验规范:GB 50179—2015[S].2015.

[23] 谢鉴衡.河流模拟[M].北京:水利电力出版社,1990.

[24] 中华人民共和国交通运输部.水运工程模拟试验技术规范:JTS/T 231—2021[S].2021.

[25] 中华人民共和国交通运输部.海岸与河口潮流泥沙模拟技术规程:JTS/T 231—2—2010[S].2010.

[26] 珠江水利委员会珠江水利科学研究院.香洲港区域综合整治工程波浪数学模型专题研究补充研究报告[R].2019.